哈佛必知的
美国经典历史文献

American Historical Documents

【美】查尔斯·爱略特(Charles W. Eliot)◎主编
刘庆国　宿哲骞◎译

中华工商联合出版社

图书在版编目（CIP）数据

哈佛必知的美国经典历史文献 /（美）爱略特主编；刘庆国，宿哲骞编译. --北京 ：中华工商联合出版社，2015.4

ISBN 978-7-5158-1255-7

Ⅰ. ①哈… Ⅱ. ①爱… ②刘… ③宿… Ⅲ. ①历史—文献—汇编—美国 Ⅳ. ①K712.06

中国版本图书馆 CIP 数据核字（2015）第 068905 号

哈佛必知的美国经典历史文献 American Historical Documents

作　　者：【美】查尔斯·爱略特（Charles W. Eliot）
译　　者：刘庆国　宿哲骞
出 品 人：徐　潜
策划编辑：魏鸿鸣
责任编辑：林　立　崔红亮
封面设计：周　源
营销总监：曹　庆
营销推广：王　静　万春生
责任审读：郭敬梅
责任印制：迈致红
出版发行：中华工商联合出版社有限责任公司
印　　刷：唐山富达印务有限公司
版　　次：2015 年 6 月第 1 版
印　　次：2022 年 2 月第 3 次印刷
开　　本：710mm×1020mm　1/16
字　　数：350 千字
印　　张：24.5
书　　号：ISBN 978-7-5158-1255-7
定　　价：78.00 元

服务热线：010—58301130
销售热线：010—58302813
地址邮编：北京市西城区西环广场 A 座
19—20 层，100044
http://www.chgslcbs.cn
E-mail：cicap1202@sina.com（营销中心）
E-mail：gslzbs@sina.com（总编室）

前　言

对于美利坚合众国的最终历史，没有人能够撰写完成。各项研究正在不断地揭示出新的事实，这些事实或是更改了以前的一些细节问题，或是调整了人们对于较大历史问题的传统观念；即使是最公正无私的历史学家们也容易受到个人偏见或地域差别的影响，其结果就会造成后人认为他的作品不够完美，其他地区的人民也会认为其不够公正。那么，像今天这样，仅凭任何一位学者的结论来概括这个国家的发展历程就显得非常不明智了。

最佳选择就是把一系列最为重要的历史文件摆在读者面前，让读者自己去领悟。这些文件用当代术语记录了美国历史上发生的那些最重大的事件。从最初发现美洲大陆的个人记录开始，本作品继续介绍了新英格兰殖民地的第一批居住者们意图组建一个新的政府机构的最初尝试；还进一步介绍了殖民地人民要求争取独立，以及建立宪法的奋斗目标，这些都为将来国家政策的制定及宪法的具体阐释奠定了坚实的基础；每一块国土面积的增加都以条约文本的形式得以印证，最初的各州文件也充分显示了国家在不断扩大过程中每场战争的主要原因及其产生的主要影响。

从头至尾仔细阅读一下就不难发现，这些历史文件给我们提供了美国人民政治进步的缩影，不受任何偏见的影响，也保证了这些材料能够真实地反映出历史创造者们所走过的足迹。

目 录

1. 驶向“文兰”（北美洲）（公元前1000）

【以下对于莱弗·埃里克松发现美洲的描述源于“红发埃里克的传说”。这段传说记录在乔恩·索德哈森于1837年著作的《佛莱特亚》（中世纪的一部著名作品）一书中，之后A. M. 里夫斯对其进行了调整从而形成了现在的译文。时至今日，学者们对于记录中莱弗究竟是在哪段海岸登陆的问题仍是众说纷纭，近来的研究倾向于是拉布拉多的南部海岸，然而仍有众多学者坚信“文兰”位于新英格兰海岸。】

天赐良机，莱弗接受洗礼

光阴荏苒，自红发埃里克殖民格陵兰岛算起，十六个寒冬匆匆而过。此时，他的儿子莱弗踏上了从格陵兰岛驶向挪威的旅途。春去秋来，莱弗到达了挪威中部的特隆赫姆。适逢挪威国王奥拉夫一世从北部的哈拉哥岛驾临，莱弗赶忙开船去尼达洛斯拜见他。正如对其他前去拜见他的异教徒所做的那样，虔诚的基督教徒——奥拉夫一世向莱弗宣扬了一番他的信仰。他轻而易举便说服莱弗信奉了基督教，随后莱弗便与他的船员一道顺理成章地接受了基督教的洗礼。接下来的整个冬天，莱弗都陪伴着国王，和国王在一起的时光，他感觉无比快乐。

比阿尼踏上探索格陵兰岛之路

游吟诗人哈瑞夫森的儿子哈瑞夫是第一位殖民者英格夫的族人，为此英格夫分封了瓦格到里卡尼斯（北美洲地名）之间的土地给他，起初，他定居在德普斯道科（古代北美洲地名）。哈瑞夫和他的妻子斯奥德有个前途无量的儿子——比阿尼。他德才兼备，自幼便树立了航海的远大志向，为人称道。同时，他也积累了不少财富，这些都为他后来事业的发展奠定了良好的基础。

比阿尼习惯一年远行，一年陪在父亲左右，交替度过寒冬。没多久他就成了一艘商船的所有者，然而就在他最后一次外出在挪威过冬的时候，他的父亲哈瑞夫突然决定打算放弃所有的土地，追随红发埃里克远征格陵兰岛。出发时，一位来自赫布里底群岛的基督教徒与哈瑞夫一同站在船上，正是他谱写了那首《大海征服者之歌》，歌词中这样写道：

我们去征服那些懦弱的人们
虽然除了心灵一无所有，但现在我们勇于承担一切
他支配着上帝的门庭
愿胜利之鹰永远庇佑着我！

历经磨难，他们终于到达了格陵兰岛。哈瑞夫决定定居在最初登陆的地方，并以自己的名字为它命名——哈瑞夫尼斯，在那里他远近闻名。而领导者红发埃里克居住在布莱特赫里德，在那里，他拥有最高的荣耀，受万人敬仰。红发埃里克的三个儿子分别叫莱弗、斯奥沃德和斯奥斯坦因，还有一个叫弗雷迪斯的女儿。后来弗雷迪斯嫁给了一个与她哥哥同名的斯奥沃德为妻，他们移居到加达（Gardar——美国地名），那里如今正是新教圣公会的所在地。弗雷迪斯天性自视甚高，而她的丈夫斯奥沃德却畏首畏尾、缺乏魄力，

弗莱迪斯主要是为了他的钱财才委身于他。那时基督教还未传播至格陵兰岛，格陵兰岛的居民还都是异教徒。

春季时，哈瑞夫远征格陵兰岛。同年夏天，比阿尼便率领他的船队到达了艾拉（城市名称，位于冰岛东部）。刚到港口，还未来得及卸货，比阿尼就听说了其父远征的消息，这使得他惊诧万分，久久不能平静。船员见状，纷纷征求他的意见，看他如何打算。

比阿尼定了定神，表示他想要坚持习俗，冬季侍候在老父身前。他说："如果你们愿意与我一道，这艘船将驶往格陵兰岛。"听后，船员们纷纷表示愿意服从他的决定，一同前往格陵兰岛。比阿尼紧接着又说道："在别人看来，我们这次航行注定要冒极大的风险，毕竟我们中没有任何一人曾到达过格陵兰岛所在的那片海域。"

然而，他们并不退缩，在准备妥当之后便毅然启程。航行并非一帆风顺，在他们起航的三天后，陆地早已被浪花所吞没，往日万里无云的好天气也已消失不见，北风越发强劲，呼啸而过，船员们知道无论驶向何方，都得穿过一片又一片迷蒙的海域。当浓雾终于散去，阳光再次照耀在海面上的时候，船员们欢呼雀跃。在穿过海域后，一块陆地终于进入了他们的视线之内。对于这片陆地是否就是格陵兰岛，船员议论纷纷，而比阿尼自己却不相信这就是格陵兰岛。

有船员问道是否驶向这片陆地时，比阿尼发号施令："我决定先靠近看看再说。"船员照做，当船靠近陆地时才发现这里地势平坦，植被茂密，低矮的山丘交错其间。比阿尼下令船员们放下风帆，顺着左舷一侧离开这里。航行仍在继续，在又遭遇了两片浓雾弥漫的海域后，另一片陆地出现在了他们眼前。船员们询问比阿尼，问他是否认为这是格陵兰岛，比阿尼回复道，他不认为这块陆地比之前的更像格陵兰岛。

"我这么说是因为相传在格陵兰岛是有高耸入云的冰山。"比阿尼如是解释道。很快他们便靠近了这片陆地，陆地地势平坦，植被丰茂，根本没有雪山的影子，似乎是幸运女神舍弃了他们。船员们聚在一起商议，断定在此登陆不失为明智之举，而比阿尼对此却不以为然。船员们以缺乏木材和淡水作为理由，比阿尼反驳道："这些东西没一个你们缺的。"

事实胜于雄辩，比阿尼赢得了这场争论。他命令船员继续航行，背向陆地调转船头，驶向深海。趁着西南风，一次性穿过了三片浓雾弥漫的海域后，他们抵达了第三块陆地。这片陆地山脉高耸，绵延不绝，其中不乏雪山矗立。船员又去问他是否登陆，他仍没有这样的打算，"这里对我完全没有吸引力。"他说道。

他们毫不减速，径直离去，才发现这里只是一座小岛罢了。他们与和风煦日相伴，把小岛甩在船尾后，继续航行。航行中，海上风力突然加大，比阿尼指挥着船员们，收紧风帆，控制航速，以防速度过快与船体状况和配置不匹配。在又经历了四片大雾茫茫的海域后，第四块陆地终于映入了他们的眼帘，船员赶忙问这是不是格陵兰岛，这次他们终于得到了肯定的答复："依照给我的信中所描述的景象，这里应该就是格陵兰岛了，这次我们驶向海岸，准备登陆。"

他们将船开到海岬下方，入夜以后，他们终于登上了停靠着小船的这个海岬。事实上，比阿尼的父亲哈瑞夫恰好就住在这个海岬之上，这个海岬也由此而得名，被后人称作哈瑞夫尼斯。

苦尽甘来，比阿尼终于与分别多日的父亲重逢了，他决定暂时放弃航海，在他父亲的有生之年都留在这里，常伴老父左右，以尽孝道。

格陵兰人的历史概述

接下来我们所要讲述的是比阿尼·哈瑞夫森如何从格陵兰岛出发去拜访埃里克伯爵的故事，从伯爵身上他受益良多。

登陆后比阿尼仔细描述了他这一次航海经历，有人因为他并未对那些陆地加以记录而觉得他缺乏进取心，为此他还受到了指责。后来比阿尼成了伯爵的属下，奉命在来年夏天再去格陵兰岛。

现在先让我们来讲讲那些"发现之旅"吧。居住在布莱特赫里德的莱弗是红发埃里克的儿子，他前来拜访了比阿尼·哈瑞夫森并从他手里购买了一艘船，随后又招兵买马，直到凑齐了35名船员，才准备出海。莱弗前去拜见他的父亲埃里克，并邀请他作为这次远航船队的船长，结果遭到了埃里克的拒绝，埃里克说自己已经年迈，并补充说现在的他已经不能像年轻时那样能够承受终日阳光暴晒之苦了。

莱弗回答，尽管如此，在关键时刻他定能成为给大家带来好运并助大家一臂之力的人。功夫不负有心人，在临出发前莱弗的恳求终于打动了埃里克，埃里克决定带领大家出海，然而就在埃里克骑马从家赶去港口时，意外发生了，就在离船不远的地方，埃里克所骑的马被绊倒在地，而他本人则从马背上摔落下来，伤到了双脚。起身后，埃里克高声喊道："我不奢求能够发现与我们现在所居住的岛屿相比更多的土地，但这回我们再也不能一同航行去更远的地方了。"

埃里克不得已只好返回在布莱特赫里德的家中养伤，而莱弗和另外35名船员紧接着就登上了船，对莱弗和他的父亲忠心耿耿的德国人雅克也在其中。莱弗和他的船员们有条不紊地做着最后的准备工作，等一切准备妥当，他们便乘风破浪，扬帆起航。

在航行中他们的第一站正是比阿尼他们最后所看到的那块陆地，他们靠近陆地，抛锚停船，换乘小船上岸，众人发现这片陆地一片荒芜，寸草不生。巨大的雪山背海而立，从雪山到大海，这中间自始至终都是由平直的岩石形成的高原，整座陆地毫无生气。莱弗随即说道："和比阿尼那时一样，对于这片陆地我们还毫无建树，因此现在我将它命名为'荷鲁兰'。"说罢便返回船上，朝着第二块陆地进发。

到达第二块陆地后，他们如同之前一样，先抛锚停船，然后换乘小船上岸。这片陆地绿树成荫，广阔而洁白的沙滩一直延伸至他们脚下，陆地与水面几乎齐平，风景秀丽，引人入胜。随后莱弗说道："这块陆地理应以它美丽的自然风光为名，我们以后就称它为'乌克兰'。"说罢，船员即刻登船，不做停留，乘着东北风全速前进。

在经历了两片浓雾弥漫的海域后他们又看到了一片陆地。他们的船驶向陆地的途中却先到达了一座位于陆地以北，与其隔海相望的小岛。初抵小岛海滨，环顾四周，恰是阳光明媚之际，青草上还披着尚未蒸干的露珠，众人陶醉其间。一个偶然的机会，船员们用嘴抿了抿沾着露珠的双手，他们惊讶地发现，这是如此的甘甜，远胜他们曾经尝过的那些。船员们再次回到船上，继续起航，试图驶入夹在小岛与陆地向北延伸出来的海岬间的海峡，他们沿着西侧通过海岬，结果赶上退潮，水由深变浅，不得已他们被搁浅在距离深水区还有一定距离的地方。

不等潮汐上涨到推动船前进的时候，船员们就已经迫不及待地想上岸了。船员们决定乘着小船加速划向那条从外流湖流淌而出的河流。就在此时，潮水上涨了，海水渐渐变深，船员们赶忙划着小船赶回船上，开着船顺着河水逆流而上直达其源头——外流湖。而后在那里抛锚停船，带着吊床来到岸上，安营扎寨。后来船员们决定要在此过冬，因此依水建起了宽敞的房屋。这里物产富饶，住所周围的河或湖里大马哈鱼比比皆是，体积也远胜他们以前所见过的，即使是冬天，家畜也不需要人工饲料，当真是物阜民丰。冬季没有酷寒，只有些许青草枯萎罢了。

相比较于格陵兰岛和冰岛，这里昼夜长短更接近等长。在白昼最短的那天——冬至，太阳从艾克斯泰德和达格玛拉斯特之间升起。待到房屋竣工之日，莱弗对船员们说："我计划将咱们的人手一分为二出去探索这片土地。一半的人留守在营地，另外一半人将深入陆地进行探查。这些人探查不得超过一日往返的距离，且不得独自一人。"为此他们进行了一次尝试。而莱弗自己则依次进行留守和带队探查。莱弗此人实乃人中龙凤，不仅风度翩翩、仪表堂堂，且才思敏捷，对所有的事都能做到公平二字，堪称人杰。

歪打正着，莱弗礁上救人

一天晚上，莱弗的船员们忽然发现有一名船员不知所踪，经查证，正是那个德国人雅克。雅克侍奉了莱弗和他父亲很久。从莱弗的孩提时代起，雅克就对他忠心耿耿，因此雅克的神秘失踪令莱弗格外揪心，惴惴不安。莱弗大发雷霆，严厉地斥责了其他船员的漠视，并选出12名船员与他同行，准备深入搜寻雅克。然而他们还没走多远就碰上了雅克，船员们热情地与雅克打招呼。

莱弗马上注意到，他的这位养父神采奕奕，容光焕发。雅克额头突出，双眼中透着精干，个头不高，身材瘦小，虽然相貌并不过人，但确确实实是个有能力的工匠。莱弗追问道："我敬爱的养父，您怎么这么晚才到这，而且还是独自一人?"雅克先用德语回答了一会儿，结果发现他们都没听懂，于是翻翻眼睛、笑了笑，之后又操着一口北方口音解释道："我并没有你们走得远，也没啥新奇的事，但是我发现了葡萄树还有结在藤上的葡萄。""养父，这是真的吗?"莱弗赶忙问道。"那当然了，"雅克接着说道："我出生在种植葡萄的地方，葡萄和葡萄树遍地都是，怎么会认错呢?"船员们高高兴兴地返回住所，踏踏实实地睡了一夜。

次日，莱弗召集全员并宣布："我们要分出人手，每天要么采摘些葡萄回来，要么砍些葡萄藤葡萄树回来，以此来作为船上的货物。"船员们遵照他的指示开始行动，没多久，他们的后船中便载满了葡萄。待到春暖花开之时，他们便满载着一船货物返航了，临走时莱弗因为这座陆地盛产葡萄，便以此给它命名为"温兰德"。

返程之路一直风平浪静，直到他们已经可以看到格陵兰岛，将船驶入冰川之下时，发生了突发状况。一名船员大声呼喊着："这个时候你为什么要将船开得这么快?"莱弗反驳道："对于航海或者类似的事情我都有自己的想法，难道你们没有发现什么不寻常的事吗?"然而船员们回答称并未发现任何异常。"我不知道，我看到的是不是船或者礁石?"莱弗回答道。随着航行的继续，船员们终于看清楚了，纷纷表示那一定是块礁石，而莱弗则比他们更为敏锐，他发现有人在那块礁石上。

"我想我们还是顺风航行为妙，"莱弗说道，"这样以便我们能靠近他们，如果他们需要帮助我们可以施以援手，如果他们不想和平处理或怀有敌意，我们也能比他们更好地掌控局势。"他们的船缓缓驶向礁石，抛锚停船，换乘带来的小船，靠近礁石。

雅克询问礁石上的人们谁是他们的领头人。其中一个挪威人回答说自己叫索瑞，是他们的领袖。索瑞随即反问道："那你叫什么?"莱弗报上自己的名号。索瑞激动地问道："你就是住在布莱特赫里德的红发埃里克之子?"莱弗点头称是，随后说道："希望你加入到我们的船队中，你的船还有其他财物可以保留。"索瑞等人接受了这项提议，连同船只一起并入了莱弗的船队，一同离开了"埃里克峡湾"，直抵布莱特赫里德。

在港口卸完货后，莱弗前来看望索瑞以及他的妻子古德里德，并且邀请他们夫妻二人及其他三名船员去他家做客，同时莱弗还邀请了索瑞及自己船队的四分之一的人员一同前去。

在这次航行中莱弗一共从礁石上救下了15人，后人便称呼他为"幸运的莱弗"，现在的莱弗真可谓是名利双收。可惜好景不长，冬季时，一种严重的疾病在索瑞的船队里蔓延开来，包括他本人在内的很多水手都不幸去世，而莱弗的父亲红发埃里克也在此时驾鹤西去。后来人们对于莱弗这场温兰德之行众说纷纭，而莱弗的兄弟斯奥沃德也认为温兰德那片土地并未被充分探查。随后，莱弗便告诉斯奥沃德："如果真是这样，我的兄弟，你可以用我的船再去趟温兰德，但是我希望先用船取回索瑞留在礁石上的木材。"斯奥沃德欣然首肯。

斯奥沃德的温兰德之行

随后，斯奥沃德采纳了他兄弟莱弗的建议，召集了30名船员，准备再探温兰德。待到一切准备妥当，他们便出海了。在到达莱弗建在温兰德的营地之前，这次航行一帆风顺，没什么好描述的。他们将船停在营地附近，以鱼为食，平平安安地度过了整个冬季。

转眼间积雪消融，冬去春来，斯奥沃德召集船员检修船只，然后派一部分人驾驶检修过的船只沿西海岸前进，他们于夏季抵达那里。探索中，船员们发现这里风和日丽，树木郁郁葱葱，从森林到海滨这段不远的距离间，像很多岛屿和滩涂一样，分布着白色的沙滩。一路上，他们并未发现人类的住所或者野兽的巢穴，只是在西边的一座小岛上发现了用来保护农作物的木质建筑，但再没有其他的人类制造留下的痕迹。他们决定返航，冬季时便回到了莱弗建造在温兰德的营地之中。

船员们在这里度过冬天和春天，又是一年夏季来临时，斯奥沃德率领部分船员沿着北部海岸向东探索。在穿过海岬时遭遇一阵强风，强风把他们刮到了海岬的岸边，而他们船的龙骨也因此而损坏了，他们被迫在这儿滞留一段时间来修理损坏的船只。当龙骨修好，可以再度出航前，斯奥沃德对他的船员们说："因为我们在这里更换了龙骨，我提议以后称这里为'龙骨之地'。"船员们纷纷表示赞成。

随后他们离开陆地向东航行，顺着相接的河口三角洲进入了延伸至海中的海岬里，那里树木繁茂，植被茂盛。他们找了一处合适地点抛锚停船，放下绳梯，斯奥沃德与他的船员一道上了岸。目睹了这里的风光后，斯奥沃德赞叹道："这真是个好地方，我很向往能来这定居。"说罢便准备返回船上，这时他们发现海岬的沙滩上有三个土丘状的物体，便走上前去观看，这才发现那是三个皮艇，每个皮艇里面坐着三个人。

于是斯奥沃德和船员们分头出动，除了其中一个凭借皮艇逃走之外，他们成功捕获了剩下的八个人。他们处死了这八个人，再次登上海岬，环顾四野，发现在河口那有几个小土丘，想必就是这些人的住所了。斯奥沃德他们返回船舱里就进入了梦乡，正当他们熟睡之际，上面突然传来的一阵哭喊声惊醒了他们。

一人哭喊着："快醒醒，斯奥沃德，你，还有你的船员，如果你们想保住性命，就赶紧一起登船，全速逃离这里！"斯奥沃德和他的船员赶紧照做，他们看到无数的皮艇从河湾内源源不断地驶出来追赶他们。面对这种情况，斯奥沃德大喊道："我们必须打开船体两侧所有的武器，火力全开，才能尽最大的努力来保护我们自己，零零散散的反击根本无济于事！"

在他们全力开火了一阵后，那些追击他们的人四散而逃，仓皇离去。安稳下来后，斯奥沃德询问船员们是否有人负伤，船员们上报并无伤亡，全员安然无恙。斯奥沃德却说道："我腋窝这儿中箭了，一支箭顺着夹板与盾牌之间射中了我的胳膊。这支箭将夺走我的生命，我命令你们现在全速返航，至于我，你们可以把我送到那座海岬上，那里看上去对我是个好去处，之前我所说的希望在那定居全都是实话。你们可以把我埋葬在那里，放两个十字架在我身上，一个放在头上，一个在脚上，然后高声喊出'愿上帝与我同在'……"斯奥沃德是个基督徒，那时，基督教已传入了格陵兰岛，顺便一说，在红发埃里克死时基督教还未在那儿流传。

斯奥沃德去世了，当与他随行的船员在执行他的遗嘱时，打破了承诺，他们召集全部船员，互相诉说那些经历。船员们又在温兰德滞留了一个冬季，等船上装满了摘来的葡萄和砍伐的木料时，在第二年春他们终于返回了格陵兰岛，抵达了埃里克夫斯（岛上一处地名），在那里他们向莱弗禀报了斯奥沃德去世的重大消息。

斯奥斯坦因·埃里克森在西部的据点去世

在此期间，埃里克夫斯的斯奥斯坦因与斯奥布莱恩之女古德里德完婚的消息在格陵兰岛广为流传。众所周知，古德里德曾经是索瑞·伊斯曼的妻子。现如今，在看到他兄弟斯奥沃德的尸体后，斯奥斯坦因也打算航海去温兰德，他准备了与他兄弟一样的船只，选拔出 25 个身形健硕的壮汉与他随行，还带上了他的妻子古德里德。当一切准备就绪，他们便起航驶向一望无际的大海，陆地随着他们的前进渐渐消失在他们的眼中。然而，他们并没有去温兰德，整个夏天都是漫无目的地四处飘荡，直到失去了航向。

最终在冬季来临的第一个星期，他们抵达格陵兰岛的西部据点利苏夫斯，并在那上岸。斯奥斯坦因开始为他的船员们四处搜寻住处，功夫不负有心人，他成功地为他所有的船员找到了住处，然而他和他的妻子却没有地方可以住，只好一起在船上待了两天，当然时间也可能更久。顺便一提，在这个时候基督教在格陵兰岛还处在萌芽期。

不幸的是，斯奥斯坦因在这个冬季病逝了。为了举行葬礼，大家将他的尸体平放在船上。斯奥斯坦因这位受人敬仰的师长，忠实地履行了对他妻子的所有承诺，为满足妻子的心愿，他在春季变卖了所有的土地与家畜，带着所有积蓄陪妻子踏上了航海之旅。他修整船只，招募船员，随后驶往埃里克夫斯。

现在逝者的尸体安葬在教堂中，等到古德里德回到布莱特赫里德的家中见到莱弗后，就把斯奥斯坦因安葬在埃里克夫斯之前为自己而建的家园内，他将永远沉睡在那里，像伟人般受万人瞻仰。

托尔芬·克尔塞夫尼及其伙伴的温兰德之旅

恰逢斯奥斯坦因去世那年的夏天，一名叫托尔芬·克尔塞夫尼的船长率领着他的船队从挪威来到了格陵兰岛。他不仅是斯奥·豪斯赫德之子，也是冰岛学者史诺里的孙子（史诺里是斯奥·霍夫迪之子）。

托尔芬·克尔塞夫尼出身不凡，家财万贯，他与古德里德两情相悦，萌生了执子之手与子偕老之意。古德里德带着他去征求了莱弗的同意，得到许可后便与托尔芬订了婚，待到冬季便与他举行了婚礼。

婚后不久，岛上的民众对于温兰德之行又一次议论纷纷，部分民众敦促克尔塞夫尼赶紧起航再探温兰德，对此古德里德并不赞成。经过再三考虑后，托尔芬决定出海再探温兰德。这一次，他召集了60位男性5名女性同行，并与他们签订了协议，对于此次航行中的战利品都将均分给所有人。出发前，他们装载了各种各样的家畜到船上，因为如果可能的话，他们打算在那里定居。托尔芬还和莱弗要了他在温兰德的营地，但莱弗并不是赠予，只是租借而已。

就这样，他们开始了他们的温兰德之旅，一路上风平浪静，他们顺顺利利地到达了莱弗的营地并将吊床拿到岸边安营扎寨，很快就美餐了一顿。这顿美餐的食材来自一头个头不小、肉质鲜美的鲸鱼，他们把鲸鱼拖到岸边宰杀掉，这下他们再也不缺食物了。他们把船上装载的各类家畜卸在陆地上，不过很快男人们就变得焦躁不安、性格暴躁起来，原因是他们带来了一头公牛并放养在他们身边。

在克尔塞夫尼的指挥下，船员们伐倒了一棵棵树木，然后将其劈成木材放置在悬崖上进行风干，再装进船舱里。船员们还把这片土地上稍微有价值的东西统统收集起来，比如葡萄、各种各样的野味以及鱼类等。大地回春，来到温兰德的第一个冬季弹指间便过去了，夏天的时候船员们发现了一大群斯克莱人（古代土著人的一种），他们从丛林深处走了出来。

家畜们紧挨在一起，公牛开始发出大声的嘶吼，随即斯克莱人受到了惊吓，带着他们的包裹四散而逃，包裹里装着灰色、褐色的毛皮，还有各种各样的皮货。他们朝着克尔塞夫尼他们住所的方向逃窜并试图进入房子里，而克尔塞夫尼下令，严守房门，拒他们于屋门之外。他们与斯克莱人语言不通，没有人能理解对方的意思。之后斯克莱人把他们的包裹放在地上，然后解开，想用他们包里的皮货来以物换物，在他们想要交换的东西中，他们尤其希望通过交换得到武器，然而克尔塞夫尼明令禁止船员出售武器给他们。他自己别出心裁，命令女船员把牛奶拿给斯克莱人，他们一看到牛奶，就迫不及待地想要交易，对其他的东西都置若罔闻了。

现在他们的包裹和皮货与克尔塞夫尼和他的船员们交换之后，斯克莱人完成了这次交易，带着他们的成果——一肚子的牛奶，心满意足地离开了。事后，克尔塞夫尼下令在房子周围扎起了结实的木质栅栏。就在这时，克尔塞夫尼的妻子古德里德喜得贵子，起名为史诺里。在到达这儿的第二个初冬时节，斯克莱人又来了，这一次他们带着与上次一样的皮货但人数远胜之前。

随即，克尔塞夫尼对女船员说道：“你们现在把那些上次很赚钱的食物都拿出来，不要拿其他东西。”当斯克莱人看到那些拿出来的食物后，纷纷把包裹扔进栅栏里面来，而古德里德正坐在屋内门口的位置，摇着她儿子史诺里的摇篮。突然一道身影闪入门内，一个身着短装的女人走了进来。她身材不高，头上系着头巾，浅棕色的头发，面色发白，她的双眼硕大无比，以前根本不曾见过。

她走到古德里德身边问道："你叫什么名字？"古德里德回答道："我叫古德里德，那你呢？""我也叫古德里德。"对方回答道。作为家庭妇女的古德里德摆手示意来人坐在她的身旁。然而碰巧在那一瞬间，古德里德听到一声巨响，身旁的那个女人仓皇而逃，与此同时，克尔塞夫尼的一名船员击毙了一个正要拿起武器的斯克莱人。面对这种情形，其他斯克莱人仓皇逃走，连衣服和用来交换的货物都顾不上收拾。"现在我们需要一起好好商量商量了，"克尔塞夫尼说道："因为我相信他们第三次再来的时候，就是攻击我们的时候，而且人数众多。现在我们要有计划，我们中的十个人要到海岬上放哨，其他人要进入丛林，为我们的家畜开辟出一片空地，我们还要带上我们的公牛，并让它走在前面。"

这里的地形正如在会议上提到的，一边是湖一边是森林，克尔塞夫尼的提议如今得到了落实。当斯克莱人进入到克尔塞夫尼先前已经为遭遇战选好的地点时，战争终于爆发了。斯克莱人血流成河，尸横遍野，而在他们中有位身形健硕、举止潇洒之人，克尔塞夫尼料定他就是他们的首领。一名斯克莱人捡起斧头，盯着斧头看了一阵，向着一名同伴挥舞了一下，同伴应声倒地而亡。那名高大首领见状抓住斧头，打量了片刻之后，尽力把斧头扔进了海中。斯克莱人不敌克尔塞夫尼一方，慌忙逃进丛林中，这场交锋到此暂时画上了句号。

克尔塞夫尼一方在温兰德又停留了一个冬季，然而第二年春天时，克尔塞夫尼宣布无意在温兰德继续停留，决定返回格陵兰岛。船员们做好返航准备，他们带着大量的葡萄树、葡萄，还有皮货之类的战利品，满载而归。驶入大海之后，他们一帆风顺地到达了埃里克夫斯，并在那里度过了冬季。

弗雷迪斯致使两兄弟身亡

有关温兰德之行的话题为人津津乐道，因为人们认为这是名利双收的事业。在克尔塞夫尼从温兰德归来的同年夏季，一艘由赫尔吉和芬葆吉两兄弟率领的船从挪威来到了格陵兰岛，并在这里过了冬。这两兄弟来自东部峡湾的冰岛家庭。

现在我们就要提到红发埃里克的女儿弗雷迪斯了。她从加达老家出发，为了邀请两兄弟一同航行特意赶到温兰德去拜访、游说二人。为此她提出均分所有他们可能在温兰德得到的战利品。因为这项提议，兄弟二人答应了她的请求。事成之后，弗雷迪斯从兄弟二人那里赶去拜访她的兄弟莱弗。她向莱弗索要他在温兰德建造的住所，像对待克尔塞夫尼的请求一样，莱弗承诺借给她住所，但不是赠予。

克尔塞夫尼也和弗雷迪斯约定，每人的船上除了妇女应该只有 30 名能干的男性水手。然而难缠的弗雷迪斯事后立马毁约，比约定的多带了 5 个人，但这件事在到达温兰德之前两兄弟并未察觉。他们出发时，像事先说好的那样，如果可能的话就结伴而行。然而虽然他们彼此离得并不远，但两兄弟还是稍微提前一点到达了温兰德，并且把他们的东西放进了莱弗在温兰德的住所里。

等到弗雷迪斯到达，停船卸货，将行李运到莱弗的住所时，却发现住所已被兄弟二人所占。随即，弗雷迪斯恼羞成怒道："你们为什么把行李放在这里？"兄弟二人回答道："因为我们相信我们将会信守我们之间的约定。"弗雷迪斯反驳道："这是我兄弟莱弗借给我的，不是给你们的！"随之赫尔吉大声说道："对于这个问题我们兄弟二人不想和你争。"说罢便将行李从屋里搬了出来，又在临海的湖岸旁搭建了临时住所，把一切安置妥当。而弗雷迪斯则下令船员们砍伐木材装进船舱。

时间一晃而过，冬季来临了，两兄弟提议他们应该做些游戏来消遣。游戏持续了一段时间，待到双方开始有意见，产生矛盾后停了下来，而这之后双方的交流也中断了。

有天清晨，弗雷迪斯起了个大早，穿好衣服，但没穿鞋和袜子，厚重的露珠打落下来，她披着她丈夫的外衣，裹着自己然后走向那两兄弟的住所。到了门口时她发现，之前有一个人离开时没有关好门，门是半掩的。她推开门，静静地站在门口，而芬葆吉睡在屋子的最里面，他惊醒过来问道："你来这干什么，弗雷迪斯？"她回答道："我希望你能起来陪我出去走走，因为我有话要对你说。”芬葆吉快速起身与她走了出去，他们走向房子外墙边上的一棵树，然后在树下坐了下来。

“你喜欢这里的什么?”弗雷迪斯问道。“我喜欢这肥沃的土地，但是我对我们之间的隔阂并不开心，在我看来，这是毫无道理的。”芬葆吉回答道。“对我而言又何尝不是呢。我有个请求，我想和你们兄弟交换一下船只，因为我觉得你们的船比我们的船大，过一阵儿我想离开这。”芬葆吉回答说：“如果你高兴的话，这个要求我可以答应你。”随后二人便分开了，弗雷迪斯回了家，而芬葆吉也回到住所上床休息。弗雷迪斯一回家就爬上了床，她冰冷的双脚惊醒了熟睡的丈夫斯奥沃德。丈夫问她双脚为何如此冰冷而且还湿漉漉的，她情绪激动地回答道：“我去了那两兄弟那，想要买下他们的船，因为我想要更大点的船，但他们不仅不接受我的提议还粗暴地打了我。都什么时候了，你这个贱骨头，畏畏缩缩，既不为我所受的耻辱报仇也不为你自己，我再也不回格陵兰岛了，而且我要和你离婚，除非你为我洗刷耻辱!”

这一次斯奥沃德再也无法忍受她的奚落了，他立刻召集人手，带好武器，径直前往两兄弟的家中，在他们还在熟睡之时破门而入，抓住了他们然后捆绑起来。当兄弟二人被抓住的时候其他人四散逃跑，弗雷迪斯早就在门外等候他们了，他们出去一个弗雷迪斯就杀一个，所有的男人都死了，只有妇女幸存了下来。弗雷迪斯高声喊道：“给我递把斧头过来!”她手持斧头砍杀了5个妇女，其他人在看到这恐怖的举动后都跑回了屋子里，而弗雷迪斯对她的杰作看上去很是满意。她叮嘱她的同伴道：“如果我们要回到格陵兰岛，我会杀掉所有泄露今天这件事的人，我们必须说在我们离开这儿的时候，这兄弟二人及其随行人员留在了这里。”

待到早春时节，他们装备了原本属于那两兄弟的船，他们用这艘船来运输那些他们从温兰德获得的可以被带走的物品。随后他们开船出发，驶向格陵兰岛，他们一帆风顺地于夏初时节到达了埃里克夫斯。到达时克尔塞夫尼正好在那里准备出航，他已经万事俱备只欠东风了，人们看到他俩相遇便说弗雷迪斯的船比克尔塞夫尼没有离开格陵兰岛的船装的货还要多，看来真是满载而归，收获颇丰啊。

心乱如麻的弗雷迪斯

如今，弗雷迪斯安然无恙地回到了她的家中，因为急于掩饰她的罪行，她给她的船员们支付了丰厚的报酬。之后便回到了自己的家中，而她的船员们并不全都是对他们的罪行口风很紧的人，流言蜚语终究流传了出去。这些谣传传到了她的兄弟莱弗的耳朵里，莱弗认为这简直就是奇耻大辱，随即便抓来了两名弗雷迪斯的船员，进行逼问，结果他们所言与谣传完全一致。莱弗悲伤地说道："我的姐姐弗雷迪斯本应受到她应有的惩罚，可我着实不忍心，但我承诺会支付一笔钱给那些惨死之人的后人们。"

之后这件事还是传开了，人们认为弗雷迪斯除了恶毒，没有什么可以说了。现在先把这件事搁在一边，让我们从克尔塞夫尼备好船只，再次出航说起。那是一次成功的航行，他一帆风顺地到达了挪威。他在那儿待了一个冬天，卖掉了他带去的货物，而他和他的妻子也备受当地德高望重之人的赏识。

第二年春，克尔塞夫尼整装待发准备起航前往冰岛，当一切都已准备妥当，船已经停泊在码头上，只待风起便可出航时，来了一个南方人，他是地地道道的撒克逊地区的不来梅（地名，美国及德国都有这样的地名）人。这个南方人想要买克尔塞夫尼那小巧优雅的房子。"但是我并不想卖。"克尔塞夫尼回答道。南方人游说道："我愿意为此付给你半个牛轭大小的黄金。"克尔塞夫尼被打动了，认为是笔好买卖，于是便不再讨价还价。南方人带着那小巧优雅房子的所有权欣然离去了，而克尔塞夫尼并不知道建造那栋房子所用的木材是什么，事实上那是来自温兰德的摩苏尔（一种极其珍贵的木材）。

克尔塞夫尼起航了，开着他的船来到了冰岛北部的斯噶夫斯。他的船停泊在那里度过了冬天，春季时他买下了格莱毕尔的土地然后从此便定居在那里，成了备受尊崇的人物，他在那儿度过了他的余生。他和他的妻子古德里德在那里繁衍了众多的子嗣。在克尔塞夫尼去世后，古德里德和他出生在温兰德的儿子史诺里接管起农场，等到史诺里成婚后，古德里德远走他乡，去南方进行朝圣之旅。结束朝圣之旅后她又回到他儿子史诺里的家中，史诺里下令在格莱毕尔兴建了教堂。

之后古德里德戴上面纱成为修行隐士并在那里度过了余生。后来史诺里有了儿子，起名叫斯奥格尔，而他正是恩格韦德的父亲，恩格韦德则是后来主教布兰德的母亲。此外，克尔塞夫尼的儿子史诺里还有一个女儿，名叫豪尔弗里德，她是鲁诺夫的母亲，而鲁诺夫则是主教斯奥莱克的父亲。毕昂是克尔塞夫尼与古德里德所生的另一个儿子，他是斯奥恩的父亲，斯奥恩后来又称为主教之母。许许多多的子嗣从克尔塞夫尼这开枝散叶，而他也有幸拥有了许多名声斐然的后代，所有克尔塞夫尼的后代都对他们的航海做了精准的记录。

2. 哥伦布在给路易斯·桑特·安吉尔的信中报告了他的新发现(1493)

【这封信是哥伦布返回航程快结束的时候，写给亚拉贡的财务主管路易斯·桑特·安吉尔的，他为哥伦布实现探险远征提供了巨大的帮助。这封关于他发现新大陆的书信明显是想要让费迪南德和伊莎贝拉（王室成员）过目的。现在译文的文本内容源自美国历史书籍，由哈特和钱宁两位教授编制而成。】

尊敬的阁下：

我知道您一定会乐意倾听在我的这次航行中，上帝赐予我的伟大胜利。我写信给您，由此您可以知道我如何在 33 天的时间里，带领着最为显赫的国王和王后殿下赐予我的舰队，漂洋过海，到达印度（今巴哈马群岛，哥伦布误以为是印度）。在那里，我发现了许多岛屿，岛屿上面人口众多，我以西班牙国王和王后的名义，宣布拥有那些地方，并挂起了皇家旗帜，而且没有遇到任何抵抗。

我还为我发现的第一个岛屿取名为圣·萨尔瓦多（今沃尔亭岛），以此纪念救世主，他奇迹般地一路上为我们消灾解难，当地的印度人（实际是印第安人）称那个岛为瓜那哈尼。我又为第二个岛起名为圣·玛利亚·康塞普西翁岛（今拉姆海湾），为第三个岛起名为费迪南德岛（今长岛），为第四个岛起名为伊莎贝拉岛（即克鲁克德岛），为第五个岛起名为胡安那岛（今古巴），就这样我给它们挨个命了名。

当我到达胡安那岛后，顺着海岸线向西航行，发现它是那么的辽阔，这让我以为肯定是卡塞（中国）的一个省。沿海没有城市和大的村庄，只有一小片房子，由于那些居住者们见到我们的时候全都立刻逃走了，我未能与他们进行交谈，心想我不至于碰不到大的城镇。然而运气不佳，在航行了很多里格之后（一里格为三英里，约合 4.8 公里）我依然一无所获。

海岸线把我引向北方，而这正是我力求避免的，因为冬天已经悄然而至，我想还是朝南为好，更何况风向也是利于向南航行的。我决定不在那儿滞留了，即刻回到我先前注意到的一个大的港湾，我还派了两个人上岸以确定那里是否有王国或是大的城市。他俩找了三天，其间发现了无数的小村落和居民，但见不到有统治者的迹象，最终无功而返。

我们从抓获的印度人口中得知，这肯定是一座岛屿。我顺着海岸线向东航行了 107 里格，到达了它的尽头。从那个海角望去，我发现了东边距离该岛 18 里格远的另一座岛屿，我为它取名为埃斯帕略拉岛。

我到了那座岛，顺着它的北部海岸往东（就如我在胡安那岛的海岸上做的一样）航行了足有 178 里格。这个岛和其他岛一样，物产富饶，与其他岛屿相比甚至有过之而无不及。岛上沿海地区有许多港口，在我们基督教所传播的地方，没有一个可以与之相比。

众多的河流清澈宽广，美丽无比，岛上地势高耸，高山广布，卡他弗里利岛也难与之相提并论，这里千姿百态，景观壮丽，那些高山也容易攀登，山上长满了成千上万种树木，树木高耸入云，好似直冲云霄，美不胜收。

有人告诉我这些树从不枯萎，对此我深信不疑，因为我发现这些树如同西班牙五月天里的那些树一样郁郁葱葱。这里的花儿们，有的正盛开着，争奇斗艳，有的已是硕果累累，剩下的还在蓬勃地生长中，含苞欲放。虽然已是十一月的深秋季节，当我漫步在树丛中，依然时而能听到夜莺和其他鸟儿在啼鸣歌唱。在这里棕榈树也有六至八种之多，种类如此丰富，当真是妙不可言，其他的树，果子和植物也是如此。

岛上还有许多极美的松树林和美不胜收的平原，有蜜蜂也有种类繁多的鸟类和果实，而在内地则有着许许多多的金属矿藏和无数的土著人，埃斯帕略拉岛简直是人间仙境啊。它的高山峻岭和平原田野如此富饶肥沃，适宜饲养各类牛群，可以建造城市和村庄，如果不是亲眼所见，真难以相信沿海有那么多优良的港口，甚至可以淘出金子的河流。

岛上的树、果子、植物都与胡安那岛截然不同，岛上有许多香料，大金矿和其他种类的矿藏。这里的土著人没有钢铁，也没有武器，他们也不准备使用武器，虽然他们长得很健硕，但他们却表现得出人意料的怯懦。他们唯一的武器是矛，那是在播种时制成的，顶端上装上了尖头的木制物，但他们连这种东西都不敢使用。通常我派了两三个人上岸，到一些村子里去和他们接触，他们出来了数不清的人，但是一看到我的人走近，他们就四散而逃，哪怕我保证他们不会受到任何伤害。

无论我走到哪，只要和他们说上话了，我就给他们我所带着的一切东西，如布料和其他一些东西而不接受任何的回报。他们生性胆小，但这也是真的，一旦他们放下心来，消除掉恐惧，他们是很坦率、慷慨的。

如果不是亲眼所见你也不会相信这一点，当你向他们索取任何他们所拥有的东西时，他们从不拒绝，他们甚至自己提出与人们共享，处处显示出热爱和坦诚，似乎要把自己的心掏给对方，而且，不管你给他们的东西有无价值，他们都会感到满足。

我禁止属下给他们没有价值的东西，例如一片碎陶片、玻璃碎片和皮带头，尽管如此，他们得到这些东西后，如同得到了世界上最珍贵的珠宝一般。有个水手用一条皮带换到了一块重达 2.5 卡斯蒂拉纳的金子（西班牙重量单位，约合五盎司，即 165 克），还有人用更没用的东西换得了更多的金子，为了换取小面值的新铜币，他们愿意拿出所有的东西来交换，无论是两三卡斯蒂拉纳重的金子或一二阿罗巴（西班牙重量单位，约合 25.36 磅）的精纺棉。他们甚至要断裂的酒桶箍，像傻子一样拿出他们所有的东西来交换。我认为这样做不妥而加以禁止。

我拿出上千件我带来的吸引人的物品来博取他们的好感后诱导他们成为基督教徒，爱戴国王和王后陛下，为整个卡斯蒂王国效力，并帮助我们得到我们确实需要而他们又大量拥有的东西。他们不信宗教，也不是偶像崇拜者，但所有人都相信真善美都存在于天堂，他们坚信我和我的船员以及我们的船都来自天堂。由于这种信念，在克服了恐惧之后，我们所到之处他们都会热情地接待我们。

然而，他们并不是无知之人，实际上他们都是心灵手巧之人，而且都是些精通在海上航行之人，并且能准确地描述所有的东西，只是他们从没见过像我们这样的船和这样穿衣服的人。

我刚到印度群岛时，在第一座岛上，我强行逮捕了一些土著人，从他们那我们可以得到一些消息，告诉我们哪里有哪些东西。很快，借助手势和只言片语我们理解了对方的意思。之后他们依然跟随着我们并且坚信我们来自天堂。

无论我走到哪里，消息都不胫而走，人们从一户跑到另一户再到邻近的村庄，大声高喊着："快来，快来，快来看从天堂来的人啊!"这样一来，所有的人都来了，男人、女人、大人和小孩。他们一对我们放心之后就带了一些吃的、喝的，非常善意地来让我们享用。

所有岛上的人都有许多像我们的划艇一样的大大小小的独木舟，大多数都比 18 个座位的驳船大。因为都是用整块的木料做的，这些独木舟都不怎么宽，但是我们的划艇却追不上它们，它们的速度快得让人难以置信。靠着这些独木舟，他们在无数的岛屿间进行贸易往来。我看到过有些可乘坐七八十号人的独木舟，每个人都有个桨。

在所有的岛屿上我看不出人们的面貌、举止和语言有什么大的不同，但他们之间还能相互沟通，这个情况是值得在意的。我期望我们伟大的陛下能促使他们皈依我们神圣的信仰，对此他们是很合适的。

我已经说过，我如何沿着胡安那岛的海岸由西向东直线航行了 107 里格，经过那次航行，我断定这个岛比英格兰和苏格兰加在一起还要大。因为在这 107 里格以西还有两个省份我没有去过，其中一个叫"亚温"，那里是长着尾巴的人类的领地。我可以从熟悉所有岛屿情况的土著那得知，这两个省份的长度不会小于五六十里格。而另一个岛就是埃斯帕略拉岛，它的海岸线的周长比从西班牙沿海的科利尔到比斯开的富恩特拉比亚的整个海岸线都长，因为沿着它由西向东我一直航行了188里格。这是一个令人向往的国度，来了就不想放弃。

虽然我为我们伟大的陛下占据了所有这些让人难以置信的富庶的岛屿，授权他们管理这些岛，如同统治卡斯蒂尔王国一样。但在埃斯帕略拉岛，我还特别购买了一座大城，它的位置极佳，位于最适合开采金矿的地方，又是便于让这边的大陆和那边的大汗王国进行贸易的地方，毋庸置疑，那里未来会有大量的贸易往来和巨额的利润。我占据了那巨大的城市并取名为纳维达（地名，位于今智利境内）。我加固了城防，建起了要塞，现在想必已经完工了吧。我留下了足够的武器和武装人员还有足够一年的粮饷，还留下了一个大三角帆船和一名能娴熟制造其他船只的工匠。我和那个国家的统治者建起友谊，他自豪地称我为兄弟，并以兄长之礼待我。退一步说，其实他改变了对我们的态度——与我们敌对，他们也不知道如何使用武器。

正如我所说的那样，他们全身赤裸，是世界上最胆小的人。因此，可以说，我留下的人足以消灭所有的敌人，只要他们自己行为检点，那个岛对他们而言毫无危险可言。在所有那些岛上，除了国王和其他统治者可以拥有多达20个老婆外，其他男人似乎都满足于只有一个妻子。女人比男人劳动得更多。我还未能发现他们有没有什么私有财产，看起来似乎是一个人的东西所有人都可以使用，尤其是食物更是如此。

到目前为止，我在这些岛上并没有发现如同许多人猜想的那种怪物。恰恰相反，整个种族举止非常温和，虽然他们的头发又直又粗糙，但他们并不像几内亚人那么黑，因为他们生在光照并不太强烈的地方。不过，那地方纬度有26°，阳光还是颇为强烈的。在岛上的山上，今年冬天非常寒冷，然而他们习惯了，靠着吃一种非常辛辣的肉，他们能够忍受严寒。

至于那些怪物，我并没发现他们的踪迹，只是在去印度群岛途中的第二个岛——卡雷斯岛上的时候，那里有一个种族，这些岛上的人认为他们是异常凶恶的，他们连人肉都吃。他们有许多的独木舟，来往于印度群岛所有的岛屿之间，掳掠去任何他们能够拿走的东西。除了他们的头发长得像女人一样，他们的模样并没有什么异样。他们使用芦苇秆与尖木箭头做成的弓和箭，因为他们没有铁。和其他胆小的人相比他们算得上穷凶极恶了，但是这些我只是道听途说罢了。

他们用东西从马丁尼诺岛换来妇女做妻子，马丁尼诺岛是从西班牙到印度群岛的第一个岛屿，那里没有男人，全是女子。妇女从事那些非女性的工作，她们使用之前讲到的芦苇秆、木箭头做成弓和箭，用铜片披在自己身上，因为岛上出产许多的铜。他们明确告诉我有个比埃斯帕略拉更大的岛，那个岛上的人都是没有头发的，但那里有数不清的金子，我从不同的岛上带回了一些印度人，他们会证实这些事。

最后强调一下，以上我叙述的是我在这次快速完成的航行中所发生的事情。国王和王后将明白，他们只要给我些许的支持，我就能给予他们所渴望的大量黄金，数量惊人的香料、棉花还有他们想要的乳香、树脂（至今只在希腊的吉欧斯岛上有，那里的政府漫天要价），还有芦荟和大量的奴隶。我想我也发现了大黄和肉桂，而且我留在那里的人可以发现更多其他有价值的东西。只要风向利于航行，除了在纳维达城之外，在那儿为我留下的人的安全做了一些预防和布置，我就不耽误时间了，并且说真的，我的船如果听使唤的话，我原本能完成更多的任务的。

我想写这么多是足够了，要感谢上帝，他使所有照他意愿行事的人做成了似乎是不可能做的事。这次的发现是非常卓著的一件事，虽然一些人也许谈论过和写过关于这些国家的事，但是一切都是臆测，都是从传闻中推断的，因为没有人能说他亲眼看到了这些事。但是，我们的救世主把这些胜利赐予我们显著的国王、王后及其王国，他们因为有如此重要的成就而名扬四海。为这些发现，在基督教世界，人们应该举行盛大庆祝，虔诚地感谢上帝，让我们有可能使更多人皈依我们神圣的宗教，以及给西班牙和基督教世界带来精神上和物质上的利益而祝贺吧。这个简洁的报告完全是依照事实，在加纳利岛外，船中草书而成的。

1493 年 2 月 15 日

海军上将　顿首（信尾的谦恭用语）

附 件

再启：这封信写完后我就到达了卡斯蒂海面，那时刮起了强劲的南风和西南风，使我不得不减轻船的载重，而今天转达里斯本港，我认为这是世界上最奇妙的事，我想从那里写信给国王和王后。在所有的印度群岛上，我发现气候都像我们这五月里的天气一样，我到达印度用了 33 天，回来时用了 28 天。除去这场风暴，使我在这片海域耽误了 14 天。所有的水手都说他们从未碰到过这样严寒的冬天，失去过这么多的船只。

这是哥伦布发现印度群岛后写给财政大臣的信，这封信附在另一封给国君的信件上。

3. 关于亚美利哥·韦斯普奇首次航行的报告（1497）

【亚美利哥·韦斯普奇1452年生于佛罗伦萨，1512年卒于塞维尔。他受雇于曾为哥伦布第二次航行出资的商会。他经历了四次航行，以下的信件中记录了他的第一次航行，他在信中声称自己发现了“新世界”。他似乎比卡波特早几周，比哥伦布早差不多14个月就到达了那片大陆。对此，现代调查研究中的一些疑点长久以来一直影响了他的声望，所以德泽米勒在1507年提议以他的名字为这片大陆命名并不是没有道理的。如今的译文是从“M. K.”所著的《意大利人韦斯普奇》（夸里奇版，1885年完成于伦敦）翻译而成的（原著于1505—1506年在佛罗伦萨出版）。】

亚美利哥·韦斯普奇致佛罗伦萨共和国地方长官皮埃尔·苏德里尼的信

尊敬的大人：

在诸如谦逊的尊敬和直接的赞美之类的词语之后，即使高贵、睿智的您也可能会为我接下来的鲁莽行为而感到惊讶，我鼓励自己给您写了这么冗长的、看似十分荒谬的一封信给大人您。

我知道高贵的您屡次任职于最高委员，处理事关这庄严雄伟的共和国政府的事宜。还请您原谅我的冒昧，体谅我写这封信的心情，况且这些可能根本不与您的身份相称，也不是一种娱乐，更何况我写得粗野随性，不符合礼貌用语的任何一条标准。但是不仅由于您的宽宏大量我才有自信您会谅解我，更因为我所要写的事情是前人或当代之人都不曾知道的事实，高贵的您之后想必会理解我，这一切使得我变得无所畏惧。

现在这个送信人的请求是打动我写这封信给您的主要原因，他名叫本沃奴拖·本沃奴提，是咱们佛罗伦萨人的同胞，对此证据确凿，经证实他是您忠实的仆从，也是我非常要好的朋友。他恰好在里斯本（葡萄牙城市名），他请求我与大人您取得联系，凭着我在发现新大陆中所经历的四次航海，讲述我在世界不同地域的所见之景。这四次航海中有两次是受卡斯蒂尔国王丹·弗兰多六世之命，向西横跨连接大洋与近海的海湾。而另外两次则是受雄才大略的葡萄牙国王唐曼努埃尔所托一路向南。他告诉我大人您会很乐意听我讲述这些，而在此他也希望能为您效劳，于是我便写了这封信。

也因为我确信大人您肯定不会把我当成外人看待，想起我们年轻的时候，您便待我为好友，而现在我成了您忠诚的仆人。想起那时我们去学习语法原理，它们往往包含在那些好的例子里，一起聆听受人敬仰的修道士圣·马克·吉奥·安东尼奥·韦斯普奇的谆谆教诲。我对天发誓，他的建议和教导我真的听从了，就像彼特拉克（意大利诗人）说的那样我应该成为比现在的我更好的人。然而无论我是否会悲伤，我都会这样做，因为我曾从那些有意义的事中得到了快乐。

虽然我的那些琐碎之事或许与您的德行并不相配，但我还是会把这些告诉您，就像普林尼（罗马学者）对米西奈斯说的那样，您曾经一度习惯于从我的毫无意义的故事中得到快乐，而现在虽然您一直为公共事业操劳着，您也该花些时间来放松一下，用点时间在这些没有价值的或者逗人发笑的事情上，就像茴香通常搭配在顶级的美味食材中来促进食客消化食物一样，对您来说或许也是如此，从您繁忙的公务中解脱出来，读读我写的这封信，它或许能带走些许您对公共事业长久以来的焦虑和沉重的思考。

如果我写得冗长乏味，我渴望您能原谅我，我高贵的主人。高贵的您想必是知道我进入西班牙领土范围内的动机，我是为了来进行商品交易的。我思考这事已经四年有余了，在这四年里我亲眼见到并深刻理解了命运的变化无常，深深懂得了命运是如何操纵那稍纵即逝的利益，以及它如何让一个人一夜成名、飞黄腾达，又如何在下一刻就让他身败名裂，剥夺那些本不属于他的财富。结果，我懂得了只有不断地辛勤劳作才能不断地超越他们，从而让自己经历和承受如此多的风险与焦虑。

我毅然决然地放弃了贸易，而后调整目标，去做一些更加稳定的、值得称赞的事。从此我做好了准备去世界的其他地方看看，欣赏那里的奇观。而就在那时机会来临，当真是天助我也，天时地利人和皆备，卡斯蒂尔国王丹·弗兰多即将派遣四艘船向西发现新大陆，尊贵的国王宣召我去协助完成这次发现任务，我们于 1497 年 5 月 10 日从卡迪斯港起航，顺着航线穿过连接大洋与近海的海湾。

在那里我们航行了 18 个月（预计），发现了众多大片的陆地和数不清的岛屿，它们其中的大部分都有人居住。然而之前的作家并未在作品中提及它们，我相信，这是因为他们根本不知道那儿，因为如果我没记错的话，在我曾读过的那些作者的一本书中，作者认为这连接着大洋和近海的海湾里是没有人的海域，这个观点是我们的诗人但丁在《地狱》的第二十六章中写到的。在诗中他虚构了尤利西斯（希腊神话中的人物）之死，而我在航行中看到的那些让人叹为观止的事物，想必大人您一定能够理解吧。

正如我之前所说的，我们四艘船结伴离开卡迪斯港口，径直航向名为大加纳利岛的幸运之岛，它坐落在连接大洋和近海的海湾中，那里是有人居住的岛屿，靠近西边的尽头，位于第三气候带上，在那里抬头往上看，北极在当地水平线①之上 27.5°仰角的位置，那里距离里斯本有 280 里格（长度单位，1 里格约合 3 英里），而且夹在麦竺堤与利比西奥（西南风）② 两风带中间。

---

① 那里位于北纬 27.5°。

② 南一南一西，值得注意的是，韦斯普奇总是用“风”这个词来预示风吹向的方向，而不是起风的地方。

我们在那里停留了8天，备足了淡水、食物等其他的必备物资。

在这里，我们祈祷之后能有好运，之后我们加重了锚的重量，驶入风带中，开始了我们的偏西南15°[①]的西行之旅。这一走便是几十天，到了第37天的傍晚，我们到达了一片我们认为是大陆的陆地，这片陆地位于加纳利群岛以西超过1000里格处，岛上有人居住[②]，属于热带气候区。我们之所以知道它位于热带是因为我们发现北极位于这里水平线仰角16°向西的位置[③]，通过我们仪器的测算，和加纳利岛差了75°。我们在距那里1.5里格的地方抛锚停船，换乘小船，搭载着船员和武器驶向了陆地。

在上岸之前，我们看到一大群人在沿着海岸前行，这使得我们欢呼雀跃。我们还发现他们全身赤裸，惊恐万分地面对着我们。我相信这是因为他们注意到我们穿着衣服而且相貌和他们截然不同。他们全都退缩到小山丘后面，无论我们如何向他们示意以示我们的和平和友善，他们都不敢来与我们交谈。以至于夜幕降临，由于我们的船停在危险的海域，位于崎岖不平、无遮无拦的海岸边上，我们决定第二日便离开这里去寻找我们可以安然停靠的海湾或者海口。我们乘着西北风航行[④]，沿着海岸线而行，这片陆地一直都在我们的视线之内，我们又不断地在沿岸看到了人群。

直到航行了两天后，我们才发现了一处对于船只而言足够安全的地方，随即抛锚停船在距离陆地1.5里格的地方，在陆地上我们又看到了一大群人。而在同一天我们40个衣着得体的船员换乘小船登上了陆地，与上次一样，陆地上的人们依然不敢与我们交谈，对于鼓励他们来与我们进行交流我们着实是无能为力。这一天，我们努力地把我们的货物送给他们，诸如拨浪鼓、镜子、珠子项链、齿条之类的小东西。这样一来，他们中的一些人终于有了勇气来和我们进行交流。当夜幕降临时，我们已经与这些原住民建立起了友谊。

---

① 西偏南15°。

② 这句话只不过是重复“来自于加纳利群岛”，那些岛屿早已被标明为人居岛屿的西部末端。

③ 那里位于北纬16°。

④ 西北方向。

夜深了，我们离开他们，返回船上休息，然而第二天天刚蒙蒙亮，我们就在海滩上看到了人山人海。他们拖家带口，带着妻儿和他们站在一起。我们走上岸来发现他们全都带着他们这里的特产，那些特产都是在特定的地点才会有的那一类。

在我们上岸之前，距离岸边大约有一箭之隔远近时，他们中就有很多人跳进海里游过来迎接我们。他们都非常善于游泳，他们如此信任我们就好像我们相识已久那样，而我们对于他们如此的信任也是备感欣慰。因为之后我们尽可能地了解到他们生活中的风俗习惯，他们赤身裸体，男人女人都是如此。

他们大都中等身材，比例匀称，皮肤和狮子的鬃毛颜色很像，偏近红色，我相信如果他们穿上衣服，他们会像咱们一样白。他们身上没有毛发，只是头发又长又黑，尤其是那些被认为是美女的女子更是如此。他们的面容并不好看，因为他们的脸很宽，以至于看上去像鞑靼（位于今西撒哈拉地区）人。除了头上的头发之外，他们不让眉毛上有毛发，也不让眼皮上有，还有其他任何地方都不能有，因为他们把毛发视作肮脏的东西。无论男女走路和跑步的时候脚步都很轻，以至于女人跑一两里格远都毫无顾虑，我这么说是因为我曾多次看到他们这么做。

对此他们与我们基督徒相比而言有巨大的优势，他们游泳快得超乎我的想象，而且女人比男人游得更快，我这么说也是因为我不止一次看到他们游出一两里格远而毫不停歇。他们的武器是做工精良的弓和箭，但是箭尖并非用铁或是其他坚硬的金属制作而成，相反他们用动物或者鱼类的牙齿，又或是坚硬木料上的尖刺通过火烤硬化之后来做箭尖。毫无疑问他们都是神射手，他们可以射中任何他们瞄准的目标，在一些地方，女人也会用那些弓箭。

事实上，女人们使用其他的武器，例如火烤硬化之后的矛，或者雕刻得很精致的一些球形石块。他们久经阵仗，残暴地攻击那些不会说他们语言的人，心狠手辣，不留活口，就算暂时不杀掉也是为了更残酷地折磨俘虏。当他们上战场的时候，他们都带着他们的女人与他们一起，不只是带着那些要参加战斗的，而是因为女人们带着他们所有的财物待在他们身后三十或五十里格的地方，没有男人能在这种情况下忍受失败，而我也曾多次看到他们这样做。

他们不习惯有任何的领袖，也不整齐列队一起去做事，因为他们每个人就是自己的主人。而他们发生冲突的理由既不是因为对领地的渴望，也不是为了扩张他们的领土，对此他们并不过分贪婪。他们冲突的理由却是因为一些古老的仇恨，这些仇恨在他们中代代相传，逐渐增长。当问及他们为何要发生战争时，他们除了为死者、先烈或者是父母复仇之外并不知道其他什么理由了。

他们那些人既没有国王或者主人，也不会顺从屈服于任何人，他们享有他们自己的自由。只有当敌人杀害或者逮捕了他们其中一员的时候，他们才会被激怒而发动战争。这时，死者亲属中最年长的人会站出来，在路边进行宣讲，号召其他人跟随他去为被杀害的亲属复仇，因此我们根据他们对同伴的感受来判断他们是否被激怒。他们并没有司法系统，也不会去惩罚犯了错误的人，甚至父亲或者母亲也不会去严惩他们的孩子，然而真正让人匪夷所思的是，我们很少甚至从没看到过他们之间发生争执。

在交谈中他们表现得很单纯，而当所谈之事关乎他们自身时，他们表现得很精明、很敏锐，他们说话很少，音调很低，除了表示不同物品的名称外，他们的发音方式与我们几乎相同，要么用上颚，要么用牙齿或者嘴唇来发出声音①。他们有许许多多不同的口音，每隔 100 里格我们就能发现语言的变化。以至于他们自己都不能相互理解对方说的话。生活中他们的礼节是野蛮原始的，他们不在饭点开饭而是随性而为②，他们半夜里吃的比白天还多，因为他们一直在吃，这对他们并没有什么好处。而且他们就在地上吃饭没有桌布或者其他铺垫的东西。他们要么用自制的陶土盆来装肉，要么放在半个南瓜里。

他们睡在棉制的大网里，悬挂在半空中，虽然他们这样的睡眠习俗看上

---

① 他的意思是欧洲人对于他们这种语言的发声器官没有不了解的，不外乎是上颚音或者是唇齿音。

② “随性而为”是作者的创意。

去并不舒服，我却认为睡在网里很甜美，因为我们铺了床单睡得比他们舒服。他们身体干净顺滑，因为正如他们所做的那样，那么频繁地清洁着自身。在他们中我既没有发现他们有任何的法律，他们也不能算作摩尔人（英格兰人姓氏）或者犹太人，更不是异教徒。因为他们并没有任何的祭祀，哪怕连祈祷的教堂也没有，为此我将他们的生活方式定义为享乐主义。

他们的住处倒是普普通通，造成小屋的风格，但是却很坚固，使用巨大的树木建造的，又覆上棕榈树的叶子，可以抵挡暴风雨的侵袭。而有些地方他们造得又宽又长，我们可以发现一间房子里竟然住着 600 人，我们还看到一个仅有 13 所房子的村庄居住着 1000 人。每八到十年他们会迁居一次，当问及他们为什么这样做时，他们回答这是因为时间一长这污秽的土地已经变得不利于健康，土壤腐坏了，会导致他们身体疼痛，这看上去似乎是个好理由。

颜色各异的羽毛或者来自于鱼骨的珠子，又或者是他们挂在脸上、嘴唇和耳朵上的或白或绿的石头，这些在我们看来毫无价值的东西却是他们的财富。他们没有贸易，既不进行购买也没有销售，总而言之，他们生存下来且对自然所赐予他们的东西感到满意。

那些我们在欧洲还有其他地方视作珍宝的东西，例如金银、珠宝等物，他们却不屑一顾，即使在他们的土地上有这些东西，他们也不会辛苦地劳作去获得它们，更不会视作珍宝。在给予上他们是自由的、慷慨的，因为他们几乎不会拒绝你的任何要求；另外，索取也同样自由，如果他们视你为朋友的话。当他们去世，他们有多种不同的葬礼习俗，他们中有些会把水和食物放在他们的头顶上，认为死者可以在那儿享用，他们却没有火葬抑或是哀悼仪式。

在一些地方，他们举行看似野蛮且不近人情的葬礼，当族人饱受病痛折磨或者垂垂老矣，正在生死迷离之际的时候，他的亲人会把他送进大森林里，在那里他们在两棵树中间系上一个他们用来睡觉的网，然后将他安放在网里，在他周围跳一整天的舞，夜幕降临，他们把水和食物放在长枕上，留下他独自一人，其他人返回村子。如果病人能够自理吃喝，活下来回到村子，他们会为他举办仪式，然而只有很少数人能活着回来，直到去世也不会有人再去看他们，这就成了他们的坟墓。他们还有许多其他的葬礼习俗，由于过于繁杂，就不在此赘述了。

他们用多种形式的药物来医治疾病①，这些方式与我们的迥然不同，令人惊异的是这些病人是如何痊愈的。有许多次，我看到一名男子发烧了，当他病情加重时，他们就用大量的凉水从头到脚地冲刷他，为他沐浴，然后在他周围点起一大团火焰，让他每两小时如此往复循环一次，直到他们对他厌烦，让他睡着了才算结束，还有许多人利用其他方式痊愈了，他们通过节食，保持三天不吃不喝然后放血，但不是从胳膊而只是从大腿和腿肚子上放血来治疗疾病。同时他们还在嘴里喂草药来让患者呕吐，以此来治疗。此外他们还有很多其他的治疗方法，在此就不多说了。由于他们主要吃的食物是草本植物的根、水果还有鱼类，他们的血液和身上分泌黏液的成分也和我们差别很大。

他们没有小麦或者其他谷物的种子，为了他们日常的饮食，他们用一种树的根，以此来磨出面粉，他们称这种树木为乌卡，此外还有其他他们称之为卡扎比和依格纳弥的植物可以用来食用。

除了人肉之外他们很少吃肉，想必大人您应该清楚他们是异常残忍的，他们如此的惨无人道，超越了人类的极限甚至比野兽还要残忍，因为他们吃掉所有他们杀掉或者抓住的敌人，无论男女都是那么的凶残，而这仅仅是其中一件令人恐怖的事情罢了，我们还多次目睹了太多太多这样的事，在许许多多的地方，不经意间我们就看到了。听到我们说我们不吃掉我们的敌人时他们感到非常吃惊，这一点大人您请务必相信，他们其他野蛮的习俗如此之多，以至于对于现实来说我的表述是那么苍白无力。

而在这四次航海中我看到许多与我们截然不同的风俗习惯，我准备写一本名为《乐夸脱吉奥奈特》的拙劣之作，在其中我会用更大的篇幅事无巨细、极尽所能地记述我所见到的事。这本书我还尚未出版，因为我对于我所写的

① 那是“药物疗法”。

并不满意以至于我自己都不乐意去品读，尽管如此，有很多人鼓励我把它出版了，在其中详细描述了我的所闻所见，因此在这封信里我不会记述更多关于这方面的事了，因为在这封信里我们还有许多其他特别的事要说，就让这些事去满足众人吧。

刚开始的时候，我们在这片土地上除了看到了一些金子外没看到其他什么有利可图的东西，我相信这是由于我们语言不通的关系，但是就具体情况和条件而言，没有比这里更好的地方了。然后我们离开了这片土地，继续沿着海岸线向前航行，在此期间我们偶尔会停船靠岸来与一大群土著进行交谈。

一天傍晚时分，我们来到了一处港湾，在那里我们经历了一场巨大的危机，真得感谢圣灵庇佑我们，才得以逃过一劫。当我们到达那个港湾时，我们发现这里的村庄如同水城威尼斯般建造在水上，在极其粗大的木桩上建造了 44 座居住的小屋，他们以吊桥作为出入口或者门，借助架设在房屋之间的吊桥，都能从每一所房子穿过所有的吊桥。

当那里的人们看到我们的时候，他们表现出的是对我们的恐惧，立即拉起了所有的吊桥，当我们看到他们这奇怪的举动时，我们看到 22 只独木舟跨海而来，独木舟是他们船只的一种，用单一的一棵树木制作而成，这 22 只独木舟驶向我们的船只，而他们对于我们的外貌和着装感到惊讶，与我们保持着距离，我们打出信号给他们示意他们应该接近我们，并鼓励他们会受到我们的友善对待，但他们并不靠近我们。因此我们走向他们，但他们并没有等待我们接近，而是返回了陆地，同时通过信号告诉我们稍作等待，他们很快回来，他们去了小山丘的背面。

没过多久，他们带着他们的 16 名女子，乘着独木舟一起返回了我们这边。他们在我们每艘船上放了 4 名女子，大人您可以想象我们对于这个行为是多么的震惊，之后他们划着独木舟停在我们的船中间开始对我们讲话，就此而言我们将它视为一种友好的标志，在这过程中，我们看到房子里的人向前一步跨海而来游向了我们的船只。在游向我们船只的过程中他们没有表现出一丝恐惧。

就在这时，年迈的妇女从屋里走到门口，发出很大的哭喊声，并用力撕扯自己的头发以示悲伤，对此我们感到很疑惑，便把我们的武器都靠近了一些，突然，那些他们送到我们船上的女子都跳入了水中，那些男子也都与我们拉开了距离，开始用他们的弓箭射向我们，而那些游向我们的人每个人都手持长矛，尽可能地隐藏在水面之下，情况突变，面对这种突如其来的威胁，我们仅仅做到自我防卫是不够的，而要展开大力进攻，我们用我们的船撞翻了他们许多的铁榴石或独木舟，为此他们告诉他们其他同伴，我们对他们进行了屠杀，他们纷纷跳入海中丢下独木舟四散而逃。

他们遭受了相当大的损失后，逃到了海岸上。为此他们死了 15 到 20 人，还有很多人负伤，而我们这边仅有 5 人受伤，多亏上帝的恩泽，并无人员死亡。我们抓住了两男两女，继续向着他们的住所前进，然后破门而入，在屋里我们除了两个年迈的妇人和一个生病的男子之外一无所获，我们带走了他们很多东西，但都没有什么价值。我们没有烧掉他们的房子，因为这么做的话我们的良心会过不去的，最终我们带着 5 名俘虏回到了我们的船上，我们登上船，除了那两个女孩外我们用铁链铐住每个俘虏的双脚，当夜幕降临时，那两个女孩和一个男子竟然意想不到地逃走了。

第二天，我们决定放弃这个港湾继续我们的航行，继续向前。我们沿着海岸线继续前进，直到距离前一个部落大约 80 里格远的地方，我们看到了另一个部落，发现他们在语言和风俗上与之前的部落有很大的区别。我们果断地抛锚停船，换乘小船上岸，我们在海滩上看到了一大群人，大概有 4000 人之多，当我们到达岸边的时候，他们不敢与我们待在一起，快速地穿过森林撤离，丢下了他们带着的物品，待到我们上岸，我们顺着路走向森林，在大约有一箭之遥那么远的地方发现了他们的帐篷，在那里他们点起了巨大的火堆，有两个人正在那里烹饪食物，烧烤几种动物和各色鱼类。在那里我们看到他们在烧烤一种看上去像是毒蛇的动物，这种动物没有翅膀，它被捆绑着，外表令人极其厌恶，我们对于这些人的野蛮行为感到非常震惊。

就这样，我们穿过他们的房子，或许应该说是帐篷，发现有许多活着的那种毒蛇，这些类似毒蛇的生物双脚被绑着，而且在嘴巴上还勒着绳子，以至于它们不能张开嘴，类似于欧洲对獒犬的做法那样，以防它们可能咬人。

它们看上去那么残暴，我们中没有一个人敢去碰它们，大家都认为它是有毒的。它们如同幼儿般大小，有 1.5 义欧（旧时量步用的长度单位）长，它们的脚又长又厚重，拥有巨大的爪子。此外它们的皮肤坚硬且颜色各异，它们有着毒蛇样的嘴和面部，从它们的鼻子沿着背部中间，直到尾巴尖上长着像锯齿状的鸡冠①。总之，我们把它们看作是蛇而且是毒蛇，而那些人竟然在吃它们。

我们发现他们用从海里捕来的鱼做面包，首先将鱼煮熟，然后捣碎它们，制成肉酱或者面包，而且他们还用余火来烘烤它们，如此一来他们就可以吃了。我们尝了尝，发现味道还不错，他们还有许多其他的食物尤其是水果和根，如果详细叙述的话这必然是一个大话题，有许多可以说的。

看到那些土著并未返回，我们决定既不触碰也不拿走他们的任何东西，以此来更好地让他们安心，之后我们在他们的帐篷里留下了许多我们的东西，把这些东西放置在他们可以看到的地方，然后返回了我们的船上。

第二天，天刚蒙蒙亮我们就看到海滩上有许多人，我们赶紧上岸，尽管面对我们他们还是表现得很胆怯，但是他们鼓起勇气，来与我们进行交谈，对于我们所要求的无论什么全都答应，对我们十分友善。他们告诉我们那些是他们的住所，他们来这里是为了打鱼，他们恳请我们去他们的住所和庄子做客，因为对我们他们渴望以朋友之礼待之。他们之所以对我们如此友善还因为我们所抓获的两名俘虏，这两人是他们的敌人，基于他们的强烈要求，我们商议之后决定由我们其中的 28 个基督教徒组成一队人与他们同行，去他们的村庄看看，而且如果必要的话，我们已经做好了必死的决心。

我们在这待了几天后，便与他们一道走进了这片土地。从海岸往里走了三里格我们来到了一个有很多人但住宅稀疏的村庄，大概不超过九所住所而已，在那里他们为我们举办了许多从未有人记述过的原始野蛮的仪式，他们跳舞、唱歌，哀悼中夹杂着欢庆，还有数不胜数的食物，我们在此过了一夜……在此待了一夜外加上一个半天之后，不可计数的一大群人来到这里看我们，

---

① 那种动物是中南美洲特有的一种蜥蜴。

他们中最为年长者恳切地邀请我们与他们一起到其他更深处的村落里做客，他们给了我们最为尊贵的头衔，对我们格外尊敬，为此我们决定和他们同去看个究竟。他们对我们的尊崇和尊敬实在是溢于言表，我们去了数个村落，行程长达九天，以至于我们留守在船上的基督教徒们对于我们已经是忧心忡忡了。

当我们在陆地内已经行进了 18 里格的时候，我们毅然决定是时候返回我们的船了，而在我们的归程途中，一群人有男有女，他们一道送我们一直到达海边，如果我们中任何人感到疲惫，他们都会用他们的网抬着我们走，而在过那些湍急宽阔的河流时，他们用熟练的方式，安安全全地带着我们过了河，无论如何不让我们有一点点的危险，而且他们中很多人都满载着送给我们的东西，例如众多的毛皮，许多的弓和箭，数不清的颜色各异的鹦鹉，还有一些人带着他们日常的物品，例如家禽之类的，这些都装在他们用来睡觉的网中带了过来。但是我要告诉你的是另一件更让我们惊讶的事，当我们不得不蹚过河水的时候，他们为自己能够背着我们过河而感到荣幸。

当我们到达海边的时候，我们的船已经来了，我们登上了船。他们因为从来没有见过这样的船只，也都努力跟上来看看我们的船，对此我们感到非常惊讶。我们尽可能多地把他们接上我们的船，而就在我们上船的过程中，又有更多其他人游过来想要上船看看。我们看到这么多人在船上却感到很尴尬，因为这里有上千人全身赤裸，而且没有佩带武器。他们对我们船上的齿轮和装置还有船的大小都感到很惊奇。

与他们在一起的时候还发生了一件很有趣的事，我们决定展示几种我们强大的枪械，当我们开火的时候，他们大多数人惊恐地跳进了海里，无异于青蛙在池塘边缘时，一旦受到惊吓，它们就跳进水里，这些人们也是这样。而那些还在船里的人也是非常害怕，而我们也为我们的行为感到后悔，不过在我们告诉他们我们用那些武器来杀死我们的敌人之后又使他们放心了。

他们在船上玩闹、惊喜了一整天之后，我们让他们离开了，因为我们打算在当夜离开。在友谊与爱之中我们道了别，他们返回了陆地。从这些人和他们生活的这片土地上，我了解了，见识到他们的风俗习惯和生活方式，对此我不想再多说了，因为大人您一定知道在我的每次航海中我都会记下最为精彩的事件，我会根据不同地区差异，按照顺序把它们全都记录在我的书里，然后我给此书命名为《乐夸脱吉奥奈特》，在这本书里详细记录了这些事情，但是这本书还未出版，因为我还有必要对它进行修改。

这是一片人口稠密的大陆，有许许多多的居住者在这片土地上，这里有众多的河流，动物，除了狮子、豹子、牡鹿（鹿的一种）、猪、山羊还有鹿之外，很少有与我们的动物相似的，它们甚至在外形上都不同。他们既没有马也没有骡子，恕我冒昧，他们甚至没有驴或者狗，也没有任何一种绵羊或者公牛。然而他们有数不清的其他动物，全都是野生的，但是并没有一种动物能够为他们服务，所以这些不能算作数。我们还要说说其他的，例如鸟类。这里鸟类数量庞大，种类丰富，羽毛颜色也是多种多样，能看到这些鸟儿真是让人感到惊喜。

这里的土壤肥沃，多产，长满了巨大的树木，森林广布，而且树木常青，叶子从不凋落。这里盛产水果，数量繁多且都与我们的截然不同。这片土地是在热带范围内，临近或者刚好在北回归线以南，在这里水平线与极点成仰角 23°，位于第二气候的端点位置①。有许多的部落闻讯后来看我们，对我们的外表和白色的肤色感到惊奇，他们问我们是从何而来的，我们回答是从天堂而来，来看看这个世界，而他们居然相信了。

我们在这里建起了洗礼池，不可计数的人们接受了洗礼，而他们按照自己的语言称呼我们为卡罗比，意思是博学多知的智者。我们从一个名为拉里伯的地方港口出发，沿着海岸航行，总是能够看到陆地，一直向西北方向前进了 870 里格，其间我们数次停船下来与许多当地人进行交流，而在一些地方我们也通过以物换物得到了一些金子，但是并不是很多，因为在此次发现大陆的航行中我们得知了他们拥有金子，已经做得够多了。

我们已经连续航行了 13 个月，船只和设备已经很大程度上受损，人员也都筋疲力尽，通过共同商议，我们决定靠岸检修船体和设备。这是为了加固

---

① 那里位于北纬 23°。

船体裂缝，因为它们漏了很多水，我们重新填上裂缝，防止漏水，然后返航驶向西班牙。当我们做出这个决定的时候，我们正好临近世界上最好的海港，我们便把船开进了海港，在那里我们发现人来人往，人数众多。当地人非常友善地接待了我们，在我们登陆后，我们在海岸上用我们的船、琵琶桶还有装酒的酒桶构筑起了堡垒①，又用我们的火炮控制了每个要点。我们的船也没有卸货，依旧是灯火通明，我们把所有需要维修护理的设备拉到岸上进行修理，而众多当地的土著们给了我们巨大的帮助。

他们源源不断地为我们供给食物，可是在这个港口当时我们只消耗很少的一部分，而这正好符合我们的计划，因为我们自己为这次返程储存的给养并不多，甚至有点太少了，种类也不多。在这里我们待了足足 37 天，这期间多次进入到当地人的村庄里，在那里他们给予了我们最崇高的敬意，而现在我们打算离开了。

他们向我们抱怨每年到特定的几个时间，他们的敌人会从海外来到这里，他们是非常凶残的，通过阴谋或者武力杀戮了他们中的很多人，还会吃掉他们。其中的俘虏们他们会带回到自己的家中或所在的村子以及他们是如何想方设法保护自己不受那些人的杀戮。他们示意我们，这伙人居住在距离此地 100 里格远的岛上，鉴于他们如此可怜兮兮地告诉我们这些，我们相信了他们，并向他们保证为了如此残忍之事，我们一定会替他们报仇，这使得他们欣喜若狂。

他们中很多人愿意与我们一起去复仇，但是出于多种原因我并不希望带他们的人，最后我们带了他们中的 7 个人，并且商定事后他们要乘坐他们自己的独木舟回到他们的家里，因为我不想担上再把他们送回这里的责任，对此他们表示欣然接受。于是，我们道了别，离开了这些对我们很友善的人。在修好船后，我们即刻启程，我们在东和东北方向之间航行了七天后，在第七天黄昏时分我们到达了那些岛屿，那里有很多岛屿，一些有人居住，另外一些则是一片荒凉。我们抛锚停靠在一个能看到很多人的岛屿旁边，那里他

---

① 堡垒或者是路障。

们称之为伊提。

我们一群身形健硕的水手，每人都配备着火炮和弹药乘着小船驶向了岸边。我们在陆地上看到了大约 400 人聚在一起，其中有很多女人，他们全都如同之前我所见的人一样全身赤裸。他们身材结实，看上去都是些久经阵仗之人，每个人都装备着他们的武器，有弓、箭，还有长矛，而他们中的大部分人都有木质的方形靶心，那些东西设计如此精妙，一点都不会影响他们把弓箭从里面拿出来。当我们的船行驶到大约到达弓箭的射程之内时，为了防止我们跳上岸，他们全都跳进水里然后拉弓射向我们，他们这些人都在身上涂绘着各种颜色，用羽毛作为装饰，随我们同来的人向我解释说，当那些人涂绘着颜色、装饰着羽毛，这预示着他们想要战斗。

他们想方设法地阻止我们登陆，迫于无奈，我们动用了我们的武器。当他们听到火炮的声音，看到他们的同伴倒地而亡时，他们全都撤回了陆地上。为此我们商量了一下，然后决定派出 42 人上岸，如果那些土著人在那围堵我们，就与他们一战，就这样我们带着我们的武器登上了这片土地。那些土著向我们扑过来，我们进行了大约一个小时的激战，因为相对于他们我们只有很小的优势，除了我们的战弩手和枪手杀了他们一些人外，他们也伤到了我们的人，这是因为他们并不是停留在一处，而是选择不同地点进攻我们，以至于我们的长矛和刀剑有时根本发挥不了作用。

最后我们打出了劲头，越战越勇，与对手们展开了白刃战，当他们尝到我们武器的厉害之后，他们撤进了深山老林之中，只留下我们这些征服者还有死者的尸体及一大群受了伤的战士。那天在追击他们的时候再没有其他的流血事件发生了，因为我们实在是太疲惫了，所以不得不返回到船上，与我们一起来的 7 个人情不自禁地欢呼雀跃，欢庆起来。

第二天，我们看到很多人穿过陆地而来，硝烟弥漫，预示着战争一触即发，号角和其他他们在战争中所用器具发出的声音不停地响起，他们所有人都用各种颜色涂绘在身上，戴着各种羽毛，所以看上去非常奇怪。面对这种情况，我们把所有船只集中到一起商量了一下对策，由于这些人对我们怀有敌意，我们决心要与他们进行会面并通过所有的办法试图与他们成为朋友，但是万一他们不能成为我们的朋友，那么他们毫无疑问会成为我们的敌人，我们所俘获的众多俘虏会变成我们的奴隶。

在我们做好全副武装后，就驶向了海岸，他们在那里找不到躲避我们炮火的地方，等到我相信他们已对我们的火炮产生畏惧之后，便登上了海岸，我们 57 人组成了四支队伍，每支队伍都包括一名船长及其随从人员。我们与他们激战在一起，经过长时间的激战后他们死伤无数，我们追赶着他们一直到了他们的村落，抓获了 250 名俘虏后我们放火烧了他们的村庄，然后带着 250 名战俘以胜者之姿回到了船上。

这场战斗中他们死伤惨重而我们仅仅只有 1 人死亡 22 人受伤，而且伤者都已在康复中，真得感谢上帝啊。我们安排那 7 个人离去，他们中有 5 个人受了伤。他们乘着岛上的独木舟带着我们给他们的四男三女 7 个俘虏还有满心的喜悦和对我们力量的惊奇返回了他们的家乡。在此之后，我们立即带着俘获的奴隶启程返回西班牙，于 1498 年 10 月 15 日到达了西班牙的卡迪斯港，在那里我们受到了隆重的欢迎并卖掉了我们的俘虏。以上就是发生在我身上，值得记录的，我的首次航行。

4. 约翰·卡伯特发现北美（1497）

【约翰·卡伯特又名乔尼亚·卡伯特，他是土生土长的热那亚人，是威尼斯的居民。由于1496年发现新大陆的航行他获得了由英王亨利七世颁发的英皇制诰。在1497年的夏季，他穿越大西洋发现了北美大陆，大概是在拉布拉多海岸。这项成就源自于英国对北美洲的渴望与索求。以下三个文件包含着所有来自于与他同一时代人们的证据，文件中他们的信息可能源自于约翰·卡伯特本人，而接下来的文章源自哈克卢特社会版的《哥伦布日志》。】

劳伦兹·帕斯夸利哥写给他兄弟阿尔维斯和弗兰西斯科的信[①]

我们的威尼斯人从英国西部的布里斯托尔乘小船出发去寻找新岛屿已经回来了。据他所说，他在700里格之外发现了格兰卡姆国的大陆，而且他沿着海岸又行驶了300里格，然后上了岸，在那里他没有发现任何人。但是他

① 威尼斯国家日历，i. p.（页码）262，No. 752。

却把参与到这场游戏的诱惑带回了这里，带给了国王，因为他发现了用来织网的针还有带有缺口的树木，借此他断定那里是有人居住的，带着满心的疑惑他回到了船上。他已经航行了三个月了，确实是时候返航了，在返航途中他又在右边看到了两个岛屿，为了不耽误时间，他并未登陆，因为他急需给养。

回来后，国王为他这次的发现感到极大欣喜，卡伯特解释说他所到之处海水相对平稳，没有意外发生。国王承诺下一次就如卡伯特所愿，派遣 10 艘全副武装的舰船给他，而且还满足他的请求，把除了那些罪大恶极背叛国家的囚犯之外的其余囚犯都给他，与他同往。此外直到下次出航为止，奖励给他大量金钱让他享乐。此时，他与他的威尼斯妻子还有儿子们一同生活在布里斯托尔。他的名字叫作约翰・卡伯特，他被尊称为伟大的海军将领，备受赞誉，受人敬仰，满身穿戴都是绫罗绸缎。很多英国人已经准备好同他交往，当地很多地痞无赖也乐于同他交往。发现者们在地上布置了一个巨大的十字架，上面附有英国国旗。这些发现者中有位叫圣马克的人，因为他是威尼斯人，所以我相信我们的旗帜一定会飘扬在远方。

1497 年 8 月 23 日，伦敦

米兰公爵[①]第一次提拔雷蒙・帝・商奇诺（节选）

几个月后我们尊贵的陛下派遣了一名威尼斯人踏上了发现新岛屿的航行，这名威尼斯人是著名的水手，在发现岛屿方面他可谓是极有经验。果不其然，他顺利地回来了，还发现了两座巨大而且土壤肥沃的岛屿，这两座岛屿看上去有 7 座城市那么大，位于英格兰以西 400 里格的地方。这些成就让我们尊贵的陛下立即喜上眉梢，派了 15 或者 20 艘船给这个威尼斯人。

1497 年 8 月 24 日

① 威尼斯国家日历，i. p.（页码）260，No. 750。

米兰公爵[1]第二次提拔雷蒙·帝·商奇诺

1497 年 12 月 18 日

我最圣明，最卓尔不凡的主人啊：

或许对于功勋卓著的您而言，获悉这位君王如何兵不血刃地获得了亚洲的一部分土地并不受追捧。在这个王国里有这么一位叫约翰·卡伯特的威尼斯人，他温文尔雅，在航海方面很是专业。当他看到最为沉着冷静的葡萄牙和西班牙国王占据了一些未知的岛屿后，他亦想为刚才所提到的这位君王获得类似的成就。在获得了皇室特权以确保对他可能发现的土地享有支配权，而这些土地的所有权归于王室之后，他将他的命运赌在了一艘只有 18 名船员的小船上，然后从这个王国西部的港口布里斯托尔起航了。

经过更西端的伊比利亚，他调整航向向北而行，开始了航向东部地区之旅，在这七天的时间里，北极星位于他的右侧，他四处游荡了很久，终于到达了一片陆地。在那里他升起皇室的旗帜，为他的君主占领了那片土地。在得到了各种各样能证明他发现的明证后，他返航而归。前面提到的约翰·卡伯特，作为一个并不富裕的外国人，如果船上的船员不能证实他所言非虚的话，他的话是没有几人相信的，因为船员几乎都是布里斯托尔的英国人。这个约翰·卡伯特把自己关于世界的描述都绘制在一张海图上，还有一个他所制作的地球仪，并在上面标示出他所去过的地方。在这次向东航行中，他远行经过了塔内斯。他们说那片土地棒极了，至于那里的天气如何呢？那里气候温和，料想定有黄铁矿和银矿在那里。

同时，通过观察，他们断定那里鱼类丰富，不仅可以用网捕鱼，甚至可以在篮子里放上石头，让篮子沉进水中，用篮子来捕鱼。这些都是我从约翰·卡伯特那里亲耳听到的。

---

① 阿奴里奥·三帝飞科·米兰，后经哈里斯修改为阿兹夫德·艾德特·米兰。

据约翰·卡伯特的那些英国同伴所言，他们得到如此多的鱼以至于王国都不再需要冰岛了。此前这个王国与冰岛之间一直保持着大量库存鱼或冷冻鱼的贸易。而约翰·卡伯特把他的心思放在更高的事情上，他在想等到占领了那里之后，他将继续向东出发，到达对面那座被称为潘戈（为马可·波罗及中世纪地理学家所用，指的是今天的日本）的岛屿。那里地处赤道地区，他相信在那里可以找到世界上所有的香料还有珠宝。他进一步说道，他曾经去过麦加，来自远方国度的商队把香料带到那里，当他打听香料的出处和产地时，那些人回答说他们也不知道，但是这些商品是其他商队从远方的国度带到他们的家乡的，而且他们还说这些香料是那些商队从其他遥远的地域带来的。

约翰·卡伯特经过论证得出这样的观点，就是，如果东方人告诉那些南方人，那些东西来自于距离他们很远的地方。那么假设地球是圆的，也就是说最后的源头就在北部以西的位置上，也就是说，按照这种方式前进的航线不会比我们现在的更远，而我本人也相信他的论证。而且，这位君王很有智慧并非挥霍无度之人，因为约翰·卡伯特以往的成就，他才对他如此的信任，为他提供了丰富的财物用以日常花销，这些都是约翰·卡伯特亲自告诉我的。

据悉，不久之后，他的君主会派遣几艘带有武装的船只给他，还会赐予他所有的囚犯，让他们前往海外那些新发现的土地进行殖民，为此他们希望在伦敦建立起比亚历山大还要巨大的香料仓库。

这项计划的主要参与者都是布里斯托尔人。他们都是出色的水手，如今他们知道他们将前往何方，他们称在离开伊比利亚后不超过 15 天他们就会占领那里。我也曾与约翰·卡伯特的一名勃艮第人（法国）伙伴聊起过，他承认了所有的这些事，他还希望能顺利归来，因为海军将领（被授予此军衔）约翰·卡伯特已经赐予了他一座岛屿，此外还赐予了另一座岛给他的理发师——热那亚人加斯蒂尼，此二人都将自己视为伯爵一般；他们也把我的海军将领主人看成是王子一般对其毕恭毕敬。

我同样相信有些穷苦的意大利天主教会的修士们会参与这次航海，他们全都被承诺会获得主教之位。那么如果我在他即将出发前与这位海军将领结交，我至少也能得到大主教之位，但是我认为从我圣明的主人您这里得到封赏会更为稳妥。我冒险请求，万一在我离开的时候有空缺出现，我可以得到这个职位，我不会被那些现在看上去比我更勤奋的人所取代，我在这个国家里可以每顿饭减少到 10 到 12 种餐品，可以每天服务 3 个小时以上。所以，我在这里向我极为爱戴的主人毛遂自荐。

1497 年 12 月 18 日，伦敦
您最卑微的仆从
雷蒙达斯

5. 弗吉尼亚第一宪章
(1606)

【本宪章是由英国国王詹姆士一世于1606年4月10日为美国最早的殖民地所批准通过的。这是一份典型的由英国政府颁布的文件，文件赋予“冒险家”在新世界建立殖民地的权力。“弗吉尼亚”这一名称适用于所有由大不列颠所占领的北美部分。】

1. 承蒙上帝庇佑，詹姆士一世成为英格兰、苏格兰、法兰西及爱尔兰王国的国王，作为信仰的守护者，他是一位受人爱戴、人人敬仰之人。托马斯·盖茨、乔治·苏摩两位爵士，理查德·哈克鲁特、罗利·吉伯特、艾斯克斯·威廉姆·帕克、乔治·波帕姆等绅士都是我们所爱戴的人，他们谦虚地追随我们，为此我们将赐予他们我们的特许证，允许居住和殖民，建立起由我们各式各样在美洲的人民组成的殖民地，一般而言我们称之为“弗吉尼亚”。至于美洲的其他地区和领土，要么是依附于我们的，要么就是现在还未被任何信奉基督教的贵族或者人民所实际控制的地区。我们所控制的是整个海岸线，从昼夜平分线算起北纬34°到北纬45°之间，还有内陆同样是北纬34°到北纬45°之间及与那里相毗邻的岛屿或者距离海岸100英里以内的岛屿。

2. 为了快速达成他们所说的在那里殖民和居住的目的，我们想要把他们分成两个殖民地和公司。其中一个公司由来自伦敦及那些有时可能会加入到他们之中地区的特定的骑士、绅士和商人，以及其他的冒险家组成。他们真诚地希望在那些地理位置适宜、交通便利的地方开始殖民，这个位置指的是弗吉尼亚海岸以及上述美洲海岸沿线位于北纬 34°到北纬 41°间。而另一个公司由来自布里斯托尔、艾克赛特、普利茅斯以及其他加入殖民地地区的众多骑士、绅士、商人，还有其他的冒险家组成。他们也真诚地希望在上述弗吉尼亚和美洲海岸之间，例如利斯海岸，位于北纬 38°到北纬 45°之间适宜居住、交通便利的地方开始进行殖民。

3. 对于他们促成如此高贵的工作的渴望，我们倍加推崇，也乐意接受。这个工作或许是全知全能的神的旨意，从此之后侍候他神圣的君王，将基督教传播给那些现在还生活在黑暗与困苦中，对于真理和膜拜神还愚昧无知的人们，及时将还生活在那些灾祸中的异教徒和野蛮人带到人类的礼节中来，并进而建立起长治久安的政府。我们之所以这么做，完全是按照信函中的专利条款而进行的，我们欣然接受并同意他们那些谦逊和善意的愿望。

4. 我们之所以这么做是为了我们，为了我们的子孙后代，为了我们的继承者，我们认为上文提到的托马斯·盖茨爵士、乔治·苏摩爵士、理查德·哈克鲁特、爱德华·玛利亚·温菲尔德，还有来自我们伦敦以及所有其他地区的人已经加入或者即将加入殖民地，而这个可以称之为冒险家们的第一殖民地。而且，他们可以在前面提到的弗吉尼亚或者美洲沿岸，即介于北纬 34°与北纬 41°之间的地点任意选择环境适宜、交通便利之处开始他们的殖民与居住生活。他们可以从之前提到的他们开始殖民和居住的地点算起，按照英国尺寸计算 50 英里以内，沿着提到的弗吉尼亚与美洲海岸以西和西南方向，就像利思海岸这样距离海岸 100 英里以内的所有岛屿上获得任何东西，无论什么，只要是这里有的东西，例如：土地、木材、土壤、港口、河流、矿产、沼泽、水源、鱼类、商品，还有可以继承的财产之类。他们还可以从前面提到的他们开始殖民和居住的地点算起，按照英国尺寸计算 50 英里内，沿着提到的弗吉尼亚与美洲海岸以东或者东北，或者朝向北方，类似于利思海岸这样距离海岸100英里内的所有岛屿上获得任何东西，无论什么，只要是这里有的东西，例如：土地、木材、土壤、港口、河流、矿产、沼泽、水源、鱼类、商品，还有可以继承的财产之类。从海岸计算，方圆50英里，一直到径直深入内地100英里的范围内获得土地、木材、土壤、港口、河流、矿产、沼泽、水源、鱼类、商品，还有可以继承的财产之类都归他们所有。他们可能将会定居在那里。根据他们的自由决定权以及殖民地委员会的自由决定权，他们可以在周围地区构建防御工事，以更好地保护和防御外敌。除此之外我们不允许或者批准任何人在没有特许证或者殖民地委员会批准的情况下，在朝向内陆的后方居住或者殖民，这一点在那里首次以文字形式确定下来。

5. 为了我们自己，为了我们的子孙后代，为了我们的继承者，我们同样会这么做。本条约授权并同意前面提到的托马斯·哈纳姆、罗利·吉伯特、威廉姆·帕克、乔治·波帕姆，还有其他所有属于德文郡、普利茅斯镇，或者其他已经加入或者即将加入殖民地的地区，统称为第二殖民地。他们可以在前面提到的弗吉尼亚或者美洲沿岸介于北纬38°与北纬45°之间的任何地方，任意选择环境适宜、交通便利之处开始他们的殖民与居住生活。他们可以从前面提到的他们开始殖民和居住的地点算起，按照英国尺寸计算50英里内，沿着提到的弗吉尼亚与美洲海岸以西、西南或以南方向，如同利思海岸这样距离海岸100英里以内的所有岛屿上获得任何东西，无论什么，只要是这里有的东西，例如：土地、木材、土壤、港口、河流、矿产、沼泽、水源、鱼类、商品，还有可以继承的财产之类。他们还可以从前面提到的他们开始殖民和居住的地点算起，按照英国尺寸计算50英里内，沿着提到的弗吉尼亚与美洲海岸以东或者东北，或者朝北方向，如同利思海岸这样距离海岸100英里以内的所有岛屿上获得任何东西，无论什么，只要是这里有的东西，例如：土地、木材、土壤、港口、河流、矿产、沼泽、水源、鱼类、商品，还有可以继承的财产之类。从海岸计算，方圆50英里以内，一直到径直深入内地100英里的范围内获得土地、木材、土壤、港口、河流、矿产、沼泽、水源、鱼类、商品，还有可以继承的财产之类都归他们所有。他们可能将会定居在那里。根据他们的自由决定权以及殖民地委员会的自由决定权，他们可以在周围地区构建防御工事，以更好地保护和防御外敌。除此之外我们不允许或者批准任何人在没有特许证或者殖民地委员会批准的情况下，在朝向内陆的后方居住或者殖民，这一点在那里首次以文字形式确定下来。

6. 如果长此以往，我们志在于此且感到满意的话，上述殖民地的殖民与居住权最终将像前面提到的那样实行下去，殖民范围与其他地区之间相隔不会小于100英里，会如之前提到的那样，第一个开始他们的殖民大业。

7. 我们也会宣布命令，为了我们，为了我们的子孙后代，为了我们的继承者，同意在每个殖民地建立起委员会，此委员会将管理所有在此殖民地中可能出现的事务，解决所有可能会滋长的问题。委员会将依照法律条例和规章制度行事。这些法律条令和规章制度代表着整个委员会的意见，只有我们亲手签字批准，加盖英国玉玺后才通过实施。每个委员会将由13人组成，人员的任职，调度将会一直参照统一的规章制度执行。同时要有一个专有的印章，用来批准经过各个相关委员会讨论通过的事情，这些印章上一面刻着国王的纹章，另一面刻上其肖像。而被称为第一个殖民地的弗吉尼亚委员会的印章将在一面上环形刻着以下文字：大不列颠，法兰西，爱尔兰国王（英文原文：Sigillum Regis Magnae Britanniae. Franciae，Hiberniae），而在另一面刻上：弗吉尼亚殖民地第一委员会（英文原文：Pro Concilio primae Coloniae Virginiae）。而被称为第二个殖民地的委员会的印章上将在一面上环形刻着上述的文字：大不列颠，法兰西，爱尔兰国王……而在另一面则刻着：弗吉尼亚殖民地第二委员会。

8. 同时我们将在英国也成立一个委员会，这个委员会同样由13名成员组成。为了达成目的，这个委员会的成员将由我们，由我们的子孙后代，由我们的继承者来任命，这个委员会我们将之称为“弗吉尼亚委员会”。在面对那些危害政府统治的问题时，这个委员会将始终拥有最高管理权和控制权，同时这一点对上述几个殖民地，还有其他一部分位于之前提到的北纬34°到北纬45°之间的地区同样适用。为了处理关乎殖民地委员会的事务，这个委员会也有其印章，此印章正如之前提到的那样，一面是君王的纹章，一面是其头像，在一面上环形刻有“大不列颠，法兰西，爱尔兰国王”的字样，另一面则是弗吉尼亚委员会。

9. 此外为了我们，为了我们的子孙后代，为了我们的继承者，我们批准同意上述殖民地的各个委员会有权颁布及实施命令，有权在上述的几个殖民地内的任何地点还有这些殖民地后方广大的内陆开采矿产，挖掘包括黄金、银、铜在内的各种矿石；各个殖民地及种植园有权享有金、银、铜等。这一点在本质上来讲始终是合法的，而且不受我们，我们的子孙后嗣，我们的继承者的干扰。无论以何种方式，盈利与否，账目如何，各委员会应将开采所得金银的1/5，铜的1/15上交给我们，我们的子孙后代，我们的继承者们，以此类推。

10. 他们可以合法地铸造钱币，以此作为几个殖民地人民之间的流通货币，可以使得他们间以及他们与当地土著间的贸易更为简洁。在这种金属货币和这样的贸易形式下，上述殖民地委员会有权限制和约束各种不规范的行为。

11. 我们这么做同样是为了我们，为了我们的子孙后代，为了我们的继承者，根据本条约，我们将给予充分的权利与权威给之前提到的托马斯·盖茨爵士、乔治·苏摩爵士、理查德·哈克鲁特、爱德华·玛利亚·温菲尔德、托马斯·哈纳姆、罗利·吉伯特、威廉姆·帕克、乔治·波帕姆，给予他们每个人，还要给上述的几个公司种植园及殖民地。他们每个人从此以后每时每刻都有权利率领船队航向上述的种植园及殖民地，可以航行并定居在每个上文提到过的种植园及殖民地。我们如此众多的民众都将乐意与他们相伴，或者当他们中任何人在进行这段航程或者在殖民地时，我们一直都会提供充足的船只、装备、武器、仪式、粮食还有其他在那里所必要的东西，还为他们在那里提供安全保护。这样一来，从此以后上述人中再也没有人会被我们，被我们的后嗣，被我们的继承者所格外管制了。

12. 此外，根据本条约，我们现在为我们自己，为我们的后嗣，为我们的继承者所做的就是批准和授予许可证给上文提到的托马斯·盖茨爵士、乔治·苏摩爵士、理查德·哈克鲁特、爱德华·玛利亚·温菲尔德、托马斯·哈纳姆、罗利·吉伯特、威廉姆·帕克、乔治·波帕姆，还有上述的每个殖民地。这样一来，从此以后，他们中每个人都能时时刻刻防御、抗击、驱逐、抵制、反击来自水路和陆路的各种侵略行为，无论通过任何方式方法去反击那些不具备上述殖民地及种植园许可证的个人或群体。他们可以居住在上述那些殖民地及种植园区域范围内，在以后的任何时间，他们都应该尽力保护上述殖民地及种植园不受破坏、伤害及干扰。

13. 由当局政府允许，托马斯·盖茨爵士、乔治·苏摩爵士、理查德·哈克鲁特、爱德华·玛利亚·温菲尔德及其他第一殖民地成员；允许托马斯·哈纳姆、罗利·吉伯特、威廉姆·帕克、乔治·波帕姆及其他第二殖民地成员，允许他们中任何一人从此以后都有权将他们的贸易船只，货物或其他交通工具驶入上述几个殖民地管辖范围内的河湾，河流中。倘若他们要驶入日后才能归顺于我们的殖民地，将在他们交易范围内依据他们所交易的物品价值向财务部门缴纳百分之五的税金。在未来21年内，如果有不属于我们管辖范围内的外地人要驶入此地则需要支付在上述地区内进行交易货物百分之五的税金。等到21年之后，此条约将继续在官员的批准下由我们的继承人和子孙后代执行下去。

14. 为了我们自己，为了我们的继承人和子孙后代，当局将进一步授予托马斯·盖茨爵士、乔治·苏摩爵士、理查德·哈克鲁特、爱德华·玛利亚·温菲尔德及其他上述第一殖民地成员；授予托马斯·哈姆、罗利·吉伯特、威廉姆·帕克、乔治·波帕姆及其他第二殖民地成员，授予他们每个人权力，允许他们在未来七年内通过他们的代表、牧师和代理人从英格兰、爱尔兰等我们的领土内运出他们所需要的物资、奴隶、盔甲、军火和设备。为了更好地救济上述几个殖民地，他们对我们没有任何的供奉或其他职责。我们的继承者和子孙后代以后也会继续遵守这一条约。

15. 为了我们自己，为了我们的继承人，为了我们的子孙后代，当局将宣布，所有居住在我们几个殖民地内的居民，其出生在殖民地内的孩子将如同那些出生在英国或其他我们领土内的孩子一样享有我们领土内所有的自由、公民权和豁免权。

16. 此外为了我们自己，为了我们的继承者，为了我们的子孙后代，当局将宣布，如果上述殖民地或其他我们领土内的居民与其他的当地住民进行贸易，那么他将有权运输任何我们领土内的商品到上述殖民地内进行贩卖，但是如果他在没有我们许可的情况下，装载了我们领土内的商品运送去其他国家进行贩卖，为了保护第一拥有者的利益，此后我们，我们的继承者，子孙后代都将不允许这些人再用船只运输货物和奴隶，以此作为惩戒。

17. 如果长此以往，我们特此向全体基督教国王、贵族和国家宣告，如果此后有任何上述几个殖民地的公民由于做出违法乱纪之事，与我们、我们的继承人或子孙后代或其他的王公贵族或国家相敌对，造成不良影响而被吊销执照后弃恶从善，回心转意与我们保持良好的关系，则我们将在英格兰的领土范围内针对他所造成的不良影响而做出公开宣告。上述人员将承担其所造成的不良影响，在宣告允许的范围内尽量对此予以赔偿和弥补，这样一来将得到上述王公贵族等人的一致谅解。如果其并未依法对他的错误行为进行补偿，则我们、我们的继承者和子孙后代有权合法地迫使其和不在我们保护范畴内但对其进行教唆的人承担起应负的责任，所有的王公贵族及其他人有权就此对上述包括协助者和教唆者在内的每一名罪犯采取敌对行为。

18. 最后，为了我们自己，为了我们的继承者和子孙后代，当局将允许托马斯·盖茨爵士、乔治·苏摩爵士、理查德·哈克鲁特、爱德华·玛利亚·温菲尔德及其他所有第一殖民地的成员，在我们自己、我们的继承者和子孙后代依照加盖了英国王玺且代表其利益的请愿书，授予那些人及他们的继承者和受让人在议会主要成员同意的情况下，有权继承在殖民地内的所有土地、房屋及可继承遗产。这些都应该包括在上述殖民地的范围内，并在肯特郡东格林尼治的马诺尔，以自由或公租形式而不是强迫的方式归属于我们、我们的继承者和子孙后代。

19. 同样，按照上述方式，为了我们，为了我们的继承者和子孙后代，当局者授予托马斯·哈纳姆、罗利·吉伯特，威廉姆·帕克，乔治·波帕姆及其他第二殖民地成员在我，我们的继承者和子孙后代依照加盖了英国国玺且代表其利益的请愿书，授予那些人及他们的继承者和受让人在议会主要成员同意的情况下，有权继承在殖民地内的所有土地，房屋及可继承遗产。这些都应该包括在上述殖民地的范围内，并在肯特郡东格林尼治的马诺尔，以自由或公租形式而不是强迫的方式归属于我们、我们的继承者和子孙后代。

20. 由上述几个专利证书批准通过的所有土地、房屋及遗产将充分保证由专利权所有人所有，由上述几个殖民地的承担者按照以下几种方式进行分配。要么由上述殖民地的委员会来归置处理，要么由同一土地、房屋、遗产的继承人们分别进行分配。如果在表述中提及每年的真实价值或契约的必然性或其他有我们的先辈即上述的托马斯·盖茨爵士、乔治·苏摩爵士、理查德·哈克鲁特、爱德华·玛利亚·温菲尔德、托马斯·哈纳姆、罗利·吉伯特、威廉姆·帕克、乔治·波帕姆等人在此前授予但现在没有记录的权力、法案、法规等，如果因此而造成任何问题，则请以我们于 4 月 10 日，在我们统治英格兰和法国四年之日，掌管爱尔兰 9 年，苏格兰 13 年之际于威斯敏斯特制定的专利法为依据，进行定夺。

6. 五月花号公约
(1620)

【源自普利茅斯的第二任统治者威廉姆·布拉德福（1590—1657 年）所写的《普利茅斯殖民地历史》一书。】

以上帝的名义，阿门。我等签约之人，都是信仰的捍卫者，蒙上帝保佑的大不列颠、法兰西和爱尔兰的国王詹姆士国王陛下的忠顺臣民。为了上帝的荣耀，为了增进基督教信仰，为了我们国王和国家的荣誉，我们远涉重洋，在弗吉尼亚北部开拓第一块殖民地。我们按照这些条约，在上帝面前一起庄严盟誓签约，自愿结成民众自治团体。为使上述条约得以顺利实施、维护和发展，也为将来能随时依此而制定和颁布有益于殖民地全体民众利益的公正与平等的法律、法规、法案、宪章和公职，我们全体都保证遵守和服从。据此于 1620 年 11 月 11 日，于英格兰、法兰西、爱尔兰十八世国王即苏格兰五十四世国王詹姆士陛下在位之年，我等在卡德角签署了我们的名字。

7. 康涅狄格州的基本秩序（1639）

【1639年1月14日，温莎，哈特福德，韦瑟斯菲尔德三个镇依据盛行的风俗习惯接受了那些“秩序”。依据历史学家的观点，这些“秩序”是依据历史上撰写的第一部成文宪法编制而成，依据该词条的现代意义，这部宪法以对统治者权力的永久限制而在历史上久负盛名，它也是美国第一部体现了民主思想的政府宪法。】

鉴于对于我们现在居住在康涅狄格河，及其临近土地上的温莎，哈特福德，韦瑟斯菲尔德三镇居民的处理与安排，顺应了上帝神圣的天意，使得全能的上帝满意。且我们深知在那里有人将圣言聚集起来要求保持和平和统一，那里的人民理应依照上帝之名建立起一个有秩序、体面的政府，以此来在必要的时机出面解决和处置人们那永不停歇的争执。因此我们默许我们自己成立一个共和国或者联邦，这么做是为了我们自己，也是为了我们的继承者，还有那些此后任何时候都可能与我们相邻，与我们一同加入合作与联盟，保持我们所信奉的耶稣基督所倡导之真理自由与纯洁之人。同样也是为了教会的戒律，这些戒律依照新约中所说的事实而写成，如今在我们心中早已是耳熟能详了，同时也是为了依照那些法律、法规、秩序、律例来引导和管理我们的内部事务，所写的这些法律法规将如下文所述颁布出台。

1. 法律法规明确规定一年将会有两次广泛的集会或者庭会，一次是在四月的第二个星期四，另一次是在九月的第二个星期四。详情如下：第一次集会称之为选举会议，在这次会议上有时会一年一度选出许多被认为是必要的文职官员还有其他公职人员。在那里将有一人被选举成为下一年的州长，任期直到下一任州长选举产生为止，且其他的文职官员没有任期超过一年的。与此同时，在州长之外会选举出六位官员，他们依照当地法律选举产生，并根据为了行使司法权力而记录的誓言宣誓就职，这也是依照圣言在进行选举。选举将由所有被承认的公民决定并且被选举者要宣誓忠诚，此外被选举者要居住在选区的辖区范围内（他必须是由其居住的镇的主要部门所承认的居民），或者是民选市长/镇长能够证明的常住居民。

2. 法律法规明确规定上述文职官员将由以下方式选举产生：每位具有资格出席选举的选举人将提交一张写有他希望当选州长人员名字的选票给那些获得授权进行唱票的人员，得到最多选票的候选人将成为当年的州长。而其余的地方法官或者公职人员将由以下方式选举出来：首先，现任的秘书将宣读所有参与选举的人员名单，然后对候选人分别进行明确的提名，而每位取得个人提名将要被选举的候选人都将填写一张选单，他不能在选单上填写自己的名字，获得更多写有其姓名的选单者将当选为当年的地方官员。这些选单将由一名或者多名即将由议会选出进行宣誓的人员进行收集和唱票，但是如上文提到的在州长外还要选出六名文职人员，万一人数不够，超过所提名的人数，则他或他们中获得最多选票的人将成为下一年的地方官员，以此来补齐之前所说的人数。

3. 法律法规明确规定，秘书将不能提名任何人，且任何新选举出而事先未由州议会/众议院公布的地方行政官也不能进入下一届选举的提名。为此，依据法律规定，每个上文提到的城镇将由其议员提名两位他们认为合适的人选参与选举。而议会也会全程监督，以保证选举的公平。

4. 法律法规明确规定，在两年内没有人可以多次被选举为州长，州长是一些特定会议中的固定成员，也是在管辖范围内地位较高的地方行政长官。对于联邦中所有的地方自由民而言，地方行政官员或者其他公职人员在其宣誓就职前是不能行使自己相应的权力的，他们的宣誓就职必须在地方法院/议会的监督下进行，如果因为自身原因不能到场的话，必须寻找代理人员来完成就职宣誓。

5. 法律法规明确规定，上述那些城镇将选送他们的代表去参加议会选举，在选举结束后他们可以像其他议会那样继续做一些公共服务。同时，在九月份的会议中，其他的众议院将会研究制定法律，或在其他公共场合下，共同研究讨论涉及整个联邦利益的大事。

6. 法律法规明确规定，州长本人或者其秘书有权为了召集两个固定议会而传唤每个镇的警察，这些传唤每年可能会有几次，每次至少要提前一个月进行；而且如果州长和地方公职人员中最大的党派注意到任何特殊情况的原因而召集众议院，他们会将命令告知秘书，并给出 14 天的警告期。如果情况十万火急，就会颁布短期的布告，在代表集会时给予他们充分的理由，否则同样让人感到疑惑。在其他联邦议会需要时期，如果州长和身为地方官的镇长忽略或者拒绝召集两个固定的众议院或其中一个，那里的自由民众或者其中镇长所属派别之人，将会请求他们这样去做，如果他们的请求遭到拒绝或者受到忽略，上述的自由民众或镇长一派的人将有权命令相关几个城镇的警察去完成这一任务，而且他们可以进行集会来选出他们自己的主持者，并进而有权采取任何行动，这些行为在其他的众议院亦是如此。

7. 法律法规明确规定，所有上述被授予许可证的众议院，其警察将以公共集会或挨家挨户走访的方式，即刻起明确清晰地向当地居民宣布公告，在其规定的时间地点，当地居民聚集起来进行选举，选出确定的代表去参加众议院，这些代表将对联邦的未来产生深刻影响。所有上述代表都将由相关城镇的所有具有法律身份的居民选举出来并宣誓效忠，任何非本联邦中的自由民无权当选为众议院的代表。

上述代表选举方式如下：每个在场的，而且具有前面提到的各种资格的人将把他们所希望当选者的名字分别写在几张纸上，大概三个或四个名字，或多或少，这取决于当时所要选出的人数。获得最多票数的人将成为议员代表，其名字将书写在许可证的背面交还给议院，而警察也将持有与此相同的许可证。

8. 法律法规明确规定，温莎、哈特福德、韦瑟斯菲尔德每个城镇都将拥有派遣其市民担任每个众议院代表的权力。之后所有归入此管辖权限内的其他城镇将派遣议会要求的众多代表，上述城镇将有合理比例的自由民参与其中，那些代表将会行使整个城镇的权力，将其船只和津贴投入到所有那些关乎公益事业的法律秩序中去，上述几个城镇都在其范围之内。

9. 法律法规明确规定，如此选出的代表具有指定集会时间及地点的权利，此权利的行使可以先于任何众议院对所有关乎公共事务的建议和商议之前。同时也是对他们选举的检查，检查是依据法律秩序，如果他们或者其最大的党派发现任何非法选举之事，他们将从现在的会议上被隔离出去，而且要递呈此事及其原因给议院，一旦被证实，议院将对涉及其中的党派和城镇进行罚款，如果他们了解到原因，就会授权在合法的方式下进行重新选举，选举要么公开，要么在党内进行。同时上述代表将有权对扰乱会议的行为或者未能在预定的时间或地点集会等行为进行处罚，如果对方拒绝支付罚单，他们将会将上述罚款呈报给议院，财务主管将对其征税及采取的罚款行为进行公示。

10. 法律法规明确规定，除了那些由自由民自己组成而不包括州长或最大的地方行政长官外，每个众议院都应包括州长，或者被地方选举出来能够在议会中有话语权的人来调节相关事宜。众议院还应该包括至少 4 名地方行政长官以及相关城镇根据法律程序推选出来的少数党派代表。如果自由民或者少数党派遭到州长及地方官中多党派的忽视或拒绝，他们有权要求议会调节设置，由出席会议的自由民中的少数党派或其代表推选出一位中间调节人。前面所说的众议院将组成整个联邦的最高权力机关，他们享有制定和废除法律，征收赋税，承认自由民身份，将土地分配和收回给城镇及个人的权利，此外还有权召集议会或者地方官或者其他个人来质疑任何品行不端的行为，或者根据违法行为的性质来裁撤有关人员或选择其他处理方法，同时也有权处理其他任何关乎联邦公共事务的问题，唯独地方行政长官的选举除外，这是由全体自由民决定的。

在议会中州长及调解人有权要求言论自由，有权制止不当言论，有权要求通过投票方式解决一切事务，确保选举公平公正地进行。但是未经议会中少数党派的同意，议会无权调整或解散。

11. 法律法规明确规定，当联邦批准同意在其管辖范围的相关城镇征收税金时，众议院有权监督。将成立一个专门的委员会对于各个城镇所要支付的税金的比例进行确定，前提条件是每个城镇要选出数量相等的人员来组成委员会。

1638 年 1 月 14 日①，以上 11 条被选举通过。

州长就职誓词

我，某某，此刻被推选为本辖区的州长，任期一年，直至新一任州长产生为止。我向伟大而令人敬畏的上帝郑重宣誓，将尽其所能，促进公共事务的发展及地区的和平稳定，我会维护本联邦的整个合法权益，捍卫由立法机关已经制定的和即将制定的法律体系。我将遵照上帝的愿望，推进宪法的公平实施，为此愿上帝助我，以耶稣之名。

地方行政官就职誓词

我，某某，此刻被推选为本辖区的地方行政官，任期一年，我向伟大而令人敬畏的上帝郑重宣誓，将尽其所能，提高公共事务的发展及地区的和平稳定，我将根据我对宪法的深刻理解去维护宪法所赋予的基本权利，同时协助执行由立法机关已经制定的和即将制定的法律体系，我将依照上帝的公正之言推进公平正义的实施，为此愿上帝助我。

---

① 1638 年为古文体，1639 年为新文体。

8. 马萨诸塞州自由权项全文 (1641)

【马萨诸塞州自由权项全文是新英格兰所确立的第一部法典，由杰出的清教牧师领袖纳撒尼尔·沃德主持编著。其曾以律师的身份接受过进修，于1643年到达新英格兰殖民地，曾在伊普斯威奇当过一段时间牧师。这部《自由权项》于1641年12月由马萨诸塞州常设法院批准生效。】

新英格兰马萨诸塞殖民地自由权项（1641）

诸如自由、人道主义豁免特权、礼仪礼法、基督教义此类自由之成果皆是由于每个人所处的地位而产生的，没有控诉，也没有侵权，我们将会拥有一个安稳长存、长治久安的联邦及教派。在那里一切剥削压迫都将荡然无存。

基于我们的责任与安全，我们支持将建设一个更为长久的政府，以此来征集和宣告所有现如今我们已然预见到的关乎我们自身，与我们的子孙后代亦息息相关的自由权利，在此我们庄严批准此自由权项生效。

我们在此时此刻心怀虔诚之心，一致同意进行裁决，确认以下惯例、自由、关乎我们教会的权利。国内各州各自公平和善地对此法典在我们的管辖范围内进行永久监督。

1. 人人生而平等，任何人的生命都不能被剥夺，任何人的荣耀、美名都不能被玷污，任何人不得被逮捕、拘禁、驱逐或以任何方式使其妻离子散，任何人的私有财产不得被他人侵吞，也不得以任何方式执行不公正的律法，戴着有色眼镜伤人，公平正义将受到国家法律的保护。国家法律是由常设法院批准通过且充分贯彻落实的法律，以防在特定情况下由于法律缺陷而出现问题，此时将依照上帝之言行事。或者在死刑，或者关系到依照众议院的判决将进行肢解或者驱逐刑罚时，采用此法典。

2. 无论是当地居民还是外来者，只要其身处管辖范围之内，都将接受同样的司法审判，这一惯例在广大殖民地中早已习以为常，我们一个接一个地建立起殖民地，而这个惯例也被所有人所认可，没有丝毫偏袒与延误。

3. 除了那些被众议院批准、要求的条款外，没有人会被迫去进行任何形式的宣誓或者签署任何的条款、协约或者抗议书。

4. 如果有人确实受到现行的法令或者上帝的旨意的限制，他不会因为未出席民间聚会、议会、协商或者未就职于地方行政长官或者公务员等其他空缺的职务而受到惩罚。此法律将在任何民事行为中对所有人的付出与损失一视同仁。

5. 没有人会被迫进行任何公共工作或者公共服务，除非是由众议院的一些法令施加压力并且可以获得合理的薪金的情况下。

6. 没有人会被迫去进行任何工作、职务，或者其他的公共服务。任何自然的或者自身的障碍都可以成为充分的理由去免除这些工作，如随着年纪的增长、岁月的流逝而出现的智力衰退、感觉迟钝、四肢乏力。

7. 在任何由本联邦或者我们的朋友或者联盟自愿发动的侵略战争中，没有人会被迫离开本殖民地。但是只有为了我们自身的利益或者为了我们的同伴和联盟利益进行的防御战中，经议会或众议院批准下我们才能留在境内。

8. 任何私人的家畜或者财物之类等所有的资产都不得用于公共事务或者公共服务，除非由众议院为其担保，还要支付价格合理的费用并以国家正常利息进行租借。如果其家畜或者财物在服务过程中受到损伤，其所有者将受到应有的赔偿。

9. 在我们中间除了对于那些能够给国家带来利润的新发明之外，短期内我们不允许产生垄断。

10. 根据约定，我们所有的土地及个人遗产可以自由转让，不应受到罚款或契约等方面的限制。所有个人财产，如车、船、服装、个人物品等在父母或长辈去世时都可以按照法律规定继承。

11. 凡是年满 21 岁，心智健全之人，即使是因为触犯教规而被逐出教会之人，也拥有权力和自由留下遗嘱及其他关乎其土地与财产的圣约。

12. 无论是当地居民还是外来人，无论是自由人还是非自由人都可以自由参与公共集会、议会、镇集，或者通过语言或信件参与修改合法、应时的重大的问题，或者进行必要的提议、投诉、请愿或提出合理的法案等。如果时机合适，还可以在审议会议上按照要求及各自的方式进行上述行为。

13. 任何人在英格兰或者国外其他地域的任何财产或者收益在此都不作数，除非将这些财物带到了这里。

14. 在众议院批准通过的情况下，任何已婚妇女、未成年人，甚至神志不清之人所进行的对于土地或其他各种财产进行的转让行为，皆为合法行为。

15. 一切与土地、房屋，及其他世袭财产有关，具有贪婪或者欺骗性的财产转让都是无效的，任何人受到欺骗而支付债务或者遗产或合法所有权，索赔和财产都将宣布无效。

16. 除非该镇的自由人或者众议院另做打算，只要海水退潮到其居住区域内，该区域所有拥有房屋的住户都拥有在任何池塘、海湾、峡谷及河流中进行打鱼和捕猎活动的权利。

17. 在本行政区内，每个人都享有自由权。只要符合法律规定，社会机关有权在其同意的情况下，对辖区居民及家人进行合法的约束。

与司法诉讼相关的惯例及规定

18. 无论什么情况下，在法律宣布对其的判决之前，当局没有权力将任何人拘禁或者抓捕入狱，在服刑期间，如果表现良好，他可以获得保释，而死刑犯，蔑视法庭或者法庭有明确法案规定者不得进行保释。

19. 在众议院中，如果助理人员之间出现失误，且负主要责任的话，则要对其进行警告或者处以 20 先令（英国旧货币单位）以下的罚金，事后还要在其内部进行检讨和审判。如果是代表中出现此类问题也要由其内部进行检讨和审判。但是当法庭众人会聚一堂时，要由整个法院全体进行宣判，不能像之前那样各自进行审判。

20. 任何法院中行使审判之责之人倘若在法庭上有不当之举，则其余出席法官具有谴责其的权力，而如果他的不当之举影响重大，下次最高法院将对其进行指责。

21. 当首张传票未能在开庭前 6 日内生效，且已由被传唤的当事人出具证明对其原因加以说明，则其将有权决定是否出庭。上述情形不适用于处理特殊情况时突发进行的传唤。在处理此类突发状况时，法院助理或工作人员有权将被传唤者的财产作为传唤抵押。

22. 如果有任何人在对他人的诉讼中弄虚作假，伪造大额债务或损失并以此来扰乱被诉讼人，则法院具有权力对其处以适当的罚款，作为惩戒。

23. 任何人不得被判每年偿还超过 800 英镑的债务，其偿还速度不得超过合理标准，且在这以上帝之名而制定的法律下也不得歧视或鼓励向我们的对立方放高利贷。

24. 对于一切伤害到他人的罪责，如果能证明仅仅是由于被害人未履行其职责和义务才导致了此罪责的发生，则此罪责将被视为无罪，一切责任由受害者承担。

25. 如果当事人及理由已被法院正确理解，充分认定，则一切传唤不得对抗判决，开庭中的司法进程不得撤销，对于一切简介问题或错误的驳回亦是如此。

26. 任何人一旦发现其不能为自己做出有效辩护时即可拥有权利雇佣除法庭律师之外的人来帮助他进行辩护，且不必付出任何费用。但是当法庭开庭对其进行盘问时，他仍要自己来回答那些问题。

27. 如果原告向法庭递交关于其诉状则被告亦有权利和时间向法院呈递辩护诉状，之后再进行双方之间下一进程。而这一步骤并不会阻碍法庭进一步进行裁决。

28. 原告对法庭提起的所有诉讼其都有权撤诉，或在陪审团进行裁决前撤回，一旦其撤回诉讼则需支付被告的全部费用。事后只要其愿意还可以重新提起诉讼，没有任何影响。

29. 除非在法律中正好有其他合适的方式来进行决定，否则在所有的法律活动中，原告和被告双方有权互相商议选择是由法官还是由陪审团进行审问。这种选择自由权刑事诉讼的嫌疑人同样拥有。

30. 原告、被告双方，每一个将要由陪审团进行审判的嫌疑人都有自由，有权利去质疑任何一个陪审员，质疑其是否徇私枉法。而一旦由法官或其余的陪审员发现此质疑合理属实，则召集候补陪审员取代其陪审团席位。

31. 在面对证据不清晰或者令人模糊而使得陪审团难以做出清晰肯定的裁决时，无论是陪审团的规模大小，其都有自由，有权给出一个明确的特殊裁决。为了做出这个特殊裁决，他们会离开法庭。所有陪审员对案件就事论事，但如果他们着实难以找到好的解决方式做出判决，如果法官和陪审员对此已是焦头烂额无法继续维持自己内心的平静，在这种情况下将移交给常设法庭，由其对问题多方求证，最终做出决定。

32. 只有在判决下达、付清罚款之后，当事人才有权追回他被依法没收，扣押的财物。如果他亟须临时归还则要他保证安全且当他的对手在法律上重新对他提起诉讼时可以满足那些要求。

33. 如果在现行法律中能找到充分的方法进行赔偿而不是抵押其财产，则当事人不会被拘留或者逮捕入狱，如若不能，当事人将被逮捕入狱，直至缴清所有罚款，除非法院对其动机已经认定或者最高法庭有其他解决意见，当事人将被释放出狱。

34. 如果有人被证实无理取闹提起诉讼，三番五次以不正当的诉讼干扰他人则法院有权拒绝其提起的诉讼，不允许其享受法律的恩泽，并可以因为他的无理取闹而对他加以惩戒。

35. 任何人的在生长的或收割完成的庄稼或干草，花园里的物品或任何容易腐烂变质的东西都不能成为法庭扣押的财物，除非是已经将这些物品安置在某地而且不能腐烂的情况下，它们才具有一定的价值。

36. 在下级法院受审的嫌疑人都有权向法庭助理提起上诉，如果其在法庭休庭之前提起上诉，在接下来的六天之内法庭助理将确认原告方继续起诉的理由。如果当事人表现良好则任何人都有权向常设法庭/议会进言，投诉其在法庭助理或者其他人处受到了非公正的待遇。

37. 在有证据显示原告属于自愿地对被告进行恶意起诉者，法院有权对原告强行处以适当金额的罚款，对其恶意控诉被告人或被起诉人的错误行为或者大声喧哗予以惩戒。

38. 在法庭上，每个人都有出庭作证的权利，当庭所做的证词誓言将记录在案。在两个助理之前所作或涉及任何死者或该证据已依法进行确认则会被永久保存下去，在特殊情况下这是永久的纪念和证据。

39. 在包括人权物权混合诉讼在内的所有双方对峙的诉讼中，当法官恪守谨慎时，法庭有权缓期执行，则方便之时再继续审理。

40. 如果在签订转让契约、合同时当事人受到非法暴力、监禁、恐吓，及任何强迫性对待，那么该契约一律不具有合法意义，一概不能生效。

41. 在任何人坦白其犯罪动机时，无论他是阶下囚还是嫌疑犯，法官应该听取其言论并进行公平公正的审理，切不可带着偏见与歧视进行审判。

42. 同一个人所犯的同一桩罪行只能由国内法庭审判一次。

43. 任何犯人都不应被处以40下以上的鞭刑，对于正派人士或者与正派人士相平等之人不应被授予鞭刑，除非其罪责令人发指让人深以为耻，而且其为人放荡不羁。

44. 被处以死刑的囚犯将在其定罪后的一个工作日内被处死，除非法庭考虑到原告方的特殊要求，或者依照军事法，死刑犯的尸体在12小时之内将会掩埋，除非要对其进行解剖。

45. 没有人应该被屈打成招，除非是在一些死刑犯的案件中，一开始就证据充分确凿被认定为犯人，并且显而易见其还有共犯和同伙的情况下，方可对其用刑，但这些刑罚不能是野蛮的非人道的。

46. 我们所允许进行的肉体上的处罚绝对不能是非人道的、野蛮的或者极其残忍的。

47. 必须要有两到三个证人的证言或者其他与之相对等的证据，才能对犯人处以死刑。

48. 任何本国居民都有权搜索和阅览除议会之外所有的法院或者机关单位的记录或者登记表，在由负责管理财物的公职人员签字后，还可以得到这些记录或登记表的副本及通过审阅的范例。

49. 除了大陪审团的成员，自由市民在一年内不会被迫两次以上参与陪审团，但他们每年至少要参加两次开庭。

50. 所有的陪审团成员将由其所住镇的居民选举出来，这种选举会经常举行。

51. 所有下级法院中辅助法庭助理的相关人员将在特定时间由法院所在镇提名，并在其内部有序选出。

52. 儿童、智力不正常者、神志不清者及其刚刚来到我们殖民地的外来者，无论是不是罪犯，由于宗教等因素的要求，都将得到津贴和补助。

53. 年满21岁者，父母去世后可以继承土地或其他家产，可以参与选举或被选举，将视作成人在法院受审或宣判。

54. 在法庭之上，无论因为任何事情而进行的选举、宣判、提议以及进行宣读时，如果总统或者宗教领袖拒绝履行决议且有原因去处罚他时，法庭议会中占大多数的一方有权决定，他们中的某个人取而代之，并履行决议。

55. 在任意法庭的诉讼中，原告方有权尽其可能指出所有要指控的罪名和要求所得的赔偿，而被告方有权尽其所能对所有的指控进行辩护以此来回应原告，而法庭将参照全部证据进行裁决。

56. 如果有人在镇级会议上出言不逊、恶语相向，出席会议的其余市民有权对他的行为进行惩治，并可处以不超过 20 先令的罚金，以示惩戒。

57. 无论何时，一旦有人突然非正常死亡，该镇的警察或一些助手将即刻召集一个由 12 名自由市民组成的陪审团对其死因及死法进行调查，然后将拿出一份真实的裁决书给附近的助手或者在下一次该镇法庭开庭之时呈报公堂。

自由市民的特殊权利

58. 行政当局有权力和自由监督法令和每个教会依照当局之言而制定的教规，因此法律将以人民而非教会的方式制定。

59. 政府有权力和自由根据国内宪法处理任何一个教徒，无论他是何种教派，何等职务。

60. 任何教会的谴责都不能贬低一个市民的自尊心，不能降低他的职位，也不能废除他在联邦中所得到的权力。

61. 只要当事人所犯罪责不危害本殖民地或其他市民，治安官、陪审员、公务员或其他人都不得揭露或公布任何私人所犯的罪责。他们受到良心的约束，凭借上帝之言进行保密，除非此罪责恰好是合法要求进行的证言证词，才可泄露。

62. 所有的郡或镇都有权力和自由在请求常设法院后选出他们的代表。这些代表将宣誓效忠并定居在所辖区域内。

63. 所有的州长、副州长、法院的助理、相关工作人员、大陪审团陪审员、常设法院代表都不会自己承担支出，他们的必要开销将由他们所服务的镇、郡或国家进行拨款。

64. 每个诉讼的诉讼双方、审理过程、犯罪动机，都将清晰明确地由记录员记录在案。

65. 没有一项道德上的习惯或者法规可以永久地在我们之间盛行。依照上帝之言我们的意图是保留那些被证实在道德上是罪恶的东西。

66. 每个镇的自由民（市民）都有权享受各项法律及宪法带来的对于其城镇的社会福利，他们都不是罪犯，最多不过是因为缺乏慎重考虑而进行的冒犯行为，将对其进行20先令处罚。他们并非厌恶国家的法律秩序，如果任何居民忽视或拒绝遵守这些法律秩序，他们将有权通过扣押其财物的方式来索取指定的罚金。

67. 这是自由民永恒的权利，他们有权每年在选举会议上从自由民中选出所有在此管辖区域内的地方行政长官。如果他们想在选举当天用选举的方式罢免他们，完全不需要说明原因，但如果是在其他的常设法院里，我们将用司法的方式解决，所有的理由都将公之于众并进行证实。我们所说的行政长官是指，我们的州长、副州长、辖区内法院的助理、财务管理员、海上的海军将领还有那些从此以后可能与之相同的官员。

68. 这是自由民（市民）的权利，自由民可以从他们自己中选出议会的代表，要么从他们自己的镇选，要么从他们所能决定的地方选出。因为我们不能预见会有多少种类繁多的情况纳入我们未来的考虑中，不可预知我们会根据需求制定多少法令。这些代表（他们代表着国家参加议会）不会颁布法令，但国家知道在何种情况下如何才能将利益最大化。

69. 未经大部分成员一致同意，议会不得解散或者休庭。

70. 所有被称为自由民的人都有权提出意见，参与选举，在法庭上做出裁决，进行讨论，参与公民大会。他们将依照他们所做出的真实判决和良心拥有充分的自由，行使自己的权利。这一切都在井然有序的秩序下完成。

71. 如果在法院大会上投票数量相当，不能选出合适人选或就某项议案达成一致的话，州长可以一锤定音，同样，在民事法庭上，总统或是宗教领袖亦有权决定最终的议案或人选。

72. 当州长和副州长意见一致或者任意3名助理意见一致时就有权让一名已经被定罪的犯人缓期执行，这种缓刑持续到15日后由众议院来决定。众议院是唯一有权力赦免一名已被定罪罪犯的机构。

73. 在任何情况下，众议院/常设法院都有权派遣本联邦的任何一人，不论何职，去出使外国传递公共讯息或者进行协商谈判。如果派遣的一方对要派他出去进行的事务了然于胸且愿意承担这项活动，则可行使其权力。

74. 每个乡镇的自由民（市民）都拥有充分的权利，一年一度或者更短的间隔期中从他们自己人里选出合适数量的人来处理乡镇所遇到的重要事情。依照所颁布的指导书所言，只要他们所作并不反对公共法律，不反对国家秩序，只要他们所选出的人数不超过 9 人则可行使其权利。

75. 在制定及执行任何法律规定时，法院理事会或公民大会的任何成员都有权参考其宗教信仰，如果他们不赞成以投票的方式来解决涉及资金，货物或认购任何公共物品，他们可以通过口头或书面形式提出反对意见，并有权要求将异议记录在法庭记录当中。此类事情可以按照基督教的形式或依照各自方式进行，而且他们所提出的异议必须在有意义的前提下才可以提出。

76. 无论何时如果陪审团或者陪审员对于他们在法庭上给出裁决的原因并不清楚时，在他们上交裁定前，他们有权在开庭时向任何他们认为合适的可以引导他们为了他们解惑的人请教。

77. 在自由民参与选举投票，制定宪法秩序或者通过司法裁决之类的重大时刻，如果他没有充分的理由给出肯定的答案站在这边或者另一边，那么他有权保持沉默，没有人能逼迫他做出决定。

78. 未经议会/常设法院指派，任何地区的公共财务管理员数量不得增加；未经当地自由人同意，任何郡、镇的财务管理员数量不得增加。

妇女的自由与权利

79. 如果在男方去世时没有给其妻子留下足够数量的财产，其妻子一旦向常设法院提起诉讼，则会获得一定的补偿。

80. 每个已婚妇女都有免受她丈夫家庭暴力的权利，除非她丈夫是在自我防卫情况下抵御其妻子的攻击。在一些法院中如果其有向当局控诉家庭暴力的正当理由，法院将保护妇女的合法权益。

孩子的自由与权利

81. 当双亲并未立下遗嘱而亡的情况下，其长子将获得两倍份额的遗产，除非议会/常设法院有正当理由进行其他的判决。

82. 当双亲并未立下遗嘱而亡，且膝下无子的情况下，其女儿将作为第一顺位继承人继承其遗产，除非常设法院有正当理由进行其他的判决。

83. 如果父母肆意妄为，不合理地拒绝孩子合乎时宜的婚姻嫁娶，或者非自然地对子女严加苛责，子女将有自由向政府上诉以求获得应有的赔偿。

84. 那些在其父母有生之年并未对其承担教养之责的未成年孤儿，在其成年后将会不完全受任何宗亲、朋友、执行者、所属乡镇或者教会的管束，在至少有两名法院助理出席的情况下，其拥有绝对的独立自主权。

佣人的自由与权利

85. 如果任何仆从由于其主人的暴戾恣睢、残忍无道而逃离到同镇的任何一名自由民家中，他将在那里受到保护并持续到他得到应得的救济。如果下达的通知迅速地传递到他所逃离的主人那里，他的出逃行为将受到法院助理及警察的庇护。

86. 除非经过法院开庭审议或者两名法院助理同意，任何仆人不得转给他人超过一年以上，无论是在其主人有生之年还是他死后由其他主人继承都不能违背此原则。

87. 如果有人对他的仆从施暴，将其打得鼻歪眼斜，牙齿掉落乃至毁容，除非此事完全是出于意外，否则他将释放他的仆从，使其自由，并将支付比法庭所判更多的赔偿。

88. 当仆从勤勤恳恳、忠心耿耿地为主人效力满七年后，待他获得自由之日，主人将赐予他一些财物，绝不能一无所有。但如果他在侍奉主人时慵慵懒懒，并不忠诚，那么尽管他被主人呼来喝去，但依照当局判定，直到主人对其满意为止，他不能获得自由。

外国人的自由与权利

89. 如果有外国人宣称，真正的基督教将让我们免于当权者的横征暴敛和压迫，让我们远离饥饿，物资匮乏或者此类无可避免的原因，依据上帝赐予我们的权利与义务，这些外国人将受到我们的款待，我们将给予应有的援助。

90. 任何在我们所属海岸发生事故的船只，不管是敌人还是朋友，我们都不能使用暴力伤害船上的人或者掠夺他们财物，而应将其救援上岸，所属财物应放置在安全地带，直到行政当局确认后再按照相应的律法进行处理。

91. 在我们中间不会有由契约签订的奴隶、奴隶制，或者囚禁，除非是合法贸易得到的俘虏。有一些外国人甘愿出售给我们为奴，但他们将拥有充分自由，以及依照上帝律法在以色列民族所制定的法律中关于一个人道德所要求的全部自由及权利。但这不能免除任何一个由当局所判奴隶的奴役。

对待家畜

92. 任何人不得虐待或残害经常被人类所圈养、使用的牲畜。

93. 如果在特殊情况下，任何人有机会驱赶牲畜去远方的目的地，途中它们必然疲惫不堪、饥肠辘辘，也可能会生病或者哺育后代，那么法律允许它们在除了草地或圈起来以做他用的土地上得到足够时间的休息，可以补充给养，稍作休整。

94. 死刑：

(1) 如果待罪之人信奉其他教派而非我主，那么就是罪加一等，将会处以死刑。

（2）如果一个男人或女人是男巫或者女巫（他们由众人指证），他们将被处以死刑。

（3）如果有人自以为是，无理地表达出亵渎上帝、神父、神子或圣灵之意，又或者以同样的方式诅咒上帝，那么他将被处以死刑。

（4）如果有人承认他是主动杀人，是有预谋的出于憎恨而非是必要的正当防卫，又或者仅仅是依照他的意愿而做出的杀人行为，那么他将被处以死刑。

（5）如果有人因愤怒至极、情绪失控杀死了他人，那么他将被处以死刑。

（6）如果有人背信弃义，用毒或者其他残忍的手法杀死了他人，那么他将被处以死刑。

（7）如果有男子或者女子与野兽或者家畜进行性交，毫无疑问，他们将被处以死刑，野兽会被屠杀，而这野兽的尸体也不会被食用而是直接掩埋。

（8）如果有男子像和女人上床一样和男子上床，且他们二人对此都心甘情愿，那么他们二人都将被处以死刑。

（9）如果有人与有夫之妇或者怀有身孕的人妻通奸，这对奸夫淫妇都将被处以死刑。

（10）如果有人鬼鬼祟祟行窃，那么他也必将被处以死刑。

（11）如果有人提供错误的证据，迷惑法庭，借此图财害命，那么他将被处以死刑。

（12）如果有人图谋不轨意图进行入侵、叛乱或者公共谋反来反抗我们的联邦，或者试图突袭任何镇、乡、要塞或者从根本上动摇我们政府的体制，妄图颠覆我们的政权，那么将对他处以死刑。

95. 上帝耶稣给予教会的自由宣言：

（1）在上帝所辖范围内所有未加入教会的人民，只要接受正统的审判，在其生活中并无丑闻，那么他就可以自由加入教会团体。如果他们以教会的方式行事，接受基督教启示录对此言行的监督，他必将更加向善。

（2）任何教会都有充分的自由遵照圣经的要求行使上帝所订的法令。

（3）如果他们能够虔诚规范地信仰上帝，每个教会都有自由地、不时地对他们所有的职务进行选举和任命。

（4）每个教会都有自由有权利遵照上帝所订立的规矩维护律法进行以下行为：每个教会都可以自由进入，举荐，依照充分的理由对其职员、成员进行免职和开除。

（5）任何教会都没有任何的强制令施加给它的职员或者成员，无论是主义、信仰、纪律、物质的还是非物质的，在这上帝的机构中一概没有。

（6）每个基督教会都有自由依照上帝之言用禁食、祈祷的方式来欢庆佳节，进行感恩。

（7）教会中的长者有自由参与每月，每半月或者其他在适宜时间和地点举行的讨论会，对与基督教有关的问题和情况进行商议。

（8）所有的教会都有权用教会的方式对他们的成员进行审判，所以审判过程不会被阻碍或者拖延。

（9）每个教会都有自由处置任何属于教徒的地方文职人员，法院的代表或者其他公务员。以防他们做出显而易见的违法行为，这一切将备受瞩目在众目睽睽之下进行。

（10）我们允许举行个人的集会，召集各行各业的人们进行对教义的教诲，为此这种集会的人数、时间、地点，及其他因素我们一概不追究。

（11）为了阻止错误与违法行为在教会管辖范围内进一步滋生和蔓延，为了在几个教会内部保持和平与真实，保证内部稳定团结，也为了巩固国内各教会之间的兄弟之仪，常设法院当局为了基督教的合法权利与自由而批准允许，一年中每月一次（当时机成熟时），附近教会的牧师与长者将合法的同其他友人一道通过教会的批准，在附近的每家教会里进行集会，一家一家轮流进行。牧师在一家教会宣讲完毕后将受正在举办集会的教会的长者之邀去进行宣讲。剩下的时间可能都会用在召开基督教公共会议上，在这些会议上他们将讨论和解决所有关于主义，信仰或教会管理的疑惑和问题。教会的管理者是由会友提议选出的，当然也允许其他会友提出异议和反对意见，或者回答如何依照上帝之言将教会建立得更好的问题。如果整个活动是由举行集会教会中的长者主持或者由其他他们指定之人主持的，一切事务都不会由一个或者多个教会施压强迫解决，问题的解决依靠的是兄弟会之间的协商与讨论，他们之说谈都将平心而论，不违背自己的良心，而事实也将从此水落石出。由于这样的集会有时会因为与其他宣讲会在时间上发生冲突而不能及时参加，所以由所有的教会商议决定，这周如果举行集会，那么其他在周围教会举行的宣讲会都将延后。为此，这神圣的集会所展现出的基督教对公共服务的贡献将备受瞩目。

96. 无论是之前提到的具体的法令，还是公民与教徒的权利与特权都是以自由为名的，它们并未明确规定于成文法中，我们并未通过权威认证，但是我诚挚地乞求未来的当权者可以将它视为法律，让那些伤害了他人的罪犯受到罪有应得的惩罚。

97. 如果有人曾被教徒欺压，那么我们同样给他充分的权利与自由，允许其在任意法庭进行上诉并将公正地对此做出判决。

98. 最后，出于我们的职责我们将颁布这些法令，不允许任何事动摇我们的根基。在未来三年内这些法令将在每一个常设法院进行宣读和授权。法律中不可更改和废除的部分将很快被批准通过，从此之后，触犯法律之人必将受到应有的惩罚。

如果在未来三年内有常设法院没有宣读和授权上述的法律，时任的州长、副州长，还有每个法庭中的每个助理都将处以每人 20 先令的罚款，每个代表处以 10 先令的罚款。这些罚款将由其个人支付，选出他们的乡镇将不对此负责。无论何时只要法院中的助理及相关人士对这些法律提出异议，常设法院都只有解释权。

9. 约翰·温思罗普笔下的专制政府及澄清诽谤的马萨诸塞州政府（1644）

【1644 年，一场纠纷在马萨诸塞州行政官员与代表们之间产生，其根源在于两种立法机关所代表的权利不同。代表们声称捍卫司法的权威，但温思罗普反对这种说法，结果他和其他官员遭到了代表们的指控，说他们是专制政府。为了澄清这种情况，他拟定了以下文件。这份文件不仅对于论述温思罗普的个人观点非常重要，更将是联邦政治制度的起源。】

专制政府就是有人来统治人民，人民没有选择，也没有什么津贴补偿，至于谁有权力来统治他们，并没有判断的原因和规则。

只有上帝有这样的特权，其主权是绝对的，它是理性的化身，是完美的规则。所以如果有人要篡夺权力便是专制，是不敬的行为。

在人民有权自由承认或拒绝他们的州长，并要求建立可以用来裁决和统治他们规则的地方，这样的政府就不是一个专制的政府。

民主的马萨诸塞州政府应该具备这样几个特点：（1）建立在一定基础之上；（2）具备积极的法律体系；（3）通过不断地实践证明惯例（用于公益事业时）比不具备法律体系的社会更好。

这个政府的基础是国王的特权：这确定了他们存在的形式，一定数量的人聚集成一个政治团体，他们包括几个成员但却是（在这一政治方面）一个共同体，每个成员都有其适当的位置，这个政治体就能协调他们的权力与行动并使之能够最好地帮助所有人。

在这个政治体中有两种人在减少，州长和财阀或者自由民：当在州内增加了一名副州长和 18 名助手时，提高的便是州长所代表的权利（不是一个人，而是一个集团），而其他人（即财阀）则是为自由——这不只单单是对自由程度的消极影响，这些自由将有能力使他们得到最大福利（在某种形式上的自由，而不是权威），并在两个将军的领导下，选举和建议：（1）他们有权自由选出年度的（如果需要的话可以更多）所有领导及其他行政官员，这样一来将影响到管辖范围内所有的部分（无论是司法还是内阁）。（2）他们在所有的公民集会中有自由协商的权力，所以不经过他们的协商讨论和同意，任何公共性质的法律、法规，或命令，以及任何强加于他们身上的税收或其他负担等都不可以强加在他们身上。他们的家庭或财产通过政府的授权，即使是在公民集会上仍然是一个独立的成员，我们的国家应该是一个纯粹民主的国家，不然如果一切都是州长、法官来掌握，那么政府就没有什么可做的了，也就无法摆脱贵族的统治了。

为了澄清这些，我们将制定专利法案：

（1）这个国家宪法的内容包括以下：之前以及所有类似的其他条款，这些条款将会在以后的时间逐渐被承认，并由公司自由遵守。此后，上面提及的协会，无论实际上还是名义上，都应以新英格兰马萨诸塞湾的州长及公司的名义，成为一个独立的政治体或法人团体。而且，从此以后，同一个大公司都应该有一个州长、一个副州长及 18 个助理，如果发生变化，应定时进行选举，从上文所提到的自由人中选出新一届人选。在这样的方式下，那么此后所提到的公务员将倾其所有去处理好、归置好所有的贸易及其他关乎这片所提到的土地和房屋的事务，管理好政府所统治地区的人民。

（2）对于分权要按照如下所说：上述公司的管理层在管理者由于生病或其他原因缺席的情况下，临时的管理者将有权根据情况做出安排，有权将上述公司的员工召集起来对关乎公司发展的贸易及事务进行商议。

为了更好地归置和处理公司的事务，上述的州长、副州长、助理应该每月一次甚至更频繁地主动去在其内部举行集会，进行庭议。

有七名或七名以上助理协同州长和副州长所组成的集会将被称为公司的大集会，他们为了处理、归置、解决那些有时关系到公司或者殖民地的贸易及事件而会聚一堂。

依照如下条款，每年获得大部分自由人的建议和批准即可举行四次广泛廷议。在广泛廷议中为了他们的福利，建立更好的政府，他们可以允许在公司中增加其他的自由，选出所有的下层公务员，制定法律和宪法。

对于他们职员一年一度的选举将依照如下条款进行：

所谓的一年一度永不改变也就是说在上周三的复活节当天，在常设法院或者集会上将由更多的外援公司选出上述公司中的管理者、副管理者及助理。他们会在当场如之前所说进行就职。

另外一说，在他们中的任何一个常设法院中，任何表现拙劣、犯了错误的职员（无论何种错误）都将离职并且接替他的人会立即就职。

最后一项条款是用于管理殖民地范围内的居民的。这种方式同样存在于获得专利权的弗吉尼亚、百慕大、西印度群岛地区。掌管公司的主要政府官员将居住在英国（所以要切断他们的联系本来就很困难），这项条款不仅应用于此还运用在其他所有的专利中，公司在英国将建立一个管理政府，而在此地的职员在那里将担任管理者、议员、法官、市长、法警等职务，同时依照此条款，在政府在这里建立起来之前，恩迪科特先生和他的同伴在这里充任管理者及议会的角色，具体条款如下：

（1）对于州长，公司中的自由人等人而言这可能是合法的，他们在上述的常设法院或者其他为了这个目的而召集的法院里集会，就连州长或副州长都与六名助理一同出席，在那里将对他们进行任命然后建立起健全的合理的规矩、法律、成文法、宪法等。这些法律和规矩不能与英格兰相敌对，其目的在于建立更好的政府和地方行政机构来适应殖民地及其居民的需要，也是为了为上下级官员各种各样的官职进行命名，这些官职都是政府和殖民地不可或缺的，此外还要对那些官员进行区别，然后规定其职责、权力及权利范围等。这些法律还规定了正如上文所说的一年一度的选举，规定了就职时的宣誓形式，规定了管理，解决所有发生在我们的上述居民身上的大大小小琐事的办法，这些琐事可能都是平和的、虔诚的内部事务。

由此可知，这个政府在根本上就并非是一盘散沙，在每个部分都可谓是严格管理。

(2) 通过这积极肯定的律法我们可以进一步得知如下结论：

当此法律于1643年第一次正式宣布时便规定，只有常设法院有权力制定法律，宣布公民为自由人，选举及调任州长、副州长、助理、会计等公职人员，宣布其可以开始履行其职责与义务，对土地财产进行分配。只有当大多数人都同意的情况下才能解散法院，镇上的自由人有权派他们的代表进驻法院，代表其行使除了选举公职人员的选举权之外的所有权利。

在第67条自由权利中如此规定：

这是自由民永恒的权利，他们有权每年在选举会议上从自由民中选出所有在此管辖区域内的公职人员。如果他们想在选举当天用选举的方式罢免他们，完全不需要说明原因，但如果是在其他的常设法院里，我们用司法的方式解决，所有的理由都将公之于众并进行证实。我们所说的公职人员是指，我们的州长、副州长、辖区内法院的助理、财务管理员、海上的海军将领还有那些从此以后可能与之相同的公职。

(3) 依照基本的规则和积极肯定的律法，在已经稳定下来的地区，政府将即刻将政令付诸行动，迅速制定好律法与规则。但是在国家刚刚成立处于殖民地初期，政府忙于琐事，恐怕无法制定出准确的法律来治理国家。

通过已被证实的事实可知，此政府无论是它的存在形式还是在本政府中工作的官员都不是霸权主义，这就是与专制政府定义的第一分歧。

至于其他的分歧（主要问题存在于此）则是规则上表现出的不同，州长及其他公务员都要受到规则的约束，哪怕是在他们的治理行为中亦是如此。这些规则需要经过授权然后才能生效，本政府（即使是现在）都绝不尊崇专制。

我可能会展示一个专利权之外的明确规则，但是这个规则看上去更为特殊，因为它是将会记述在后续的法律中，我将在这里开始对它进行介绍，此项法规直到1636年基本法（依据上帝之意）建立之后才批准实施，所有原因都将在此说明，依据在此已经强制实施的法律，那里若是没有法律，便依据类似的上帝之言进行统治，为了省去颁布许多的特别法规，在此我只颁布第一权力自由法规：人人生而平等，任何人的生命都不能被剥夺，任何人的荣耀，美名都不能被玷污，任何人不得被逮捕、拘禁、驱逐或以任何方式使其妻离子散，任何人的私有财产不得被他人侵吞，也不得以任何方式执行不公正的律法，戴着有色眼镜伤人，公平正义将受到国家法律的保护。国家法律是由常设法院批准通过且充分贯彻落实的法律，以防在特定情况下由于法律缺陷而出现问题，此时将依照上帝之言行事。或者在死刑或者关系到依照常设法院的判决将进行肢解或者驱逐刑罚时，采用此法典。

由此可见，这个国家的公职人员都有一个规则贯穿在他们的管理之中，这个规则便是上帝之意及其推论与总结，或者是从那里引申出来的规则。

所有的国家都有一些纪律或者基本法，当时机需要时，他们从对特殊事件的处理中得出这些律法。虽然没有联邦能够和拥有一个特定的积极的规则并在一个单独的事件中分配好权力，但是基本法或一般规则提供了解决问题的方向，无论是在整体上还是在任何特定的部分都避免了严重损害的出现。由于没有出现明显违背那些一般规则的不公平判决和无序的司法进程，由此可知，有些规则可能是必不可少的，所以政府是有秩序并非无序的。

上帝给予以色列的基本规则是绰绰有余的，这些基本规则足够引导他们去处理任何问题，我们也有着与他们相同的基本规则，还有补充、解释、推论，应有尽有。一切都如我接下来要说的：如果上帝赐予人类智慧去处理事务，那么我们就不可能想在所有的问题上都有规则的约束。

在这里还记述了几种罪的处罚方式（除了死刑之外）：本来如果主愿意，他可以在此做所有想做的事，就像在其他地方一样，但是他却在地球上指派了政府成了他的代理人。主赐予他们几个人来作为总统引导着所有的人类去享受他所赐予的礼物。在最困难的情况下，最高权力机构的法官可以对律法进行裁决，那时他必须看到三件事：（1）尽管这项判决并未得到明显的共识，其将在已经设立的法律之外公之于众。（2）这项对法律的判决是意料之中的事，所以国王有一本法律的副本供其在有生之年阅读体悟。（3）这样的判决并未是在事情发生之前已经存在的而是临时应变而已，当时机需要时，上帝允许出现在他自己的条例中，为了增加他所欣然赐予人类的礼物，他将在地方上召集建立起政府。在《圣经》中有几种形式的祈祷和布道，但是没有人从中推断出牧师应该在每个场合都进行布道和祈祷，因为如果这样就会毁坏牧师任职的律法，即该条例。一名宣读法令的牧师虽然在那里任职但是却没有经过任何的学习或者接受灵魂上的赐福。所以如果所有惩罚犯罪的方式都用书本记录下来，当陪审团陈述完案件，这本书就能进行判决，哪怕是个学生也可进行裁决，宣读判决，如此一来在审判时又哪里需要什么特殊的智慧、学习、勇气、热情或忠诚呢？

规定处罚方式是眼前非常重大的一个问题，为此我们必须深入研究我们视为明灯的《圣经》，然后规定处罚形式及其他合理的论点，这绝不能是纸上谈兵，必须脚踏实地去设定这些。

英国拥有完善健全的宪法，它既不是一个专职政府，也与我们的马萨诸塞州有所不同。例如陪审团，无论是这里还是那里进行裁决时（在民众的感觉上）都是专制的，在大多数情况下，在面对对于造谣、侵犯、违约等所有涉及人民自由的诉讼时处以不少于罚款及其他的惩罚。如果有十二个人他们都没有公职在身，那么可能（希望得到上帝的救助）没有规定好的规则而是通过分别审判来量刑，给予他们足够的信任等。那为什么不在惩罚性的审判中信任那些有官员进行帮助的犯人呢，就像信任那十二人那样？

在已在此颁布的自由中以防止独裁政府为目的的多达四十余条，但对于违反规定没有明确规定处罚方式，也未曾对此进行修改。

在违法行为被发现之前上帝便已对其做出了宣判，这不仅是由于他的绝对主权更是由于他已经从他们的命运中预见到了犯罪的事实。此外在他审判的情况下，同一罪行的最小惩罚程度要小于对罪犯进行全面审判。但是人们必须依照他的委任进行审判，如此一来在他被冒犯之前就不能处罚其他人了，而这种冒犯将被审核、证明，然后记录在规则中，在对所有情况进行深思熟虑之后再对其进行衡量。我们给予对方为自己申辩的自由，也不会有比在查明动机前就宣判更为对其不公平的做法了。

英国是一个历史悠久的国家，但在我们短暂的历史中有比他们几百年来更为健全、积极的法律。虽然他们确实有一些附加的法律规定了处罚方式，但是他们中的大部分相对于罪行应受的惩罚而言都太轻了，例如：一个誓言价值十二便士，酗酒只处罚五先令等的处罚方式。但是对于一些大的罪行和不端行为，例如作伪证、弄虚作假、谋划阴谋、诈骗、残暴无道、胁迫他人等其他大罪却没有规定惩罚方式，至于这些情况在其他的欧洲国家又是如何，我不能将这些与他们的历史联系起来（因为我们不知道他们的法律），在那里我发现对一些严重违法行为的处罚竟然是由法官自由决定的。

司法审判应该依照每个人应得的刑罚进行审判，以眼还眼、以牙还牙等。例如路加福音第 47 章中的仆人，他知法犯法因而比无知者受到了更加严厉的惩罚。如果我们制定好了法律，在我们的法律中规定对于所有的谎言都处以 40 先令的处罚。但是当两个人同时因为这项罪名而获罪，其中一个一直以来都是诚实待人，在此之前从未说过谎，而他的谎言也没有危害到他人；而另一个则是声名狼藉的骗子，他用心险恶以谎言去伤害他人。如此一来，对他们就决不能处以相同的惩罚，40 先令的惩罚对于前者实在过重，但对于后者又有不足。此外，来自法律的审判（我们知道的）会让罪犯痛苦不堪，虽然这确实是场灾难，但是除了死刑等极重的刑罚外并不意味着毁灭。但是在量刑之时，法官也承担着风险：同样的处罚对于富人而言并不算什么，也不会让他有多痛苦，但是放在穷人身上就可能让他一无所有，一蹶不振。

每部法律在它的任何一点上都必须做到公平，但是如果附带的处罚并不公平，那又如何能称之为公平的法律呢？为了规定好处罚方式就必须遵从一定的规则，否则就是在篡夺上帝的特权。但是法律的制定者或者宣读者不能找到这样一个规则去制定处罚方式，但是如果在宣判前能意外找到一个好的处罚方式，那么就必然是由一个确定的规则决定的，也就是说这项法令的出现必然是上帝的恩赐，是上帝的垂怜。法官及其他官员将对每个人做出公正的判决。如果有部法律规定酗酒者将根据他所犯的罪行进行处罚，那么这就是一部公正的法律，因为这种判决是有据可依的。但是如果明确规定了处罚方式，那就不公平了，因为它想要一个规则，但是在审判前出现这种状况的时候，考虑到当事人的品质和其他因素，法官将找到一个用来审判的规则，犹如纳巴尔、尤赖亚还有一个酗酒的以色列人，他们三人在判决前都被以酗酒为名起诉，那么依照他们犯罪的不同程度和性质，他们所要受到的审判也是截然不同的，那么在他们身上所显示的便是公平神圣的裁决。因为神圣的裁决是由上帝宣判的，在审判中他的语言不能被违背，但是这并未曾写入人权宣言之中。上帝给予他的信徒希望并告诉他们如何应对哪怕是在被审判的前一秒，如果牧师与法官谨遵上帝的教诲，相信主，那么上帝还会教诲他们，告诉他们应该如何宣判、告诉他们不要瞻前顾后，这就是一种规则。无论在什么情况下我们的主都会传播他的一些法令或者规则，或者让我们更为信任我们自己的力量和方法，甚至要凌驾于对他的信仰之上。在所罗门对于两个妓女的宣判中说道，当以色列人了解国王的判决时，所有的以色列人对国王都充满了畏惧，因为他们看到上帝的指挥帮助国王做出了判决。看到这里闪耀着上帝之智慧，通过这次审判，加强了法官的权力，然而在人类的那些审判中没有能达到如此地步的，但是如果判决准确无误，就必须归功于我们祖辈的智慧，如果不然，这错误的判决就容忍了某种必需的恶行，因为它是不能更改的。

虽然规定的惩罚减少了劝诫的用途，但是劝诫依然是上帝一种神圣的宣判和法令，它是由《圣经》批准的，比如所罗门曾就打破安息日一事劝诫过亚多尼亚和尼希米记；“智慧的语言就像是鞭子激励着人们，就像是由集会的牧师钉下的钉子——钉紧这些受到劝告之人（我的儿子）。”“责备一顿一个聪明人要比鞭打一百个愚笨之人更有效果”。

法官便是上帝在世上的化身，在他们进行审判时，他们不仅代表着上帝的智慧，更体现着上帝的仁慈（这是上帝的高贵品德），在他的审判中需要尊重当事人的品行，看到当事人更多的善举或者诚心诚意的忏悔。这样一来在并未产生重大公共影响，或者避免了国家即将到来的重大危机之类的情况下，要以仁慈之心进行宣判，对于盗窃及相似罪行，法律规定要对受害者进行双倍赔付。在这种情况下，如果一方承认他的罪行且带来了他的贡品，那么他只需要赔付1.5倍即可。按照法律规定，通奸和乱伦死不足惜，这项法律出现在雅各布时期（犹太在塔玛事件中的宣判），然而由于鲁本是一族之长，对于他的处罚仅仅是丧失与生俱来的权力；维则由于他对公共利益的敬畏而没有被判处死刑，虽然他与人通奸还谋杀他人；芭丝谢芭没有因为通奸而被判死刑是因为国王对她的渴望而强行改变了法律；亚比亚没有因为他的叛国罪而被处死，是因为他之前的忠心耿耿、任劳任怨；舍梅被判处死缓是因为他那虔诚的忏悔。那些在尼希米时期打破安息日的人因为国家尚未建立没有被处死但却被首次劝诫了等。在戴维时期约押因为阻止了即将发生的公共危机而免于一死，虽然他杀了人；洗鲁雅的儿子们关乎戴维的利益，对于他的战争有利，联邦不得不宽恕了他们的罪责。但是如果审判职能依照规定的处罚进行，无论在什么情况下都不能减轻处罚的话，这样的审判中就没有了智慧和仁慈的存在，正如所罗门所说："仁慈与真实才能使上帝永存，他的王座伫立于仁慈之上。"

我知道我们会用我们的规则去填补上帝没有规定惩罚方式之处。如果有人说："从上帝的范例中得来。"我会回答道：（1）上帝除了死刑之外什么也没规定，仅仅是在两方之间的问题上更加倾向去满足错误的一方而非是进行审判。（2）上帝所做的示范并非是允许我们反抗上帝的规则，我们的规则只是去做出公正的审判，（大多数情况下）我们并不能在犯人认罪前做出审判等。现如今的五先令可能比日后的二十先令还要值钱。如果上帝的在《圣经》中的范例成了我们违背规则的保证，日后我们就可能做出取消对谋杀、通奸、偶像崇拜等罪行的死刑，然后因为父母的罪行就把孩子送上断头台等愚蠢的行为。

如果我们对规定处罚方式的探究要到此为止了，那么如果想防止人民受到不公正审判的迫害就只有这么一条路可以走：我将再次探寻能够削弱上帝审判权力的规则，通过让人民不再对上帝的天意深信不疑来解决人民。上帝在他自己的法令中保证会给予援助，但是谁来赋予法律制定者智慧呢？谁来进行审判呢？难不成得是上帝？之后我们可能就不会再那么相信是他赐予我们智慧了。他会在我们之后对案件做出判决吗？这也就是说当上帝委派他们审判的时候，上帝也在进行审判。所以我们可能依旧相信我们的法官都是由上帝选择出来的，而上帝也会按时开庭。

之后就会进一步发问，我们留给后代的财产有什么用？如果我们现在就规划将来我们后代要住在哪里，那么他们又需要多少地呢？他们又想要住在哪里呢？他们平日里吃些什么，穿些什么呢……之类的问题。那我们又能凭借何种的规则来挑战这种权威呢？虽然我们可以在《圣经》中找到这样的例子，例如约拿达和利甲的儿子等，但是没有人将这些视为我们为子孙后代定下禁令的保证，因为他们有与他们的财产相适应的共同利益和自由，而我们截然不同。

为了防止压迫等行为的发生，有没有什么办法可以帮助我们但却不违反规则？我们因为不知道未来的危机四伏而受到了明显不公正的待遇吗？在这种情况下没有一个清楚的方式可以帮助我们吗？难道是向最高法院提出诉讼吗？如果这不能在这特殊时刻拯救我们，就反而会因我们的规定处罚方式而使得我们处于非常不利的地位，此外可能会制定一部法律通过罚款等处罚形式来防止推翻政权，剥夺人民的资产和土地等（我认为一部保卫自由的法律，这是必不可少的），通过这部法律法官的权力将会受到明确的限制（如果情况允许，可以超出限制），如果法官犯罪将会被移交至常设法院，如果被判为死刑，可以给他们自由让他们用一定的比例赎回。这将充分保证适当的人员和财产免于受到迫害。对此如果我们的审判法庭可以保持下去而不是派最多三五个职员草草了事，就一定能将它落到实处。这样一来就有更多的官员可以从忙于应付二次上诉中解脱出来了。

如果在没有处罚方式的情况下法律并非完美，那么对于法律的自大就是个错误，因为法律本身与处罚方式就像光与黑暗一样截然不同，泾渭分明。法律是由人所制定的，那么自然而然就是要为人服务的，但是处罚确是肯定的附属的。法律是绝对的，那么从主观上而言处罚行为就是错误的，而法律就不应该附加上处罚方式。

以赛亚书（基督教《圣经·旧约》中的一篇）第十章：颁布不公正的律法对于他们而言就是一种痛苦，为此每当有处罚证明如此的法律存在严重的不公时，便会带来一场巨大的灾难，对于不公正的判决而言也是如此，“你应当做出完美公平的裁决”。如果上帝对于可交换的审判是如此的严格以至于这其中的每条法律都是谨遵完美公平的规则制定。既然如此我们又有什么理由心怀恶意，对我们的同胞举起屠刀呢？难道是在为我们本就不确定的罪行强加上确定的惩罚方式吗？

而人民将会反抗不公正的法律，他们自愿不做违法乱纪之事，授予我们权力去制定法律约束他们，且对我们制定的法律选择了毫无保留的赞同。为了回应他们将他们自身的权力赋予我们让我们去约束他们的行为，我们所能给他们的只有公平的法律而已。虽然他们毫无保留的赞同将使得自己在肉体上屈服，但是这并不能禁锢他们的精神，强迫他们满意，也不能让法律制定者随心所欲制定不公正的法律，更不能让这样的法律成为法官良心的担保，要在他之前对这明显的犯罪行为做出判决。

虽然在我看来我对规定处罚方式一事的反对之声是无穷无尽的，但是我也不能否认在一些情况下它确实是合法的：正如我们刚才所说，虽然他不适用于每一个细节，但是站在普遍性的角度上可能是真实的。“整个国家统一定额收费”，没有人会去考虑男女性别等，一切都是定额的；当我们谈到一个人被整个教会驱逐时，这就是事实（普遍意义上的正当解释），但是并不是人人都同意。任何的处罚行为都是由规则规定好了的，如此一来法官也许会进行公正的宣判。我此前和现在都有参与其中。

现在我们将回应这样的一些反对意见，他们反对在审判过程中给予法官应有的自由。

1. 如果不对法官的判刑进行规定，法官在审判过程中将会受到诱惑。

回答：（1）我们不能为了逃避诱惑而违背规则，因为上帝将让他的仆人经受住诱惑，上帝伟大的力量将在人脆弱的时候显示得明明白白。主不会为了让他的仆人躲过白天来自奸人的诱惑及其他可能遇到的问题而将他的仆人带入黑夜中，也不会为了避免在安息日出现的诱惑而让基督徒在玉米或草料长好之前就把它们收割了。虽然我们知道饮酒时是诱惑我们犯错的紧要关头，但是我们并不禁止饮酒。

（2）那些法律和处罚方式的制定者同样也是容易受到诱惑的人，他们也可能由于无知，不注意或者奸人陷害而犯错。很容易便可知道法律制订者们在整个国家中担任着更为重大的职务，比法官们还容易犯致命的错误，关于这一点有以下几个原因：①他们假设自由不受任何规则的约束，不对任何问题负责，因而更容易误入歧途。②当他们制订惩罚方式的时候并未与嫌疑犯当庭对峙，因而与法官相比他们对于无辜流淌的鲜血，宽恕罪人或其他不公平的现象不能足够警惕，容易掉以轻心。如果乔纳森事件发生在之前，那么当索尔对要处以死刑的罪责进行规定的时候他可能就会改判了。③法律制定者在规定处罚方式时并未受到明确的召集，法官在审判的过程中不能期望得到上帝的帮助，而法律制定者在宣判时并未受到约束。

（3）如果有法官在审判中玩忽职守或者接受贿赂而犯错，且他的罪责仅在于他自身，那么惩罚与审判也会随之而来。但是这个错误是出自法律本身，那么影响会更加深远甚至可能影响到子孙后代。不公正的法律比不公正的审判要危险得多。

2. 通常在违法犯罪行为的程度变化时，上帝会制定一些确定的惩罚方式。

回答：（1）我之前已经说过上帝如何用他绝对的权力来做到这一点。

（2）这对他并非不公平，因为即使是最小最小的罪行（在他被审判前）也应受到最为严厉的惩罚。

（3）在这些情况下（例如盗窃），他依照犯罪的性质和恶劣程度来改变惩罚。而其他像死刑、永久流放等的惩罚方式对于一些性质简单的罪行而言却是恰到其处，这些罪行没有一个合适分类，只能对它们进行严惩。例如，有人已经因为通奸而被处以死刑就不能再以乱伦罪判刑，又比如，如果有人已经因为偷了一百英镑而被判处终身奴役就不能再因为他打架斗殴而判刑。

（4）在绝大多数的犯罪行为中，惩罚是一种弥补伤害的方式，在这种情况下司法审判就不允许法官有任何自由去改变或者宽恕罪人。

人人生而平等，富人与穷人在天赋人权上是相同的，哪怕是最穷苦之人也是人，与王公贵人没什么区别。

（5）这些先例带给法官的并不是告诉他在没有规定的处罚方式时该如何去做，而是告诉了他在审判所有案件时都要遵循的戒律，他可以通过这些公平来更好地审判案子（在《圣经》中有几种祷告和布道，但是并没有因此而被证实）。

3. 如果法官拥有对法律的决断权，那么这就是一个不可理喻的专制政府。那么违反法律而受到的刑罚又是否能落到实处呢？

回答：在这两种情况下，原因是不一样的。

（1）对于法律的决断权毫无疑问属于上帝：上帝是唯一的法律制定者，但是他赐予人类权利去解释他的法律，这是他赐予人类的礼物；如此一来主要权力归属于国家最高权力机关所有，次要权力则根据官员和法官的职务授予他们。

（2）法律总是相同的，不因为任何因素而改变，既不增多也不会减少，而对犯人的处罚也是如此。所以要对每个犯人都处以确定的刑罚，无论他是因为无知而犯罪，还是知法犯法或者只是一不留心就触犯了法律，所以法律或者对其的解释在规定刑罚时会避免一切危险，因为没有什么能改变对犯人的判决，因为这是一种惩戒。

（3）法律更具有一般性，它像一种责任每时每刻都压在所有人头上，但是只有罪犯才会受到惩罚，而且只有在他们受审判之后才会受到惩罚。

（4）人人知法懂法是有很必要的，因为每个人都受到法律的约束，国家的安全与福利也都凝聚在法律之中，为此我们要尽早颁布法律。但是这并不意味着我们要让每个人都事先了解违法后的惩罚方式，这是因为我们的人民是上帝的子民，是正直善良的，他们会遵守法律，还因为这样一来人民就会对违法后的惩罚措施心怀敬畏。让他们对于严厉刑罚保持着敬畏要好于给他们自由去违反法律，哪怕只是一件小事。

4. 拥有规定好了的惩罚方式对于国家来说是安全的，毕竟我们也不知道以后的官员或者法官是什么样的。

回答：（1）上帝预见到在以色列日后会有贪赃枉法的法官，为此便在制定法律时给他们制定了最多的刑罚。

（2）任何国家都没有如此的智慧，在面对很多重大问题时他们必须去相信一些人。所以在所有人类活动中：最聪明最谨慎的商人都被迫去相信他们的仆人、工人、船长等，相信他们的智慧与忠诚。在所有的国家中，战争中的将军、舰队司令、大使、财务主管等他们这些人所造成的公共影响远远超过对品行不端或者更小罪名的审判所造成的影响。

（3）当我们对所有平日里可能发生的罪行在法律上都加以约束之后，我们应该相信上帝，那些危险仅仅是可能而非一定会降临在我们身上，尤其是当我们努力地想去避免那些可能的危险对我们现在的善行造成影响时，就可能会有其他的罪行在接近我们。

言论的力量超过我所预期的。总之，马萨诸塞州政府是由官员与自由人组成的，他们一个代表着权威另一个则代表着联邦的自由。二者都有权力，单独或者一起展现自己的权力，并没有明确的法律规定他们一方代表自由，一方代表权威。自由人可以在选举官员时体现自己的权利，而官员们有权处理除了法院之外所有的事务，但他们二者都参与了常设法院，且无论大事小事，都由明确的规则所约束，也就是说政府的统治阶层鱼龙混杂，不可能是专制的。

代表大会委员会看完这本讲述专制政府的书后来了回信，他们对本书进行了检查并对代表大会的选举工作做出了详细说明，即：

在第一部分中：

（1）至于书中所作出的定义，我们认为是有缺陷的。

（2）至于对于政治体的划分，将其成员要么归于权威一派，要么归于自由派的做法，我们并未在专利法中找到这样的分法。

（3）至于书中条约所记述的（尊重常设法院），仅仅是让自由人有自由进行建议和商议，而不是有权力（由专利法允许），我们认为这剥夺了自由人应有的特权。

至于书中的第二部分中谈到的人民应该遵守的规则，我们发现了这些危险的立场：

（1）一般规则足以辨明国家是否是专制政府。

(2) 当法官辨明原因时，他应该有自由去改变这些一般规则。

在之后的两种观点中，在第一种立场中有很多危险的言论，尖锐地抨击了所有的刑法，因为——

(1) 他们记录的是人类的权利与发明。

(2) 人类进行的宣判并不否认和排斥上帝的智慧和法官的权威。

(3) 在法律中规定明确的处罚方式是对上帝权力的篡夺。

(4) 在案件结案之前不应该做出判决，但是允许立即进行援助。

(5) 具有确定惩罚方式的特定法律是不公平的。

通过原因和影响介绍一个审判的特例，以此来证明第二种立场，这是险恶而危险的。

罗伯特・布里奇斯

谨遵命令

州长温思罗普对这篇报告进行了评价，在他仔细誊写的那页背面他签上了署名，如下：

回答：委员会的大多数反对意见都被认为是错误的。

1. 文章的题目说明了作者并非想要任何定义，他只是想进行说明以此来使得主题更为鲜明，更为丰满。他从肯定和否定两方面对主题进行了论述。但是逻辑学家做出的定义是——专制政府，就是一个没有规则的政府，但是从原因和结果上来看，作者的说明无疑是错误的。

2. 通过观察在政治体和其成员之间并没有那样的差别，因为那是整体与局部间的区别。但是在政治体的成员间却存在区别，他们中一方代表着权威，另一方则代表着自由，这是由专利法批准的（在其他场合也是如此），尤其是在那些认为州长等应该召集自由人参政议政的条款中对此倍加推崇，它们代表着自由而非权力。而在他们拥有的选举权方面。代表自由的后者却宣称这是他们永恒的自由，绝非权力。

在第二部分中：

1. 我们并未发现任何立场可以说明一般规则即可充分断定一个政府是专制政府，但是却发现法院将上帝之言和已经制定的法律作为先行的规则，法官在审判的时候需要参考这些规则，因为这些规则都是从特定的案例中衍生出来的（如果上帝赐予人类智慧去理解它）。另外，上帝的法律并非十全十美，所有未来法律制定者在制定法律规定惩罚方式时要做得更好。

如果作者用文字表达了他个人的立场，那么本书将被认可，可以出版，因为所有的法律都能被称作一般规则，虽然是附加了确定的刑罚的规则。

2. 本书的字里行间也不会再显示出第二种立场，但是法官不论从他们的职务（成为上帝的协助管理者），还是从圣经中形形色色的例子来看，这看上去已是陈词滥调，在一些情况下应该赋予法官一定的自由，这样在特殊情况下他才能在他的审判中展现上帝的仁慈之心。我们也不会认为在以色列或者其他国家中，法官将被这样的自由所限制。

在以下的论点中——

如果委员会通知他们在文章中发现了危险之处，他们会将他们独到的见解呈递给我们，之后我们会对此进行思量，如果他们的报告让我们大失所望，我们对此将不会进行回复，同样的我们可能对于他们所提出的问题予以强烈谴责，通常只有人类会对他们不喜欢的东西愤愤不平，尽管他们可能并无害处甚至还是有益的。

至于上述几点，它们作为论据列在那，在对它们进行裁断之前必须即刻废除。

作者提出《圣经》中的例子只能显示出上帝偶尔如何改变他严密的法律（在他的智慧与仁慈下），有时王公贵族在对待公共事务时也会做出同样的选择，这是不能否认的事实，至于他们这样做的正当理由，一直以来都颇受争议，他们言出法随，有自由去表达自己的意见。

在这本书里着实有太多危险的言论，书中真实地引用了《圣经》中的例子提到并没有将之运用在人民身上，可能有一个是原因是因为：戴维曾经折磨过亚摩利人，也就是说在一些情况下，这样做也是合法的。虽然有虔诚之人对这样做的正当理由持有疑问，它也未被认为是有罪的。学者和信徒们对于《圣经》中诸如此类的故事一直争论不休，但是在其他一些地方这些故事却没有丝毫疑问，可能有人会这样推理：戴维在还未听说过米菲设波之时就对他进行了宣判，所以如此审判是合法的，但是这样的行为一定会被视为有罪的吧，或者有人会这样争辩：索尔规定触犯法律者将处以死刑，那么当乔纳森触犯法律时把他送上断头台就是公正的了吧，或者说因此王公贵族可以随性规定惩罚方式，而这竟然是合法的，但是事实上这些都可能被判有罪，因为这些例子都是毋庸置疑的。

作者对其作品的回顾

撰写这本书给了我首次机会去查阅法律中规定的惩罚方式，在一些规定的审判中我看到了不公之处，这些都是用来惩罚那些违反了各类道德法律的犯人的。

在本次查阅过程中，我一直紧抓主旨，对那些只有正面的法律条文置若罔闻，而全部是从也仅仅是从人类制度方面了解了法律的权威，所以你可能会发现我书中的举例全都是这种，我书中的观点也都是从这方面来看的，而且在审判方面我还引用了一些英国的法律在其中。如果要说正面的成文法的话，我发现它有一个重大的缺陷，据我所知大多数后来制定的成文法都加上了处罚规定，当然它也必须有，因为那些成文法只有正面的论述罢了。

除非法官能从法律条文中找到量刑标准，不然在审判违法行为时法官亦无法可依：例如，如果法律禁止用枪猎杀野兔或山鸡，但却没有规定惩罚措施，法官在审判时也不知道该如何量刑，这可能是公平的，因为没有上帝或者自然的法律对此类违法行为制定了惩罚措施。但是如果是英国的习惯法（这是古老的法律，相比于成文法，习惯法对于他们的智慧和公平更加尊重），他们没有任何处罚规定：他们可能认为这些都是源于上帝之意和自然之光，所以审判他们也同样需要上帝之言和自然之光（尤其是基督徒，他们在某种程度上把上帝形象重新根植于人们心中），这些会引导我们对那些违法之人做出公正的判决。

我并不是反对所有的规定的惩罚方式，仅仅是反对他们在上帝之言中规定明确的规则，这点在我所有的论点中都得以体现。而且为了避免在一些情况下因为规定的惩罚方式而产生的危机，你可能会看到需要制定一些法律，这些法律可以将法官们的权力缓和地限制在一定界限内从而防止出现危险，这也就是我在第一段中想表达的一个要点，法官的权力应该得到规则的制约，而这些规则将贯穿在他整个的执法过程中，所以我又有什么理由去维护专制政府呢？至于应该给法官多少自由的问题，就请你们来决断吧。

至于法律，你们可能也发现了，我总结了颁布和宣读法律的必要性。人人都应该知法懂法，因为我认为如果需要去遵守法律的人却不了解法律，这对于他们而言是不公平的。我的行为对此是有责任的。因为上帝不允许我向他们屈服，所以我赞成所有我们现有有用的法律，赞成这样的贫困扶助，它们中一部分也有规定的惩罚方式，但是我已经给出了我不赞成那些惩罚方式的理由，虽然他们在一些情况下满足了法庭的要求，但是我不比任何一名法庭成员有更多的自由和权利去说什么，我也不会在我的书中对此加以解释；对于发生的违法行为我只有三言两语想说，即使我可以给出足够充分的理由，但是我承认这些事现在并不让我满意，但是当事情处理完毕，明白作者的诚实意图之后，我们就会理解上帝不允许我们在口头上把某个人宣判为罪犯。

无论我犯了什么错误（我是先这样做了才说的），我都会接受应受的惩罚，但是所有关乎上帝、真理之事，或我对公共事业的赤诚之心，或由于我的地位而拥有的向法院呈递这些考虑的自由，如果这些受到质疑，我必定为之抗争到底。

约翰·温思罗普

10. 政府约法
(1653)

【政府约法在成文法历史上是非常重要的，1653 年 12 月 16 日，克伦威尔及其议会成员通过了政府约法。政府约法中提出了“护国公”一职。1654 年 9 月将其提交给国会，国会以此约法为基础批准通过了宪法。】

英格兰、苏格兰、爱尔兰及其所属领土皆归联邦政府所有。

1. 英格兰、苏格兰、爱尔兰及其所属领土的最高立法权将赋予一名领袖及国会成员，这名领袖将成为英格兰、苏尔兰、爱尔兰联邦的护国公。

2. 上述国家、领土、人民的最高行政长官的统治权将属于护国公，同时将组成不不少于 13 人，不多于 21 人的协助委员会来辅佐他。

3. 所有现在由国会批准的以英国自由为名的令状、审核、委员会、特权、基金等都将归在护国公名下。为了未来，从此任护国公开始，护国公将拥有赦免权（除去谋杀罪和叛国罪），将有权为了公共事务而没收其他财产、荣誉等，将依照现行法律，通过向委员会进言来管理上述国家及领土内的一切事务。

4. 护国公、国会议员在得到国会同意的情况下，有权为了三个国家的和平与安定指挥包括海军和陆军在内的武装力量。在国会幕间休息时护国公根据委员会大多数成员的建议并获得同意后，即有权为了上述目的调动军队。

5. 护国公通过上述建议，将有权处理一切外交事务，与他国国王、贵族，及国家保持良好的关系。同时，在得到大多数委员会成员同意的情况下，护国公有权发动战争。

6. 法律不得变更、延缓、终止或废除。不会制定新的法律，也不会有任何的税收及其他费用强加于民。但是在国会成员一致同意的情况下，可以依照第 30 条中所提到的内容向国民征税。

7. 1654 年 9 月 3 日，国会于威斯敏斯特正式成立。此后每三年成立新一届国会，同时现任国会将宣告解散。

8. 未经其同意，下一届国会和现任国会在从第一次会议举行之日算起五个月内不得休庭，休会或解散。

9. 从此之后的所有国会将由以下方式选出：也就是说，将会从英格兰、威尔士、泽西岛、格恩西岛、贝里克镇的人民中选出不超过四百人进入国会。而从苏格兰和爱尔兰两个地区选出的人数分别不得超过三十人。

10. 从英格兰、威尔士、泽西岛、格恩西岛、贝里克镇等郡分别选出来加入国会的人数将依照下面的比例和人数进行分配，即：

贝德福特郡，5；贝德福特镇，1；伯克希尔郡 5；阿宾登，1；芮丁，1；白金汉郡，5；白金汉镇，1；艾尔斯伯里，1；威客泊，1；剑桥郡，4；剑桥镇，1；剑桥大学，1；伊利岛，2；柴郡，4；切斯特，1；康沃尔郡，8；郎思顿，1；彭林，1；特鲁罗，1；东罗奥和西罗奥，1；坎伯，2；卡莱尔，1；德比郡，4；德比镇，1；德文郡，11；艾克赛特，2；普利茅斯，2；克里夫顿，达特玛欧斯，哈德尼斯，1；托特尼斯，1；巴恩斯特布尔，1；狄福顿，1；霍尼顿，1；多赛特郡，6；多切斯特，1；韦茅斯和麦克伯-锐格斯，1；莱姆瑞吉，1；普尔，1；达勒姆，2；达勒姆市，1；埃塞克斯，13；莫尔登，1；切尔斯科特，2；格罗斯特 2；图克斯伯里，1；森科斯特，1；赫里福德郡，4；赫里福德，1；来明斯特，1；赫特福德郡，5；圣奥尔本，1；赫特福德，1；亨廷顿郡，3；亨廷顿，1；肯特，11；肯特伯雷，2；罗切斯特，1；梅德斯通，1；多佛，1；三威驰，1；昆伯乐，1；兰肯郡，4；普林斯顿，1；兰肯，1；利物浦，1；曼彻斯特，1；莱斯特郡，4；莱斯特，2；林肯郡，

10；林肯，2；波士顿，1；格兰瑟姆，1；斯坦福，1；大格里姆斯比，1；米德尔塞克斯，4；伦敦，6；威斯敏斯特，2；蒙茅斯郡，3；诺福克，10；诺维奇，2；琳恩瑞吉，1；大雅茅斯，2；北安普顿郡，4；诺丁汉，2；纽卡斯尔郡，1；贝里克，1；牛津郡，5；牛津大学，1；牛津市，1；伍德斯托克，1；卢特兰郡，2；斯洛普郡，4；什鲁斯伯里，2；布里奇诺斯，1；勒德洛，1；斯坦福德郡，3；波特茅斯，1；威特岛，2；安多佛，1；萨福克，10；伊普斯维奇，2；吉尔福德，1；赖盖特，1；苏塞克斯，9；奇切斯特，1；刘易斯，1；东格林斯特德，1；阿尔德隆，1；拉伊，1；威斯特摩兰，2；沃里克郡，4；考文垂，2；沃里克，1；威尔特郡，10；新塞勒姆，2；马尔堡，1；戴维丝，1；伍斯特郡，5；伍斯特，2 约克郡西骑，6；东骑，4；北骑，4；约克市，2；赫尔河畔金斯顿，1；贝弗利，1；士嘉堡，1；里士满，1；利兹，1；哈利法克斯，1. 威尔士-安格尔西岛，2；布雷克诺克郡，2；卡迪根郡，2；卡玛森郡，2；卡那封郡，2；登比郡，2 弗林特郡，2；格拉摩根郡，2；加的夫，1；梅里奥尼思郡，1；蒙哥马利郡，2；彭布罗克郡，2；哈弗福德威斯特，1；拉德诺郡，2。对于从苏格兰、爱尔兰所属的郡、市中选出的国会成员将在颁布下届国会组织令前，由护国公及委员会多数议员批准，按照其规定的比例和人数选出。

11. 宣布组成国会的政令将加盖英国国玺，交由各州州长执行。他们将做出适合现在政府的变化。政令由护国公及其委员会批准通过，政令上镌刻着大臣、负责人、委员的姓名并加盖有国玺。如果护国公不批准组成下一届国会，在 1654 年 6 月 1 日前或者因为是三年一次选举，就在第三年的 8 月 1 日前采取上述行动，然后当时任职的大臣，负责人，委员在没有任何证明的情况下，要在从上面提到的 1654 年 6 月 1 日算起七天内加盖国玺，签发通过召集令（如同之前所述进行改变），将召集令分别下发给英格兰、苏格兰、爱尔兰的州长进行执行，这是为了将国会候选人于 9 月 3 日召集到威斯敏斯特，同样的，如果是三年一选，就在从 8 月 1 日算起的七天内处理此事，然后宣布前任国会解散，签发新一届组成国会的政令（如同上文所说进行变化），这是为了在第三年的 11 月 6 日将新一届国会候选人召集到威斯敏斯特。上文提到的各州州长则将在收到上文提到的召集政令后十日内将之公之于众，他将在所辖郡的集市日当天从中午 12 点至下午 3 点间在集市上对此进行宣告，之后每月中固定的一天要对此进行宣读，这是为了上述郡选出参加国会的候选人将依照政令上所写的最后期限前去赴任，这个期限一般而言是在政令颁布后的五周之内。同样的还将在进行选举的地方宣读政令：这是为了指定最为合适之地以供全郡百姓参与集会，在这次集会上将让所辖郡内的每个市、镇、区的老百姓都了解到国会换届这件大事。包括市长、州长在内的当地领导将参与到选举中，保证奉公守法，绝不徇私枉法。在收到政令的三天之内，上述官员将分别将选举结果公之于众。当地的选举工作将依照法定程序进行。

12. 在选举当天，上述市、镇、区的州长、市长、法警等官员都将到场，在选举结束后二十日内他们将呈递回复给大法官法庭，回复中将呈报由多数选举人选举出来的候选人，他们手中，一边是选出来的候选人，一边是大量的选举人，但无论是这两方中的哪一方都没有权力去改变由一名领袖和国会所组成的政府。

13. 如果州长有意在给大法官法庭的回复中出错或者玩忽职守，将依法对他处以 2000 马克（当时的英国货币）的罚款。这些罚款中一半将归护国公所有，另一半将交给诉讼方。

14. 任何人如果有帮助，建议，辅助或者煽动反对国会的行为，从 1641 年 1 月 1 日起（除非他们曾是国会的一员并能给出足够的证据来证明自己的美好品行），他们将被剥夺被选举权，不允许参与下届国会，或者接下来三届三年一度的国会选举。

15. 任何人如果有帮助，建议，辅助或者煽动爱尔兰反叛的行为，将被永久剥夺其被选举权，剥夺其选举任何人成为国会议员的选举权，即使他已经或将要信奉罗马天主教也将如此处罚。

16. 当有选举发生冲突或者未按照规章制度办事时，本次选举将宣布无效作废，如果有人因此而被查出违法乱纪行为，他将被剥夺选举他人成为国会议员的选举权，他将被处以相当于他土地财产一整年的价值和他所有个人财产 1/3 的罚款。这些罚款一半属于护国公，另一半将归诉讼方所有。

17. 所有当选国会议员者都需要具备以下素质（只需要这些素质）：必须诚实守法，对上帝心怀敬畏，善于言谈且年满 21 周岁。

18. 任何公民只要具备价值 200 英镑的财产且没有违背上述条款者，皆在国会选举中拥有选举权，可以选举他人成为国会议员。

19. 国家玉玺盖印的大臣，掌玺人员或者委员，在他们就职前都必须进行宣誓，发誓将按照之前所说的如实地提出问题，贯彻落实召集国会的政令；如果没有依法如实地提出问题或者落实政令，他或他们愿意承担违背誓言的罪过，接受一切刑罚。

20. 如果政令未能按照上述情况颁布，在其中出现了疏忽，那么每当发生这种问题，从原定由大臣、责任人、委员颁布之日算起十五日之后国会将在威斯敏斯特依照如下条约进行集会：即英格兰、威尔士、苏格兰、爱尔兰的上述各市、区的州长、司法长官；牛津和剑桥大学的学者、领导；贝里克镇及上述其他地区的市长和行政长官将在召集之后的三十日内分别前往指定的法院及地点议事。从几个郡、镇、大学、市、区中选出来的候选人将按照之前所说的要点就职；如果有在职的官员此过程中玩忽职守，将被视为严重的背叛，他将因此而受到严惩。

21. 所有现在在联邦大法庭中任职的职员及其日后的继任者将有权接收官员呈报的回复。这回复是为了组成下一届国会及之后两届每三年一次的国会而在选举后一天呈报上来的，以此来保证从各地分别选举出的国会议员可以进入到委员会中。他们将细细阅读上述的回复，检查被选出来然后呈报上来的人选是否满足要求，有没有被剥夺被选举权，确保选举过程合理合法，由大部分委员会成员批准通过，具备上述资格，之后将视之为国会的一员，允许出席国会会议。

22. 按照上述方式选举出来的国会议员只需他们中任意 60 人到场即可视之为英格兰、苏格兰、爱尔兰的国会。按照这里所说的方式，最高司法权将属于护国公和国会所有。

23. 护国公在委员会大多数成员提议的情况下有权在国家需要时按照以上方式召集国会，即使不是之前所说的时间也可以这样。在国会成立的头三个月内，没有他们自己同意则不能休会或者解散国会。有朝一日倘若与他国开战，将立即根据他们的提议召集国会。

24. 所有国会同意的法案都将呈递给护国公征求他的同意，如果他未在他们呈递上来的二十日内或者在规定时间内对法案并不满意，那么根据国会的宣言，即使他并未同意这些法案，且这些法案中的内容与现行法律并不冲突，这些法案仍将被批准通过成为法律。

25. 只需亨利·罗伦斯先生[①]……等人中的任意七人即可为了以下目的而组成委员会：如果他们中有人去世或者离职，国会将选出六位聪明能干、诚实、对上帝心怀敬畏之人，此外委员会的主要成员们将选出两人，这两人将代表他们而被推荐给护国公，护国公将在他们中选出一人留任。如果在公布空缺的二十日内国会未提名新成员，则委员会的主要成员将推荐三人给护国公供其筛选，填补空缺。如此一来，委员会中将出现空缺，此后一切事务将由剩余人员全权处理，与之前无异。如果委员会出现贪污或其他失职行为，国会将推举他们中的七名成员，委员会选出六人与护国公、时任的大臣、负责人、委员一道对此进行审判。他们有权依照犯罪性质给予其应有的惩罚，且此惩罚不得延期及被护国公赦免。在间歇国会会议上，委员会的主要成员在征得护国公同意的情况下，可以因为上述贪污等违法行为而罢免其成员，事后如果情况属实，则维持原判，不予更改。

26. 护国公和委员会的主要成员在下一次国会会议前的任何时间都有权选择他们认为合适的人加入委员会。委员会的成员人数不得超过 21 人，法定人数的比例将依法根据护国公和委员会主要成员进行分配。

27. 每年的固定税收将为了保卫英格兰、苏格兰、爱尔兰的安全而用于供养 1000 匹战马和骑兵及 20000 步兵，还有适当数量的舰队来保卫海上安全。除此之外每年还要花费 200000 英镑用于政府司法和行政管理的其他必要支出。我们将用护国公和委员会同意的各种方法来不断提高税收收入，不能降低。除非由护国公和国会同意否则不能修改税收条款。

---

① 这里是十五个成员的名字。

28. 上面所说的每年的税收将收入国库中按照上述的方法进行使用。

29. 如果今后国家安全没有受到威胁，海陆两方面都保持着严密的防范措施，就把钱存入银行用于公共事务。没有得到国会的允许或者在间歇国会上，经过护国公和委员会的主要成员同意，则不得挪作他用。

30. 根据现代战争而对于海陆两方面特殊力量增加的经费将由国会同意才能拨款：为了防止海陆两方面可能出现的混乱与危险，只有护国公在经过委员会主要成员同意的情况下才有权为了上述目的而增加经费，直到国会举行首次会议为止。此外还有权在必要的情况下，为了维护和平和人民福祉而制定法律，此法律直到国会采取新秩序为止都具有强制约束力。

31. 所有未被出售或者安置的土地、房屋、租金、版权税、世袭财产，依照国会的法案或者法律，都将属于联邦所有（除了属于森林和猎场的荣誉领地，除了爱尔兰的叛乱者留在都柏林、阔克、吉尔戴尔和卡洛的土地，除了苏格兰在最终战役中丧失的土地，除了英格兰拖欠债务者的土地），将被授予给护国公及其子孙享有，未经国会批准不允许收回。所有的债务、罚款、出版、刑罚所得的罚金无论是确定的还是偶然得之，都将属于国会和护国公所有，将计入护国公的公共收入中，划归到他名下使用。

32. 这些国家都由护国公负责管理，护国公一职是由选举产生而非世袭，护国公死后，要立即从政府中选出合适的人选来继位；选举由议会监督，护国公死后，议会成员要聚集到议事厅召开会议，他们会在平时开会的席位就座，然后告知全体成员他们集会的原因，至少有十三个成员出席，选举才能继续。在他们离开议会前，应选出一位合适的人选来继承在政府中的职位，并即刻在英格兰、苏格兰和爱尔兰发布公告，宣布有关决定，由全体或大部分议会成员选出的人则被视为英格兰—苏格兰—爱尔兰及其附属领土的护国公。倘若前任国王既没有子嗣也没有其他直系亲属，那么就要经过上述选举产生护国公或其他主要行政长官来管理殖民地及其附属领土。并且经上述选举后，议会要关照政府，尽可能地与护国公一起参与一切事务的管理，或者议会同护国公共同监管。

33. 奥利弗·克伦威尔，作为英格兰—苏格兰—爱尔兰的总司令，后来被任命为英格兰—苏格兰—爱尔兰及其附属领土的联邦共和体的护国公，此封号一直至其逝世。

34. 爱尔兰及苏格兰的许多职务的任职人员都是必须经议会挑选并批准才能上任的，例如：作为大印章专员或负责人的大臣、财务主管、海军将领、州长及首席法官都必须经由议会批准；若正处于议会休会期，也要先得到议院核心部门的认可，之后再由议会批准。

35. 正如书中所倡导的一样，基督教被广泛提出并建议作为这些州的公众信仰；相比现在这一定是一项人们更少顾忌和争论的规定，这项规定用来鼓励和维护那些有能力却深感痛苦的教师去指导人们积极发现和驳倒错误，特别是任何与正宗教义相对立的思想；在没有这样的规定之前，现状不应该被取消或遭到质疑。

36. 对于公众信仰的提出，虽然没有人会以受罚或其他方式而被迫遵守，但是可以通过交谈，用正宗的教义和有说服力的例子来尽力使他们信服。

37. 我们不能限制，而应该保护宣称信奉耶稣基督的人（在教义、信仰和纪律方面存在不同，所以也会产生不同的判断），前提是只要他们不滥用这种自由对他人进行人身攻击或扰乱社会治安；只要这种自由没有触及天主教会和主教的话，人们也没有以基督的名义来提倡或做出放荡不羁之事。

38. 若所有法律、法规、法令及其任何一项条款有与上述“自由”相悖之处，则都被视为无效。

39. 议会出台的法令法案明确规定：对于前任国王、女王、王子或大主教、主教、主持牧师以及全体教士的土地、租金和世袭财产；罪犯的土地及林地或其中任何一部分，或属于英联邦的其他土地、房屋、租金和世袭财产的出售或以其他方式处理的行为不能被质疑或视为无效，但是要保证其良好和完整。由议会的法令法案对于上述土地、消费税及其他任何公共收入的合计总额提供的担保，以及由国家的公众信仰对于债务赔偿与损害赔偿的保证所提供的担保都要保持完整和良好，并且不管以什么作为借口，都不能将其视为无效。

40. 向敌方开出的条款或同对方签署的协议由议会批准后，要坚决执行并尽可能让涉及的人们受益；上一次议会中关于解除拖欠财产出售议案的请求，可能会在下一次议会中提出并得以解决，任何不符合此类条约的内容都是无效的。

41. 每一位继任的护国公都要在议会成员及其他召集来的人员面前进行一次庄重的宣誓：他将会为他所统治的各州寻求和睦、安宁与和平；公正地对待法律与正义，绝不会违反或破坏承诺书中的誓言，同时也将在所有事务中竭尽所能，按照自己的理解，并根据法律、法规以及风俗习惯去管理各州。

42. 议会中的每位成员就职前也要进行宣誓，他们将以最为渊博的学识忠诚于他们的誓言；在每一位护国公选举时，他们都必须公正地参与投票，不能对候选人有任何承诺、恐惧、偏袒或者要求酬谢。

11. 关于“重生”的问题——亨利·范恩爵士（1656）

【在1656年，为了让英国人从思考的烦恼中解脱出来，克伦威尔发布了一个公告。作为回应，亨利先生——前马萨诸塞州州长，一个在英国联邦时期最有思想的政治家，也发表了一个声明，阐述了民事原则和宗教自由，并且提出制订宪法的方法和方式，事实上，这个就是美国革命之后所颁布的公约。】

对于一个重建性的问题的发布和解决，这需要在公众的场合来进行。与此同时，在寻找适用于重建之策之前，这个问题是无法解决的。

首先需要解决的问题就是，通过什么可以使来自三个不同国家的诚实之人保持协调和团结？出于某种理由，有些人可以在精神上、道义上假装一致，但这并不能意味着什么。

如果他是出于为了索取而做出的选择（例如，在庄严的一天中，治安官暗中邀请英格兰人和威尔士人禁食并忍受屈辱，这看上去也许并不算是有什么绝望的），所有持不同意见的政党仍然在精神上保持一致，该决议似乎很明确地对争论的双方进行了肯定。但出于某种可能，或是某种也许，不，是一种需要，这种需要使得人们每天都要接近它并且靠近它，如果异议方愿意或希望能够从共同的敌人中看到对手所存在的危险，其实这也是一种安全。

简要地说，这些理由如下：

第一，善良仍旧是主要的原因，或者应该这样说，在所有好人的心中，那已经是其特有的属性，它现在不仅具有一定的价值，也比财富更让人感到受用。另外，大家共同信仰的、全能的神会认为谁的名字更好呢？谁会更加安全呢？谁会获得福利呢？谁知道怎样去得到一个辅助工具呢？

第二，人们考虑从事的事业仍旧与以前一样，如影随形的是更加冗繁的程序，这更易导致危险和困苦，并且更多的是凭借至高无上的法律，对那些被密封的、被证实流淌着基督的血液的人（把礼仪放入灵魂的人，带来他内心的关于神的价值），所有的事情都是恐惧的、隐忍的，这是通过一些规则或是其他的一些事情所赋予的。这其中的内容是上帝所进行支配的，直到人们的性情变好，因为他们在认同自己的同时，也将世俗的法律进行完美的判断：在这种情况下，法官所执行的行为也就变成了赞美与保护。同样，如果一个牧师心存恐怖性的报复，之于作恶的事情，便成了他生活中的一项交易，这个人，在司法上的判决如同对人的任命一样简单，但这已然超过限度。可以说，裁判这个行业是正义、正当的吧，这是在权利和自由的事业中为善良而又诚实的人所做之事，对于民事权利和自由范畴而言，所有关于公民权利以及自由的细节都会得到人们的关注。这也是他们内心的真实想法，这样他们才能够快速地兴盛发展。然而恰恰相反，他们内心深处的真实想法是——一段时间之后，如果没有这么多公平的部门去协调个人利益，他们将不再表现出积极主动性，深植于他们内心的公平自由的思想将会慢慢地淡化直至忘记，因此，他们会将对诺曼底军事行动的愤怒转移到政府身上。

支撑他们内心灵魂的不是公共利益，而是想要征服世界的个人欲望，这是通过武力以及政府的专政来实现的。这是假借站在人们的立场上来实现的，其实，他们的所谓的安全感以及公共利益都是政府自己的阴谋。作为个人利益主义者，他们在国会上故意去迎合人民，可以看出，这完全存在于一个没有真正人民利益的国家之中，他们通过颁布宪法来让大多数人民相信他们，这也给国会议员施加了巨大的压力。如果他们能通过自己的能力取得干涉政府的权利时，这将会赢得人民的信任以及国会的胜利，人民也自然而然地信服了，进而他们也就取得了优先权和心驰神往的权利。所以他们和继承者们都会义无反顾地、无条件地贯彻这个思想，去实现真正的民族利益和公共权益。在这样的一个国会当中，他们宣称：不以自己的利益来左右宪法的颁布。这的确给人民以信心，对于在这样背景之下的誓词，这已然是最好的手段去维持人民的安全，而在如此背景之下的争辩也是在政府和政党之间展开的。整个国家的拥护者都会积极地去参与其中，来实现真正的自由。

目前来看，一些分支机构尚留有空白或是处于悬而未定的阶段，这是需要解决的。值得一提的是，这其实是朝着一个更加神圣而又卓越的目标前进和实践。也就是说，宗教问题或者人们所关心的利益问题及个人崇拜问题都是违背了良心，因为基督经过了死亡、升天、复活，他也许是或生或死的所指，在所有对上帝和基督的崇拜中，每个人赋予他的内容很多。作为他们自己的神，直到最后的裁决中，他们或是坐着或是躺着，这并不是在这些事情中惨被压迫，或是需要拯救之人。为什么要对你的兄弟施以轻视？因为他的失败和道德冒犯了我主基督，因为我们都存在于神的审判座位之上。

此外，如进一步确认，人们并不知道一旦进入一个立法程序，他们的职责是必然受到审判的，在这一点上，我们没有理由恐惧。这也意味着反基督教的专制将向外发展，直到它进一步地更新和发扬。在一些新的形式之下，我们发现，我们多年来被教授的、总结的经验到最后其实是失败一场。我们那些看似忠厚之人不断地被滋养和吞噬，愤怒的精神使得我们当中的一个成员去攻击另一个。当这一切被发现之时，便是皇家法律明令禁止的时候。那么，这便是高度关注下的自由？是的，我们拥有着并且享受着。国家的执政者提出的相关规则，上帝免除了他所被赋予的强制的力量，并下放给人民，这可以便于人民行使其被赋予的权力，也可以使他们得到更好的照顾。如在适当的时机提出来，那么这种约束便会树立成最高权力。

区主教和那些受迫害的人，两者都在同一种精神下受到驱使，而法官则偏听于那些神职人员，假装保持一颗能够支配官员的良心，但作为一个身受最痛的压迫和难以忍受枷锁的人来说，很难保持良心去观察审判者采取什么样的方式对待这一问题。在他们看似明智的、可以置于公众面前的誓言上，我们确实心存许多不满，这也使得我们思考得越来越多，进而尽可能地获得明确的目标或者最高级别的权利。

作为他们固有的品格，他们有着可以将自己变成一个热心于公益事业的好民族的能力。对于曾经发誓要得到和维护正当权益及自由，他们发现自己已经在所有场合都许诺过。对于他们每个人来讲，什么是适合自己做的，那就是他们从内心所产生的动机。受此影响，他们获取权利的过程是一个渐进的过程，他们的权利是组建一个团结的社会，在优秀的领导指挥下，从开始的个体逐步扩充到普遍的大众，从所有中性的判断过渡到虚假的朋友或门徒，这些都是在军队国防的支撑下和维护下进行的。

（在上帝的神举之下，它们应该被建立。）他们能为了安全共同抵御外敌，便会以最好的方式彼此协商。一旦他们的军事嘴脸表现出来，就会暴露得相当无知。为了身体上的安全，互相达成协议就会显得非常必要。权力是诱人的、绝对的、广泛的。由于在一些方面，政府的材料都可以无所不在，那么在相关保护之下的安全措施也便由此产生。针对诱人的、绝对的、无穷的权利，他们进行了策划裁决，直到达到目前所需的军事要求，但同时也对它进行了限制。与此同时，为了福利和人身安全，他会以一种合适的、有序的方式记录下来。在高级司法的规定与监督下，战争法律的司法力度变得非常具有限制性。没有了猜忌与不安，或者说没有了固定的军队，再或者说没有了固定的、具有威胁性的成员。直到爱好和平的人与这个原因产生直接的关系。由于彼此共同的理想和兴趣，通过这种相互作用的方式，他们便会联合一致（即使其中有一些是不同的），那都是差异，恐惧，仇恨，竞争，猜忌或类似的东西产生的原因。而这些原因也会因此而消失。一旦爱好和平的人发现对手有自己的兴趣与定位，这将带给整个政党权力并且在这方面他们会拒绝服从或被奴役。就这种情操而言，他们是至高无上的，并且拥有他们主权国的权利。伴随着军队他们更会比以前体会到坚持的必要性。提高并保持他们对敌人的警觉性，他们这些人在下一次战斗中，会比以前更加拼命，奋不顾身。

谎言是在犯罪的层面，并且它的原因也是经过了内心真诚的想法所表现出来的。它也许是一种自由的表达，也许是法官口中的“他做了”，同时渴望、等待定罪的结果。当权力和特权被剥夺的时候，留给他们自己的是自由的处理，像政府用正义的宪法对结果的判断。然而，在这种情况下，无论是他们通过延迟被扣留，还是最终彻底地放弃使用他们的权利，他们假装出的都是对权利的放弃。的确，有一些真理深在其中。如果现在利用权力，以及可以向军队发号的施令，并把所有必要的事情都安置于此，那么他们一定会被公认为是共和国昏暗时期忠诚的保护者。

但是如果有人真正地运用了自由作为权利，那么他一定是人类中最为干练的。为什么有隐藏的东西会在这个时候出现，并且没有像很多血一样溢出或在财宝花费之前出现？的确，判断一件事的真实性与可行性不是想象的和猜测的那样。除此之外，为什么没有能力进行处理而又延长了很长时间，或者荒废了躯体。其实完全可以通过一部分全神贯注的思考，便可以获得自由。

如果那些邪恶的、不好的或冒犯的处理在人们之间发生了，尽管它可能继续存在于司法之中，至今我们也还认为它是可能逃脱的，并且不被惩罚的，只是要通过在整个世界的正义的判断下，才可以实现的。

除了狂热的情感和人们共同拥有的好处之外，个人利益和财务更加明显地成为我们所追求的并以此为目标的事情。如果因为那些非常残暴的原则和反基督教的行迹而使上帝惩罚了我们的祖先。如若它再一次复苏，并且植入到我们的大脑，告诉我们大多数的祖先忘记了他们已经从罪中被救赎。同时我们也是如此，把贪婪装进我们的脑海，从上帝自己设计的报复中保留贪婪。如果上帝愿意提供所有的优势，并设计好了让他的子民获得真正的福利和外在的安全（就像他赠予了军队那颗被祝福过的胜利果实），最后去夺取我们丰富的资源和所获得的财富。如果这些事情曾经在我们身上被发现（是上帝仁慈被禁止的事情），为了那些被诅咒的事情，难道我们不该看得更加长远些吗？我们的良心不会暴露在上帝的话语和精神的光亮之中！罪，在我们之中被安插下来，并且得以保留在他们（祖先）之中，或者是在他们的强行之中表现出来。亚干在他的行为之中至少表现出了两点——第一，他在上帝所毁灭的巴比伦政权之中被救赎并获得安全。第二，他没有带来从上帝宝库里获得争论的果实并适当地运用。在这个被诅咒的事情当中，据说所有的以色列人都是生活在亚干的罪里，偷盗和虚假充斥在他们全员之中。这就使得上帝愤怒并且要对以色列燃起勃然怒火，并且让他们在他们的敌人面前无法站立起来。他们失去了上帝的关心，一个魔鬼在我们之中存在着，我们无法回到以前那样所坚信、依靠的状态，那是我们用以维护整个身体最愉快的和谐之物。一个公正的、有良好宪法的政府，首先是有序的，有共同利益的。第二，这里有具有一批随时准备就绪的人，在他的个人能力中，执行和遵守是必要的。

代表着一切的最高司法机关将会更自然地去关怀百姓，更平等地为人民的共同的利益与安全做出贡献，虽然这并不是对至高无上的权力的否认，但至少赋予此项权力的人在不需要它的时候，他们也会感谢自己的决定；但当这项对于政府自由且自然的管理措施被打断并逐步衰退时，自由就会被任何特定人员所限制，或是拥有着至高无上权利的政府部门以他们惊人却又仅占总体小部分的数量促使人们专注于此，并使他们成为拥有决定权的公众主管，同时他们也属于安全利益部门；（主管们）没有他们那样的自由与应有的许可权，却自称有同样的权利去管理。那是很有利的，因为对于如此有价值的尝试，他不能在不经历难挨的皮肉之苦后逃出魔掌，从而东山再起；那就是首次浮出水面并步入暴行行列的混战，这场混战也使大部分地区发生更显眼的暴动与骚乱，并将统治权拱手让与另一个赋予人们繁重赋税与奴役制度的人；在所有不可反抗的地区中，尽管没有这么多违背公众真实意愿却要求人人适应和服从的规定，但在战争的压力下，他们至高无上的规则与理念，专制的意念与判断使他们仅仅在部分地区建立起属于自己的制度，或是在为全体群众安定和谐的生活而互相竞争，这些与以往相比显得略胜一筹。

假如是这样的话，那它就是一个很根本的、合理的、正确的政府制度。一旦被采纳，这样的争论形式就会很容易得到证明，同时并不会出现随之而来的反对，对于此项制度的追随者，也都将会得到承认。

那么一来，当今掌权者的智慧与诚信就有可能会被发掘并公之于众；既然这样，在自己先前的基础上，如今掌权的核心人物开始了他们的预备工作，并按照他们的要求与指示来安排整个权力集团的工作部署，并且将每个人放到最适合各自的位置，进而来达到工作的目的。对于位置分配，最原始的方式应该是一场由忠诚、诚实及精明的人组成的大会来决定的。通过自由选举，有着共同意向的被选举人的追随者组成团体，并在部分州内出现。选举人根据相应的时间与地点，通过先行掌握的权力来任命他们，同时选举出来的掌权人被任命为军队的统帅。

一些会议想仅仅通过辩论自由化来使用立法权力其实是不恰当的，而通过一些宪法章程取得一致意见的个别做法，也将会不可违背地遵守、执行，这将成为作为整个团体代表推举的条件。在透明的组织形成中以及政府机构的宣布下，团体中每个成员都签署了他们对选举人赞成的证言：什么身份条件下同意使团体的分裂没有危险，考虑到他们的身份地位以及他们所组织的大会的本质意义，这些人代表他们地区的最高等掌权人，因为他们手中的武器捍卫着民主政府。当他们有序地组织聚集到一起，为了这个目的而认为可以这样做。基于此种环境下，人们臣服于最高司法权，那么这个团体的融洽、正义、爱、平和及安全可能就会突然降临。

这种制度一旦被推行，并且被掌权人以及他们的核心团队所掌控（由于他们是被完全信服的，在上帝的眼里，这是他们的责任去实现并且保证相应承诺的完成），那么向人类给予恩惠，决策和资金，爱与祈祷就会变得多么的自然，所有的一切都是在整个政党的权利中去实现的，在掌权人手中力量协助下，无论他们遇到什么样的困难和阻碍，都能使公共维持安全和平。这样的话，就会处于一种各种事情与分歧并存的境地，让这种制度在所有方面得到认可并且让所有担忧的人被说服是有着非常的必要性，对于一个强大的团体，一个坚定的联盟，通过上帝的柔和以及敬畏的灵魂，在携手达成一致的情况下，如今的工作将会证明这是上帝留下的、唯一的补救办法。

如果反复无常地给一个自由的国度像办公室般的规定那会怎样呢？在当权之人的管理下，哪一个被奖赏，哪一个被惩罚都将会表露无遗。

现在，如果分散在人群中的那个本应该被主权承认的制度被反对了，他们可能会像从前一样把立法权的使用和演练付诸行动，通过他们病态地去工作，毁掉所有的管理。

从最高到最低，在另外一个自我否定的精神层面上去爱，而不是出于战争和愤怒的原因，在他们的精神之父上帝面前铸造他们自己。在自卑和屈辱中，他们共同犯罪，在过去的一段时间，他们对神灵一个接着一个发起挑衅，并羞辱他最光荣的名字，怀着敬畏与神性的恐惧期望他们能够给自己服务，因为我们的上帝是火焰。

正是因为这些诱因，让我们使自己确信这个方法将会使战争之后带来的事情显得不是那么的难。通过主对他们内心深处的观察来决定是否将他们带回家，如果可以的话，他或许会做一些我们不知道何时会发生的事情：我们拥有一双辩证的眼睛，我们用它来注视着主，我们用它去审视在过去的三年里所做的工作。在这片土地上，有着天堂里无限的沉默。如果主很高兴地像一个观察者似的站在那里，看着他的子民的命运，并且让他们做出一个决定——那就是是否选择运用他们的智慧和政治才能。当主沉默时，人们会忙碌，会呐喊，比如发出很大的声响或噪声，就像在呐喊的国王一样；然而，当只有一个声音，再无其他时，他们不会像之前一样的制造噪音，而是充满着恐惧和嫉妒。

如果，他们因此产生一种异议或不同意的意见，为什么他们不能像平常一样去忏悔或是去找到挣脱的理由抑或是寻找来自法官的帮助呢？这种发泄将变得比像火山爆发一样可怕。愤怒的情绪从来都敌不过正义之神。之于我们生命中的很多事情，在我们中间相比于恶意来说，它可能会有更多的影响。这种诱惑是很常见的，对于掌权之人来讲，无论他们做得有多么好，都有可能被否决。于是乎，你突然冒失地行动，对于弱者来说，负载着赦免权和否决权是最好不过的了。而其他的人又在精神方面有着重建、重获新生的渴望，这就为宪法权利的生成与发展提供了可能。

因此，在每个不同的阶段当中，都是充斥着自我完善和背负责任。然而，在神的眼中，如何迅速地了解、融入破碎的、自我否定的民族，这始终是个问题。

此时，清晨时分，他将不再安静地坐着，天堂将再次开启，这将给真诚之人予以精神上与心灵上鲜活的影响力，最终，这将存在于上帝的作品之中。

当他们中的任何一个出去以海或土地的名义进行战争，或仍旧在政务会议上为了公众福利而争论，而后又听他的人民的祷告，这明显地看出，人民将他们当作是一群圣洁之人，正如耶路撒冷中的圣言所说：“上帝说：我将从现在起直至被希伯来人询问，为他们付出所有，然后他们将知道我是和他们在一起的神，他们是我的子民，你们是我的信徒，我牧场的信徒，而对于软弱的人们、邪恶的人们来说，我仍是你的上帝，我已表明我自己，一个全智的、有影响力的上帝。”

附　言

读者在仔细研读了这篇论文的基础上，会注意到两类事物的关键在于制度的创造者：首先，在一定程度上，当权者需要的答案只不过是他们公开宣称所希望得到的信念，他们发现隐藏在两者之中的愤怒，这已然妨碍了他们所从事的事业。

其次，为了去除真诚之人的精神与想法，所有的关于好坏动机的理性与正义，在内心的天性上与利己的关心上都将大众的兴趣安于世人面前，如果包含有真挚，也许在他们当中不仅仅包含联盟，还包含他们共同的行为准则。

为了这个，作者不愿太多地阐述自己的观点，或发表任何正面的结论。至于通过问与答的形式来讨论业务，从而可以拟订一个计划，在这其中，不同的方面可以达到满意的状态。经过商议，最后达成了一个具有正义性的结论，这比维系他们所产生的距离，更易于体现其优点。就此而言，一旦发现他们正开始以一种卑微的身份来伪装时，他们看上去会如此的伪善，他们也许会很确定地认为，光芒将在他们之中越来越多地涌现出来，直到那完美的一天。现在，我们下一个目标已计划好了，当新的一天到来之时，当象征着天国中的救世主的晨光到来之时，他们将像影子一样消失殆尽。经过重建、重生，他们将变得更加高大、更加成熟。也就是说，信念是由上帝掌控的，并给予人类的，而作家承担了同样的责任。

12. 约翰·艾洛特的“简要叙述”(1670)

【被称为“印第安人的基督使徒”的约翰·艾洛特（1604—1690年)[①]，1631年来到新英格兰，并于1646年用印第安人的语言开始为他们服务。他把《圣经》译成了马萨诸塞州的印第安语，这部伟大的作品完成于1658年，出版于1661—1663年。他记载了大量关于基督教在印第安人民中得以发展的纪录，其中“简要叙述”为最后一部分，这部活页文选为我们描绘了在与第一代殖民者来往结束时土著印第安人中福音传道的有趣情景。这场由艾洛特掀起的如此大热潮的运动在他死前便被1675—1676年的菲利普国王的战争遏止了。】

十分虔诚的专员在新英格兰贫穷迷茫的土著印第安人中传播福音。

虔诚的基督教信徒们：

在我手中的关于印第安人当前工作状况的简短的小册子，这本我们去年

① 下面就是这个短论的完整标题：1670年，当地的福音牧师约翰·艾洛特发表了对新英格兰的印第安人福音传播进展情况的“简要叙述”，他在写给大印章专员莱特·沃舍普的信中表达了这样的观点，在英属殖民地中向那些可怜而迷茫的土著人传播福音。1671年，这篇短论由约翰·艾伦出版，他之前居住在阳光明媚的小不列颠——伦敦，现居贝尔巷附近的温特沃斯街。

应对突发情况所制成的小册子现在需要一件事情：对于当时所做的匆匆的结尾，现在需要一种革新，随着更多时间内可得到的机会，今年夏天我将投入这场伟大的运动中来，这将会引导我在我的同胞马修和布恩先生的带领下以印第安人的当前状态开始调查。

1670 年 6 月 17 日，在普利茅斯，派顿特靠近桑威奇的麦特珀葛举行了一次会议，会上印第安人形成了一个教会：其中包括六名文职官员，还有许多尊长（所有人都是教会管辖地区的先驱），在斋戒祷告日，他们将对于耶稣的真理和恩惠进行忏悔，同时参加庄严的集会讨论圣约，以及福音书的信仰和指令；这个教会也被接受并宣布为一个基督教堂。这些成为马萨诸塞州印第安人的同族的他们首先向上帝祈祷，与他们相反的是，新人从前辈中接受了真理的光芒和爱。他们强烈要求我写信邀请莱沃瑞奇先生来教授他们：他接受了这个请求，加入行动，并成功地执行了这项任务；但是后来他离开了那里去了长岛，那里还有一个对神十分虔诚的弟兄，名叫理查德·伯恩（他本打算与莱沃瑞奇先生一同前往长岛，但后来被神圣的天意留了下来），他便承担起了给那些印第安人讲道的任务，并成功地将这项任务坚持到今天；我们任命他为牧师：其中一个名为裘德的印第安人本被任命为治理长老，但由于当时身体不适，有人建议任他为执事之一，负责管理安息日的募捐物及当时此职位的其他任务。当时那些印第安人和他们的子女都要在现场接受洗礼。

我们穿过人群，来到葡萄园，在那里很多人都进入了教堂，男人、女人都有，所有人都接受了洗礼，包括他们的孩子。我们在印第安人的教堂里举行了圣礼，并在那里享用了主的晚宴，许多英国教会人士也欣然参加了这次活动，正因如此，所有的庆祝活动都是用两种语言进行的。在斋戒祷告日，会任命长老，两位教义长老，其中一位是福音传教士，从事牧师和教师的工作；另外一位也是福音传教士，从事教师和牧师的工作，因为上帝将会赐予他们能力与机会；还会任命两位治理长老和几位执事，在教堂中为基督的信徒服务。根据上帝的指引一切都进行得如此有序以至于为另外两个教堂的新建奠定了基础。首先，这些葡萄园居住区距离太远，不能在一个地方安心享受安息日，有人建议他们在掌握了一些在福音的指令和圣餐礼方面达成的一致意见的经验之后，他们应该将这些经验运用到另一座新建的教堂中；其神职人员都是通过精挑细选，所以这两处教堂都分别被提供一个讲道和治理长老。

楠塔基特岛的一个讲道者和他的一个兄弟被接到了这里，他能够向耶稣很好的忏悔；当被问及时，他向我们汇报说岛上 90 个家庭都会向上帝祈祷，所以在他们之中福音的传播是奏效显著的。经建议，一些对上帝十分虔诚的人应该加入教堂，（因为尽管楠塔基特岛是由 7 个分离的联盟组成的，但他们还是经常在一起交流）在拥有了一些传播福音的经验之后，他们应该在他们之中选出神职人员，并把上述经验吸取为教堂财产。

用于宗教活动的教堂想要推选马修先生作为牧师，但是他考虑到现在的资格便谢绝了。他对于他的朋友将有的极大利益，能够使他们满足，例如能够帮他们恢复本属于他们的土地，但是他们可能在所有教堂事务上总是会来向他请求决策、指令和管理，正如他们至今仍在做的。如此的话，作为牧师的他将会为耶稣基督繁忙致死。这些岛上祈祷的印第安人也都将依赖于他，因为他将是上帝对于善行评定的模范。也有关于建立学校的建议，每个有学习能力的孩子，不管是否充分利用了自己的学习资源，只要他们公平交费，但是如果任何人忽视了孩子的教育问题，这将被视为一种犯罪行为并会在公民和教会的决议下受到谴责或者遭到这两方面的攻击。因此我们走进了纳蒂克（马萨诸塞州纳蒂克美军士兵系统中心）。

现在我们已经在福音书的指导下任命了印第安军官，在此我有必要说几句道歉的话：我发现没有办法将印第安教堂中的英国官员除去不计，这项任务充满着艰难，极其耗费劳动力和经济费用，并且印第安人现在还没有足够的能力在这方面给予相当的支持。人类拥有躯体，并依靠福音养生：英国很容易充满危险性和不确定性。这是一定程度上的原因，但主要是由于耶稣基督和收获之神对于秘密的智慧掌控，但以那种方式喂养灵魂也是不够的，他们必须经过训练能够以基督福音生存。通过上帝恩赐的爱与财富，并对经文十分熟悉，同时他们能够彼此讲道，如果一位对印第安当地的语言并不熟悉的英国青年来为印第安基督信徒讲道将会使印第安人有所损失，而如果是他们自己人讲道，他们便会得到很多，最有利的便是他们以共同的语言沟通，而且懂得礼貌习俗。不通当地语言的英国人今后也会为印第安人讲道，以一个群族向上帝祷告开始（我们也有很多这样的机会），然后随着他们教义知识的增长，传教士将会提高自己的演讲能力与他们就耶稣基督的知识进行交流。信徒中最终必须产生他们自己的传教士，所以他们也会学习到如何传教，正是这个原因我已经开始教他们传教的艺术，同时我也发现他们之中的一些信徒能够胜任。我的目标是，当我还活着的时候，把人文艺术与科学，以分析的方式传授给信徒们，尤其是传授上帝的话和所做的事和如何系统巧妙地交流基督知识，尤其是神学思想。各式各样的牧师都是凭借好的时机来自某一群族，今后我将不再强求别人，而开始说服同族为耶稣基督服务，这也将成为我们牧师负责的以耶稣的名义向全世界传道的一部分，并从他们之中为他的神圣王国召集国民。圣经和根据圣经拟定的教义问答书在印第安教堂和基督教徒中构成了各个社区的基础，一般说来，能够帮助到我们周围所有的地区。

当我们纳蒂克教堂确实将合适人选派往较偏远地区时，我发现了一种赐福，能使他们敬畏上帝。但是我们想要维持那种服务，把一个人从其家中派往外地是可以控诉的，这种劳动力配得上他的工钱，只有当他们在遇到障碍时才被认为他们不该得到奖励，只要他们相信并遵守他们的差事就足够了。我们决定今年秋天向不同地区派送一些人（主若愿意，我们就可以活着），我认为最好的方式就是起来做事，从能获利的劳动力中寻找合适的人选。我们可以救世主作为参考，包括他的承诺、他的仪态、他乐于助人的精神，而且我坚信上帝将会找到一种鼓励你的方式。

纳蒂克是我们的首府，大多数官员都居住在那里，同时，这里的教堂也是最多的；我们的高等法院也坐落在此；这里也负责大部分的教堂圣餐：根据神圣的天意，它位于印第安人做礼拜的中心附近，尽管向西一点就是更为宽敞的基督圣坛。早在 1650 年这里就建立了公民政府，这里经常被用来培训将军，七年前这里是如此之大，我们根本不知道边际，今年我们终于拥有一个，但是与以前相比，现在却小多了。这里有两个传教士，约翰·斯比恩和安东尼；我们的圣餐台旁有 40～50 名圣餐领受者，当时他们全部出席，但是现在，他们中一些人已经去世，还有一些已经上了年纪。其中一个人曾受责难，但后来得到宽恕；一个温和，冷静，十分虔诚的人去年冬天死于结石，这也是第一例得知患此病的印第安人，但是现在又发现一例患结石的患者，更多各式各样的人经建议准备加入教会。

庞克庞格或帕克内特，是我们的第二大城镇，具有联盟首领血统的人（他们所谓的皇室直系亲属）拥有当地的居住权，这是与英国城镇疏远的主要原因：最后一个具有皇室血统的首领在去年鲁莽抵抗矛屈佐格（部落名称）（没有预留的侍者和援助就公然反对决策）并被其杀害；然而其他所有人都对决议持赞成意见，于是他英勇牺牲了。他们认为与其被他杀害，倒不如先解决他，被所有承诺和他站在统一战线的人抛弃之后（一些人故意说成是通过叛乱），他只有孤身奋战：如果 10 个人中有 5 个人能够支持他，他就能迫使与他持对立意见的人让步。他的哥哥和我们一起居住在这个镇上，但他已有罪在身，并正在向上帝祷告请求宽恕。我们的总领沃顿是英国人踏实可靠的朋友，并且他十分热爱自己的国家。相比令人敬畏他是一位受人爱戴的首领，他所控制的疆域非常辽阔。这里需要必要的警醒来维持法院，在惩戒罪人方面也需要活力和热情。他们中一位已故的传教士威廉同样非常有名，所有的英国人都很感谢他，他的身上有许多优秀品质：机智、准确的判断力、待人友善。他去世后一定去了上帝那里。其实威廉是沃顿的儿子，在沃顿去世后他代替了父亲的位置成了传教士。威廉是一个有前途的年轻人，他有着单纯正直的心灵和正确的决断力；他擅长祷告和讲道，非常用功勤勉，而且很受英国人重视。

高贵古老的哈苏内密特是我们的第三大城镇，我们一起向上帝做祷告时的朋友就来自于这里，他们的祖先和遗产也在这里，这同样是他们所向往的地方。哈苏内密特坐落在尼科默克河上。英国人非常熟悉当地人，因为那里铺设着康涅狄格公路，他们的宗教信仰的真实性也是由途经此地的旅行者在寄宿时，特别是通过他们过安息日来判断的。这个小镇的统治者阿奴威金和他身为传教士的哥哥土克威林都是对神十分虔诚之人。去年冬天阿奴威金突如其来的盛怒给人的印象非常深刻，我也谈起过他的举止，他很有耐心，我支持他，而且所有人都准备原谅他。然而他说：“我发现我很难原谅我自己。”

为了重建当地的威望，为了珍惜这供印第安人祷告的新种植园，他们又任命莫纳图卡内特为这个小镇的传教士，他们两个人共同管理这个新的供祈祷的小镇。出于鼓励，固欣斯首领和阿奴威金一起加入了派特海哥。当地首领和传教士中年老的前辈去年接受了洗礼，他的孩子们都十分敬畏神明。很久以前我们就考虑在这里建造一个教堂（主若愿意，我们就可以活着），因为我们印第安人基督信徒的安息日圣餐仪式可能更加顺从上帝创造的机制，虽然我们在这样遥远的距离但我们还是敢这样大胆。

奥阔尼孔卡玛苏是第四大城镇，我不想提起我们在那里遭受了怎样的痛苦与灾难。这里与英国小镇马尔堡相邻，并与犹大支派和便雅悯族接壤。英国礼拜堂就坐落在这个印第安小镇里，尽管彼此邻近或者杂居在一起时会产生一些问题，但是我们对神虔诚的印第安人确实得到了英国信徒的好消息，这是一次能为我们虔诚的印第安人带来曙光与征兆的辩论。我在他们中是晚辈，他们强烈要求我作为代表发表演讲，正如在其他镇上所做的祷告一样，对我来说，这些行为都能带来欢乐和祝福，因为这是他们第一次真正发自内心地表现出这种意向。所罗门是他们的传教士，在我们看来他是一位严肃可靠的基督教信徒。欧宛纳格是奥阔尼孔卡玛苏的统治者，他严肃、可靠和谨慎的社交真正获得了英国人的尊敬。一位过去曾做过当地传教士的人现正在教堂接受责罚，他所犯下的罪过是我们定的，意外醉酒，这是在印第安人认识我们英国人之前他们根本没有听说过的。但是我认为这是我们的责任，这也是我所想做的，目的是教会他们如何去管理这类人，正如当他们有机会接触到十分吸引人的诱惑时，他们能够抵御诱惑的能力。上帝赐予的智慧和力量并不止我们所看到的这些微不足道的事物上，同样体现在我们对自己的控制能力上。真正的统治应该是，我们能够正确地使用它，而不是滥用这些东西。

纳守坡是我们另一个祈祷的镇子，这里是令人感觉更加哀伤的地方。这里是主要的居住地，作为一个首领的后代，一个忠诚热情的基督教信徒，一个严厉而温和的统治者，塔哈万斯居住在这里，按照我们所制定的社会规则，他可以统治这个地区 50 年，当上帝来接他时，我们以色列的一位首领也被带走了。他唯一的儿子接替他的父亲被选为当地的首领，虽然有些自负，不过为人诚实厚道，但不久后便离世了，这样当地就没有首领了。约翰·托马斯是当地的传教士，他理解力极强，同时十分受英国人尊敬。他的父亲被马克格斯人射杀，当时他的父亲正在伊尔河上捕鱼，那里靠近公路，是马克格斯人经常出没的地方，当地人深受其扰，后来那个地方被遗弃了一整年，但是今年人们鼓起勇气又一次考虑到那里居住。

大地震后的这里，又发生了火山喷发，致使陆地出现了裂缝，岩石下出现了空洞，在那里的一个大池塘附近，有一段时间总是能听到嗡嗡的噪声，仿佛那里频繁地出现火山喷发，但是这个地方却和其他地方一样安全。至于宗教信仰，在他们之中有一些虔诚的基督教信徒，他们被教会接受并接受洗礼，其他人也想通过这种方式成为基督教信徒。

外木萨特是我们下一个祷告镇，它坐落在大瀑布的尽头，马利马克大河上和康克德河内缘。这里的首领诺木芬为人坦诚，颇具浩然正气，据说他是一位拥有纯正血统的王子，他的一个哥哥在大河中的一块岩石上捕鱼时被马克格斯人杀害。为了报仇，他义无反顾地加入了远征队，但是让人预料不到的是，后来远征队中不少人感染了皮疹，为此他们还失去了一位主要人物，但他却安然无恙。这个小镇经常受到马克格斯人的骚扰，所以他们不得不加强防备。

去年首领在这里安排了一支卫戍部队，这项任务本是很安全的，但是当北方的部落首领和士兵来到这里时，他们极力劝说我们的人马加入他们的远征队，这样一来小镇中大部分地区原有的生活秩序被打乱了，而且他们的庄稼也为此受到了影响。

乔治是这里的传教士，这里的人们并不十分重视宗教信仰，但是我希望我能够说服他们至少每年去一次教堂。

马利马克瀑布的上部是盘奴楷特，之所以这样说是由于上部水流制造的噪声。来到对岸的盘那沃格，印第安人已经在那里构筑了堡垒。他们的酋长非常明显地拒绝了向上帝祈祷的行为，这一点我和固欣斯队长可以明显地感觉到，我们真诚希望在神的帮助下他们能够这样做，可是他们根本不相信我们的上帝能够拯救他们，后来发生的事似乎证明了我们的做法。因为他们随着北部酋长一起加入了上文所提的远征队，并全部被杀害。他们拒绝向上帝祈祷，结果现在上帝也同样拒绝了他们，他们全部被杀害。我听说的并不是像大家所知道的那样，我听说的是很多酋长和重要人物在一次远征中被一些人所加害，因为马克格斯人不会接受他们，也不准备接受他们，所以家中几乎无人，结果造成众多重要人物被杀害，这也说明神的控制无处不在。但是现在，自从盘那沃格酋长被杀后，居住在盘奴楷特堡垒的人们都十分小心，都开始向上帝祷告；杰斯罗在向耶稣忏悔和接受洗礼后，便向当地的人们宣扬基督教。

玛干库克是位于纳蒂克最偏僻的西部边界的另一个祷告镇，这些小镇聚集了不少尼普马可印第安人，他们远离家乡来到这里，他们信奉万能的神并向神祈祷。他们称坡目哈姆为当地的首领，作为传教士的西蒙被公认是一位虔诚活泼的基督教信徒，他是第二个患有结石病经历的印第安人。首领已经向耶稣做了预备忏悔，并且得到批准在下一次机会到来时接受洗礼。

为了鼓励这些人们在此居住下来，我已经获得了地方议会的批准，在这里拨出一大片土地给他们。尽管会遇到不少阻碍，但我希望我们能够找到某种方法完成这一目标。

夸纳图斯特是我们最后一个祷告镇，它在建立之初就受到极大的阻碍，至今这种隐患仍然存在，而且经常困扰着我。整个建设都还刚刚开始，需要继续坚持下去。当地人们所关心的事都由莫纳图卡内特和图潘库林负责处理，他们都是上文提到的哈孙麦特传教士。我希望上帝能够继续我的生命，这样我将会虔诚地向那里的人们进行解释。

如上所述，我已经简要地介绍了一些我们现今最主要的事务，希望大家能够以严谨的态度和令人满意的方式，在上帝的指引和庇佑下，去完成你自己的一切重大事务。这样我就可以好好休息了。

基于对主耶稣的崇拜去为大家服务

约翰·艾洛特

1670年7月20日，罗克斯伯里

13. 权利宣言 (1765)

【1765 年 3 月英国议会通过的印花税法案中的一段内容要求，在美国殖民地使用的所有合法文书上都必须盖有一个政府印章才能生效，来自九个殖民地的代表于同年 10 月 7 日在纽约会晤，抗议这一法案及其他侵犯人权的法案，因而制定了权利宣言。1766 年 3 月印花税法案被废除。】

本次大会召开与继续，皆出于代表之成熟考虑，并经一致同意发表下述宣言，以申明美洲殖民地民众之权利，及其被强加之冤……这块大陆上的英国殖民地正陷入一场持续灾难之中。对此，吾等经充分及时考虑，兹代表上述各殖民地，并视此为吾等不可缺之权利，公开宣告吾等卑贱之见，以尊重殖民地民众最根本权利与自由，并呈诉他们因受英国议会近期法案驱迫，而产生冤情与不满。

1. 国王陛下之殖民地臣民，对大英帝国王室抱有与其国内臣民同样之忠顺，并一致服从英国议会之庄严体制。

2. 国王陛下之殖民地忠顺臣民，有权享受在英国国内出生之臣民所有继承之权利与自由。

3. 对于人民自由而言，一条不可缺少之理，它同样也是英国人原本拥有之权利，即未经本人或未经其代表同意，政府不得征税。

4. 上述殖民地之人民，目前没有，而且因其现状也不可能被大英帝国之下院所代表。

5. 唯有殖民地议员，才是民众自己推选之代表。除非经由其当地立法机关批准，任何人从未、也不能对他们进行合法征税。

6. 王室成员之用品，人民有权享用，这并不合理而且它与英国宪法之原则及文件精神前后矛盾，大不列颠人民在得到王室批准后有权使用殖民者的财产。

7. 作为陪审团听审，是每一位殖民地臣民与生俱来无价之权利。

8. 英国议会最新通过的应用于英属殖民地及美国种植园的印花税法案和其他关税法案，其向殖民地居民征收税费以及扩展过去对于海事法庭司法权之权限，已损害了殖民地居民之权利及自由。

9. 议会最新通过的几部关于征税的法案，使得处于特殊时期赋税繁重的殖民地居民十分痛苦。另外货币不足，同样致使其无法支付。

10. 一切殖民地之贸易收益最终将集中于英国，殖民地臣民便不得不从英国购买产品同时他们将对王室批准的供应有很大帮助。

11. 议会最新通过的几部对于殖民地贸易强制的法案，将会致使殖民地居民再无能力购买英国产品。

12. 殖民地之扩张、繁荣及其臣民之幸福，依赖于殖民地臣民能够享有充分的权利和自由。

13. 向国王陛下或议会任何一院请愿是英国殖民地臣民之权利。

最后，为了仁慈君主、祖国及其自身之福祉，殖民地民众据其不可剥夺之权利，特向国王陛下呈递此项忠顺提案，并恭请议会两院审议，以便废除其征收印花税之法案、其他议会法案中涉及扩大海军法庭权限之条款，以及限制美洲商业之其他最新法案。

14. 独立宣言
(1776)

【第二届大陆会议第三次会议批准了这一宣言，本宣言由来自弗吉尼亚州的理查德·亨利·李提出，马萨诸塞州的约翰·亚当斯二次审查，宣布解放联合殖民地并宣告美利坚独立。托马斯·杰斐逊、约翰·亚当斯、罗杰·谢尔曼和罗伯特·利文斯通被任命为委员会成员并起草独立宣言。这份由杰斐逊撰写的著名的文件，于1776年6月4日几乎全票通过。】

在人类事务发展的过程中，当一个民族必须解除同另一个民族的联系，并按照自然法则和上帝的旨意，以独立平等的身份立于世界列国之林时，出于对人类舆论的尊重，必须把驱使他们独立的原因予以宣布。

我们认为下述真理是不言而喻的：人人生而平等，造物主赋予他们若干不可让与的权利，其中包括生存权、自由权和追求幸福的权利。为了保障这些权利，人们才在他们中间建立政府，而政府的正当权利，则是经被统治者同意授予的。任何形式的政府一旦对这些目标的实现起破坏作用时，人民便有权予以更换或废除，以建立一个新的政府。新政府所依据的原则和组织其权利的方式，务必使人民认为唯有这样才最有可能使他们获得安全和幸福。若真要审慎地来说，成立多年的政府是不应当由于无关紧要的和一时的原因而予以更换的。过去的一切经验都说明，任何苦难，只要尚能忍受，人类还是情愿忍受，也不想为申冤而废除他们久已习惯了的政府形式。然而，当始终追求同一目标的一系列滥用职权和强取豪夺的行为表明政府企图把人民置于专制暴政之下时，人民就有权也有义务去推翻这样的政府，并为其未来的安全提供新的保障。这就是这些殖民地过去忍受苦难的经过，也是他们现在不得不改变政府制度的原因。当今大不列颠王国的历史，就是屡屡伤害和掠夺这些殖民地的历史，其直接目标就是要在各州之上建立一个独裁暴政。为了证明上述句句属实，现将事实公之于世，让公正的世人做出评判。

他拒绝批准对公众利益最有益、最必需的法律。

他禁止他的殖民总督批准刻不容缓、极端重要的法律，要不就先行搁置这些法律直至征得他的同意，而这些法律被搁置以后，他又完全置之不理。

他拒绝批准便利大地区人民的其他的法律，除非这些地区的人民情愿放弃自己在立法机构中的代表权；而代表权对人民是无比珍贵的，只有暴君才畏惧它。

他把各州的立法委员召集到一个异乎寻常、极不舒适而又远离他们的档案库的地方去开会，其目的无非是使他们疲惫不堪，被迫就范。

他一再解散各州的众议院，因为后者坚决反对他侵犯人民的权利。

他在解散众议院之后，又长期拒绝另选他人，于是这项不可剥夺的立法权便归由普通人民来行使，致使在这期间各州仍处于外敌入侵和内部骚乱的种种危险之中。

他力图阻止各州增加人口，为此目的，他阻挠外国人入籍法的通过，拒绝批准其他鼓励移民的法律，并提高分配新土地的条件。

他拒绝批准建立司法权力的法律，以阻挠司法的执行。

他迫使法官为了保住任期、薪金的数额和支付而置于他个人意志的支配之下。

他滥设新官署，委派大批官员到这里骚扰我们的人民，吞噬他们的财物。

他在和平时期，未经我们立法机构同意，就在我们中间维持其常备军。

他施加影响，使军队独立于文官政权之外，并凌驾于文官政权之上。

他同他人勾结，把我们置于一种既不符合我们的法规也未经我们法律承认的管辖之下，而且还批准他们炮制的各种伪法案，以便任其在我们中间驻扎大批武装部队；不论这些人对我们各州居民犯下何等严重的谋杀罪，他可用审判来庇护他们，让他们逍遥法外；他可以切断我们同世界各地的贸易；未经我们同意便向我们强行征税；在许多案件中剥夺我们享有陪审制的权益；以莫须有的罪名把我们押送海外受审；他在一个邻省废除了英国法律的自由制度，在那里建立专制政府，扩大其疆域，使其立即成为一个样板和合适的工具，以便向这里各殖民地推行同样的专制统治；他取消我们的许多特许状，废除我们最珍贵的法律并从根本上改变我们各州政府的形式；他终止我们立法机构行使权力，宣称他们自己拥有在任何情况下为我们制定法律的权力。

他们放弃设在这里的政府，宣称我们已不属他们保护之列，并向我们发动战争。

他在我们的海域里大肆掠夺，蹂躏我们的沿海地区，烧毁我们的城镇，残害我们人民的生命。

他此时正在运送大批外国雇佣兵，来从事其制造死亡、荒凉和暴政的勾当，其残忍与卑劣从一开始就连最野蛮的时代也难以相比，他已完全不配当一个文明国家的元首。

他强迫我们在公海被他们俘虏的同胞拿起武器反对自己的国家，使他们成为残杀自己亲友的刽子手，或使他们死于自己亲友的手下。

他在我们中间煽动内乱，并竭力挑唆残酷无情的印第安蛮子来对付我们边疆的居民，而众所周知，印第安人作战的准则是不分男女老幼、是非曲直，格杀勿论。

在遭受这些压迫的每一阶段，我们都曾以最谦卑的言辞吁请予以纠正。而我们一次又一次地请愿，却只是被报以一次又一次的伤害。

一个君主，其品格被他的每一个只有暴君才干得出的行为所暴露时，就不配君临自由的人民。

我们并不是没有想到我们英国的弟兄。他们的立法机关想把无理的管辖权扩展到我们这里来，我们时常把这个企图通知他们。我们也曾把我们移民来这里和在这里定居的情况告诉他们。我们曾恳求他们天生的正义感和雅量，念在同种同宗的分上，弃绝这些掠夺行为，因为这些掠夺行为难免会使我们之间的关系和来往中断。可他们对这种正义和同宗的呼声也同样充耳不闻。因此，我们不得不宣布脱离他们，以对待世界上其他民族的态度对待他们：同我交战者，就是敌人；同我和好者，即为朋友。

因此我们这些在大陆会议上集会的美利坚合众国的代表们，以各殖民地善良人民的名义，并经他们授权，向世界最高裁判者申诉，说明我们的庄重意向，同时郑重宣布：

我们这些联合起来的殖民地现在是，而且按公理也应该是，独立自由的国家；我们对英国王室效忠的全部义务，我们与大不列颠王国之间的一切政治联系全部断绝，而且必须断绝。

作为一个独立自由的国家，我们完全有权宣战、缔和、结盟、通商和采取独立国家有权采取的一切行动。

我们坚定地信赖神明上帝的保佑，同时以我们的生命、财产和神圣的名誉彼此宣誓来支持这一宣言。

约翰·汉考克

新罕布什尔州

乔塞亚·巴特利特

威廉·惠普尔

马修·桑顿

马萨诸塞湾

塞缪尔·亚当斯

约翰·亚当斯

埃尔布里奇·格里

罗伯特·崔特·潘恩

罗得岛

斯蒂芬·霍普金斯

威廉·艾勒里

康涅狄格州

罗杰·谢尔曼

塞缪尔·亨廷顿

威廉·威廉姆斯

奥利弗·沃尔科特

纽约州

威廉·弗洛伊德

菲尔·利文斯顿

弗朗西斯·刘易斯

古福尼尔·莫里斯

新泽西州

理查德·斯托克顿

约翰·威瑟斯庞

弗拉斯·霍普金斯

约翰·哈特

阿布拉·克拉克

宾夕法尼亚州

罗伯特·莫里斯

本杰明·拉什

本杰明·富兰克林

约翰·莫顿
乔治·克莱默
詹姆斯·史密斯
乔治·泰勒
詹姆斯·威尔逊
乔治·罗斯

特拉华州

凯撒·罗德尼
乔治·雷德
托马斯·麦基恩

马里兰岛

塞缪尔·蔡斯
威廉·帕卡
托马斯·斯通
查尔斯·卡罗尔

弗吉尼亚州

乔治·威斯
理查德·亨利·李
托马斯·杰斐逊
本杰明·哈里森
小托马斯·尼尔森
弗朗西斯·莱特福特·李
卡特·布拉克斯顿

北卡罗来纳州

威廉·胡珀

约瑟夫·休斯

约翰·佩恩

南卡罗来纳州

爱德华·拉特里奇

小托马斯·海沃德

亚瑟·米德尔顿

小托马斯·林奇

15. 梅克伦堡独立宣言
(1775)

【1819年4月30日，罗利·雷吉斯特公布了下面的这份文件，1775年5月20日，在收到列克星敦战争消息后的一天，北卡罗来纳州北部的梅克伦堡委员会通过了这份文件。针对以下内容与独立宣言中内容的相同之处，有人质疑杰斐逊所撰写的独立宣言有剽窃行为；然而另一方面，也有人质疑梅克伦堡独立宣言的真实性。显然在1819年以前杰斐逊从未听说过这份文件，而且更为普遍接受的观点是，这是一部现存的部分基于对过去的明确决议的汇编，1775年5月31日由梅克伦堡委员会成员起草。】

决议1，无论是谁直接或间接地煽动或以其他任何方式支持英国的不正当的或危及于我们人权的侵犯行为，都被视为梅克伦堡、美利坚合众国及我们与生俱来不可剥夺的人权的敌人。

决议2，我们梅克伦堡居民特此声明将解除与大英帝国的联系，脱离所有与英国皇室结成的联盟，并且终止政治联系、契约或联合，这个国家已经荒唐地践踏了我们的权利和自由，在列克星敦战争中令我们英勇的爱国者们鲜血横流。

决议3，我们特此宣布我们是一个自由而独立的民族，按公理也应该是，我们拥有一个至高无上的自治政府，除了万能的上帝和国会政府之外，没有任何政治力量能够控制我们。为了维护这种独立，我们将以我们的共同协作、生命、财产和神圣的名誉彼此宣誓来彼此支持这一宣言。

决议 4，我们现在承认没有法律或法律人员以及军民的存在和控制，我们梅克伦堡特此声明：每一部我们之前出台的法律都将被奉为我们一生所遵循的准则，但不同的是，我们绝不承认英国皇室在这些法律中所控制的权利、特权、豁免权及相关权力。

决议 5，我们将会进一步委任每一位梅克伦堡之前的军官官复原职，他们将重新拥有指挥权及其他权利，同时必须遵守本宣言中的条例，现在的每一位代表团成员从此以后都将成为一名文职人员，即教区委员——委员会中的一员，他们受任将发布会议程序，根据上述通过的文件，聆讯及裁决一切有争议的问题，教区委员们要维护梅克伦堡的和平统一和谐，并努力将对祖国的热爱和对自由的追随传遍整个美利坚直到梅克伦堡建立一个更有组织的政府。

16. 十三州联邦宪法 (1777)

【同时通过了独立宣言的第二次大陆会议，委派委员会准备在这些殖民地之间形成联邦。1776 年 6 月 12 日，委员会提出并着手起草全国宪法，并在做了多次修改后，于 1777 年 11 月 15 日，国会通过了这部文件。然而，直到各州州议会一致通过后才付诸实施，其中最后通过的马里兰州是在 1781 年 3 月 1 日才批准生效。这些文件一直延续到 1789 年才为美国国家宪法所取代。】

这些法案适用于所有公民，无论何人都必须遵守，我们都在各州代表面前签署了我们的名字，并对此表示祝贺。

美利坚合众国各州代表，于 1777 年 11 月 15 日美国独立之翌年，一致通过《邦联和永久联合条例》，永结联盟，参与联盟者：新罕布什尔州，马萨诸塞湾，罗得岛，康涅狄格州，纽约州，新泽西州，宾夕法尼亚州，特拉华州，弗吉尼亚州，北卡罗来纳州，南卡罗来纳州和佐治亚州。

新罕布什尔州，马萨诸塞湾，罗得岛州，康涅狄格州，纽约州，新泽西州，宾夕法尼亚州，特拉华州，弗吉尼亚州，北卡罗来纳州，南卡罗来纳州和佐治亚州一致通过《邦联和永久联合条例》。

第一条　本邦联定名为“美利坚合众国”。

第二条　除由邦联议会通过的决议之外，各州均保留其主权、自由、独立以及所有的司法权、权利、权力。

第三条　“美利坚合众国”是一个坚固的、友好的联盟，是签署此条例的各州基于共同的防卫，自由的保障和彼此间与全民的福利决定成立的。不论是由于宗教、主权、贸易还是其他任何借口，联盟中各州都有义务彼此互助抵御武力侵袭和发动攻击。

第四条　为完善确保及巩固本邦联中各州人民彼此间的友谊和交往，除乞丐、流浪汉和逃犯之外，任何合众国自由民都享有各州自由民所享有的权利及豁免权；享有自由进出其他州之权利，并享有他州之所有贸易与商业权，亦受该州相同的征税与限制；但此项限制不得禁止将国外输入财产移往任何一州以及财产所有者居住之任何其他州；任何一州亦不得对合众国或各州之财产抽税或加以限制。

凡在任何一州触犯或被控以叛国罪、重罪或其他次重罪而逃出该州司法权外，并在他州被发现者，他州应根据该罪犯所逃出州行政首长之请求将该罪犯交出，并移送至对该罪犯有司法权之州。

各州对他州法院及司法官之各项记录，法案及司法程序应给予完全的尊重与信任。

第五条　为更加方便地保障合众国之全民福利，各州每年都要指派邦联议会代表，这些代表可直接由各州立法机关任命，并于十一月第一个星期一召开邦联议会。

各州均可指派2～7名邦联议会代表，在六年期限内任何代表不得担任超过三年；任何邦联议会代表为自己或由别人为其利益而领受工资，报酬或任何津贴者，均不得在合众国之下任职。

各州应确保有本州之代表作为邦联议会委员会委员出席合众国议会。

在邦联议会要求表决问题时，各州可以行使该州在议会上的一票投票权。

邦联议会成员在会场内外任何地方的自由言论及辩论，不受法院的弹劾或质询。议会成员除犯叛国罪、重罪或破坏治安外，在往返议会途中及开会期间，应保障其人身不受逮捕及拘禁。

第六条　未经合众国邦联议会同意，各州不得派遣任何大使馆成员，接待任何大使馆成员，不得私自与任何一位国王、王子或国家达成协议，结成联盟或签署条约；未经邦联议会允许，在合众国或任何州担任具有营利或信任之职位的任何人，不得接受任何一位国王、王子或外国赠予的任何礼物、津贴、官职及其他形式的报酬；合众国或任何州均不得颁赐任何爵位。

未经合众国邦联议会允许，任何州之间不得私自签署条约，结成邦联或联盟，即使得到国会同意，也要详细说明缔结之目的及存续期。

对于合众国议会为履行早经议会建议之对法国王朝及西班牙王朝之条约及与任何国君或国家所签订之条约，各州不得征收违反该条约规定的任何进口税或关税。

除邦联议会认可为保卫该州及其贸易所必要的战舰数量外，任何州均不得于和平时期拥有战舰；除合众国及邦联议会核定为守卫该州防务所必要要塞部队数量外，任何州均不得于和平时期拥有任何军队；但各州都应拥有一支纪律严明、武装精良的民兵，并在公共仓库中随时准备足够的野战装备及帐篷，适当数量的武器、军火和扎营装备。

除确实遭到敌军侵略或获知某印第安部族决意侵略该州的真实情报，且情势紧迫不容延误，来不及咨询议会外，未经邦联议会许可，各州不得参与任何战事。未经合众国议会宣战，任何州不得对任何战舰授予委任状或逮捕及报复特许。对已由议会宣战者，亦仅得对已宣战王国、国家及其人民依议会之规定行事。但各州受海盗骚扰者，得在情势危险存续期间，装备战舰以资应敌，直至议会另有决议为止。

第七条　各州为共同防卫所征召的陆军，其所有上校级及以下军官，均由征召或负责指挥的各州立法机关进行任命。在军官缺少时，由原先任命的各州补足。

第八条　美利坚合众国所有作战费用以及用于共同防卫或全民福利之所有支出经邦联议会批准，都将由国库来支付，国库收入由各州补给，分摊到各州的比例由各州境内土地价值决定，并准许向任何人调查，因为各州土地，建筑物及其改良之价值应依邦联议会所规定方式按时评估。各州按比例应负担之税额，由各州立法机关依其权限及指令在议会议定期限内规定并征收。

第九条　合众国议会单独拥有决定宣战媾和的绝对权力，但第六条中所述情况不在此限。合众国议会单独拥有绝对权力派遣及接受大使及签订条约、缔结同盟。凡被禁止立法征收外国人进口税及关税（各州本身人民除外）之各州或被禁止进出口各类货物或商品之各州，均不得对外签订商务条约。议会拥有绝对权力制定讼案裁判法则，决定何种陆上或水上俘获为合法，决定为合众国服役之陆海军所虏获之战利品应以何种方式分配。议会拥有绝对权力在和平时期颁发逮捕及报复特许证。议会拥有绝对权力任命法庭审理公海上之海盗罪及重罪案件，并设置法庭受理并裁决所有有关掳获案件的最后上诉，但议会成员均不得被任命为上述法庭之法官。

合众国邦联议会是所有上诉的最终手段，由各州之间分界线、管辖权或其他任何原因引起的存在于各州间的争执与辩论均可最终上诉到邦联会议；邦联议会将以以下形式来行使其权力：论战中的任何一个州的立法或行政机关或法律机构要向国会递交一份请愿书，陈述问题所在并恳请聆讯，之后国会向论战中另一个州的立法或行政机关发布此项通知，并安排双方法律机构指派的委员及法官会面并组成法庭来听审及解决问题；但是如果双方不能达成一致，国会将从邦联的各州中指定三人，每个党派轮流推选出一位人选构成候选人名单，从请愿人开始，直到人员数量缩小到13位才算有效。并且国会需指派7～9名成员，这几名成员由国会拟定的名单中抽签产生，在他们中选出5个人构成执行委员或法官，他们要认真听审并最终决定争议的结果。这些法官中的代表要认真听审事情的原委，然后进行表决。如果任何一方的党派在国会指定的日期忘记出席，而且没有给出缺席的正当理由，经审查确认后国会将继续从各州中指定3人，国会秘书将有权代表该党派罢免未出席或拒绝出席的代表；并以指定受理此事法庭的审判和裁决为最终结果，如任何一方拒绝服从法院的裁决，或拒绝出庭或继续为自身辩护，法院将继续宣布审判，这也同样是最终结果，审判或判决及其他会议记录将被传达到国会，根据国会为了保障涉及其中党派提出的法令，在参加这次审判之前，每位委员必须宣誓将服从于最高法院的管理，并尽力解决争端。“我们将根据他最公正的审判，细心认真地听审去解决那些存在争议的问题，绝不允许掺杂个人偏袒之心，个人情感因素或希望得到回报的心理。”此外，不能因为合众国的利益而剥夺任何一个州的土地。

由于两州或更多州之不同承诺而发生土地私权之各项争执，应由首先承诺此项土地权利之州，对此项土地行使司法权，但如一方或一方以上同时宣称早已拥有司法权，则应依照当事人对议会之申请，由议会参照解决各州领域争执之方式，尽可能做类似之最终裁判。

合众国议会单独拥有绝对权力规定由议会或各州铸造硬币之成色与价值，规定全国度量衡之标准，规定管理与印第安人之贸易和其他事务，但不得侵犯各州在其境内之立法权。合众国议会拥有绝对权力设立管理全国各州间之邮局，并收取与各邮局必要开支相等之邮资。除团部军官外，议会有权任命所有服役合众国之陆海军军官，并有权委派服役合众国之各类官员；有权为政府制订陆海军管理条例，并指挥其作战。

合众国议会有权任命一个委员会，在议会休会期间理事，名曰“合众国委员会”，由每州出一名代表组成；为管理合众国一般事务，有权任命其他类似之委员会及公务官员；有权任命其中一人担任主席，但主席之任期，在每三年任期中不得超过一年；有权确定因合众国利益而募集必要之金钱数目，并为公共费用支出而分配及运用该项金钱；有权举债并以合众国信用发行债券，但每半年应向各州报告其负债数量或发行债券之数量；有权建立及装备海军；有权决定陆军之数量并依各州白种居民人数比例，决定各州征兵限额；由于征兵系各州应尽之义务，各州立法机关应任命团级军官，征召士兵，以合众国费用装备军队，并于议会议定之期限内，开至指定地点。但如议会依情况判断，可认为某州不宜征兵，或仅宜征小于限额数量之兵员，也可认为某州宜征大于限额之兵员，其超征之士兵亦应与本州限额内之士兵以同样方式装备。但若各州立法机关认为超征之兵为安全所需，则由各州装备之。此军队亦应于议会议定之期限内开至指定地点。

除非经九个州一致同意，否则合众国议会不得参与战争或于和平时期颁发逮捕及报复特许证，或签订条约、缔结同盟，或铸造货币并规定其价值，或核定国防或任何一州之防务及全民或任何一州人民之福利费用，或发行债券，或以合众国信用举债，或拨款，或议定应建造或购买之战舰数量及征召陆海军之数量，或任命陆军或海军总司令。除在以决议确定之休会期间内，任何其他各项争议，均应经合众国议会多数票表决决议之。

合众国议会有权在一年内休会至任何时期，并迁移至合众国任何地方开会，因此休会期不能超过六个月。议会议事录应每月出版，但议会认为需保密之有关条约、同盟或军事行动等部分除外。各州代表对各项问题之肯定及否定意见，应根据任何一名代表之请求，登载于议事录上。议会亦应根据某州代表团或任何一名代表之请求。提供上述议事录之副本，存置于各州立法机关，但上述之保密部分除外。

第十条　在邦联议会休会期间，经过九个州同意的赋予邦联议会的权力，应由合众国各州或任意九个州组成的委员会来行使。若该权力被规定需要九个州一致同意，委员会便不得行使该项权力。

第十一条　如果英属殖民地魁北克省（即加拿大）申请加入本邦联，准予其加入并可享受本邦联的各项利益。对于其他殖民地，需经过九个州一致同意，否则不准予其加入。

第十二条　在邦联条例颁布之前，所有由大陆会议或以大陆会议名义发行的货币，所借款项及所负债务均由合众国来承担。

第十三条　每个州都要遵守由本邦联递交给合众国邦联会议的决定。本邦联条例将永久存在，每个州都必须严格遵守。除邦联议会同意并经各州立法机关批准外，不得于任何时间对本邦联条例做任何修改。

吾等仰承天意，分别代表各州议会参与邦联议会，批准本邦联条款及永结联盟。吾等在条款之下签名之各州代表，依据各州授权，依各州选民之名义，代表他们绝对承认并批准本邦联条款各项规定及永结同盟，谨进一步严肃担保履行各州选民之付托，遵守合众国议会依据本邦联条款规定，送交各州就各项问题所做之决议。吾等所代表之各州应绝对遵守本邦联条款之规定。本邦联应永久存在。

本部联邦条款于 1778 年 7 月 9 日，即美国独立后之第三年，于宾夕法尼亚州费城集会制定。吾等谨于邦联议会宣誓，以资证明。

新罕布什尔州签署代表

乔塞亚·巴特利特

小约翰·温特沃斯

马萨诸塞湾签署代表

约翰·汉考克

塞缪尔·亚当斯

埃尔布里奇·格里

弗朗西斯·达纳

詹姆斯·洛弗尔

塞缪尔·霍尔滕

罗得岛签署代表

威廉·艾勒里

亨利·马尔尚

约翰·柯林斯

康涅狄格州签署代表

罗杰·谢尔曼

塞缪尔·亨廷顿

奥利弗·沃尔科特

提图斯·霍斯默

安德鲁·亚当斯

纽约州签署代表

詹姆斯·杜安

弗朗西斯·刘易斯

古福尼尔·莫里斯

威廉·杜尔

新泽西州签署代表

约翰·威瑟斯庞

纳萨尼尔·斯卡德

宾夕法尼亚州签署代表

罗伯特·莫里斯

丹尼尔·罗伯特

乔纳森·贝亚德·史密斯

威廉·克林甘

约瑟夫·里德

特拉华州签署代表

托马斯·麦基恩

尼古拉斯·范·戴克

约翰·迪金森

马里兰岛签署代表

约翰·汉森

丹尼尔·卡罗尔

弗吉尼亚州签署代表

理查德·亨利·李

约翰·班尼斯特

托马斯·亚当斯

约翰·哈维

弗朗西斯·莱特福特·李

北卡罗来纳州签署代表

约翰·佩恩

科尼利厄斯·哈尼特

约翰·威廉姆斯

南卡罗来纳州签署代表

亨利·劳伦斯

威廉·亨利·德雷顿

约翰·马修斯

理查德·哈特森

小托马斯·海沃德

佐治亚州签署代表

爱德华·特尔菲尔

约翰·沃尔顿

爱德华·兰沃西

17. 约克镇投降书 (1781)

【1781年英军主力在约克镇被击溃，康沃利斯率军投降，签署了以下条款，这事实上加剧了大不列颠同美洲殖民地间的矛盾，也更加速了美国的独立。】

以下为条约签署双方：一方是：华盛顿将军阁下，任英法同盟军总指挥官；罗尚博伯爵阁下，任法国皇家军队，法国十字军及圣路易斯军事修会中将，负责指挥最神圣的美利坚辅助部队；德·格拉瑟伯爵阁下，任最神圣的美利坚海军中将，圣路易斯军事修会指挥官及法国海军军队驻切萨皮克总司令官。另一方：尊敬的康沃利斯伯爵，任威严的大不列颠军队中将，负责指挥约克镇及格洛斯特卫戍部队；骑士托马斯·西蒙斯，负责指挥他的英王陛下的驻弗吉尼亚州约克河上的海军军队。

第一条　英王陛下的战船驻约克镇和格洛斯特的卫戍部队的军官、海员及水手都将投降于美法同盟军，陆军为美利坚合众国囚犯，海军将加入基督教统治的海上军队。

同意

第二条　大炮、武器、军人之配备、军队金库以及各个规模的公共储备务必完好转移至指定接收部门。

同意

第三条　今日十二时约克镇左侧两个多面堡将被撤离，其中一个为美国步兵分遣队所设，另一个为法国掷弹兵分遣队所设。

同意

两点整约克镇卫戍部队将装备好武器，戴好肩章及彩色袖标，向岗哨前方的指定地点进军并向英军或德军宣战，之后他们将放下武器，返回驻营地直到被派遣至他们的目的地；一点钟格洛斯特要塞将向法军分遣队传达两项任务并由美国军队加以控制；下午三点卫戍部队将向指定地点进军，伴随着号角，骑兵剑拔弩张，步兵以规定方式前往约克镇要塞。他们同样将返回驻营地直到最后被带走。

第四条　军官有权持有他们的武器，军官和士兵也同样控制着他们各种私有财产，任何时候他们的行李和证件不必服从于搜查或检查，围攻期间同样将被保存。

同意

为卫戍部队所占有的本属于各州居民的任何财产必须被收回。

第五条　弗吉尼亚州、马里兰州或宾夕法尼亚州所拥有的以同样配给量供应的大量士兵允许为美利坚合众国效劳。来自各州的陆军军官，即英国、安斯巴赫、黑森以及其他获准假释的军官，按照1∶50的比例准予他们居住于各自所在的团附近以便于能够经常视察及监督士兵训练。通行证的申请将得到批准，所以军官可为士兵接收及递送衣物和其他必需品。

同意

第六条　上述条款中提及的未从事战事的将军、参谋及其他军官允许被假释前往欧洲、纽约或美国其他州并自愿选择从事现由英国军队控制的美国海事岗位。从今日起十日内，德·格拉瑟伯爵将批准适当数目的战舰于休战期间运送上述人员至纽约，可能的话，他们可以达成一致后居住在同一地区直到他们从事一份工作。在这一条款中，陆军及海军军队民事庭的军官同样包括其中。在战舰未提供地区，陆上通行证将被批准使用。

同意

第七条　根据服务惯例，允许军官将士兵视为仆人。非士兵的仆人不得被视为囚犯，允许其陪伴主人。

同意

第八条　单桅纵帆战船由其船长及全体船员装备和驾驶，在投降书签署时刻，这艘船已在康沃利斯的安排下完全驶离港口，在外围援助下运送急件至亨利·克林顿爵士处，他认为适合派到纽约的士兵可以授权不必通过检查便可起航。当他的分遣队整装待发之际，爵士前来送行，并吩咐如果船只能够成功克服海上的危险到达目的地之后，应该听从格拉瑟爵士的指挥。船上不能携带任何储备物资，如果返航时，船员数量不够，可以从船上的乘客中选出一些加以补充，以便能够顺利返航。

第九条　交易者有权保存它们的财产，并被批准有三个月时间处理或调动这些财产；同时这些交易者不会被视为战争俘虏。

对于交易者处理的个人财物，联合军队有权优先购买。这样交易者将被视为获准假释的战争俘虏。

第十条　美利坚不同地区的土著居民，不会因为在约克镇或格洛斯特加入英国军队而受到惩罚。

此项条款与民事诉求一起不应得到批准同意。

第十一条　为病人和伤者提供合适数量的医院，他们有权获准假释并得到外科医生的护理，有权得到合众国医院对于药物的供应。

约克镇和格洛斯特药店主要为英国病人及伤者提供服务。通行证将被批准使用以便于他们必要时更进一步得到纽约的补给，适当数量的医院将被用来接收这两处要塞的病人及伤者。

第十二条　货车将被提供用来运送那些照料士兵军官的行李，同时为外科医生公费出诊及参加公费医院提供了方便。

可能的话，这些情况下都能提供这样的便利。

第十三条　停靠在约克镇和格洛斯特这两处港口的船舶及船上所有贮备

物品、枪支、装备和衣物，都将被交出至他们所在州指定可占有这些物品的海军，海军要预先卸载他们的私有部分，另外部分要留在船上以备围攻时的不时之需。

同意

第十四条　不得以报复借口违反投降书中的任何条款；若文件中存在任何不确定的表达，将根据较普遍的意义和所述语言表面意义来解释。

同意

1781 年 10 月 19 日签署于弗吉尼亚州约克镇

康沃利斯

托马斯·西蒙斯

1781 年 10 月 19 日签署于弗吉尼亚州约克镇前方的战壕

乔治·华盛顿

罗尚博伯爵

德·格拉瑟伯爵

18. 巴黎和约
(1783)

【康沃利斯投降后不到五个月，为确保国内和平，英国议会于 1783 年 7 月通过了一项法案。1782 年 11 月末，美国国会代表本杰明·富兰克林、约翰·亚当斯、约翰·杰伊和亨利·劳伦斯同大英帝国正式谈判，并拟定草约。1783 年 9 月 3 日，英美正式签署合约，英国承认美国独立。】

1783 年 9 月 8 日，美利坚合众国同大英帝国之和约最终签订于法国巴黎，并于 1784 年 1 月 14 日由国会批准并公布。

以最神圣的圣父、圣子和圣灵的名义，以该种方式处理美利坚合众国同王子乔治三世最平和最强有力的旨意正满足神圣的天意，通过天神的恩惠，即大英帝国、法国、爱尔兰，信念守护者，布伦瑞克和吕内堡公爵，财务大臣及神圣罗马帝国的王子，忘掉一切阻碍他们修复相互间联系与友谊的误解和争执。根据英美两国间互惠的优势及相互便利的条件建立一种十分有益并令人满意的往来关系，以此来促进和确保两国间永久的和谐与和平。1782 年 11 月 30 日各部门授权的政府特派官员于法国巴黎签订了临时条约，这令人满意的结果也奠定了今后的英美之间的和谐与和平，此和约经大英帝国与美利坚合众国同意确立并由两国决定，但是首先须英法达成和平条款，并且由英王陛下对此条款做出相应的决定。英法两国签署条约之后，为了使上述临时条款生效，根据其要旨大英帝国和美利坚合众国已约定签署条约。即英国方面由英国议会议员戴维·哈特利代表；美国方面由时任美国驻凡尔赛宫委员会委员、马萨诸塞州国会代表、马萨诸塞州主法官、美国驻荷兰全权代表的将军阁下约翰·亚当斯，宾夕法尼亚州国会代表、宾夕法尼亚州代表大会主席、美国驻凡尔赛宫全权代表本杰明·富兰克林，及时任美国国会议长，纽约州主法官，美国驻马德里宫廷全权代表约翰·乔伊作为全权代表签署了最终条约。上述代表经过对各自代表权利的相互沟通一致确定批准了以下条款：

第一条

大英帝国承认美利坚合众国，即承认新罕布什尔州、马萨诸塞湾、罗得岛、康涅狄格州、纽约州、新泽西州、宾夕法尼亚州、特拉华州、马里兰岛、弗吉尼亚州、北卡罗来纳州、南卡罗来纳州和佐治亚州为拥有其主权的自由独立之州。他要如同对待他自己、他的子嗣和继承者一样对待上述各州，并放弃对美国的统治及和领土主权的一切要求。

第二条

将来所有可能出现的涉及美利坚合众国边界的争论都将被阻止，兹特此声明以下即为美利坚合众国边界线，即加拿大新斯科舍西北角圣克洛伊河源头至英国苏格兰高地；苏格兰高地所截河流支流汇入圣劳伦斯河，流入大西洋至康涅狄格河最西北部上游，从康涅狄格河中游至北纬45°；从上述纬度一直向西，直到与易洛魁河或卡特拉格河流交汇处；沿着上述河流流入安大略湖的中游，流经安大略湖中游直到其与伊利湖交汇处；由上述湖泊交汇处流经伊利湖中游至伊利湖与休伦湖交汇处；再由此交汇处流经休伦湖中游至休伦湖与苏必利尔湖交汇处；流经苏必利尔湖由皇家菲力比克斯群岛向北至长河；流经上述长河中游，长河与森林湖交汇处至森林湖；经森林湖至其最西北点，从此处正西方至密西西比河；沿密西西比河中部至其横切北纬 31°最北部。南部边界，从上述最后一条边界线正东方，即赤道北部纬度为 31°处，至阿巴拉契科拉河或凯特乎彻河中部；流经上述河流中部至其与弗林特河接合点；从此处至圣玛丽河上游；流经圣玛丽河中部至大西洋。东部边界，沿圣克洛伊河，从其位于芬迪湾的河口至其源头，再从其源头向北直至苏格兰高地，其所截河流支流流入大西洋，汇入圣劳伦斯河；包括美国任何海岸二十里格以内的所有岛屿，以及位于上述新斯科舍及东佛罗里达界线以东地区与芬迪湾及大西洋的各自接壤处，不包括上述新斯科舍省范围内所属岛屿。

第三条

根据和约，在大浅滩，其他纽芬兰河堤，圣劳伦斯海湾以及其他所有之前英美两国居民均有权利捕鱼的海域，美国居民保有原来享有的捕鱼之权利。在纽芬兰海岸及其他英属美国领土的海岸、海湾和溪流，美国居民同英国渔民一样享有自由捕鱼的权利（英国渔民并不享有自由制作鱼干或以其他方式加工鱼类的权利）；在未经划分解决的新斯科舍海湾、港口和溪流，马达兰群岛及拉布拉多，美国渔民享有制作鱼干或以其他方式加工鱼类的自由。但是只要其中的某个地区管辖问题得到解决，如果之前没有同当地居民、土地所有者或持有人达成一致，那么上述行为便不再合法。

第四条

双方债权人须符合无法律障碍才能恢复纯正英币的完全价值及之前签订契约中的真正的债务。

第五条

国会必须认真建议各州立法机构为所有英国国民以及在英国管辖范围内并未参加与美国作战的居民被没收的财产，被限制的权利和所有权的恢复做准备。任何人都应该享有自由出入13个州中各个地区的权利，其中一年内他们有权享有在努力获得被没收的财产，被限制的权利和所有权的恢复不受打扰；国会必须认真交付各州对于所有法律法案前言的再审查及修正，确保上述法律法案始终完善的可实施性，在保证公证平等的同时还要满足和解精神，期待这些做法能够带来永久的地区和平。此外，国会必须认真交付各州尽快恢复上述人员的财产、权利和所有权，并以其土地、权利或财产被充公前所购买时的真实价格退款给财产所有人，对于任何因为债务、婚约或类似纠纷而被没收的土地，如果能够行使其正当权利，不应受到法律的阻碍。

第六条

将来不会出现征用，及人与人之间彼此检举，或者以参与当今战争为借口的问题；不会有人由于上述缘故将来遭受到任何在他们人身、自由和财产方面的亏损和损害。在此条约经美国批准期间，这些费用受到限制的人有权立刻检举开始停止使用。

第七条

英美之间保持永久和平，两国人民今后停止在海上、陆上的一切敌对行动并互释战俘，英王陛下将量力而行，不再造成任何破坏或运走美国黑人及其他任何美国财产，英从美境内所有港口、地区、港湾撤出全部军队、戍卫部队和舰队；将所有战时构筑的防御工事交予美国炮队接管；并整理一切美国档案、记录、契约和文件，或者在战争过程中落入他的长官手中的公民必须立即被遣送回他们所属各州。

第八条

从密西西比河源头至大西洋的海域，将永久对英国国民和美利坚居民自由开放。

第九条

为确保任何英国或美国领土被彼此一方军队攻取，在美国未达成上述临时条约之前，经决定，如有上述情况发生，所占土地国家必须将土地归还并无权索赔。

第十条

从签署该条约之日起之后的六个月甚至更短的时间内，对于本条约之庄严批准，良好的执行效果及预期形态必须由缔约的政党之间进行交流。签约之人为我方代表及贵方的全权代表，双方签名充分代表了各自的意愿，借吾等之手签署这一最终条约，从签约之日起双方将罢兵言和。

1783 年 9 月 3 日，签署于法国巴黎

亨利·劳伦斯

约翰·亚当斯

本杰明·富兰克林

约翰·杰伊

19. 美利坚合众国宪法 (1787)

【1787 年 5 月 25 日，来自美国各州的 55 名代表齐聚费城讨论决定草拟美国宪法来取代十三州邦联宪法，由华盛顿担任会议主席。在一段长时间的激烈讨论和多方妥协之后，这份文件于同年 9 月 28 日已得到多个州的议会批准。到 1789 年 6 月 21 日，除十三个州以外的九个州同样已批准了这份文件。1789 年 4 月 30 日，新的联邦政府也在纽约建立了。】

序 言

我们美利坚合众国的人民，为了组织一个更完善的联邦，树立正义，保障国内的安宁，建立共同的国防，促进全民福利和确保我们自己以及我们的后代能够安享自由带来的幸福，乃为美利坚合众国制定和确立这一宪法。

第一条

第一款

本宪法所规定的立法权，全属合众国的国会，国会由一个参议院和一个众议院组成。

第二款

(1) 众议院应由各州人民每两年选举一次之议员组成，各州选举人应具有该州州议会中人数最多之一院的选举人所需之资格。

(2) 凡年龄未满二十五岁，或取得合众国公民资格未满七年，或于某州当选而并非该州居民者，均不得任众议员。

(3) 众议员人数及直接税税额，应按联邦所辖各州的人口数目比例分配，此项人口数目的计算法，应在全体自由人民——包括订有契约的短期仆役，但不包括未被课税的印第安人数目之外，再加上所有其他人口之3/5。实际人口调查，应于合众国国会第一次会议后三年内举行，并于其后每十年举行一次，其调查方法另以法律规定之。众议员的数目，不得超过每三万人口有众议员一人，但每州至少应有众议员一人；在举行人口调查以前，各州得按照下列数目选举众议员：新罕布什尔三人、马萨诸塞八人、罗德岛及普罗维登斯垦殖区一人、康涅狄格五人、纽约六人、新泽西四人、宾夕法尼亚八人、特拉华一人、马里兰六人、弗吉尼亚十人、北卡罗来纳五人、南卡罗来纳五人、乔治亚三人。

(4) 任何一州的众议员有缺额时，该州的行政长官应颁选举令，选出众议员以补充缺额。

(5) 众议院应该选举出议长及其他官员；只有众议院具有提出弹劾案的权力。

第三款

(1) 合众国的参议院由每州的州议会选举两名参议员组成之，参议员的任期为六年，每名参议员有一票表决权。

(2) 参议员于第一次选举后举行会议之时，应当立即尽量均等地分成三组。第一组参议员的任期，到第二年年终时届满，第二组到第四年年终时届满，第三组到第六年年终时届满，并使每两年有1/3的参议员改选；如果在某州州议会休会期间，有参议员因辞职或其他原因出缺，该州的行政长官得任命临时参议员，等到州议会下次集会时，再予选举补缺。

（3）凡年龄未满三十岁，或取得合众国公民资格未满九年，或于某州当选而并非该州居民者，均不得任参议员。

（4）合众国副总统应为参议院议长，除非在投票票数相等时，议长无投票权。

（5）参议院应选举该院的其他官员，在副总统缺席或执行合众国总统职务时，还应选举临时议长。

（6）所有弹劾案，只有参议院有权审理。在开庭审理弹劾案时，参议员们均应宣誓或誓愿。如受审者为合众国总统，则应由最高法院首席大法官担任主席；在未得到出席的参议员的三分之二的同意时，任何人不得被判有罪。

（7）弹劾案的判决，不得超过免职及取消其担任合众国政府任何有荣誉、有责任或有俸给的职位之资格；但被判处者仍须服从另据法律所作之控诉、审讯、判决及惩罚。

第四款

（1）各州州议会应规定本州参议员及众议员之选举时间、地点及程序；但国会得随时以法律制定或变更此种规定，唯有选举议员的地点不在此例。

（2）国会应至少每年集会一次，开会日期应为十二月的第一个星期一，除非他们通过法律来指定另一个日期。

第五款

（1）参众两院应各自审查本院的选举、选举结果报告和本院议员的资格，每院议员过半数即构成可以议事的法定人数；不足法定人数时，可以一天推一天地延期开会，并有权依照各该议院所规定的程序和罚则，强迫缺席的议员出席。

（2）参众两院应各自规定本院的议事规则，处罚本院扰乱秩序的议员，并且应以2/3的同意，开除本院的议员。

（3）参众两院应各自保存一份议事记录，并经常公布，唯各该院认为应保守秘密之部分除外；两院议员对于每一问题之赞成或反对，如有1/5出席议员请求，则应记载于议事记录内。

（4）在国会开会期间，任一议院未得别院同意，不得休会三日以上，亦不得迁往非两院开会的其他地点。

第六款

（1）参议员与众议员得因其服务而获报酬，报酬的多寡由法律定之，并由合众国国库支付。两院议员除犯叛国罪、重罪以及扰乱治安罪外，在出席各该院会议及往返各该院途中，有不受逮捕之特权；两院议员在议院内所发表之演说及辩论，在其他场合不受质询。

（2）参议员或众议员不得在其当选任期内担任合众国政府任何新添设的职位，或在其任期内支取因新职位而增添的俸给；在合众国政府供职的人，不得在其任职期间担任国会议员。

第七款

（1）有关征税的所有法案应在众议院中提出；但参议院得以处理其他法案的方式，以修正案提出建议或表示同意。

（2）经众议院和参议院通过的法案，在正式成为法律之前，须呈送合众国总统；总统如批准，便须签署，如不批准，即应连同他的异议把它退还给原来提出该案的议院，该议院应将异议详细记入议事记录，然后进行复议。倘若在复议之后，该议院议员的2/3仍然同意通过该法案，该院即应将该法案连同异议书送交另一院，由其同样予以复议，若此另一院亦以2/3的多数通过，该法案即成为法律。但遇有这样的情形时，两院的表决均应以赞同或反对来定，而赞同和反对该法案的议员的姓名，均应由两院分别记载于各该院的议事记录之内。如总统接到法案后十日之内（星期日除外），不将之退还，该法案即等于曾由总统签署一样，成为法律。只有当国会休会因而无法将该法案退还时，该法案才不得成为法律。

（3）任何命令、决议或表决（有关休会问题等除外），凡须由参议院及众议院予以同意者，均应呈送合众国总统；经其批准之后，方始生效，如总统不予批准，则参众两院可依照对于通过法案所规定的各种规则和限制，各以2/3的多数，再行通过。

第八款

（1）国会有权规定并征收税金、捐税、关税和其他赋税，用以偿付国债并为合众国的共同防御和全民福利提供经费；但是各种捐税、关税和其他赋税，在合众国内应划一征收；

(2) 以合众国的信用举债；

(3) 管理与外国的、州与州间的，以及对印第安部落的贸易；

(4) 制定在合众国内一致适用的归化条例和有关破产的一致适用的法律；

(5) 铸造货币，调议其价值，并厘定外币价值，以及制定度量衡的标准；

(6) 制定对伪造合众国证券和货币的惩罚条例；

(7) 设立邮政局及建造驿馆；

(8) 为促进科学和实用技艺的进步，对作家和发明家的著作和发明，在一定期限内给予专利权的保障；

(9) 设置最高法院以下的各级法院；

(10) 界定并惩罚海盗罪、在公海所犯的重罪和违背国际公法的罪行；

(11) 对外宣战的授权书及采取复仇行动的特许证，制定在陆地和海面虏获战利品的规则；

(12) 募集和维持陆军，但每次拨充该项费用的款项，其有效期不得超过两年；

(13) 建立和拥有一支海军；

(14) 制定相关的政府规章制度以及陆军海军的规章；

(15) 制定召集民兵的条例，以便执行联邦法律，镇压叛乱和击退侵略；

(16) 规定民兵的组织、装备和训练，以及民兵为合众国服务时的管理办法，但各州保留其军官任命权，和依照国会规定的条例训练其民团的权力；

(17) 对于由某州让与而由国会承受，用以充当合众国政府所在地的地区(不超过十平方英里)，握有对其一切事务的全部立法权；对于经州议会同意，向州政府购得，用以建筑要塞、弹药库、兵工厂、船坞和其他必要建筑物的地方，也握有同样的权力；

(18) 并且为了行使上述各项权力，以及行使本宪法赋予合众国政府或其各部门或其官员的种种权力，制定一切必要的和适当的法律。

第九款

(1) 对于现有任何一州所认为的应准其移民或入境的人，在 1808 年以前，国会不得加以禁止，但可以对入境者课税，唯以每人不超过十美元为限。

（2）不得中止人身保护令所保障的特权，唯在叛乱或受到侵犯的情况下，出于公共安全的必要时不在此限。

（3）不得通过任何掠夺公权的法案或者追溯既往的法律。

（4）除非按本宪法所规定的人口调查或统计之比例，不得征收任何人口税或其他直接税。

（5）对各州输出之货物，不得课税。

（6）任何有关商务或纳税的条例，均不得赋予某一州的港口以优惠待遇；亦不得强迫任何开往或来自某一州的船只，驶入或驶出另一州，或向另一州纳税。

（7）除了依照法律的规定拨款之外，不得自国库中提出任何款项；一切公款收支的报告和账目，应经常公布。

（8）合众国不得颁发任何贵族爵位：凡是在合众国政府担任有俸给或有责任之职务者，未经国会许可，不得接受任何国王、王子或外国的任何礼物、薪酬、职务或爵位。

第十款

（1）各州不得缔结任何条约、结盟或组织邦联；不得签发采取报复行动之特许证；不得铸造货币；不得发行纸币；不得指定金银币以外的物品作为偿还债务的法定货币；不得通过任何掠夺公权的法案、追溯既往的法律和损害契约义务的法律；也不得颁发任何贵族爵位。

（2）未经国会同意，各州不得对进口货物或出口货物征收任何税款，但为了执行该州的检查法律而有绝对的必要时，不在此限；任何州对于进出口货物所征之税，其净收益应归合众国国库使用；所有这一类的检查法律，国会对之有修正和监督之权。

（3）未经国会同意，各州不得征收船舶吨位税，不得在和平时期保留军队和军舰，不得和另外一州或国缔结任何协定或契约，除非实际遭受入侵，或者遇到刻不容缓的危急情形时，不得从事战争。

第二条

第一款

（1）行政权力赋予美利坚合众国总统。总统任期四年，总统和具有同样任期的副总统，应照下列手续选举。

（2）每州应依照该州州议会所规定之手续，指定选举人若干名，其人数应与该州在国会之参议员及众议员之总数相等；但参议员、众议员及任何在合众国政府担任有责任及有俸给之职务的人，均不得被指定为选举人。

（3）各选举人应于其本身所属的州内集会，每人投票选举二人，其中至少应有一人不属本州居民。选举人应开列全体被选人名单，注明每人所得票数；他们还应签名作证明，并将封印后的名单送至合众国政府所在地交与参议院议长。参议院议长应于参众两院全体议员之前，开拆所有来件，然后计算票数。得票最多者，如其所得票数超过全体选举人的半数，即当选为总统；如同时不止一人得票过半数，且又得同等票数，则众议院应立即投票表决，选择其中一人为总统；如无人得票过半数，则众议院应自得票最多之前五名中用同样方法选举总统。但依此法选举总统时，应以州为单位，每州之代表共有一票；如全国2/3的州各有一名或多名众议员出席，即构成选举总统的法定人数；当选总统者需获全部州的过半数票。在每次这样的选举中，于总统选出后，其获得选举人所投票数最多者，即为副总统。但如有二人或二人以上得票相等时，则应由参议院投票表决，选学其中一人为副总统。

（4）由国会确定各州选出选举人的时期以及他们投票的日子；投票日期全国一致。

（5）只有出生时为合众国公民，或在本宪法实施时已为合众国公民者，可被选为总统；凡年龄未满三十五岁，或居住合众国境内未满十四年者，不得被选为总统。

（6）如遇总统被免职，或因死亡、辞职或丧失能力而不能执行其权力及职务时，总统职权应由副总统执行之。国会得以法律规定，在总统及副总统均被免职，或死亡、辞职或丧失能力时，由何人代理总统职务，该人应立即遵此条款，至总统能力恢复，或新总统被选出时为止。

(7) 总统因其服务而在规定的时间内接受俸给，在其任期之内，俸金数额不得增加或减低，他亦不得在此任期内，自合众国政府和任何州政府接受其他报酬。

(8) 在其就职之前，他应宣誓或誓愿如下：我郑重宣誓（或誓言）我必忠诚地执行合众国总统的职务，并尽我最大的能力，维持、保护和捍卫合众国宪法。

第二款

(1) 总统为合众国陆海军的总司令，并在各州民团奉召为合众国执行任务的担任统帅；他可以要求每个行政部门的主管官员提出有关他们职务的任何事件的书面意见，除了弹劾案之外，他有权对于违犯合众国法律者颁赐缓刑和特赦。

(2) 总统有权缔订条约，但须争取参议院的意见和同意，并须出席的参议员中2/3的人赞成；他有权提名，并于取得参议院的意见和同意后，任命大使、公使及领事、最高法院的法官，以及一切其他在本宪法中未经明定，但以后将依法律的规定而设置之合众国官员；国会可以制定法律，酌情把这些较低级官员的任命权，授予总统本人，授予法院，或授予各行政部门的首长。

(3) 在参议院休会期间，如遇有职位出缺，总统有权任命官员补充缺额，任期于参议院下届会议结束时终结。

第三款　总统应经常向国会报告联邦的情况，并向国会提出他认为必要和适当的措施，供其考虑；在特殊情况下，他应召集两院或其中一院开会，并应于两院对于休会时间意见不一致时，命令两院休会到他认为适当的时期为止；他应接见大使和公使；他应注意使法律切实执行，并任命所有合众国的军官。

第四款　合众国总统、副总统及其他所有文官，因叛国、贿赂或其他重罪和轻罪，被弹劾而判罪者，均应免职。

第三条

第一款　合众国的司法权属于一个最高法院以及由国会随时下令设立的低级法院。最高法院和低级法院的法官，如果尽忠职守，应继续任职，并按期接受俸给作为其服务之报酬，在其继续任职期间，该项俸给不得削减。第二款

（1）司法权适用的范围，应包括在本宪法、合众国法律、和合众国已订的及将订的条约之下发生的一切涉及普通法及衡平法的案件；一切有关大使、公使及领事的案件；一切有关海上裁判权及海事裁判权的案件；合众国为当事一方的诉讼；州与州之间的诉讼，州与另一州的公民之间的诉讼，一州公民与另一州公民之间的诉讼，同州公民之间为不同之州所让与之土地而争执的诉讼，以及一州或其公民与外国政府、公民或其属民之间的诉讼。

（2）在一切有关大使、公使、领事以及州为当事一方的案件中，最高法院有最初审理权。在上述所有其他案件中，最高法院有关于法律和事实的受理上诉权，但由国会规定为例外及另有处理条例者，不在此限。

（3）对一切罪行的审判，除了弹劾案以外，均应由陪审团裁定，并且该审判应在罪案发生的州内举行；但如罪案发生地点并不在任何一州之内，该项审判应在国会按法律指定之地点或几个地点举行。

第三款

（1）只有对合众国发动战争，或投向它的敌人，予敌人以协助及方便者，方构成叛国罪。无论何人，如非经由两个证人证明他的公然的叛国行为，或经由本人在公开法庭认罪者，均不得被判叛国罪。

（2）国会有权宣布对于叛国罪的惩处，但因叛国罪而被剥夺公权者，其后人之继承权不受影响，叛国者之财产亦只能在其本人生存期间被没收。

第四条

第一款　各州对其他各州的公共法案、记录和司法程序，应给予完全的信赖和尊重。国会应制定一般法律，用以规定这种法案、记录和司法程序如何证明以及具有何等效力。

第二款

（1）每州公民应享受各州公民所有之一切特权及豁免。

（2）凡在任何一州被控犯有叛国罪、重罪或其他罪行者，逃出法外而在另一州被缉获时，该州应即依照该罪犯所逃出之州的行政当局之请求，将该罪犯交出，以便移交至该犯罪案件有管辖权之州。

（3）凡根据一州之法律应在该州服役或服劳役者，逃往另一州时，不得因另一州之任何法律或条例，解除其服役或劳役，而应依照有权要求该项服役或劳役之当事一方的要求，把人交出。

第三款

（1）国会应准许新州加入联邦；如无有关各州之州议会及国会之同意，不得于任何州之管辖区域内建立新州；亦不得合并两州或数州或数州之一部分而成立新州。

（2）国会有权处置合众国之属地及其他产业，并制定有关这些属地及产业的一切必要的法规和章则；本宪法中任何条文，不得作有损于合众国或任何一州之权利的解释。

第四款　合众国保证联邦中的每一州皆为共和政体，保障它们不受外来的侵略；并且根据各州州议会或行政部门（当州议会不能召集时）的请求，平定其内部的暴乱。

第五条

举凡两院议员各以 2/3 的多数认为必要时，国会应提出对本宪法的修正案；或者，当现有诸州 2/3 的州议会提出请求时，国会应召集修宪大会，以上两种修正案，如经诸州 3/4 的州议会或 3/4 的州修宪大会批准时，即成为本宪法之一部分而发生全部效力，至于采用哪一种批准方式，则由国会议决；但 1808 年以前可能制定之修正案，在任何情形下，不得影响本宪法第一条第九款之第一、第四两项；任何一州，没有它的同意，不得被剥夺它在参议院中的平等投票权。

第六条

（1）合众国政府于本宪法被批准之前所积欠之债务及所签订之条约，于本宪法通过后，具有和在邦联政府时同等的效力。

（2）本宪法及依本宪法所制定之合众国法律；以及合众国已经缔结及将要缔结的一切条约，皆为全国之最高法律；每个州的法官都应受其约束，任何一州宪法或法律中的任何内容与之抵触时，均不得有违这一规定。

（3）前述之参议员及众议员，各州州议会议员，合众国政府及各州政府之一切行政及司法官员，均应宣誓或誓愿拥护本宪法；但合众国政府之任何职位或公职，皆不得以任何宗教考核标准作为任职的必要条件。

第七条

本宪法经过九个州的制宪大会批准后，即在批准本宪法的各州之间开始生效。

本宪法于1787年，即美利坚合众国独立后第12年的9月17日，经出席制宪会议的各州在会上一致同意后制定。我们谨在此签名作证。

按照宪法第五条，由国会提出并经各州批准的增添和修改美利坚合众国宪法的条款。

第一条修正案〔1791〕

国会不得制定关于下列事项的法律：确立国教或禁止宗教活动自由；限制言论自由或出版自由；剥夺公民和平集会和向政府请愿申冤的权利。

第二条修正案〔1791〕

纪律严明的民兵是保障自由州的安全所必需的，因此人民持有和携带武器的权利不得侵犯。

第三条修正案〔1791〕

在和平时期，未经房主同意，士兵不得在民房驻扎；除依法律规定的方式，战时也不允许如此。

第四条修正案〔1791〕

人民的人身、住宅、文件和财产不受无理搜查和扣押的权利，不得侵犯。除依照合理根据，以宣誓或代誓宣言保证，并具体说明搜查地点和扣押的人或物，不得发出搜查和扣押状。

第五条修正案〔1791〕

无论何人，除非根据大陪审团的报告或起诉，不得受判处死罪或其他不名誉罪行之审判，但发生在陆、海军中或发生在战时或出现公共危险时服现役的民兵中的案件，不在此限。

任何人不得因同一罪行而两次遭受生命或身体的危害；不得在任何刑事案件中被迫自证其罪；不经正当法律程序，不得被剥夺生命、自由或财产。

不给予公平赔偿，私有财产不得充作公用。

第六条修正案〔1791〕

在一切刑事诉讼中，被告享有下列权利：

由犯罪行为发生地的州和地区的公正陪审团予以迅速而公开的审判，该地区应事先由法律确定；

得知被控告的性质和理由；

同原告证人对质；

以强制程序取得对其有利的证人；

取得律师帮助为其辩护。

第七条修正案〔1791〕

在普通法的诉讼中，其争执价值超过 20 元，由陪审团审判的权利应受到保护。由陪审团裁决的事实，合众国的任何法院除非按照普通法规则，不得重新审查。

第八条修正案〔1791〕

不得要求过多的保释金，不得处以过重的罚金，不得施加残酷和非常的惩罚。

第九条修正案〔1791〕

本宪法对某些权利的列举，不得被解释为否定或忽视由人民保留的其他权利。

第十条修正案〔1804〕

本宪法未授予合众国、也未禁止各州行使的权力，保留给各州行使，或保留给人民行使之。

第十一条修正案〔1798〕

合众国的司法权，不得被解释为可以扩展到受理由他州公民或任何外国公民或臣民对合众国一州提出的或起诉的任何普通法或衡平法的诉讼。

第十二条修正案〔1791〕

(1) 选举人在各自州内集会，投票选举总统和副总统，其中必须至少有一人不是选举人所属州的居民。选举人须在选票上写明被选为总统之人的姓名，并在另一选票上写明被选为副总统之人的姓名。选举人须将所有被选为总统之人和所有被选为副总统之人分别开列名单，写明每人所得票数，并在该名单上签名作证，然后封印送合众国政府所在地，呈参议院议长。参议院议长在参议院和众议院全体议员面前开拆所有证明书，然后计算票数。获得总统选票最多的人，如所得票数超过所选派选举人总数的半数，即为总统。

如无人获得这种过半数票，众议院应立即从被选为总统之人名单中得票最多的但不超过 3 人中间，投票选举总统。但选举总统时，以州为单位计票，每州全体代表有一票表决权。2/3的州各有一名或多名众议员出席，即构成选举总统的法定人数，决选总统需要所有州的过半数票（当选举总统的权力转移到众议院时，如该院在次年 3 月 4 日前尚未选出总统，则由副总统代理总统，如同总统死亡或宪法规定的其他丧失任职能力的情况一样）。

（2）得副总统选票最多者，如所得票数超过所选派选举人总数的半数，即为副总统，如无人得票超过半数，参议院应从名单上得票最多的两人中选举副总统。选举副总统的法定人数由参议员总数的 2/3 构成，选出副总统需要参议员总数的过半数票。但依宪法无资格担任总统的人，也无资格担任合众国副总统。

第十三条修正案〔1865〕

第一款　在合众国境内或受合众国管辖的任何地方，奴隶制和强迫劳役都不得存在，但作为对依法判罪者犯罪之惩罚，不在此限。

第二款　国会有权以适当立法实施本条。

第十四条修正案〔1868〕

第一款　凡在合众国出生或归化合众国并受其管辖的人，均为合众国的和其居住州的公民。任何一州，都不得制定或实施限制合众国公民的特权或豁免权的任何法律；不经正当法律程序，不得剥夺任何人的生命、自由或财产；对于在其管辖下的任何人，亦不得拒绝给予平等法律保护。

第二款　众议员的名额应按各州人口比例进行分配，每州人口统计包括该州除未纳税的印第安人之外的全部人口。但在选举合众国总统和副总统选举人、国会议员、州行政和司法官员或州议会议员的任何选举中，一州的年满 21 岁并且是合众国公民的任何男性居民，如其上述选举权被剥夺或受到任何方式的限制（因参加叛乱或其他犯罪而被剥夺者除外），则该州代表权的基础，应按以上男性公民的人数占该州年满 21 岁男性公民总人数的比例核减。

第三款　无论何人，凡先前曾以国会议员，或合众国官员，或任何州议会议员，或任何州行政或司法官员的身份宣誓维护合众国宪法，以后颠覆或反叛合众国，或给予合众国敌人帮助或支援，概不得担任国会参议员或众议员或总统和副总统选举人，或担任合众国或任何州属下的任何文职或军职官员。但国会有权以两院各 2/3 的票数取消此种限制。

第四款　对于法律批准的合众国公共债务，包括因支付平定作乱或反叛的有功人员的年金和奖金而产生的债务，其效力不得有所怀疑。但无论合众国或任何一州，都不得偿付或承担因援助对合众国的作乱或反叛而产生的任何债务或义务，亦不得偿付或承担因丧失或解放任何奴隶而提出的任何赔偿要求；所有这类债务、义务和要求，都应被认为是非法和无效的。

第五款　国会有权以适当立法实施本条规定。

第十五条修正案〔1870〕

第一款　合众国公民的投票权，不得因种族、肤色或曾被强迫服劳役而被合众国或任何一州加以剥夺或限制。

第二款　国会有权以适当立法实施本条。

第十六条修正案〔1913〕

国会有权对任何来源的收入规定和征收所得税，不必在各州按比例分配，也无须考虑任何人口普查或人口统计。

第十七条修正案〔1913〕

第一款　合众国参议院由每州两名参议员组成，参议员由本州人民选举，任期 6 年；每名参议员各有一票表决权。每个州的选举人应具备该州州议会人数最多一院选举人所需具备之资格。

第二款　任何一州在参议院的代表出现缺额时，该州行政当局应发布选举令，以填补此项缺额，但任何一州的议会应授权该州行政长官，在人民依该议会指示举行选举填补缺额以前，任命临时参议员。

第三款　对本条修正案的解释不得影响在本条修正案作为宪法的一部分生效以前当选的任何参议员的选举或任期。

第十八条修正案〔1919〕

第一款　本条批准一年后，禁止在合众国及其管辖下的一切领土内酿造、出售或运送作为饮料的致醉酒类；禁止此类酒类输入或输出合众国及其管辖下的一切领土。

第二款　国会和各州都有权以适当立法实施本条。

第三款　本条除非在国会将其提交各州之日起 7 年以内，由各州议会按本宪法规定批准为宪法修正案，不得发生效力。

第十九条修正案〔1920〕

第一款　合众国公民的选举权，不得因性别而被合众国或任何一州加以剥夺或限制。

第二款　国会有权以适当立法实施本条。

第二十条修正案〔1933〕

第一款　本条未获批准前，总统和副总统的任期在原定任期届满之年的 1 月 20 日正午结束，参议员和众议员的任期在本条未获批准前原定任期届满之年的 1 月 3 日正午结束，他们继任人的任期在同时开始。

第二款　国会应每年至少开会一次，除国会以法律另订日期外，此会议在 1 月 3 日正午开始。

第三款　如当选总统在规定总统任期开始的时间之前亡故，当选副总统应成为总统。如在规定总统任期开始的时间以前，总统尚未选出，或当选总统不合乎资格，则当选副总统应代理总统直到产生一名合乎资格的总统时为止。在当选总统和当选副总统都不合乎资格时，国会得以法律规定代理总统之人，或宣布选出代理总统的办法。此人应代理总统直到产生一名合乎资格的总统或副总统时为止。

第四款　国会应以法律对以下情况作出规定：在选举总统的权利转移到众议院时，可被该院选为总统的人中有人死亡；在选举副总统的权利转移到参议院时，可被该院选为副总统的人中有人死亡。

第五款　第一款和第二款应在本条批准以后的 10 月 15 日生效。

第六款　本条除非在其提交各州之日起 7 年以内，由 3/4 州议会批准为宪法修正案，不得发生效力。

第二十一条修正案〔1933〕

第一款　美利坚合众国宪法第十八条修正案现予废除。

第二款　在合众国任何州、准州或属地内，凡违反当地法律为在当地发货或使用而运送或输入致醉酒类，均予以禁止。

第三款　本条除非在国会将其提交各州之日起 7 年以内，由各州修宪会议依本宪法规定批准为宪法修正案，不得发生效力。

第二十二条修正案〔1951〕

第一款　无论何人，当选担任总统职务不得超过两次；无论何人，在他人当选总统任期内担任总统职务或代理总统两年以上，不得当选担任总统职务一次以上。但本条不适用于在国会提出本条时正在担任总统职务的任何人；也不妨碍在本条生效时正在担任总统职务或代理总统的任何人在一届任期结束前的时间里继续担任总统职务或代理总统。

第二款　本条除非在国会将其提交各州之日起 7 年以内，由3/4州议会批准为宪法修正案，不得发生效力。

第二十三条修正案〔1961〕

第一款　作为合众国政府所在地的特区，应依国会规定方式选派：一定数目的总统和副总统选举人，其数目等于把特区看作一个州时，它在国会中有权拥有的参议员和众议员人数的总和，但决不得超过人口最少之州的选举人人数。他们是在各州所选派的选举人以外增添的人，但为了选举总统和副总统的目的，应被视为一个州选派的选举人；他们在特区集会，履行第十二条修正案所规定的职责。

第二款　国会有权以适当立法实施本条。

第二十四条修正案〔1964〕

第一款　在总统或副总统，总统或副总统选举人或国会参议员或众议员的任何预选或其他选举中，合众国公民的选举权不得因未交纳人头税或其他税而被合众国或任何一州加以剥夺或限制。

第二款　国会有权以适当立法实施本条。

第二十五条修正案〔1967〕

第一款　如遇总统被免职、亡故或辞职，副总统应成为总统。

第二款　凡当副总统职位出缺时，总统应提名一名副总统，经国会两院都以过半数票批准后就职。

第三款　凡当总统向参议院临时议长和众议院议长提交书面声明，称他不能够履行其职务的权力和责任，直至他向他们提交一份内容与此相反的声明为止，其权力和责任应由副总统作为代理总统履行。

第四款　凡当副总统和行政各部主官的多数或国会通过法律设立的其他机构成员的多数，向参议院临时议长和众议院议长提交书面声明，称总统不能够履行总统职务的权力和责任时，副总统应立即作为代理总统承担总统职务的权力和责任。此后，当总统向参议院临时议长和众议院议长提交书面声明，称丧失能力的情况不存在时，他应恢复总统职务的权力和责任，除非副总统和行政各部主官的多数或国会通过法律设立的其他机构成员的多数在4天之内向参议院临时议长和众议院议长提交书面声明，称总统不能够履行总统职务的权力和责任。在这种情况下，国会应对此问题做出裁决，如在休会期间，应为此目的在48小时以内集会。如果国会在收到后一书面声明后的21天之内，或者如果国会因适逢休会而按照要求专门为此目的的集会以后的21天之内，以两院2/3的票数决定总统不能够履行总统职务的权力和责任，则副总统应继续作为代理总统履行总统职务的权力和责任；否则总统应恢复总统职务的权力和责任。

第二十六条修正案〔1971〕

第一款　年满18岁或18岁以上的合众国公民的选举权，不得因为年龄而被合众国或任何一州加以剥夺或限制。

第二款　国会有权以适当立法实施本条。

第二十七条修正案

改变参议员和众议员服务报酬的法律，在众议员选举举行之前不得生效。

20. 联邦党人文集，第一篇 & 第二篇 (1787)

【在起草宪法至其得到批准的这段时间，《独立日报》和《纽约邮报》上刊登了名为《联邦党人文集》的八十五篇系列论文，并以此作为政府新型管理手段的解释和辩护。其中大多数文章由汉密尔顿所作，二十五篇出自麦迪逊（他的大部分作品都在宪法中得以体现），五篇来自杰伊。这是一部非同凡响的政论巨著，同时在支持新宪法的批准方面发挥了巨大作用。】

联邦党人文集　为《独立日报》撰写
第一篇　亚历山大·汉密尔顿

致纽约州人民：

对目前邦联政府的无能有了无可置疑的经验以后，要请你们为美利坚合众国慎重考虑一部新的宪法。这个问题本身就能说明它的重要性：因为它的后果涉及联邦的生存、联邦各组成部分的安全与福利，以及一个在许多方面可以说是世界上最引人注意的帝国的命运。时常有人指出，似乎有下面的重要问题留待我国人民用他们的行为和范例来求得解决：人类社会是否真正能够通过深思熟虑和自由选择来建立一个良好的政府，还是他们永远注定要靠机遇和武力来决定他们的政治组织。如果这句话不无道理，那么我们也许可以理所当然地把我们所面临的紧要关头当作是应该做出这项决定的时刻。由此看来，假使我们选错自己将要扮演的角色，那就应当认为是全人类的不幸。

这个想法会在爱国心的动机之外又增加关怀人类的动机，以提高所有思虑周到的善良人士对这事件的关切心情。如果我们的选择取决于对我们真正利益的明智估计，而不受与公共利益无关的事实的迷惑和影响，那就万分幸运了。但这件事情与其说是可以认真预期，还不如说是只能热切希望而已。提供给我们审议的那个计划，要影响太多的私人利益，要改革太多的地方机构，因此在讨论中必然会涉及与计划的是非曲直无关的各种事物，并且激起对寻求真理不利的观点、情感和偏见。

在新宪法必然会碰到的最大障碍中，可以很容易地发现下列情况：每一州都有某一类的人，他们的明显利益在于反对一切变化，因为那些变化有可能减少他们在州政府中所任职位的权力、待遇和地位；另外还有一类人，他们出于不正常的野心，或者希望趁国家混乱的机会扩大自己的权力，或者认为，对他们来说在国家分为几个部分邦联政府的情况下，要比联合在一起有更多向上爬的机会。

然而，对于有这种性格的人，我并不打算详述我的意见。我清楚知道，不分青红皂白，随便将哪一路人的反对（仅仅因为他们所处地位会使他们可疑）都归结于利益或野心，不是实事求是的。天公地道，我们必须承认，即使那样的人也会为正当目的所驱使。毋庸置疑，对于已经表示或今后可能表示的反对，大多数的出发点即使不值得敬佩，至少也无可厚非，这是先入为主的嫉妒和恐惧所造成的正常的思想错误。使判断产生错误偏向的原因的确很多，并且也很有力量，以致我们往往可以看到聪明而善良的人们，在对待社会最重要的问题上既有站在正确的一边，也有站在错误的一边。这一情况如果处理得当，可以给那些在任何争论中非常自以为是的人提供一个遇事实行节制的教训。在这方面，还有一个值得注意的理由，是从以下考虑得来的：我们往往不能肯定，那些拥护真理的人在原理上受到的影响是否比他们的对立面更为纯洁。野心、贪婪、私仇、党派的对立，以及其他许多比这些更不值得称赞的动机，不仅容易对反对问题正确一面的人起作用，也容易对支持问题正确一面的人起作用。假使连这些实行节制的动机都不存在，那么再也没有比各种政党一向具有的不能容忍的精神更不明智了。因为在政治上，如同在宗教上一样，要想用火与剑迫使人们改变信仰，是同样荒谬的。两者的异端，很少能用迫害来消除。

然而，无论这些意见被认为是多么确凿有理，我们已有充分征兆可以预测，在这次讨论中，将会发生和以前讨论一切重大国家问题时相同的情况。愤怒和恶意的激情会像洪流似的奔放。从对立党派的行为判断，我们会得出这样的结论：他们会共同希望表明自己意见的正确性，而且用慷慨激昂的高声演说和尖酸刻薄的谩骂来增加皈依者的人数。明智而热情地支持政府的权能和效率，会被诬蔑为出于爱好专制权力，反对自由原则。对人民权利的威胁过于谨慎的防范——这通常是理智上的过错，而不是感情上的过错——却被说成只是托词和诡计，是牺牲公益沽名钓誉的陈腐钓饵。一方面，人们会忘记，妒忌通常伴随着爱情，自由的崇高热情容易受到狭隘的怀疑精神的影响。另一方面，人们同样会忘记，政府的力量是保障自由不可缺少的东西；要想正确而精明地判断，它们的利益是不可分的；危险的野心多半为热心于人民权利的漂亮外衣所掩盖，很少用热心拥护政府坚定而有效率的严峻面孔作掩护。历史会教导我们，前者比后者更加必然地导致专制道路；在推翻共和国特许权的那些人当中，大多数是以讨好人民开始发迹的，他们以蛊惑家开始，以专制者告终。

同胞们，在以上的论述中，我已注意到使你们对来自任何方面的用没有事实根据的印象来影响你们在极为迫切的福利问题上做出决定的一切企图，加以提防。毫无疑问，你们同时可以从我在以上论述的总的看法中发现，他们对新宪法并无敌意。是的，同胞们，我承认我对新宪法慎重考虑以后，明确认为你们接受它是有好处的。我相信，这是你们争取自由、尊严和幸福的最可靠的方法。我不必故作有所保留。当我已经决定以后，我不会用审慎的姿态来讨好你们。我向你们坦率承认我的信仰，而且直率地向你们申述这些信仰所根据的理由。我的意图是善良的，我不屑于含糊其词，可是对这个题目我不想多作表白。我的动机必须保留在我自己的内心里。我的论点将对所有的人公开，并由所有的人来判断。至少这些论点是按照无损于真理本意的精神提出的。

我打算在一系列的论文中讨论下列令人感兴趣的问题：联邦对你们政治繁荣的裨益，目前的邦联不足以维持联邦，为了维持一个至少需要同所建议的政府同样坚强有力的政府；新宪法与共和政体真正原则的一致，新宪法与你们的州宪法是相类似的，以及，通过新宪法对维持那种政府、对自由和财产的进一步保证。

在这次讨论过程中，我将要尽力给可能出现、并且可能引起你们注意的所有反对意见提出满意的答复。

也许有人认为，论证联邦的裨益是多余的，这个论点无疑地已为各州大部分人民铭记在心，可以设想，不致有人反对。但是事实上，我们已经听到在反对新宪法的私人圈子里的私下议论说：对任何一般性制度来说，十三个州的范围过于广阔，我们必须依靠把整体分为不同部分的独立邦联：这种说法很可能会逐渐传开，直到有足够的赞成者，同意公开承认为止。对于能够高瞻远瞩的人来说，再也没有比这一点更为明显了：要么接受新宪法，要么分裂联邦。因此首先分析联邦的裨益以及由于联邦分裂各州会暴露出来的必然弊病和可能的危险，是有用的。因此这点将成为我下一篇论文的题目。

联邦党人文集　为《独立日报》撰写
第二篇　约翰·杰伊

致纽约州人民：

当美国人民想到现在要请他们决定一个结果必然成为引起他们注意的最重要的问题时，他们采取全面而严肃的主张显然是适宜的。

再没有比政府的必不可少这件事情更加明确了；同样不可否认，一个政府无论在什么时候组织和怎样组织起来，人民为了授予它必要的权力，就必须把某些天赋权利转让给它。

因此，值得考虑的是，究竟哪种办法对美国人民更为有利：他们在一个联邦政府治下，对于总的目的说来，应当成为一个国家；还是分为几个独立的邦联，把全国政府的同样权力授予每个邦联的首脑。

直到最近，有这样一种公认的、毫无异议的意见：美国人民的幸福，有赖于他们持续不断地牢固团结，而我们最优秀、最聪明的公民们的希望、愿望和努力，也是经常朝着这个目标的。但是现在出现了一些政治家，他们坚持认为这个意见是错误的，还认为我们不要在联合中寻求安全和幸福，而应该把各州分为不同的联邦或独立国，在这种体制内寻求这些东西。这种新说法无论怎样离奇，但仍有人拥护；有些人从前对此非常反对，现在却也加入赞成者的行列了。不论使这些先生们的思想和言论产生这种变化的论据或动机是什么，一般人民在没有确信这些新的政见是以真理和正确的政策为基础时，就去接受它们，那肯定是不明智的。

我常常感到欣慰的是，我认识到独立的美国不是由分散和彼此远隔的领土组成，而是一个连成一片、辽阔肥沃的国家，是西方自由子孙的一部分。上帝特别赐给它各种土壤和物产，并且用无数河流为它灌溉，使它的居民能安居乐业。连接一起的通航河流，围绕边界形成一种链条，就像把这个国家捆绑起来一样。而世上最著名的几条河流，距离适当，为居民们提供友好帮助互相来往和交换各种商品的便利通道。

我同样高兴的是，我经常注意到，上帝乐于把这个连成一片的国家赐予一个团结的人民——这个人民是同一祖先的后裔，语言相同，宗教信仰相同，隶属于政府的同样原则，风俗习惯非常相似；他们用自己共同的计划、军队和努力，在一次长期的流血战争中并肩作战，光荣地建立了全体的自由和独立。

这个国家和这种人民似乎是互相形成的，这似乎是上帝的计划，就是说，对于被最坚韧的纽带联合在一起的同胞来说，这份非常合适和方便的遗产，决不应当分裂为许多互不交往、互相嫉妒和互不相容的独立国。

迄今，在各个阶层和各个派别的人们当中，仍然流传着同样的意见。总的说来，我们是一个和谐如一的民族，每个公民享有同样的国民权利、特权并且受到保护。作为一个国家，我们创造过和平，也打过仗；作为一个国家，我们消灭了共同的敌人；作为一个国家，我们同外国结成联盟，签订条约、合同和公约。

对于联合的价值和幸福所产生的强烈意识，很早就诱使人民去建立一个联邦政府来保持这种联合，并使之永远存在下去。他们建立这种政府差不多是在政治上刚刚存在的时候；不，是在居民们正被烈火燃烧的时候，是在许多同胞正在流血的时候，是战争和破坏正在进行、无暇在为自由人民组织明智而正常的政府以前必须进行冷静地探索和成熟地思考的时候。在如此不祥的时候组成的政府，在实践上发现许多缺陷不足以符合原定的目的，这是不足为奇的。

我们智慧的人民发觉这些缺陷，深感惋惜。由于对联合和自由依然有同样的爱好，所以他们认为立即会有威胁前者的危险，在遥远的时候就会威胁后者。由于相信只有在一个比较明智的组成的全国政府中才能为二者找到充分保证，所以他们一致同意召开最近的费城制宪会议，来考虑这个重要问题。

会议担负了这项艰巨的任务，参加的成员，都是取得人民信任的人物，很多人是在考验人们的意志和感情的时刻以爱国精神、品德和智慧而出名的。他们在平静的和平时期，头脑里不思考其他问题，几个月来，逐日进行连续不断的、冷静的协商。他们除了对国家的热爱，没有受到任何权力的威胁或任何感情的影响，最后把他们共同努力和全体一致同意而产生的方案提供给人民，并向人民推荐。

由于事实如此，所以要承认这个方案只是推荐，不是强加于人。然而也要记住，这既不是要盲目批准，也不是要盲目否定。而是要进行认真而坦率的考虑，这是这个问题的重要性的需要，而且应当得到这样的考虑。但是，对这个问题能够得到这样的考虑和研究（如本文所指出的），与其说可以期待，不如说只能期望而已。前一次情况的经验告诉我们，对这种希望不能过于乐观。人们还没有忘记，由于充分理解到迫切的危险，美国人民才组成了著名的1774年的大陆会议。这个机构把一些措施介绍给选民，事实证明了他们的智慧。然而不久，报纸、小册子和各种周刊就群起反对这些措施，这种情况我们记忆犹新。不仅许多专为个人利益打算的政府官员，而且还有其他一些人或者出于对结果的错误估计，或者由于迷恋过去的不正当影响，或者由于其野心的目的不符合公共利益，他们都在不屈不挠地作出努力，说服人民反对这个爱国会议的建议。的确，有许多人受骗上当，但绝大多数人通情达理，而且做出了明智的决定。他们回想起自己这种做法是很高兴的。

他们考虑到，大陆会议是由许多明智和有经验的人组成的。这些人来自全国四面八方，带来了各种有用的情况，而且互相进行了交换。在他们一起研究和讨论本国的真正利益的那段时间内，他们必然会得到有关这个问题的非常准确的知识。他们每个人非常关心公众的自由和幸福，因此他们的爱好和责任同样会使他们经过深思熟虑以后，只推荐那些自己真正认为慎重而可取的措施。

这些和诸如此类的考虑，当时促使人民非常信任大陆会议的判断和诚实。尽管有人使用各种策略和手腕来阻止他们接受会议的建议。他们还是接受了。如果一般人民有理由信任参加大陆会议的人（其中完全经过考验或一般知名的人寥寥无几），那么他们现在有更多的理由来尊重这次制宪会议的判断和建议，因为大家知道，那次大陆会议的一些最著名的成员也是这次制宪会议的成员；他们经过了考验，并以自己的爱国精神和才干得到公认；他们的政治知识已臻成熟，他们把累积的知识和经验带到了这次会上。

值得注意的是，不仅是第一届大陆会议，而且以后的各届国会，以及最近的制宪会议，都和人民共同认为，美国的繁荣取决于自己的联合。保持全国的联合并使之永存，就是人民召开这次会议的伟大目的，也是会议建议人民接受这个草案的重大目的。因此，有些人在这个特别时期企图贬低联合的重要性，难道有什么正当理由和善意的目的吗？为什么有人提出三四个联邦要比一个好呢？我相信，在这个问题上人民的考虑一向是正确的，他们对联合事业普遍一致的向往，是有重大理由作为根据的，我将在以后的一些论文中对这些理由加以发挥和说明。那些主张用几个不同的联邦代替制宪会议草案的人，似乎清楚地预料到，否决这个草案会使联合继续处于极大的危险状态。事情必然如此，所以我真诚地希望，正如每个善良的公民清楚预料的那样，联合一旦瓦解，美国将有理由引用诗人的名言高呼：“再见吧！永远再见吧！我的伟大的一切。”

21. 首席大法官关于麦卡洛克与马里兰州案例的观点 (1819)

【约翰·马绍尔（1755—1835 年），美利坚合众国最高法院的第三任首席大法官，同时也是美国历史上的最伟大的法官，他在下述案例中的观点为美国法律奠定了评判标准，这些标准已经被联邦政府及州立法机关所接受，并被视为解决涉及各自权力问题的基础。1816 年，国会整合了美国银行；1818 年，马里兰州的州议会通过了一项征税法律："位于马里兰州内的所有银行，或分支机构，不应由州议会颁发许可证。"该项法案的目的是防止美国银行在各州内经商。巴尔的摩分行的出纳员麦卡洛克拒绝交税，结果遭到州法院的起诉并输了官司。这起案例被上诉到美国最高法院，在那里，马里兰州的决议被完全推翻。首席大法官马绍尔在法庭上所写的判定书被认为是为美国法律奠定了评判标准，依据是"我们特有的国家和地方政府双重系统的稳定性"。】

首席大法官马绍尔先生宣读了法院的判决书：

在现在被裁决的案件中，被告方，一个主权州，否认了由联邦立法机关制定的法律义务，而原告基于自身利益出发，辩驳由该州立法机关所通过的法案的有效性。我们国家的宪法，在其最受关注及最为重要的部分，是需要考虑的；联邦政府及各州政府之间的权力冲突，正如宪法中所标记的一样，是需要进一步讨论的；任何一种既定的观点，都有可能会从根本上影响到政府的重大行动。如果不能深刻理解其中的重要性，及其决议中所涉及的重大法律责任，任何法官都不能解决这样的问题。但是这一定要得到和平解决，否则就会为互相敌对的立法机关，甚至是性质更为严重的敌对行为留下了种子；如果这样解决的话，只是根据某一个法庭所做的决议来决定的话，就会造成极大的不良影响。我们国家的宪法应该把这个重要的职责移交给美国最高法院。

案件中的第一个问题是：国会是否有权成立银行？

确切地说：这几乎不能被认为是尚待解决的问题，完全不受这个国家早先对其争议的影响。现在那些受到争议的原则，在我国（美国）的早期历史中就已经被引入，并且被后来相继的立法机构认可，同时也被司法机构执行。在一些特别敏感的案件中，被视为毋庸置疑义务的法律。

不可否认的是，在比这更漫长、更完全地默许之后，大胆放肆的篡权可能被抵制。但可以想见，在一个令人感到怀疑的问题上，人们的理智可以停滞，而判断也可以受到怀疑；这一问题的决定所涉及的并不是自由的伟大原则，而是那些同样代表各自人民的权力的调整；如果政府的实践没有停止，那么从那次实践中应该获得显著的效果。对于宪法的解释，应谨慎地建立在国会的法案上，基于一大笔预付的财产，就不应该被轻易忽视。

目前，现行宪法推举出的第一届国会所执行的权力遭到质疑。成立美国联邦银行的法案并未偷袭无戒心的立法机构，在未被注意时而“瞒天过海”地获许通过。它的原则获得其支持者的彻底理解，同时也被具有同样热诚和能力的反对者所抵制。首先在公正公开的辩论场合被反对，其后在行政内阁中也被否决。但支持者们用像曾实践过的方法一样多的、坚持不懈的才能和有支撑的论据，说服了那些像他们自吹自擂一样天才完美的国民的大脑，使之最终成为法律。虽然原始的法案渐渐地被终止使用，但一段拒绝修正法案的尴尬经历暴露在政府面前，说服了那些对于反对标准的必要性最具偏见的人，最终使得现行的法律通过。它需要支持者们完全无畏地去维护适应现状的标准，而实质上这是一次没有得到宪法支持的、大胆而清醒的篡权。

这些言论是有理可循的，但它们并不是受到一些影响而产生的。即使加入问题是全新的话，就将会发现法律与宪法是相矛盾的。

在讨论这一问题的过程中，马里兰州的辩护人认为：对于宪法的解释，需要考虑的重要性问题的文献，应该来自于具有最高自主权的各州，而非出自合众国人民。也就是说，中央政府的权力，是真正具有主权的各州所委派的，且必须从属于各州之下才能执行，而各州拥有独自的最高统治权。

要支持这样的主张，无疑是困难的。制定宪法的大会确实是由各州议会选出。但他们所交出的文件只是一项提案而已，没有约束力，也没有任何人主张它有约束力。它被报告给那时存在的合众国国会，并提请它“可根据各州议会的建议，被交给以各州人民选择的代表大会，以获得其同意与批准”。这一程序获得了采纳；且通过制宪会议、国会和各州议会，宪法文件被交付给人民。他们以唯一能使他们对这一议题采取安全、有效与明智行为的方式行动，即通过大会集会。确实，他们是在各个州举行集会——他们还能有什么地方集会呢？从来没有任何政治空想家如此疯狂，以至会设想要取消分割各州的界线，把美国人民融为一体。因此，当他们采取行动时，他们在各州采取行动。但他们所采取的措施并不因此而不是人民自己的措施，或成为州政府的措施。

从各州举行的批准会议中，宪法获得了其全部的权威。这个政府直接来自人民；它在人民的名义下，得到“制定与建立”；且它的制定是“为了形成一个更完善的联邦，建议正义，保障国内安定，提供共同防御，促进普遍福利，并将自由的恩赐被及我们与子孙后代”。各州根据其主权能力对此的同意，隐含于召集大会并把该文件交给人民（之行为）。但人民完全有自由接受或排斥之；并且他们的决定是最终的。它既不需要各州政府的肯定，又不能被其否定。如此采纳的宪法具有完全的强制效力，并约束各州主权。

有人提出，人民已经把他们的所有权利上缴给州的主权，再也没有任何权利可给。但在这个国家，他们是否可以重新获得并修正授予政府的权力，当然不是一个尚待解决的问题。假如联邦政府是被各州创造的，它的合法就更值得怀疑。被委托给各州主权行使的权力将由各州自己行使，而不是由它们自己创造的一个不同并独立的主权来行使。对于联盟（league）例如联邦的形成，各州主权一定是有权能的。但“为了建立一个更完善的联邦”，人们认为有必要把这种联合转变为一个有效的政府，具有巨大与最高权力，并直接针对人民行为；这时，所有人都感觉到并承认有必要使这一政府起源于人民，并直接从他们那里获得其权力。

因此值得强调（不论这一事实对本案的影响是什么），联邦政府乃是真正的人民政府。不管是形式上还是实质上，它都源自于人民。它的权力来自人民的授予，并为了他们的利益而直接在他们之上行使。

联邦政府作为具有列举权力的政府，它被所有人民所认可。只有被授予权力后，这些原则才会起作用，以至不需要其开明的朋友们在它取决于人民表决的时候认为还有必要坚持。现在这些原则被广泛认可。但只要我们的政治系统存在着，那些关于被授予权力范围的问题将会一直增加，并可能会不断地持续增加。

在谈论这些问题时，就一定会涉及中央政府和各州地方政府间相冲突的权力，以及各自法律的最高权力。当它们相悖时就必须得解决。

如有一项主张能赢得人们的普遍赞同，那我们可能会期待这样一种情况——即使联邦政府权力被限制了，但在其行动范围内仍是至高无上的。这似乎是其性质所导致的必然结果。这是所有人民的政府，它代表了所有人民的权力，代表了所有人民，并且为所有人民服务。然而每个州可能都想要控制它的运作，不会有哪个州愿意让其他州干涉自身。联邦政府能够在其成员之上行使权力，也就必然能够约束其组成部分。但这个问题并不能仅仅被说成是有理的：人们已经用明文做出决定“本宪法和按照它制定的合众国法律，应是本国的最高法典”。并要求各州立法机构与司法执行机构的官员宣誓忠诚于它。

尽管，美国联邦政府的权力有所限制，但它是至高无上的。并且按照宪法制定的法律是本国的最高法典，“而且不论任何州的宪法或法律是否与之相抵触。”

在列举权力之中，我们并不能找到与成立银行或企业相关的法律。但像《十三州联邦宪法》一样，在文书中没有任何措辞排除了一些附带的或隐含的权力存在，也没有什么措辞要求给予的所有事情都需要被清楚地、详细地记载。甚至是在为了平息所引起的过度嫉妒而制定的第十次修正法案中，也忽略了“明确”一词，并只是宣布“既未委代给合众国、亦未禁止各州（使用）的权力，分别被保留给各州或人民”，因而使可能成为争议议题的特定权力是否被委代给某一个政府或禁止另一个政府行使的问题，取决于对整个文件的公正解释。起草并采纳这项修正案的人们经历了把该词放入联邦条款所引起的尴尬，因而可以是为了避免这类尴尬而忽略了它。

如要包含其宏大权力所能允许的所有分支及其执行的所有手段之准确细节，宪法就将和一部法典一样冗长，因而很难为人类思维所接受。它可能永远也不能为公众所理解。因此，宪法的性质要求，宪法条款仅能勾勒宏伟纲要、指明重要目标，并从目标本身的性质中，推断出组成那些目标的次要成分。我们无论从宪法性质还是宪法文字都能推测，美国宪法的缔造者接受了这一思想。否则为什么还要引入第一章第九节所加的限制呢？这些条款避免使用任何可能阻碍它们获得合理与公正解释的限制性措辞，在某种程度上也支持这一论点。在考虑这个问题时，我们永远不应忘记，我们正在阐释的乃是一部宪法。

虽然在联邦政府的列举权力中，我们并不能发现“开办银行”或“成立企业”的字眼，但我们发现联邦有巨大权力，以制定与收集税款、借贷货币、调节贸易、宣布与进行战争、并筹建与支持陆海军。利剑与钱袋、所有对外关系，以及相当部分的国家工业，统统被委托给政府。

任何人都不能宣称，这些巨大权力只是因为低微才隐含着更为低微的权力。但人们可以理所当然地争辩，在实施阻碍民族幸福与繁荣的权力时，具有如此充分授权的政府，必须也具有同样充分的实施手段。一旦权力被给予，促进其实施乃是民族利益。扣留最合适的手段、以对其实施造成障碍与困扰，从来不可能是民族利益或意愿。在广袤的共和国，从科罗克斯海峡到墨西哥湾、从大西洋到太平洋，政府将收集与开支纳入、调遣与维持军队。民族紧要关头可能要求北款南调、西税东流，或反过来。难道我们应该让宪法解释使这些运作变得困难、危险和昂贵？除非文字强行要求，难道我们应采取这种解释，使得宪法缔造者看起来一边为公共利益授权，一边却想扣留所能选择的手段以妨碍其实施？假如这确实是宪法命令，那我们只有服从；但这项文件既未列举执行授权的手段，亦未在那些权力的有益行使要求企业存在的情形下去禁止创立企业。因此，正当探询的问题是这类手段可以在什么范围内被使用。

不可否认的是，授予政府的权力隐含着执行权力的通常手段。例如用于全国事业而征集18岁人的权力，被允许隐含在紧急状态下国家可能要求在各地之间征调资金的权力，以及使用通常汇款手段的权力。但有人否认政府有权选择其手段，或者说否认它可以使用最便利的手段，如果要使用这些手段，就有必要建立企业。

这一论点基于什么依据？它只能基于下列依据：创设企业的权力属于一种主权，且它没有被明确授予国会。这并不错，但所有的立法权力都属于主权。对任何议题制定法律的原始权力，都是一种主权；且假如基于创设企业是主权行为的唯一理由，联邦政府就被禁止创设企业作为履行其职能的手段，假如承认这项理由的充分性，那就难于支持国会为了实现同样的目标而通过其他法律的权力。

根据理性的要求，有权并有义务履行该行为的政府，必须被允许选择手段；且那些反对它可以选择任何适当手段并反对实现目标的某一种特定方式的人，给自己带上了证明其反对意见有理的负担。

据称企业的创设属于主权。确实如此，但它是属于主权的哪一部分呢？和其他部分相比，它是否更属于主权的某一部分？在美国，联邦政府和各州政府分享着主权。相对于其所受委托的事务，它们各自皆为主权；相对于委托给其他政府的事务，它们又各自皆非主权。我们并不能理解坚持下列论点的思路，即确定人民所授予的权力范围的不是授权的性质与措辞，而是其时间。某些州宪法的形成在合众国之前，某些在此之后。我们不能相信，它们之间的在任何程度上取决于这种情形。我们认为，它们的相应权力必须就和它们被同时形成完全一样。假如它们被同时形成，且假如人民对联邦政府授予法律所包含的权力，对各州授予全部的剩余权力，难道还有人会宣称联邦政府相对于被委托于它的事项没有主权，而关于它们的法律却被宣布为最高的？如果没有人再能如此宣称，那么我们就不能很好理解坚持下列论点的思维过程：即属于主权的权力不能和授予联邦政府的那部分广泛权力相联系，即使后者被用来促进该政府的合法目标。尽管属于主权，和宣战、征税或调节贸易权力不同，创设企业的权力并不是一项巨大的实质性独立权力，并不是不能作为附带权力而被隐含于其他权力之中，或被作为执行它们的手段。它从来不是行使其他权力的目标，而是执行它们的目标。人们对慈善事业捐款，并不是为了成立企业，而是成立企业来管理慈善事业；人们建立学院不是为了成立一个企业，而是赋予其企业特征以促进教育目的。

人们建造城市从来不只是为了成立企业，而是成立企业以提供良好管理的最佳手段。创办企业的权力从来不是为了它自身的缘故而被使用，而是为了实现别的什么目的。因此，我们看不到充分的理由说明，为什么它不能作为那些明确授权的附带权力，如果它是执行它们的直接方式。

但对于国会为执行授权而采取必要手段的权力，合众国宪法并未仅诉诸一般理性。在权力的列举之外，进一步授权国会，“为实施以上权力，以及本宪法授予合众国政府或其他任何部门的所有其他权力，去制定必要与合适的法律”。

马里兰州的律师极力主张不同的论点，以证明这一条款尽管在措辞上是授权，但在效果上却并非如此，而是实际上限制了为执行所列举权力而选择手段的普遍权力，以免使后者隐含这些手段。

为了支持这一主张，他们发现有必要辩称，加入这一条款是为了授权国会制定法律，即假如没有它，那么可能就会对国会是否能以立法形式行使其权力产生疑问。

但这是否可能是这项条款被加入的目标呢？人们创造了一个国家，具有立法、执法与司法权力。其立法权被授予国会，它由参议院与众议院组成。每个院可以决定其程序规则；且宪法宣布每一项通过两院的法案在成为法律之前，必须上呈合众国总统。第七节描绘了法案成为法律的程序过程；然后，第八节列数了国会的权力。难道还有必要再说，立法机构应以立法的形式行使法权？在允许每个院规定其自己的程序过程之后，在描述了法案成为法律的方式之后，制宪大会上是否还会有任何一位成员再设想，制定法律的明确权力对授权立法机构制定法律是必要的？具备立法权的立法机构能够立法，乃是如此不证自明的主张，不可能受到质疑。

但依赖最多的论点还是来自这一条款的特殊语言。国会无权制定所有可能和政府权力有关的法律，而仅有权制定对其实施而必要与合适的法律。“必要”一词被认为控制着整个句子，并把为执行授权而通过法律的权力，限于必不可少的权力；没有它，权力就成为一句空话。它排除手段的选择，并在任何情况下仅留给国会最直接与简单的权力。

“必要”一词是否总是意味着绝对的物质需要？如果说一件事情对另一件事情是必要的，这是否表明：没有前者，后者就不存在？我们并不这样认为。不论对日常事务还是知名作品，如果参照“必要”一词的应用，我们发现它至多表明：一件事情对另一件事情是方便、有用或基本的。要使用一种对目的是必要的手段，一般的理解是去使用那些预计会产生该目的的任何手段，而不是局限于那些独一无二的手段——假如没有它们，目的就完全不可实现。人类语言的特征是，没有一个词在所有的情形下对思想传达一个确定的概念；以比喻的意义使用词汇，乃是再平常不过的事情。几乎所有的作品都包含着一些词汇，如果以严格意义来理解，将传达不同于显然意想的意义。对于公正解释至关重要的是，许多包含过多意义的词应以更为缓和的意义——以通常用法所支持的意义——来理解。“必要”一词就属于这一类。它并没有属于它自己的固定特征。它允许全方位的比较，并经常和其他词汇连用，而后者将增减它所表明的紧急程度之印象。一件事情可以是必要的、非常必要的、绝对或不可或缺的必要的。这几个词汇对任何一个人都不会传达同样的观念。对用词的这段评论的最好说明是在本案所引用的段落——宪法第一章第十节。我们认为，禁止一州“对进口或出口施加关税，除了为执行质量检查法而成为绝对必须”的句子，是不能和授权国会“制订必要和合适的法律以实施”

联邦政府的权力这一句相比的；否则，我们就必须认为，制宪大会把自己理解为实质性地改变了“必要”一词的意义，使之加上了“绝对”的前缀。

因此，就和其他词一样，这个词也被用于不同的意义；且在其解释过程中，主题、语境和使用者的意念都应该被考虑在内。

让我们在这个案例中这么去做。我们的主题是实施在根本上决定民族福利的伟大权力。那些给予这些权力的人，必定想在人类的谨慎所允许的程度上保障其有益的实施。假如把手段的选择局限在狭隘的范围内，而不授权国会去采取任何合适与有益于目的之手段，那么这个设想就一定不能实现。提供“必要与合适”条款的宪法，被设计去经受漫长岁月的考验，因而必须适应人类事务的各种危难。假如要在所有未来时期去规定政府执行权力的手段，那就完全改变了这部文件的特性，并赋之以普通法典的性质。紧急情况至多只能被模糊地预见到，并只有在发生时才能被解决；如要用一成不变的规则去处理这类情形，那必将是不明智的企图。如要宣称只有那些手段——而非最佳手段——才能获得使用，否则授权即为无效，那就将剥夺立法机构的能力，以利用经验、运用理性、并调节立法去适应形势。假如我们把这种解释原则应用到政府的任何权力，我们将发现它在运作上是如此有害，以至不得不抛弃它。授予国会的权力一定可以被执行，而无须规定官员的宣誓。为了义务的忠实履行而要求获得这项保证的权力并未被授予，也不是必不可少的必要。可以建立起不同的部门，可以规定并征税，可以建立并维持陆军与海军，可以借钱，而无须官员宣誓。有人或许还可争辩——就和他攻击其他的附带权力同样似乎有理，制宪大会并不是不知道这个问题。宪法可以要求对其忠诚的宣誓，也确实做出了规定，且不能再要求其他宣誓。但假如有人辩称立法机构不能在宪法所指定的宣誓之外增添根据其智慧所建议的其他官职宣称，那么这个人就会被指控为精神不正常。

因此，同样的推理可被用在合众国的全部刑事法典：如果宪法没有规定，惩罚权力从何而生呢？所有人都承认，政府可以合法地惩罚对其法律的任何侵犯；然而，这项权力却不在国会的列举权力之中。否定通过惩罚违法而实施守法的权利似乎更为有理，因为它在某些情形下受到明确规定。国会被授权“对伪造证券和现行货币提供惩罚”，“定义并惩罚在公海上所从事的海盗与重罪，以及侵犯国际法的行为”。国会的几项权力当然是在极不完善的状态下存在的，但它们存在并能被执行，尽管在惩罚的权利没有被明确授予的情形下，就不应加以惩罚。

把“建立邮局与邮道”的权力作为一个例子。这项权力通过建立邮局这一个行为就获得了执行。但这里隐含了在邮道上从一个邮局到另一个邮局运输邮件的权力。且从这项隐含的权力再次隐含了惩罚从邮局盗抢信件的权利。有人曾提到一种具备某些理由的论点：运输邮件并惩罚抢劫邮件的权利对于建立邮局和邮道而言并不是绝对必要的。这项权利对于权力的有益行使是必不可少的，但对于其存在却不是绝对必要的。对于惩罚盗窃或篡改合众国法院的记录或手续或在法院做伪证的权利，同样也是如此。惩罚这些违法行为对司法的正当管理肯定是有利的，但尽管这类犯罪逃脱了惩罚，法院也能存在并决定上呈给它们的诉因。

这种狭隘解释对所有政府运作都将产生有害影响，且要维持这种解释而不使政府对实现伟大目标无能为力，乃是绝对不现实的。这可以从宪法和我们法律中的许多例子得到说明。公众的良好直觉毫不犹豫地宣布，惩罚的权力属于主权，并作为其宪法权力的附带权力，可以在主权有权行为的任何时候行使。它是执行所有主权的手段，并尽管不是绝对必要也可以被使用。它是附属于宪法权力的权利，并有利于其有益的行使。

如果为了惩罚而必须放弃对“必要”一词的有限解释，那么当政府采用非报复手段去实施权力时，这种狭隘规则又为何复原了呢？如果为了允许惩戒犯法的权力，“必要”一词意味着“需要”、“必需”、“基本”、“有所帮助”；那么在为了实施政府权力而要求授权去使用不施加惩罚的手段时，它又为何不是同样广泛呢？

在确定“必要”一词在宪法这项条款中的意义时，我们可以从和它相关的措辞中获得一些帮助。国会应有权制定对执行政府权力“必要与合适的所有法律”。假如“必要”一词是像马里兰州律师所辩称的那样在严格的意义上运用，那么加上一个唯一作用是限制这一严格意义的词，将是对人类思维在写作过程中所展现的通常路径的极大偏差；它将造成一个印象，即立法手段的某些选择并没有像这些人所辩称的那样被整顿并压缩在狭隘的界限内。

但证明马里兰州律师的解释错误的最决定性论点，乃是基于制宪大会的体现于整个条款的意图。浪费时间与论据去证明国会在没有这项条款时仍可能执行其权力，就和在太阳面前举着一盏点燃的蜡烛一样乏味。同样徒劳的是要求证明国会在没有这项条款时仍可以选择某种手段，或仍然可能根据其判断运用最有利的手段去实现所要取得的目标，或任何适合于目标的手段、任何直接有助于执行政府的合宪权力之手段本身也是合宪的，根据马里兰州的解释，这项条款将剥夺且几乎是取消立法机构选择其手段的有用与必要的权利。我们认为，即使这一论点尚未遭到彻底反驳，这不可能是制宪大会的意图乃是如此显然，而不能产生任何争议。我们如此认为，是基于如下几点理由：

第一，这项条款的位置是在国会权力之中，而不是对这项权力的限制之中。

第二，条款的措辞是为了扩大而非缩减政府的权力。它意味着附加的权力，而非对已经授权的限制。没有理由也找不到理由说明，为什么在扩大授权的文字下如此隐藏着缩减国家议会的自由裁量权之意图

假如他们能够如此使用语言，使之对人初看起来传达了一种意思，而在深思之后获得的是另一种意思，那么将宁愿隐藏权力的授予而非限制。因此，假如他们的意图是用这一条款去限制手段的自由使用，以避免引起误解，那么这种意图将被插入别的位置，并将被表述为类似于下面的措辞："在执行上述权力以及所有其他权力时"，等等，"除了必要与合适的之外，不得通过别的法律。"假如意图是使这项条款具有限制性，那么它无可置疑地具备这种形式与效果。

对这项条款的最仔细与谨慎的考虑之结果是，如果这项条款并不扩大国会权力，那么它不能被解释为限制国会权力，或削减了立法机构对选择执行政府合宪权力的措施做出最佳判断的权力。如果对插入这项条款不能提出别的动机，那么一个充分的动机是对于国会对宪法所必然涉及的众多附带权力

的立法权消除所有的疑问——如果这部文件不是一个华而不实的摆设。

就和所有人都必须承认一样，我们承认，政府权力是有限的，并且这些限制不得被超越。但我们认为，宪法的完好解释应该允许国家立法机构具有选择手段的裁量权，使授予的权力得到实施，从而使立法机构能以最有利于人民的方式，履行分派给它的最高职责。（让我们）使目的合法，使之处于宪法的范围之内，那么所有合适的手段——只要清楚地适合目的，只要不受禁止，而是和宪法的文字与精神相一致，就都是合宪的注释。

已有充分证明，企业必须被考虑为同样寻常的手段，并和其他手段一样，无须宪法特别注明。如果我们探询公司的起源，探询我们从中获得绝大多数法律原则与观念的公司治理方式，或探询这些原则与观念的运用，我们不能发现任何理由去设想一部宪法在避免——且明智地避免——列举执行授予政府的巨大权力的所有手段之同时，还会去注明企业的成立。

假如当初设想这项授权是独特与独立的，可以在任何情形下被行使，它将在政府的列举权力之中找到自己的位置。但它仅被考虑为手段，只是被用于执既得权力的目的，因而不可能有特别提及它的动机。

人们对宪法第四条第三款的一致解释的普遍默认，似乎是对这一论点适当性的普遍承认。“对属于合众国的领土或其他财产制定所有需要的规则和规章”的权力，并不比为执行政府权力而“制定必要与合适的法律”之权力更广泛，但所有的人都承认区域政府的合宪性而后者是一个企业机构。如果企业能和其他手段一样被用来实施政府权力，那么就没有特殊理由去排除利用银行来满足财政运作的需要。如果它是执行政府权力的适当方式，那么是否用它必然是国会的自由裁量权之内。在财政运行中，银行是便利、有用和基本的工具，这是不争的事实。所有关心我们财政管理的人，都同意银行的重要性与必要性；且感觉是如此之强烈，以至某些第一流的政治家原先持反对意见，且为每一种能够形成人类判断的情形所肯定，但后来在国家的紧急需要面前做出了让步。在联邦体制下，为了给有关措施提供必要的理由，国会可能超越了其权力以获得银行的好处；且我们自己的立法就证明了对这一措施之功用的普遍承认。现在已经没有必要再进行任何讨论，以证明这部文件作为实现政府合法目标之手段的重要性。

但即使其必要性不那么显著，也没有人能否认它是合适措施。假如在行使权力时，国会采取了宪法所禁止的措施，或以行使其权力为借口，国会通过法律去实现未授权政府的目标，那么本院将具有沉痛责任去宣布这类法案不是我们国土的法律。

但当法律未被禁止，且确实被设计来实现授权政府的任何目标时，如要在此探究手段的必要性，那本院就跨越了司法部门的界限而踏入立法领地。本院否认对这类权力的觊觎。

在这一宣布之后，就没有什么必要再说州银行的存在对于问题不可能有任何影响了。宪法中不能发现意图使联邦政府在执行授予它的巨大权力时依赖各州的任何痕迹。其手段对目标是适当的；且政府被预期仅依赖这些手段去实现其目标。强求它述诸它所不能控制而另外一个政府可以提供或扣留的手段，将使得它的前程充满艰险，使得其措施的结果易变无常，并产生对其他政府的依赖，而这将使宪法最重要的设计难以落实，且和宪法文字不相一致。但如果不是这样，对手段的选择就隐含着选择国家银行而非各州银行的权利，且只有国会才能做出这项选择。

经过深思熟虑，本院一致决定，建立美国银行的法案是根据宪法所制定的法律，并且是国土最高法典的一部分。

从中产生的各地方分支有助于这项目标的彻底实现，因而同样合宪。把它们放入银行章程是不明智的，且用立法权去规定这些次要的安排将造成不必要的麻烦。银行的重要任务受到了规定；这些任务需要分支；且我们认为，在建立这些分支的地点上，我们可以保险地信任银行的选择；政府总是保留权力，要求分支被建立在它所认为必要的地方。

22. 华盛顿第一次就职演说（1789）

【在根据宪法所举行的第一次选举中，制定宪法的大会主席乔治·华盛顿，毫无异议地当选为美国第一任总统。1789 年 4 月 30 日，他的就职演说在坐落于纽约华尔街的联邦国家纪念堂发表。】

参议院和众议院的同胞们：

在人生沉浮中，没有一件事能比本月 14 日收到根据你们的命令送达的通知更使我焦虑不安，一方面，国家召唤我出任此职，对于她的召唤，我永远只能肃然起敬；而隐退是我以挚爱心情、满腔希望和坚定的决心选择的暮年归宿，由于爱好和习惯，且时光流逝，健康渐衰，时感体力不济，愈觉隐退之必要和可贵。另一方面，国家召唤我担负的责任如此重大和艰巨，足以使国内最有才智和经验的人度德量力，而我天资愚钝，又无民政管理的实践，理应倍觉自己能力之不足，因而必然感到难以肩此重任。怀着这种矛盾心情，我唯一敢断言的是，通过正确估计可能产生影响的各种情况来恪尽职责，乃是我忠贞不渝的努力目标。我唯一敢祈望的是，如果我在执行这项任务时因陶醉于往事，或因由衷感激公民们对我的高度信赖，因而受到过多影响，以致在处理从未经历过的大事时，忽视了自己的无能和消极，我的错误将会由于使我误入歧途的各种动机而减轻，而大家在评判错误的后果时，也会适当包涵产生这些动机的偏见。

既然这就是我在遵奉公众召唤就任现职时的感想，那么，在此宣誓就职之际，如不热忱地祈求全能的上帝就极其失当，因为上帝统治着宇宙，主宰着各国政府，它的神助能弥补人类的任何不足，愿上帝赐福，保佑一个为美国人民的自由和幸福而组成的政府，保佑它为这些基本目的而做出奉献，保佑政府的各项行政措施在我负责之下都能成功地发挥作用。我相信，在向公众利益和私人利益的伟大缔造者献上这份崇敬时，这些话也同样表达了各位和广大公民的心意。没有人能比美国人更坚定不移地承认和崇拜掌管人间事务的上帝。他们在迈向独立国家的进程中，似乎每走一步都有某种天佑的迹象。他们在刚刚完成的联邦政府体制的重大改革中，如果不是因虔诚的感恩而得到某种回报，如果不是谦卑地期待着过去有所预示的赐福的到来，那么，通过众多截然不同的集团的平静思考和自愿赞同来完成改革，这种方式是不能与大多数政府的组建方式同日而语的。在目前转折关头，我产生这些想法确实是深有所感而不能自已，我相信大家会和我怀有同感，即除了仰仗上帝的力量，一个新生的自由政府别无他法能一开始就事事顺利。

根据设立行政部门的条款，总统有责任“将他认为必要而妥善的措施提请国会审议”。但在目前与各位见面的这个场合，恕我不进一步讨论这个问题，而只提一下伟大的宪法，它使各位今天聚集一堂，它规定了各位的权限，指出了各位应该注意的目标。在这样的场合，更恰当、也更能反映我内心激情的做法是不提出具体措施，而是称颂将要规划和采纳这些措施的当选者的才能、正直和爱国心。我从这些高贵品格中看到了最可靠的保证：其一，任何地方偏见或地方感情，任何意见分歧或党派敌视，都不能使我们偏离全局观点和公平观点，即必须维护这个由不同地区和利益所组成的大联合；因此，其二，我国的政策将会以纯洁而坚定的个人道德原则为基础，而自由政府将会以此赢得民心和全世界尊敬的一切特点而显示其优越性。

我对国家的一片热爱之心激励着我满怀喜悦地展望这幅远景，因为根据自然界的构成和发展趋势，在美德与幸福之间，责任与利益之间，恪守诚实宽厚的政策与获得社会繁荣幸福的硕果之间，有着密不可分的统一；因为我们应该同样相信，上帝亲自规定了永恒的秩序和权利法则，它绝不可能对无视这些法则的国家慈祥地加以赞许；因为人们理所当然地、满怀深情地、也许是最后一次把维护神圣的自由之火和共和制政府的命运，系于美国人所遵命进行的实验上。

除了你们所关心的最初目标，宪法第五修正案的临时权力能行使到什么程度也将会是在你们的判断下所决定的。第五修正案被认为是在极力反对系统的阻碍或是给予他们生命的担忧程度的现实情况下的权宜之计。不是承担在这种目的下的特殊要求，我也不会在没有源于正式的机会之光下所被指引，在你们的监督和对公众幸福的追求下，我将会用全部自信给你们一个交代。我保证，我们同时会谨慎地避免每一个可能威胁到这个统一又有效率的政府利益的抉择，或是对未来的期待，对自由权力的崇敬，对公共和谐的尊重将充分地影响你们在此问题上的思考。前者能被坚定不移地加强多少或是后者安全地有利地被促进多少？

对于上述言论我还有一点需要补充，这最适合对众议院说。就我而言，当然是越简洁越好了。当我第一次被任命为国家总统，努力争取国家自由时，我就一直在思考我所必需的责任——我应该放弃每一份应得的报酬。出于这个决定，我发誓在任何情况下都不违背。在产生的这种影响下，我必须谢绝那些包括为立法机构所制定的条款不相干的任何份额。也因此相应地恳求，在我继续任职期间，我所制定的国家奖罚预算，应根据公众福利所要求的给予限制。

我已将有感于这一聚会场合的想法奉告各位，现在我就要向大家告辞。但在此以前，我要再一次以谦卑的心情祈求仁慈的上帝给予帮助。因为承蒙上帝的恩赐，美国人有了深思熟虑的机会，以及为确保联邦的安全和促进幸福，用前所未有的一致意见来决定政府体制的意向。因而，同样明显的是，上帝将保佑我们扩大眼界，心平气和地进行协商，并采取明智的措施，而这些都是本届政府取得成功所必不可少的依靠。

23. 与印第安六族的缔约 (1794)

【印第安部落联盟又可称之为易洛魁部落或六个族，其包括摩霍克部落、奥奈达族、奥农达加族、卡尤加族、塞内卡族和图斯卡罗拉族。这个条约于 1794 年 11 月 11 日完成。它确定了遗留的领土划分给一些部落，是那些曾经在独立战争中战斗过的部落。】

为了打消印第安人所有的抱怨，以及与他们建立一个稳定和永久的友谊，美国总统决定与印第安六族举行一次会议。基于此目的，蒂莫西·皮克林被授命为唯一的代理人。蒂莫西在一次会议上会见了六族的部落酋长与战士。现在，为了达成此次会议的目的，会议双方签署了以下由美国参议院建议并允许、也被美国总统批准的条款，此条款将对美国及印第安六族都有约束力。

条款 1

美国与印第安六个部落的和平与友谊在此坚定并永久地建立。

条款 2

美国承认那些遗留的土地属于奥奈达族、奥农达加族和卡尤加族。在与纽约州的各自协议中，其被称为印第安人的保留区，那将是他们的财产。任何一个美国人都不能以自我意志和乐趣对外宣称土地归己所有，也不能侵犯他们或其他三个部落，并且不能侵犯在当地居住的印第安友人或联合他们反抗六族。上述所说的保留区属于他们。除非他们选择将领土权卖给美国，这样美国才拥有购买权。

条款 3

塞内卡族的领土与接下来所述的地方毗邻：边界线从他们卖给了奥利弗·菲尔普斯土地的西北角的安大略湖开始，一直沿着湖水向西延伸，直至瓯永旺溪流在离尼亚加拉河大约 4 英里远的约翰逊码头。沿着瓯永旺溪流向南延伸至它的支流，直至流入施洛瑟边界贸易站上的尼亚加拉河的斯特德曼溪流的主分支，然后沿着支流向前，继续同样的河流直道延伸（这条边界线从瓯永旺溪流的河口到施洛瑟边界贸易站上的尼亚加拉河，是这部分土地的西边界线。就尼亚加拉河这一边界线延伸来说，在与威廉·约翰逊三十多年前签订的条约中，它也是塞内卡族割让给英国国王的土地的边界线）。接着，这条边界线沿着尼亚加拉河到达伊利湖。沿着伊利湖，直至一块三角地带的西北角。在 1792 年 3 月的第三天，美国将其最高统治权转让给宾夕法尼亚州。接着是那个州由南部到北部的边界线。然后从西到领土的东南角落被塞内卡族卖给了奥利弗·菲尔普斯。而北部及更北的地方属于菲尔普斯的边界线，从安大略湖开始。现在美国承认上述提及的所有土地均属于塞内卡族，美国永远不能企图以自我意志和乐趣对外宣称土地所有权归己所有，也不能侵犯塞内卡族及联盟内的其他所有成员，并且不能侵犯在当地居住的印第安友人或联合他们反抗六族。上述的所有土地均属于他们，直到他们选择将领土权卖给美国，这样美国才拥有购买权。

条款4

因此，美国描述及承认属于奥奈达族、奥农达加族、卡尤加族和塞内卡族的领土。并且任何一个美国人永远不能企图以自我意志和乐趣对外宣称土地所有权归已，也不能侵犯他们或其他三个部落，并且不能侵犯在当地居住的印第安友人或联合他们反抗六族。现在，印第安六族的每个成员也不能企图以自我意志和乐趣，去侵占其他土地的所有权，包括美国的边境在内。

条款5

塞内卡族与其他五族一致同意将施洛瑟堡到伊利湖，直至水牛湾的货车马路的所有权割让给美国。所有美国人都可以以自我意志并且没有任何打扰地使用这条马路，不管是为了旅行还是交通运输。印第安部落联盟的每个成员，将永远允诺每一个美国人拥有一张他们领土的自由通行证，当印第安人的安全得到保障时，为了确保船只安全通过及货船自由着陆，美国人可以自由使用印第安人的海港及毗邻的河流，并包括他们各自的领土地带。

条款6

鉴于在此建立的和平与友谊以及六族间讨论得出的约定。出于美国人性化且好意的愿望，还有他们足够的支持，才使得在此建立的和平与友谊长久而坚定。现在，美国答应交付给六族以及其他在那居住或与他们相关的印第安居民大量商品和一万美元。直至此时，在 1792 年 4 月 23 日，根据美国总统修改的条约，出于同一目的——增加六族人民以及之前提到的他们朋友未来的幸福感，美国将会将补贴在 3000 美元的总数上再增加 1500 美元，总计 4500 美元。这些钱每年将会用在置办的衣物、驯养的宠物、耕种的器具或其他他们需要的工具上，还会用在支付给工人应得的工钱上，那些与他们居住在一起或住在附近的有技艺的工人。由美国总统指定的负责人所制定的每年总津贴的条约即可生效。

条款 7

美国和六族都一致认为：唯恐这坚定的和平和友谊会被私人恩怨所干扰，也就是那些双方私人所做出的伤害，希望没有私人仇恨或其他发生。但是无论怎样，利益受到损害的一方总会对另一方产生抱怨：可能是六族联盟或任何一个其中的成员，也可能是美国总统或是他指派的负责人，对六族联盟或是有罪犯的一族原则性的主旨和那些有必要去追寻的捍卫我们和平和友谊不被破坏的谨慎方法。直到美国的立法机构（或是大会议）为了此目的制定了公平的条约。

注解：会议双方都已十分了解此条约内容了，在条款 6 中所规定的年金支付义务将会为了六族和前面所提及的他们的印第安朋友以及住在美国边境的居民的利益所履行，并且美国将永远不会打扰那些无论是居住在何处的印第安民族、部落或家庭。

24. 华盛顿告别演说 (1796)

【“我们重新选举一位公民来主持美国政府的行政工作，已为期不远。此时此刻，大家必须运用思想来考虑这一重任付托给谁。因此，我觉得我现在应当向大家声明，尤其因为这样做有助于使公众意见获得更为明确的表达，那就是我已下定决心，谢绝将我列为候选人。”】

关于我最初负起这个艰巨职责时的感想，我已经在适当的场合说过了。现在辞掉这一职责时，我要说的仅仅是，我已诚心诚意地为这个政府的组织和行政，贡献了我这个判断力不足的人的最大力量。就任之初，我并非不知我的能力薄弱，而且我自己的经历更使我缺乏自信，这在别人看来，恐怕更是如此。年事日增，使我越来越认为，退休是必要的，而且是会受欢迎的。我确信，如果有任何情况促使我的服务具有特别价值，那种情况也只是暂时的。所以我相信，按照我的选择并经慎重考虑，我应当退出政坛，而且，爱国心也容许我这样做，这是我引以为慰的。

讲到这里，我似乎应当结束讲话。但我对你们幸福的关切，虽于九泉之下也难以割舍。由于关切，自然对威胁你们幸福的危险忧心忡忡。这种心情，促使我在今天这样的场合，提出一些看法供你们严肃思考，并建议你们经常重温。这是我深思熟虑和仔细观察的结论，而且在我看来，对整个民族的永久幸福有着十分重要的意义。

你们的心弦与自由息息相关，因此用不着我来增强或坚定你们对自由的热爱。

政府的统一，使大家结成一个民族，现在这种统一也为你们所珍视。这是理所当然的，因为你们真正的独立，仿佛一座大厦，而政府的统一，乃是这座大厦的主要柱石：它支持你们国内的安定，国外的和平；支持你们的安全，你们的繁荣，以及你们如此重视的真正自由。然而不难预见，曾有某些力量试图削弱大家心里对于这种真理的信念，这些力量的起因不一，来源各异，但均将煞费苦心，千方百计地产生作用。其所以如此，乃因统一是你们政治堡垒中一个重点，内外敌人的炮火，会最持续不断地和加紧地（虽然常是秘密地与阴险地）进行轰击。因此，最重要的乃是大家应当正确估计这个民族团结对于集体和个人幸福所具有的重大价值；大家应当对它抱着诚挚的、经常的和坚定不移的忠心；你们在思想和言语中要习惯于把它当作大家政治安全和繁荣的保障；要小心翼翼地守护它。如果有人提到这种信念在某种情况下可以抛弃，即使那只是猜想，也不应当表示支持。如果有人企图使我国的一部分脱离其余部分，或想削弱现在联系各部分的神经纽带，在其最初出现时，就应当严加指责。

对于此点，你们有种种理由加以同情和关怀。既然你们因出生或归化而成为同一国家的公民，这个国家就有权集中你们的情感。美国人这个名称来自你们的国民身份，它是属于你们的；这个名号，一定会经常提高你们爱国的光荣感，远胜任何地方性的名称。在你们之间，除了极细微的差别外，有相同的宗教、礼仪、习俗与政治原则。你们曾为同一目标而共同奋斗，并且共同获得胜利。你们所得到的独立和自由，乃是你们群策群力，同甘苦、共患难的成果。

尽管这些理由是多么强烈地激发了你们的感情，但终究远不及那些对你们有更直接利害关系的理由。全国各地都可以看到强烈的愿望，要求精心维护和保持联邦制。

北方在与受同一政府的平等法律保护的南方自由交往中，发现南方的产品为航海业和商业提供了极其丰富的资源，为制造业提供了十分宝贵的原料。与此相同，南方在与北方交往时，也从北方所起的作用中获益不浅，农业得到了发展，商业得到了扩大。南方将部分北方海员转入自己的航道，使南方的航运业兴旺了起来。尽管南方在各方面都对全国航运业的繁荣和发展有所贡献，但它期望得到海上力量的保护，目前它的海上力量相对说来太薄弱了。东部在与西部进行类似的交往中，发现西部是东部自国外输入商品和在国内制造的商品的重要信道，而这个信道将随着内地水陆交通的不断改善而日趋重要。西部则从东部得到发展和改善生活所必不可少的物资供应；也许更重要的是，西部要确保其产品出口的必要渠道，必须靠联邦的大西洋一侧的势力、影响和未来的海上力量，而这需要把西部看成一个国家，有着不可分割的利害关系。西部如要靠其他任何方式来保护这种重要的优越地位，无论是单靠自己一方的力量，或是靠与外国建立背叛原则和不正常的关系，从本质上来看都是不牢靠的。

由此可见，我国各部分都从联合一致中感觉到直接的和特殊的好处，而把所有各部分联合在一起，人们会从手段和力量之大规模结合中，找到更大力量和更多资源，在抵御外患方面将相应地更为安全，而外国对它们和平的破坏也会减少。具有无可估量的价值的是，联合一致必然会防止它们自身之间发生战争。这种战争不断地折磨着相互邻接的国家，因为没有统一的政府把它们连成一气。这种战事，仅由于它们彼此之间的互相竞争，即可发生，如果与外国有同盟、依附和阴谋串通的关系，则更会进一步激发和加剧这种对抗。因此，同样地，它们可以避免过分发展军事力量，这种军事力量，在任何形式的政府之下，都是对自由不利的，而对共和国的自由，则应视为尤具敌意。就这个意义而言，应把你们的联合一致看作是你们自由的支柱，如果你们珍惜其中一个，也就应当保存另一个。

你们是否怀疑一个共同的政府能够管辖这么大的范围？把这个问题留待经验来解决吧。对付这样一个问题单纯听信猜测是错误的。在这种情况下，非常值得进行一次公平和全面的实验。要求全国各地组成联邦的愿望是如此强烈和明显，因此，在实践尚未表明联邦制行不通时，试图在任何方面削弱联邦纽带的人，我们总是有理由怀疑他们的爱国心的。

在研究那些可能扰乱我们联邦的种种原因时，使人想到一件至关重要的事，那就是以地域差别——北方与南方、大西洋与西部——为根据来建立各种党派；因为那些心怀不轨的人可能力图借此造成一种信念，以为地方间真的存在着利益和观点的差异。一个党派想在某些地区赢得影响力而采取的策略之一，是歪曲其他地区的观点和目标。这种歪曲引起的妒忌和不满，是防不胜防的，使那些本应亲如兄弟的人变得互不相容。

为了使你们的联合保持效力和持久，一个代表全体的政府是不可少的。各地区结成联盟，不论怎样严密，都不能充分代替这样的政府。这种联盟一定会经历古往今来所有联盟的遭遇，即背约和中断。由于明白这个重要的事实，所以大家把最初的文件加以改进，通过了一部胜过从前的政府宪法，以期密切联合，更有效地管理大家的共同事务。这个政府，是我们自己选择的，不曾受人影响，不曾受人威胁，是经过全盘研究和缜密考虑而建立的，它的原则和它的权力的分配，是完全自由的，它把安全和力量结合起来，而其本身则包含着修正其自身的规定。这样一个政府有充分理由要求你们的信任和支持。尊重它的权力，服从它的法律，遵守它的措施，这些都是真正自由的基本准则所构成的义务。我们政府体制的基础，乃是人民有权制定和变更他们政府的宪法。

可是宪法在经全民采取明确和正式的行动加以修改以前，任何人对之都负有神圣的义务。人民有建立政府的权力与权利，这一观念乃是以每人有责任服从所建立的政府为前提的。

要保存你们的政府，要永久维持你们现在的幸福状态，你们不仅不应支持那些不时发生的跟公认的政府权力相敌对的行为，而且对那种要改革政府原则的风气，即使其借口看似有理，亦应予以谨慎的抵制。他们进攻的方法之一，可能是采取改变宪法的形式，以损害这种体制的活力，从而把不能直接推翻的东西，暗中加以破坏。在你们可能被邀参与的所有变革中，你们应当记住，要确定政府的真正性质，正如确定人类其他体制一样，时间和习惯至少是同样重要的。应当记住，要检验一国现存政体的真正趋势，经验是最可靠的标准，应当记住，仅凭假设和意见便轻易变更，将因假设和意见之无穷变化而招致无穷的变更，还要特别记住，在我们这样辽阔的国度里，要想有效地管理大家的共同利益，一个活力充沛的、并且能充分保障自由的政府是必不可少的。在这样一个权力得到适当分配和调节的政府里，自由本身将会从中找到它最可靠的保护者。如果一个政府力量过弱，经不住朋党派系之争，不能使社会每一分子守法，和能维持全体人民安全而平静地享受其人身和财产权利，那么，这个政府只是徒有虚名而已。

我已经提醒你们，在美国存在着党派分立的危险，并特别提到按地域差别来分立党派的危险。现在让我从更全面的角度，以最严肃的态度概略地告诫你们警惕党派思想的恶劣影响。

不幸的是，这种思想与我们的本性是不可分割的，并扎根于人类脑海里最强烈的欲望之中。它以各种不同的形式存在于所有政府机构里，尽管多少受到抑制、控制或约束。但那些常见的党派思想的形式，往往是最令人讨厌的，并且确实是政府最危险的敌人。

它往往干扰公众会议的进行，并削弱行政管理能力。它在民众中引起无根据的猜忌和莫须有的惊恐；挑拨派系对立；有时还引起骚动和叛乱。它为外国影响和腐蚀打开方便之门。外国影响和腐蚀可以轻易地通过派系倾向的渠道深入到政府机构中来。这样，一个国家的政策和意志就会受到另一个国家政策和意志的影响。

有一种意见，认为自由国家中的政党，是对政府施政的有效牵制，有助于发扬自由精神。在某种限度内，这大概是对的；在君主制的政府下，人民基于爱国心，对于政党精神即使不加袒护，亦会颇为宽容。但在民主性质的纯属选任的政府下，这种精神是不应予以鼓励的。从其自然趋势看来，可以肯定，在每一种有益的目标上，总是不乏这种精神的。但这种精神常有趋于过度的危险，因此应当用舆论的力量使之减轻及缓和。它是一团火，我们不要熄灭它，但要一直警惕，以防它火焰大发，变成不是供人取暖的，而是贻害于人的。

还有一项同样重要的事，就是一个自由国家的思想习惯，应当做到使那些负责行政的人保持警惕，把各自的权力局限于宪法规定的范围内，在行使一个部门的权力时，应避免侵犯另一个部门的权限。这种越权精神倾向于把所有各部门的权力集中于某一部门，因而造成一种真正的专制主义，姑不论其政府的形式如何。

如果民意认为，宪法上的权限之分配或修改，在某方面是不对的，我们应当照宪法所规定的办法予以修改。但我们不可用篡权的方式予以更改；因为这种方法，可能在某一件事上是有效的手段，但自由政府也常会被这种手段毁灭。所以使用这种方法，有时虽然可以得到局部的或一时的好处，但此例一开，一定抵不过它所引起的永久性危害的。

在导致昌明政治的各种精神意识和风俗习惯中，宗教和道德是不可缺少的支柱。一个竭力破坏人类幸福的伟大支柱——人类与公民职责的最坚强支柱——的人，却妄想别人赞他爱国，必然是白费心机的。政治家应当同虔诚的人一样，尊敬和爱护宗教与道德。宗教与道德同个人福利以及公共福利的关系，即使写一本书也说不完。我们只要简单地问，如果宗教责任感不存在于法院赖以调查事件的宣誓中，那么，哪能谈得上财产、名誉和生命的安全呢？而且我们也不可耽于幻想，以为道德可不靠宗教而维持下去。高尚的教育，对于特殊构造的心灵，尽管可能有所影响，但根据理智和经验，不容许我们期望，在排除宗教原则的情况下，道德观念仍能普遍存在。

有一句话大体上是不错的，那就是：道德是民意所归的政府所必需的原动力。这条准则可或多或少地适用于每一种类型的自由政府。凡是自由政府的忠实朋友，对于足以动摇它组织基础的企图，谁能熟视无睹呢？因此，请大家把普遍传播知识的机构当作最重要的目标来加以充实提高。政府组织给舆论以力量，舆论也应相应地表现得更有见地，这是很重要的。

我们应当珍视国家的财力，因为这是力量和安全的极为重要的泉源。保存财力的办法之一是尽量少动用它，并维护和平以避免意外开支。但也要记住，为了防患于未然而及时拨款，往往可以避免支付更大的款项来消弭灾祸。同样，我们要避免债台高筑，为此，不仅要节约开支，而且在和平时期还要尽力去偿还不可避免的战争所带来的债务，不要将我们自己应该承受的负担无情地留给后代。

我们要对所有国家遵守信约和正义，同所有国家促进和平与和睦。宗教和道德要求我们这样做。难道明智的政策不一样要求这样做吗？如果我们能够成为一个总是遵奉崇高的正义和仁爱精神的民族，为人类树立高尚而崭新的典范，那我们便不愧为一个自由的、开明的，而且会在不久的将来变得伟大的国家。如果我们始终如一地坚持这种方针，可能会损失一些暂时的利益，但是谁会怀疑，随着时间的推移和事物的变迁，收获将远远超过损失呢？难道苍天没有将一个民族的永久幸福和它的品德联系在一起吗？至少，每一种使人性变得崇高的情操都甘愿接受这种考验的。万一考验失败，这是否由人的恶行造成的呢？

在实行这种方针时，最要紧的，乃是不要对某些国家抱着永久而固执的厌恶心理，而对另一些国家则热爱不已；应当对所有国家都培养公正而友善的感情。一个国家，如果习于对其他国家恶此喜彼，这个国家便会在某种程度上沦为奴隶；或为敌意的奴隶，或为友情的奴隶，随便哪一种都足以将它引离自己的责任和自己的利益。一国对于另一国心存厌恶，两国便更易于彼此侮辱和互相伤害，更易于因小故而记恨，并且在发生偶然或细琐的争执时，也易于变得骄狂不羁和难以理喻。

一国对他国怀着热烈的喜爱，也一样能产生种种弊端。由于对所喜爱的国家抱有同情，遂幻想彼此有共同的利益，实则所谓共同利益仅是想象的，而非真实的；再者，把他国的仇恨也灌注给自己，结果当他国与别国发生争执或战争，自己也会在没有充分原因和理由的情况下陷身其中。此外，还会把不给予他国的特权给予所喜爱的国家。于是，这个做出让步的国家，便会蒙受双重损害，一是无端损失本身应当保留的利益，一是激起未曾得到这种利益的国家的嫉妒、恶感和报复心理；这给那些有野心的、腐化的或受蒙蔽的公民（他们投靠自己所喜爱的国家）提供了方便，使他们在背叛或牺牲自己国家的利益时不但不遭人憎恨，有时甚至还受到欢迎，并把由于野心、腐化或糊涂而卑鄙愚蠢地屈服的人粉饰成有正直的责任感、顺乎民意或是热心公益而值得赞扬的人。

一个自由民族应当经常警觉，提防外国势力的阴谋诡计（同胞们，我恳求你们相信我），因为历史和经验证明，外国势力乃是共和政府最致命的敌人之一。不过这种提防，要想做到有效，必须不偏不倚，否则会成为我们所要摆脱的势力的工具，而不是抵御那种势力的工事。对某国过度偏爱，对另外一个过度偏恶，会使受到这种影响的国家只看到一方面的危险，却掩盖甚至纵容另一方所施的诡计。当我们所喜欢的那个国家的爪牙和受他们蒙蔽的人，利用人民的赞赏和信任，诱骗人民放弃本身的利益时，那些可能抵制该国诡计的真正爱国志士，反而极易成为怀疑与憎恶的对象。

我们处理外国事务的最重要原则，就是在与它们发展商务关系时，尽量避免涉及政治。我们已订的条约，必须忠实履行。但以此为限，不再增加。

欧洲有一套基本利益，它对于我们毫无或甚少关系。欧洲经常发生争执，其原因基本上与我们毫不相干。所以，如果我们卷进欧洲事务，与他们的政治兴衰人为地联系在一起，或与他们友好而结成同盟，或与他们敌对而发生冲突，都是不明智的。

我国独处一方，远离他国，这种地理位置允许并促使我们奉行一条不同的政策路线。如果我们在一个称职的政府领导下保持团结，在不久的将来，我们就可以不怕外来干扰造成的物质破坏；我们就可以采取一种姿态，使我们在任何时候决心保持中立时，都可得到他国严正的尊重；好战国家不能从我们这里获得好处时，也不敢轻易冒险向我们挑战；我们可以在正义的指引下依照自己的利益，在和战问题上做出抉择。

我们为什么要摒弃这种特殊环境带来的优越条件呢？为什么要放弃我们自己的立场而站到外国的立场上去呢？为什么要把我们的命运同欧洲任何一部分的命运交织一起，以致把我们的和平与繁荣，陷入欧洲的野心、竞争、利益关系、古怪念头，或反复无常的罗网之中呢？

我们真正的政策，乃是避免同任何外国订立永久的同盟，我的意思是我们现在可自由处理这种问题。但请不要误会，以为我赞成不履行现有的条约。我认为，诚实是最好的政策，这句格言不仅适用于私事，亦通用于公务。所以我再重复说一句，那些条约应按其原意加以履行。但我觉得延长那些条约是不必要，也是不明智的。

我们应当经常警惕，建立适量的军队以保持可观的防御姿态，这样，在非常紧急时期中，我们才可以安全地依靠暂时性的同盟。

无论就政策而言，就人道而言，就利害而言，我们都应当跟一切国家保持和睦相处与自由来往。我们的商业政策也应当采取平等和公平的立易，既不向他国要求特权或特惠，亦不给予他国以特权或特惠；一切要顺事物之自然而行；要用温和的手段扩展商业途径并作多种经营，绝不强求；与有此意向的国家订立有关交往的习用条例，使贸易有稳定的方向，我国商人的权利得以明确，政府对他们的扶助得以实现，这种条例应为现时情势和彼此意见所容许的最合理的条例，但也只是暂时的，得根据经验与情势随时予以废弃或改变；须时时谨记，一国向他国索求无私的恩惠是愚蠢的；要记住，为了得到这种性质的恩惠，它必须付出它的一部分独立为代价；要记住，接受此类恩惠，会使本身处于这样的境地：自己已为那微小的恩惠付出同等的代价，但仍被谴责为忘恩负义，认为付出得不够。期待或指望国与国之间有真正的恩惠，实乃最严重的错误。这是一种幻想，而经验必可将其治愈，正直的自尊心必然会将其摈弃。

虽然在检讨本人任期内施政时，我未发觉有故意的错误，但是我很清楚我的缺点，并不以为我没有犯过很多错误。不管这些错误是什么，我恳切地祈求上帝免除或减轻这些错误所可能产生的恶果。而且我也将怀着一种希望，愿我的国家永远宽恕这些错误。我秉持正直的热忱，献身为国家服务，已经45年，希望我因为能力薄弱而犯的过失，会随着我不久以后长眠地下而湮没无闻。

我在这方面和在其他方面一样，均须仰赖祖国的仁慈，我热爱祖国，并受到爱国之情的激励，这种感情，对于一个视祖国为自己及历代祖先的故土的人来说，是很自然的。因此，我以欢欣的期待心情，指望在我切盼实现的退休之后，我将与我的同胞们愉快地分享自由政府治下完善的法律的温暖——这是我一直衷心向往的目标，并且我相信，这也是我们相互关怀、共同努力和赴汤蹈火的优厚报酬。

25. 美法条约（购买路易斯安那州）（1803）

【在 1795 年签订的条约中，西班牙允许美国拥有新奥尔良州或者相等的密西西比河上的港口的使用权。但在 1802 年时，西班牙违背此条约，关闭了密西西比河上的港口并把路易斯安那州割让给法国。美国意识到了来自法国的威胁，因为法国拥有天时地利的天然港口，而此地占据了美国本国领土的一大部分，所以美国拨出 200 万美元购买新奥尔良州。利文斯顿和门罗与拿破仑签订了购买路易斯安那州的条约，在此条约中，美国用 1500 万美元购买了整个路易斯安那州，于 1805 年 10 月 20 日获得拥有权。】

1803 年 4 月 30 日，关于割让路易斯安那州的条款在巴黎签订。1803 年 10 月 21 日，获得总统的批准，而后批准案在华盛顿递交。当日，公布了条约。

以法国人民的名义，美利坚合众国总统与法兰西共和国第一执政均希望改变所有的不愉快关系，为了在葡萄月第 8 天召开的大会中所涉及的目的。鉴于 1795 年 10 月 27 日，在马德里签订的条约中，美国声称的权力关系，天主教教主和美国双方分别代表了各自全体大臣的名义，在所说的大会中均希望加强彼此之间的联盟与友谊得到重建：美利坚合众国总统在参议院院长、美国全权公使罗伯特·R. 利文斯顿和所提及州的全权公使、特派公使詹姆斯·门罗的建议与支持下同法兰西共和国政府交涉。法兰西共和国第一执政在分别得到了法国人民、弗朗西斯·巴比·马博斯侯爵、政府金库主席所有权力后，以他们的名义同美国签订了以下条款：

条款 1

葡萄月第 90 天，法兰西共和国第一执政与天主教教教主在伊尔德丰索街签订了该条款的第三章内容，此条款同时得到下列人员的批准：天主教教主单方面同意将领土割让给法兰西共和国。对于路易斯安那殖民州或省的所有权，在六个月完完全全地执行了与他的殿下帕尔马公爵相关的情况和条款后，现在西班牙拥有相同程度的、曾经属于法国的权力。在签订此条约后。所有权完全属于西班牙及其他州。然而根据此条约，特别是第三章内容，法兰西共和国拥有无可置疑的此领域及所提及领土的所有权：法国第一执政为了向美国表示她强烈的友好，以法兰西共和国人民的名义，永远地、完全地将主权割让给所说的美国。所提及土地的所有权力及附属物完全像法国曾经所有的一模一样。

条款 2

前面条款中所说的割让包括属于路易斯安那州的毗邻岛屿、所有公共建筑物、防御工事、营房以及其他不是私有财产的大建筑物。

与路易斯安那州领土、主权有关的所有文件都将给予美国代表。以及所有的复印件随后都将给予地方文员和市政官员、类似所涉及的可能对他们有必要的文件。

条款3

所割让土地上的居民将会合并成一个美国的联盟，并将尽可能快地被承认。根据联邦宪法的原则，他们将享有美国公民所有权利、利益以及豁免权。同时，他们将会被供养和保护，在自由、财产以及所信仰的宗教下毫不被干涉。

条款4

这将会被法国政府的一个代表给予路易斯安那州。

条款5

在美国总统批准本条约后，立即由法国第一执政预先获知。法兰西共和国的委员须将新奥尔良的所有军事和割让领土的其他部分交由全权公使或由美国总统任代表。从美国开始持有所有权开始，无论是法国还是西班牙的军队都应当停止占领任何军事港口，并且越快越好，最好在此条约批准后的三个月内。

条款6

实际上此条约相互有利于法国和美国之间的贸易，并且在有限的时间内促进两国关于割让土地条约的沟通。直到缔约双方之间可能同意一些有关于两国商务的寻常安排，那些直接从法国或它的殖民地来的法国船只，只能装载法国或者它的殖民地生产和制造的货物。直接从西班牙或它的殖民地来的西班牙船只，只能装载西班牙或它的殖民地生产和制造的货物。未来十二年的时间里，这些船只在新奥尔良港和其他所有法律上割让领土的入境口岸通行应当被承认。同样的，此约定适用于直接来自法国和西班牙及他们任何殖民地的美国船只。而商品不会再产生任何其他或更高的关税，也不会比其他任何美国公民支付的关税多或得到的吨位重。

在上面所提及的时间范围内，其他任何国家不得在割让的领土的港口上拥有同样特权。如果此条约在法国签订，或者签订后通知法国巴黎政府已有三个月，那么这个十二年应当从彼此交换批准书的三个月后开始计算。如果此条约在美国签订，那么上述文章的目的是支持法国和西班牙的制造业、商业、货运和航海就很好理解了。也就是说法国和西班牙的输入应从上述所说的美国港口进入，没有任何可能影响美国有关生产和商品的出口法规，或任何他们不得不做出这样的规定的可能。

条款 7

将来，十二年期满后，法国的船只能在上述所说的最有特权的国家的港口上行驶。

条款 8

在各自部长签署了此项特殊条约这一天。由于为了给美国公民提供债务支付的目的，在 1800 年 9 月 30 日前（葡萄月 8 日和 9 日）被法兰西共和国批准。并执行于相同的形式，好像被新插入于此条约中。并应当以同一形式和在同一时间被批准，这样新加入的内容就类似于此条约而被批准。

在同一日期的另一个特殊大会上，正如此项条约一样，缔约公约双方签署的另一个有关于明确规则的条约以类似的方式批准，并将在同一时间以相同的形式批准，且结合在一起。

条款9

本条约应将被正式批准，批准书应在全权代表的部长签署后的 6 个月时间内进行交换，或越早越好。

以信仰起誓，各自代表分别用法文和英文签署了此条约。不过声明，本条约最初以法语签署，并且粘上他们的封条。

于法兰西共和国第一十年花月第十日在巴黎签署，1803 年 4 月 30 日［花月（Floréal，法语），法国共和历的 8 月，一年中的第八个月，公历 4 月 20 日到 5 月 19 日］。

罗伯特·R. 利文斯顿【盖章】

詹姆斯·门罗【盖章】

F. 巴比·马博斯【盖章】

26. 大不列颠条约（1812 年战争结束之际）（1814）

【这项条约使 1812 年战争进入尾声。】

英国皇家与美国之间的关于和平与友好关系的条约，于 1814 年 12 月 24 日，在根特达成最终协议；1815 年 2 月 16 日，美国参议院正式批准通过；1815 年 2 月 17 日，美国总统批准通过，1815 年 2 月 17 日，在华盛顿批准双方交换，并于 18 日宣布条约内容。

英国皇家和美国双方均希望结束两国之间不愉快的战争，通过互惠、和平、友好的原则修复两国之间的关系，并且两国对这个目标达成共识，各自任命他们的全权大使进行谈判。也就是说，英国皇家方面任命詹姆斯·洛德·甘比尔阁下、前海军上将怀特、现任皇家舰队的红旗海军元帅同时也是帝国议会成员的亨利·古尔本先生、副国务卿及民事法教授威廉·亚当斯先生出席谈判。在与参议院商议并得到其同意后，美国总统任命约翰·昆西·亚当斯、詹姆斯·A. 巴亚、亨利·克莱、乔纳森·罗素和阿尔伯特·加勒廷出席谈判。经过各自全权大臣的交流后，达成如下互惠条款：

条款1

不论是地域的不同还是各自人民的不同，英美两个国家、各自的领土、城市、城镇以及各个阶层的人民都应拥有一个坚定的信念——世界和平。正如本协议中，双方批准的内容所说一样：所有海上和陆地上的战争都应该尽快停止。在签署本条约之后，除了以下提到的岛屿之外，战争期间任何一方采取行动的所有领土、土地和财产或任何奴隶或其他私人财产，都应当及时修复。在批准交换这一条约后，对于没有造成任何破坏或带走任何火炮和其他公共财产而俘获的地方，应还原其实。在可行的情况下，对于战争的过程中，可能会落入对方军官手中的所有的档案、记录和报纸和公共的或属于私人的人质，应当立即恢复并返还到他们各属的相关部门和人员手中。在批准交换这一条约后，像帕萨马阔迪湾的民主共和两党，应当留在当时他们可能的占领的党中，直到符合本条约第四条的决定，尊重该群岛的所有权。此条约没有倾向，像这些岛屿的主权和领土应当由双方以任何方式宣称。

条款2

条约批准后，双方应将下文中提到的命令立即传达给军队、中队、军官、国民和两国公民，停止双方的敌对行动。为了避免在所说条约的修正案后提高海战赔偿的任何可能因素，双方达成一致。在签订修正案后的十二天内，从北纬 23 度到北纬 50 度的北美各地的海岸，及大西洋东经 36 度西经格林尼治子午线的所有船只应当归还；北大西洋二分线或赤道其他部分的所有船只应当在三十天内归还，同样，英国、爱尔兰、墨西哥湾及西印度群岛的所有船只应当在三十天内归还；北海、波罗的海以及地中海的所有船只应在四十天内归还；大西洋赤道以南以及好望角的所有船只应当在六十天内归还；赤道以南其他部分的所有船只应在九十天内归还；以及世界其他地区的所有船只应在一百二十天内归还。

条款3

条约被批准后，在一定范围内，应当尽快归还陆战和海战中的所有战俘，正如以下提到的在囚禁期时他们签订的债务合同也应被解除。按照条约所规定的形式，缔约双方致力于释放为了生计的囚犯。

条款4

1783年和平条约第二条规定，对于大英帝国和美利坚合众国，美国的边界应该包括所有的岛屿在内的二十个联盟的任何一部分，以及位于航线的以东的地方。到目前为止，对于新斯科舍和东佛罗里达，应当分别属于芬迪湾和大西洋，除了像现在的岛屿新斯科舍省的限制范围内，和帕萨马科迪（岛屿名称）的几个岛屿湾均是芬迪湾的一部分。美国宣称：上述的芬迪湾和格兰德湄兰岛包含在他们所说的边界内。事实上，在上述的1783年条约中，新斯科舍省的限制范围内的岛屿是属于大不列颠帝国的。因此，双方同意将这些说法的最终决定权交付给经以下方式指定的两个委员，即：由英国委派一位委员，在参议院的建议和同意下，由美国总统委派一位委员。任命的两个委员应宣誓公正审查，并将索赔的证据分别递交给英国和美国。委员应当在新布伦瑞克省的圣安德鲁斯会见，也可在他们认为合适的其他地方会见。按照1783年和平条约真正的意图，委员应当通过带有他们手指印的宣言或报告来决定这几个岛屿分别所属的缔约方。如果委员同意他们的决定，双方将做出最后的裁决。双方进一步达成共识：在此事件中，若两个委员对所有或部分内容有分歧意见，或对此事件双方或一方委员表示不赞同，或故意忽略，他们应当共同或单独对美国政府和英国政府提出报告，详细说明他们的不同观点，并给出各自的理由或共同的理由，或他们中的任何一方不赞同或者忽略的理由。英国和美国政府同意引用委员的表示友好主权或状态的报告，以此目的命名，并决定在所阐述的报告要求以不同的方式提出，且应当拒绝或忽略一位委员或其他专员的报告。如果专员拒绝或故意忽略对方国家，那么他或其他委员以这样的方式表示友好的主权或状态的报告将无效，这样国家的主权将由单独报告决定。英国和美国政府应最终考虑友好主权或状态的决定和决定性的问题。

条款 5

而不论是高地以北的圣克罗伊河源头和两国之间和平条约指定的西北新斯科舍省，还是康涅狄格西北头河的界限都是尚未确定的。而两国的这部分边界线是从河的源头圣克罗伊到上述的西北新斯科舍省，从大西洋到康涅狄格河西北源头，那里的高地将所述的河流分为圣劳伦斯河，这条河流沿着北纬 45 度的中间部分流淌。由于易洛魁河或者凯塔拉科河，边界线在那里尚未明确：为这几个目的，双方同意任命委员宣誓就职，并授权采取直接的方式对那些未被提到的条约中的内容进行交流。将委派委员在新布伦瑞克省的圣安德鲁斯，并且是其他有权延期或他们认为合适的地方。若符合 1783 年和平条约的规定，委员则有权查明和决定以上观点，根据规定调查并明确从圣克罗伊河的源头到易洛魁河或凯塔拉科河之间的边界线。委员将制作一个地图来描述上述边界，并附加一个带有他们手指印的声明以证明地图的真实性。他们认为例如西北新斯科舍省和康涅狄格河的西北源头等其他地方可能是合适的边界线。双方最终同意考虑地图和声明来解决最终的边界问题。如果两方意见有分歧，两方或者一方拒绝、婉谢或者随意的忽略规定，若出现这样的报告、声明或者陈述，一方所作出的或者两方一起做出的向一个友好的国家提及这样的事情会被尊重就像倒数第四篇文章所反复提及的。

条款 6

然而之前的和平协议，关于从易洛魁河以及大瀑布的北纬 45 度线到苏必利尔湖的美国部分国界，是“沿着上面所说的河流中部到达安大略湖，穿过这些河流的中部，到达安大略湖和伊利湖之间的水域交汇处，穿过伊利湖到达伊利湖与休伦湖的水域交汇处，从这里穿过休伦湖的中部然后到达休伦湖与苏必略湖的水域交汇处”，然而关于声明的疑惑也由此产生：这些所说的河流、湖泊和水域交汇处是指哪里，是否有一些岛屿是处于英国和美国的共同管辖之下呢：因此，为了最终解决这些疑惑，除非在前面的条款中另有规定，双方的地方长官将会共同提起、共同任命、共同起誓及共同被认可去明确对于上述条款中提起的边界。一审的时候，这些地方长官将在纽约州的奥尔巴里市见面会谈，也可以到其他这样的地方或者他们认为适合的地方进行会议。这些地方长官会通过他们手中或者密封袋里的报告或者申报来确定这些所说的河流、湖泊和水域交汇处的界线，来决定谁来有权处理这些处于河流、湖泊以及水域汇合处的众多岛屿，也就和前面说的 1783 年和平协议的目的一致。两方也都同意这样的指定和决定作为最后的结论。如果两方意见有分歧，两方或者一方拒绝、婉谢或者随意的忽略规定，若出现这样的报告、声明或者陈述，一方所作出的或者两方一起做出的向一个友好的国家提及这样的事情会被尊重就像倒数第四篇文章所反复提及的。

条款 7

最后提到的两个委员会进一步同意：在他们执行在前面文章中分配给他们的职责，且公正地制定并确定他们的誓言后，授予他们权力。根据该和约一千七百八十三条的真实意图，这两种政权延伸至休伦湖和苏必利尔湖水之间的交汇处，到森林湖最西北点的领土边界的一部分。在符合该和约一千七百八十三条的真实意图后，双方决定在湖泊和河流交汇处的几个岛屿、河流也分别归属他们，但未明确的边界部分需要调查和标记。该委员会通过他们亲自发表的报告或声明指出，对于上述指定的边界，他们宣布了相关的决定。他们认为森林湖最西北的点和其他部分作为边界可能是合适的。对于最终决定性的结论双方达成一致。两个委员会在不同的事件中表示：如果两方意见有分歧，两方或者一方拒绝、婉谢或者随意的忽略规定，若出现这样的报告、声明或者陈述，一方所作出的或者两方一起做出的向一个友好的国家提及这样的事情会被尊重就像倒数第四篇文章所反复提及的。

条款 8

针对上述四条中提到的几个点双方应分别有权委任一名秘书，并雇佣他们觉得有必要的验船师或其他人员召开委员会。他们之前发表在报刊上的所有报告、声明、陈述和决定的副本，都应分发给国王陛下和美国分别指定和授权的代表。缔约双方之间达成协议分别赔偿给该委员会，此协议应当在此条约的修正案交换时达成。并且委员会应支付双方参加上述所说会议的所有其他费用。如果会议期间议员死亡、疾病、辞职或因必要理由而缺席会议，那么委员会应指派另一成员代替此议员。新专员承担相同的责任，且须宣誓或郑重声明。双方并进一步达成一致：在任何情况下，上述文中提到的任何岛屿都优于这两个国家之间的战争。战争开始前，如果上述所说的委员会的任何一方当事人擅自决定上述四项条款，那么土地的所有权将归属于另一方。通过这样的决定，如同此类岛屿的所有权都是有效的。

条款 9

本条约批准后，美国希望立即结束所有敌对部落或民族之间的战争以及在通过批准的时间里可能会发生的战争。在这样的战争发生之前，应立即归还所有的财产、权利和他们希望在第一千八百一十一条所获得的特权。但这些部落和民族也应同意停止一切反对美国以及美国公民的行动。这些部落和民族批准本条约后，所有相关行动须立即停止。就国王陛下本身而言，他希望本条约批准后立即终止所有的敌对行动，且应立即将所有财产、权利和他们希望在第一千八百一十一条所获得的特权归还给这些部落或民族的。但这样的部落和民族也应同意停止反对国王陛下和他的臣民的一切敌对行动。这些部落和民族批准本条约后，所有相关行动须立即停止。

条款 10

而根据人道和正义的原则，奴隶贸易是不可协调的，但天主教教主和美国将为了让奴隶贸易全部消失而继续努力。且缔约双方均同意尽力实现理想的状态。

条款 11

当双方同时想对这项条约进行修改时，任何一方不得擅自修改。双方相互交换的修正案应当对二者都具有约束力，并且从这一天起的四个月内，在华盛顿交换修正案，如果可行越早越好。

我们坚定的信守，各自的全权代表签署了该条约，并加盖密封。

在根特签订，一式三份，1814 年 12 月 24 日。

詹姆斯·洛德·甘比尔【盖章】

亨利·古尔本【盖章】

威廉·亚当斯【盖章】

约翰·昆西·亚当斯【盖章】

詹姆斯·A. 巴亚【盖章】

亨利·克莱【盖章】

乔纳森·罗素【盖章】

阿尔伯特·加勒廷【盖章】

27. 就美国五大湖区海军安排的调整（1817）

【下面的是英国和美国之间关于双方在五大湖区范围内的海军部署的契约。】

巴戈特先生致拉什先生

1817 年 4 月 28 日于华盛顿

本人，大不列颠最高权威全权公使以及特派全权大使表示能够认识拉什先生感到十分荣幸。在此之前，关于拒绝在美国五大湖区部署海军的问题，在下已与令国国务卿于去年的时候来往书信谈论过。令国国务卿同意了本国摄政王殿下的提议，去告知美国政府：本国摄政王殿下乐意准许令国国务卿在 8 月 2 日的笔记中签署的部分。

在本国最高王权准许的情况下，摄政王殿下以英国王室的名义，作为她的代表。本国最高王权和美国政府各自在美国五大湖区部署的海军，自此以后，对于下列船舰，将被双方互相承认。也就是，在安大略湖上，一只船只不允许承重超过 100 吨以及不能装备多于 18 响的大炮。

在地理位置较北面的湖上，两只船只不允许超负荷承重，也不能像军舰一样装备。

在张伯伦湖上，一只船只不允许超负荷承重，也不能像军舰一样装备。

本国摄政王殿下同意上述所有湖泊上的其他所有军舰将会被立刻解散，并且不会再有其他任何战舰被建造或装备。

并且殿下进一步同意：以后如有任何一方希望取消这一条约，应当先通知另一方，在终止条约期满后六个月的日期通知。

本人遵照摄政王殿下的命令去了解美国政府。殿下已经对在湖泊上指挥海军力量的军官发布了他威严的命令。海军力量是有限的，应当在类似服务上受限制，也不能用另一方武装船只的适当职责进行干扰。

本人怀着最高的敬意有幸重新认识拉什先生。

查尔斯·巴戈特

拉什先生致巴戈特先生

1817 年 4 月 29 日美国国务院

本人代表国务卿先生荣幸收到来自巴戈特先生于本月 28 日的书信，以大不列颠政府的威严作为铺垫您告知他，去年国务卿和巴戈特先生就建议减少两国海军在美国五大湖的问题来往过书信。他收到了摄政王殿下的建议，并通知了本国政府。最终殿下愿意加入国务卿于 8 月第二天在他的记录中提出的议题。

本人有幸向巴戈特先生传达本国总统对于令国摄政王殿下的满意，他愿意加入记录中所提及的政府的提议。本人有幸代表总统发言，并进一步回应了巴戈特先生 8 月 2 日的记录内容。他持有与 8 月 2 日的记录中相同的观点：他同意美国五大湖区驻扎的美国和英国的海军从今以后，对双方之间的下列船只委以信任，也就是：

在安大略湖上，一只船只不允许承重超过 100 吨以及不能装备多于 18 响的大炮。在地理位置较北面的湖上，两只船只不允许超负荷承重，也不能像军舰一样装备。在张伯伦湖上，一只船只不允许超负荷承重，也不能像军舰一样装备。

也同意上述所有湖泊上的其他所有军舰将会被立刻解散，并且不会再有其他任何战舰被建造或装备。并且也进一步同意：以后如有任何一方希望取消这一条约，应当先通知另一方，在终止条约期满后六个月的日期通知。

本人也直接代表总统宣布：准确的要求会立刻被本国政府所接纳，去限制海军力量。因此，限制于类似不能干涉其他国家的武装船只本身责任的活动。

本人非常希望利用自己的这个机会告诉巴戈特先生，保证对他有慎重的考虑和尊重。

拉什

28. 美西条约（获得佛罗里达州）(1819)

【对于南方各州来说，佛罗里达州在西班牙的手里是许多烦恼的来源。逃亡的奴隶在那里避难、大部分白种人都是无法无天的性格、塞米诺族印第安人经常入侵格鲁吉亚。在美国强行入侵并占有一部分领土后，西班牙根据1819年条约将土地割让给美国。】

美国和天主教之间关于友好、殖民和界限的条约，于1819年2月22日在华盛顿由参议院提出议案。1819年2月24日，由美国总统批准。1820年10月24日，由西班牙国王批准。1821年2月19日，由参议院再次提出修正案。1821年2月22日由美国总统批准。于同日在华盛顿与西班牙交换了修正案。且随后对外公布。

美利坚合众国和天主教希望彼此间的关系建立在永久性的基础上并得以巩固。友谊和良好的通信来往对双方交往有好处，这将在解决和终止所有的分歧与不满上起到决定作用。此条约应准确地指出：他们各自在北美地区接壤领土的界限。

正因有了此目的，美国总统拥有完全的权力。美国国务卿约翰·昆西·亚当斯和天主教陛下任命最优秀的首领路易斯·德·欧尼斯、冈萨雷斯、洛佩兹·瓦拉、小镇的首领莱雅西斯、萨拉曼卡市市政当局终身行政长官、天主教徒伊莎贝拉；西班牙规定佩戴着贵族勋章的著名西班牙皇家十字骑士和皇家秩序最高议会、天主教委员会成员查尔斯三世出席。并且全权公使的秘书在美利坚合众国行使法令和他非凡的使命。

在交换了他们的权力后，上述的全权公使同意达成协议，并得出以下条款：

条款 1

在美国及其公民与天主教之间应当存在坚定而不可侵犯的和平和真诚的友谊，包括他的继任者和国民在内，无一例外的人或地方。

条款 2

天主教陛下将位于密西西比河东部的，以东、西佛罗里达著称的领土割让给美国，包括领土的全部财产和主权及所有附属的领土。隶属于佛罗里达州的相邻岛屿、所有公共土地和广场、闲置土地、公共建筑、防御工事、军营和其他建筑均不是私有的。此条约包含所有直接涉及的财产和省份的主权。上述所说的档案和文件应交付给美国的代表或官员，并正式授权给他们。

条款 3

密西西比河以西的两国边界线应当始于色宾河口的墨西哥湾，在海里往北，沿着色宾河西岸，到达北纬 32 度的地方。从这里界线继续北行，止于路易斯安那州的里约热内卢或红河谷纬度的位置。经过里约热内卢后继续向西前行，到达从伦敦西经 100 度到华盛顿西经 23 度。然后穿过上述所说的红河谷，并从此处沿着北走，到达阿肯色河。在这里，在沿着阿肯色河南岸的过程中，它的源头在北纬 42 度的地方。与此处平行纬度的地方是南海。1818 年 1 月在费城发表的地图，是改进后第一次在梅里斯地图中将整个州划分给美国。但如果阿肯色河的源头在南纬或者北纬 42 度的地方，那么这条界限线就从所说的南纬或者北纬的源头开始。随着河流，直到平行纬度 42 度。在这里，沿着上述所说的平行纬度就到了南海：色宾河上的所有的岛屿以及上述所说的红河谷和阿肯色河，整个描述的流域均属于美国。但水的使用、色滨河通往大海的航运和上述所说的洛克斯河以及阿肯色河，均在所说的边界范围之内。而在所有河流的两岸，应当让两国各自的居民共同居住。

对于上述所说的领土，缔约双方同意割让领土以及宣布放弃所有权利、索赔和主张。也就是说：美国特此对天主教陛下宣布，永远放弃上述地区的西部和南部的所有权利、索赔和主张。并且同样的，天主教殿下将上述地区的东部和北部的所有权利、索赔和主张割让给美国。对于他自己以及他的继承者都将永远放弃所有的领土。

条款 4

为了更精确地修改此条款内容和放置指示两国界限的地标，缔约双方将各指定一名专员和一名公证员，在红河谷上的路易斯安那州签订的条约修正案，一年期满之日前召开会议。商讨继续运行和标记上述所说的界线，从色宾河河口到红河谷，从红河谷到阿肯色河，并确定上述所说的阿肯色河源头的纬度。从纬度线 42 度直到南海：依照以上约定和规定，他们应计划并保存程序的议事录，并将商定的结果视为该条约的一部分，且如同包含在条约中一样具有同等效力。两国政府将达成协议，提供给那些人必要的文章，并派人护送。这是有必要的。

条款5

在没有任何限制的情况下，割让的领土上的居民应当获得自由信仰宗教的权力。那些希望废除西班牙所有权的人，在任何时间任何情况下都不得没有任何动机的出售或出口自己的财产。

条款6

根据此项条款，天主教殿下割让给美国的地区上的居民，应当被美国联盟所认可。据联邦宪法的原则，应当承认他们享受所有的特权、权利以及美国公民的豁免权。

条款7

天主教殿下应当撤销割让给美国的领土上的所有警察和军队。在此项条款获得批准的六个月之内，他们占领的地方应当尽快交付给美国，并且越快越好。天主教殿下的官员和美国的官员或军官被正式任命并接收他们。美国应当帮助遣返和护送西班牙军官和士兵及他们的行李到哈瓦那。

条款8

1818年1月24日之前，天主教殿下或他的权威当局割让所有土地的赠款。土地所有者应当批准和认可上述所说的割让给美国的领土。同样的，如果领土乃在天主教陛下的管辖之下，相同的赠款也将有效。但是因为西班牙国家的最近情况和欧洲革命，土地的所有者已经无法满足所有赠款的条件了，所以从签订该条约的日期起，应当统一限制条件约束他们。那么上述所说的所有赠款均无效。特此声明，上述所说的 1818 年 1 月 24 日所有赠款，天主教殿下一方转让佛罗里达州的第一个议案，都将被视为无效。

条款 9

缔约双方都真挚地希望双方之间存在的所有差异得以调解和终止。并且对于永远保持他们之间友好关系的想法，双方达成共识。他们也希望相互都不要做一些损害国家以及可能在签署这项条约前还遭受着磨难的各自的公民和臣民的事情。

（1）美国将放弃在 1802 年 8 月 11 日的会议中提到的所有的损害。

（2）对于在法国领事馆定罪的，由法国海盗船长们赔偿的所有款项，都在西班牙的管辖之内。

（3）1802 年，所有停职赔偿存款的支配权利属于新奥尔良州。

（4）西班牙政府对所有美国公民申明：将扣押在西班牙海上、港口地区以及西班牙殖民地的非法公民。

（5）自 1802 年公约起，到该条约的签订，西班牙政府对所有美国公民声明：请求美国政府的介入，并已提交给美国国务院或驻西班牙的美国外交部。

天主教殿下宣布放弃的还包括：

（1）1802 年 8 月 11 日条款中提到的所有伤害。

（2）天主教殿下关于派克船长从回归而提出的资金回报。

（3）因为纽约的原因而对米兰达探险造成的所有伤害。

（4）美国政府在海上、港口或在美国管辖范围内的土地上非法扣押的货物，而对西班牙国民的索赔。

最后，为了宣称天主教殿下的所有目的，在本条约签订日期和 1802 年公约的日期之前，在美国政府干涉下，天主教陛下的政府一直请求由殿下的外事部门或他的驻美外交部出任。

缔约双方分别宣称放弃在佛罗里达州，关于各自指挥官和军官最近的任何事件或交易的所有赔偿。

如果可以，在佛罗里达州，美国将发生的伤害降至最低，将通过法律程序建立保护西班牙军官和西班牙个人居民安全的美国军队。

条款 10

1802 年 8 月 11 日，两国政府将举行大会，两国于 1818 年 12 月 21 日批准的修正案将正式终止。

条款 11

考虑到市民放弃所有的赔款，而且对于五百万美元以下的赔偿完全取消，未来，美国将乐于满足西班牙所有的需求。为了确定全额款项和条约的有效性，由参议院建议，总统任命在华盛顿成立特别委员会，并由参议院批准执行，委员会由三名美国公民组成。从第一次开会计算，每三年一次，都要接受、检查、并决定上述所说的所有索赔的数量和有效性。为了忠实地履行他们的职责，上述所说的委员需要宣誓或证实：他们会议过程会被全程记录。倘若任何委员死亡、生病或者因为其他必要原因缺席会议，那么可能会将他的位置提供给别人。如上述所说，参议院休会期间，或由美国总统指派的另一个专员接续他的工作。对于上述所说的条约中的相关问题，委员会应当接受所有相关的真实证词的授权听取和审查、宣誓。西班牙政府应当提供他们财产调整的条约的所有此类文件、说明。根据 1795 年 10 月 27 日双方签订的公平原则、国家法律和条约规定。需要上述所说的委员会实例中的指定文件。

由上述所说的委员会或其重要组成部分宣布的索赔付款，总数不会超过五百万美元。赔款将由美国支付，要么立即从财政部支出，要么建立股票，且每年须支付总赔款6%的利息。由法律规定，特此将应付款项内的公共土地销售地区割让给美国，可能或以其他方式偿还给美国国会。

对于上述所说委员会的全过程记录，连同之前的凭证和文件一样，相关的调整和决定都应当取决于他们。在驻美的西班牙外交部的要求之下，如果有需要西班牙政府应当提供相关文件，收盘后的交易和他们交易的副本都应当存入美国国务院。

条款 12

1795年的界限和航海条约，依然承认除了2、3、4、21点外的条款所有内容。并且此条约变更或者开始执行后，第22章第2条条款将不再有效。

1795年友好、界限和航海条约中的第15条，规定国旗应包含所有的性质。对承认此原则的权力，缔约双方达成共识。且缔约双方中的任何一方在战争中应与第三方和其他持中立态度的国家站在一边。政府承认这一原则，中立的旗帜应当涵盖敌人的财产，而非他人。

条款 13

缔约双方希望他们对各自港口的商业船只提供必要帮助，来支持他们共同的商业。并且已经允许水手们可以从别的港口驾驶船舶离开。

条款 14

美国表明，就法国对他们的伤害和掠夺来说，他们没有收到来自法国的任何补偿。沿岸的领事和法庭及西班牙的港口对这个条约的条款甚是满意。西班牙也将承认他们创造的财富和真正的价值，就像公平和正义带来的相同好处一样。

条款 15

美国为了巩固两国之间现存的友好关系，在此给予保证。为了支持天主教教主的商业活动，同意西班牙船只装载西班牙本国生产的产品直接从西班牙或它的殖民地的港口驶离。美国的船只在佛罗里达州，彭萨科拉和圣奥古斯汀的港口有十二年的期限，所以不用支付其他货物或更高的关税或吨位的费用。在上述所说的期间内，其他国家不能在割让的领土范围内享有同样的特权。十二年应当从此条约的修正案的交换后 3 个月开始。

条款 16

缔约双方均批准本条约，且批准书应在六个月以内进行交换，或越早越好。美利坚合众国的全权公使和天主教教主签署了此条约。

1819 年 2 月 22 日，华盛顿。

约翰·昆西·亚当斯（美国）

路易斯·德·欧尼斯（西班牙）

29. 门罗宣言
(1823)

【在拿破仑垮台之后，君主立宪制政府的建议得到了支持的回应，在其结果中，西班牙的目的在于希望恢复它在南美洲的殖民地，并赢得独立。俄罗斯也开始宣称扩展它在太平洋海岸的领土。考虑到这些现状，门罗总统总结了他于 1823 年的陈述，一种试图遏制外国扩张势力的美国政治言论："为了扩展他们的政治系统至这一部分半球。"此主张并不是由国会批准的，其有效性不是取决于国际法，而仅仅是靠美国的力量来执行。】

在俄罗斯帝国政府的提议中，一个完整的权力和指令将通过驻美的俄罗斯外交部部长传送到美国圣彼得斯堡部长手中。通过友好的协商来安排两国各自在这片大陆上西北海岸的权益。一个类似的提议是由皇帝陛下提交给英国政府的，这也同样被纳入条约中。美国政府一直希望通过展现巨大价值这种友好的方式进行，他们总是渴望得到与皇帝的友谊，并且用他们的关怀去培养对他们政府最好的理解。对于兴致高昂的讨论，他们可能会终止这样的安排。这个时机已经被判断为合适宣称的时候，作为涉及美国权益的一个原则。美国大陆，他们承担和维护的自由和独立的条件，从今以后不被认为是未来任何欧洲列强进行殖民扩张的地方。

去年会议开始时，为了改善这些国家人民的生活条件，西班牙和葡萄牙都做出了很大程度上的努力，而且这些努力看起来非常合适。到目前为止，得到的结果已经完全不同于当时预期的结果了。通过世界各地的事件，我们频繁地交流，从中，我们了解到我们的起源，我们一直都是忧虑和感兴趣的旁观者。美国公民珍惜友好的感情，支持大西洋彼岸的同胞们追求自由和幸福。在欧洲列强之间的战争中，与他们相关的事宜，我们从未干涉，当然他们也不会左右我们的政策。只有当我们的权利受到侵害或者严重的威胁时，我们才会深恶痛绝或是做好防御的准备。所有开明的、公正的观察员们都清楚地看到，为了共同的事业，我们务必要更直接地与这个半球的运动紧密相连。在某种意义上来说，同盟国与美国的政治体系有着本质上的差异，这种差异存在于各国的政府中。为了保卫我们自己的家园，整个民族的仁人志士们抛头颅，洒热血，牺牲了来之不易的财富，最后通过我们开明及充满智慧的人民的不懈努力，我们终于取得了胜利，使整个国家享受到了无可比拟的幸福。我们应当归功于彼此间的坦诚，以及美国和这些国家之间的睦邻友好关系。然而现在并且我们应该考虑到，他们在这个半球扩张政权的任何尝试，都会对我们的和平与安全产生威胁。我们没有干扰别国，也不会干涉现有的殖民地国家和依赖任何欧洲力量的国家。在政府宣布他们的独立之后，我们会维护这份独立，就像维护我们的独立一样。在慎重的考虑我们所承认的公正原则后，现在无论哪个欧洲强国的任何光鲜的表现，或者为了压迫或控制他们的命运而采取的任何干涉行为，我们都将视为对美国不友好的表现。对于这些新政府和西班牙之间的战争，我们宣布保持中立态度，并且在我们的态度上不会发生任何变化。就美国而言，政府主管部门所做的判断应当做出相应的改变，因为这对他们的安全来说是不可或缺的。

在西班牙和葡萄牙事件中，指出欧洲仍不安定。这一重要事实，没有比更强的证明可以举出同盟国认为它应该是正确的，任何令人满意的原则都不能用武力干涉西班牙的内部问题。在相同的原则上进行这样的干涉在多大程度上是一个问题，所有独立政权的政府与他们的不同，有利益的甚至那些最偏远的，肯定没有比得上美国的。我们对于欧洲方面的政策，采用了在战争的初期阶段的政策，这么长时间的搅和，不过全球的四分之一是相同的。这是不干涉其内部权力的问题。考虑到政府事实上是我们的合法政府。为了培养友好关系，直率、坚持和硬汉政策维护了这些关系。在所有情况下的会议，只是声称了各种权力，并没有受到伤害。但是关于这些大陆，他们的情况有非常明显的不同。在没有危害我们的和平与幸福的情况下，同盟国想扩张他们的政治系统至大陆任何部分是不可能的。也没有人会相信我们的南部弟兄，如果将土地留给他们，他们将采用自己的协议。因此，我们用冷漠的态度采取任何形式进行干涉，这也同样是不可能的。如果我们看向合作的力量、西班牙的比较优势的资源、这些新的政府和它们彼此的距离，它将永远不能征服他们是显而易见的。它仍然是美国真正让当事人留给自己的政策，希望其他大国将采取相同的方式。

30. 与英国签订韦伯斯特—阿什伯顿条约 (1842)

【韦伯斯特与阿什伯顿所签订条约的目的在于解决存在于英国和美国之间的各种问题，主要关于边界线问题。除了俄勒冈州边界线，加拿大和美国之间的大部分边界是由本条约协定的。落基山脉以西的边界在1846年决定下来。】

1842年8月9日，美国和英国的教主之间的关于边界、镇压奴隶贸易、引渡罪犯的条约在华盛顿签订。1842年8月20日，参议院批准通过。1842年8月22日，由美国总统批准。1842年10月13日，条约在伦敦交换。于1842年11月10日宣布。

然而美国和英国在北美领土某些部分边界线，在1783年的和平条约的第二条内容中所描述的尚未明确，到现在为止，为了这个目的还在不断反复地进行尝试。而现在是为了双方的利益而避免进一步讨论他们各自的权利，出现在上述所说的条约中的这种尊重。他们应该同意所说的可能方便双方的边界的部分传统界线，这样有了等价物和补偿才被认为是公正合理的。然而在1814年12月24日签订的根特条约中，美国和英国的教主均同意下面这一条款的大意被纳入，即："条款10，奴隶贸易是不可根据人性和公正的原则协调的，然而英国的国教教主和美国都希望继续努力促进其全部废除。特此同意，缔约双方将用他们最大的努力去实现理想的状态。”尽管在不同时期，两国政府都有通过相关的法律，并做出努力压制它，但罪恶的贸易仍然在不断地进行。美国和大不列颠女王陛下和爱尔兰联合王国都下定决心：在他们的权力范围内，应当有效地废除奴隶贸易。在双方分别的领土和管辖范围内，为了更好地司法管理和预防犯罪，使用权宜之计。某些情况下，以下列举的犯下罪行的人，不管是正义的人还是逃亡者，应相互地交付对方处理：美利坚合众国和大不列颠国教教主，有决心把这几个为此目的主题，指定为各自全权代表协商并订立条约，也就是说：

美国总统指派全权代表美国国务卿丹尼尔·韦伯斯特。在大不列颠女王陛下和爱尔兰联合王国方面，任命了英国的贵族亚历山大·阿什伯顿，他是女王陛下最敬重的枢密院成员和全权公使，他带着特殊使命去美国。

相互交流各自的全部权力后，已同意并签署以下条款：

条款 1

双方一致同意将边界线宣告如下：根据 1794 年美英政府委派的长官签订的条约中第 5 条，圣克罗伊河流源头作为划分起点；从该源头起，依照根特条约第 5 条，两国政府勘察员于 1817 年和 1818 年研究标注的探索线，北至圣约翰河流交叉口及其河道中段；接着，从上述圣约翰河流中段及其流经的河流起至婆诃纳格牧科湖泊出口；从出口西南方向直到圣约翰河流西北支流，大约离最近方向的圣约翰主支流有 10 英里直线距离；但是倘若发现上述分界点距离最近的高地顶峰不到 7 英里，该高地将那些河流分成各个水系注入圣劳伦斯河流，接着从那里流入圣约翰河，那么上述分界点应当顺着上述顶峰流出的圣约翰西北支流直退 7 英里；接着一路向北，西经 8°，北纬 46°25′横贯圣约翰西南支流；从上述支流向南再到高地流出的麦特扎马特水运口；接着，从上述分流注入圣劳伦斯河流，再流至大西洋的高地至霍尔溪前段，然后从上述溪流中段直至瓦伦丁和柯林斯之前于 1774 年勘察标记过的原边界交界处，此处是北纬 45°，已被公认为真实划分纽约州及佛蒙特州和大不列颠加拿大省的界线，并为人所熟知；从上述交界线向西，沿着分界线，直至令人熟知的易洛魁河或圣劳伦斯河。

条款 2

此外双方一致认可，从两国长官在根特条约第 6 条下完成最终交接工作的地方，即从靠近泥湖的尼比什河道起，分界线应沿圣约瑟和圣坦曼尼岛之间的航道划分，直至分航道或接近圣约瑟岛前端；接着，西方和北方界线转向圣乔治岛或苏格岛的下端，再至河道中段，将圣乔治岛与圣约瑟岛隔开；从中段开始向最接近圣乔治岛的东部尼比什岛屿延伸，穿越乔治湖中段；再从乔纳斯岛西侧起，穿过圣玛丽河，到达该河流中段，大约距圣乔治岛或苏格岛有一英里，以便将上述岛屿指定纳入美国领土之中；再采用官员在地图上查探的路线，跨过圣玛丽河和苏必利尔湖，至位于上述湖泊中的伊莱罗亚尔北端，距伊莱沙坡有 100 码远，上述岛屿位于伊莱罗亚尔的东北方向，那是官员们最终标注的界线；从上述界线起，向西南方向穿越位于伊莱罗亚尔和西北大陆之间的松德海峡，至鸽子河河口，再从该河流横穿飞禽河北端和南端，至处在苏必利尔湖和伍兹湖之间的高原湖泊；再穿过塞萨纳兹湖；随之越过赛普斯湖、白木材湖、拉克鲁瓦湖、小朱砂湖、内姆康湖和一些连接上述湖泊的小型湖泊、海峡或溪流，至位于邵迪艾尔瀑布的雷尼湖，从这里，官员可以探测出至伍兹湖的东北顶端界线；沿着该界线至上述东北顶端，从格林尼治观测台可看出其所在位置为北纬 49°23′55″，西经 95°14′38″；依据现有条约，此交界线正北方位与北纬 49°平行，同时与落基山脉平行。双方须知，所有的水陆交通和所有在苏必利尔湖至伍兹湖一带运行的普通通道，同样还有来自苏必利尔湖至鸽子河一带海滨的大运河，如今可使用的交通枢纽，应当向两国公民和国民自由开放。

条款 3

为促进利润提升，鼓励被圣约翰河流及其附属支流养育的国民发展工业，无论是住在缅因州还是新布朗士维克省，双方认可，依照该条约条款，将圣约翰河宣布为边界线，上述河流应向双方自由公开通行，不得被任何一方阻隔；所有生长在缅因州部分领域，受圣约翰河和附属支流灌溉的森林生产地，其尚未加工的原木、伐木、木材、木板、狭板或木瓦，或农用木材，如果有需求的话，可合理进行生产，双方可自由通行上述河流及其附属支流，从缅因州内的河流源头出发，可抵达坐落在圣约翰河流出口位置的海港，从海港乘坐小船，木筏或其他运输工具可抵达上述河流的瀑布附近；新布朗士维克省内的森林产地可像生长在上述省份内的森林产地一样处理；同样，住在圣约翰河上游领域的居民按照该条约应归属于她的英王陛下，可在自由通行上述河流流经缅因州的所有地方进行取木；该协议始终规定，缅因或新布朗士维克政府中任何一方，都无权制定任何与该条约不相符的规定干涉上述河流的通行，两岸河流为双方共同所有。

条款 4

根据此条约，原属一方领土范围内的土地落入另一方领域之内，此刻被双方授予认可的土地，在此授权下，具备有效性，认可性，确定归领土占有者所有，该领土依据此条约落入另一方领域之内，将由另一方做出授权认可；所有公正的赔偿金，从实际占据者占领或改进一块领土所支付的或领土范围内的人向其索要的赔偿金，在该条约签订前有 6 年以上的赔偿期限，同样该赔偿金也具有有效性，占领该领土以及对其领土进行改造的赔偿者，应确保自觉偿清赔款金额；关于两合约方存在的其他所有领土争议问题，应按照最公正的自由原则同实际居于占领地的殖民者进行处理。

条款5

有关东北边界上的领土争端纠纷问题，服从英王陛下的新布朗士维克省当局为防止上述领土森林遭到破坏，需支付一笔金额，这笔基金将被称为“领土争议金”，该笔资金需由从最终边界划定得到的部分领土获益者支付，据此，上述所有填写精确付款金额的借据应上交至美国政府，在该条约批准书交换之后，6个月内偿清；缅因州和马萨诸塞州遗失的部分领土所获的赔偿金，和与之相关的债券和证券都应上交给美国政府；美国政府同意将缅因州和马萨诸塞州两州各遗失土地获赔金额交由两州，此外，为了满足上述政府的要求，政府将支付两州在1838年保护上述争端领地和勘察产生的费用。鉴于从英国王室政府得到公正的赔偿金，缅因和马萨诸塞两州同意该条约划定的界线，美国政府商定向两州提供30万美元，两州公平分配。

条款6

该条约进一步达成共识一致意见，为了确保圣克罗伊源头到圣劳伦斯河流一带的通行，以及在领土上建立特定的纪念碑以划清上述河流一带的其他领域，需要任命两名行政长官，一名由美利坚合众国总统在参议院的意见一致情况下授职，另一位由它的英国皇室授职；上述长官应于5月1日在班格尔，缅因州上任，在其上任之后起，开始标清上述界线，从圣克罗伊源头起至圣约翰河，并沿着特定地标上的上述河流和圣弗朗西斯河流分界线一带，至婆诃纳格牧科湖泊出口；在上述湖泊出口处，他们将在陆地上建造特定持久的纪念碑以确立，固定、标注本条约第一条例描述的界线；此外上述长官应代表各自政府作联合公告或宣言，在他们交手盖章下指定该界线，在该公告或宣言中需伴以地图，由他们长官证明地图上的新边界真正产生。

条款 7

该条约进一步达成一致意见，流经长盐群岛和巴恩哈特群岛两岸的圣劳伦斯河流通道，流经博伊斯布朗克群岛和该群岛到美加海滨之间的底特律河流通道，以及坐落于圣克莱尔河流和圣克莱尔湖泊汇合处附近的不同群岛之间的几条河道、通路，应当对双方船只、货舰及轮船平等自由开放。

条款 8

双方共同规定，各方在非洲海岸一带准备、配备及保持一支合适充足的小舰队做供应，或是在通道处设置适当数量和规模的海舰，并装备不少于 80 支的枪支，各自单独遵照、履行其国家的法律、权利及义务，以抑制黑奴贸易，上述舰队是相互独立的，但双方政府规定，当紧急事件发生时，他们会共同商讨，向掌管各自军队的军官下达指令，让其能够最有效地发挥共同协作能力，为了达成此条例的真正意图，各方政府应各自向另一方政府传达所有类似的指令。

条款 9

然而，尽管为了抑制黑奴贸易而在非洲海岸做出的所有努力如此之多，那些继续黑奴贸易、避免警惕的巡逻舰的船只设备，通过假借旗帜和其他方式诱骗继续贸易，当发现如此坚固的黑奴市场时，预期的结果将会长久耽搁，除非关闭所有市场抵制非洲黑人的购买，根据此条约，双方同意，一旦发现任意一方领域内存在此交易，他们将会共同联手用一切权利代表抗议，并且将适当运用此权利和义务敦促立即永久有效地关闭此类市场。

条款 10

美利坚合众国和其英国皇室一致同意，在其共同申请下，或由其大臣、官员或当局各自做出提交，对所有被控杀人罪，或故意谋杀侵害罪、剽窃罪，或纵火罪，或抢劫罪，或伪造罪，或出示伪造票据罪，触犯任一方司法权，寻求庇护或在另一方领土内被发现的罪犯进行审判：依据在逃人员被发现地的法律，仅在此类犯罪证据确凿的条件下，如果居于此地的罪犯或侵犯者已经犯罪，该地方法院将会合法逮捕罪犯并进行审讯；双方政府的各法官和其他地方长官拥有政权、司法权、受理权，针对此诉讼案件在宣誓下，颁发授权令，逮捕逃犯或被控人员，而罪犯将会被分别带到该法官或其他地方长官面前，直至最后犯罪证据的听审和斟酌；倘若在此听审中，有充分的证据被认定可以支持被控方犯罪行为，审查法官或地方法官有责任向原罪犯所在地的行政机构确认同一案件，之后将颁发该逃犯的认罪授权令。此逮捕和提交过程中产生的费用将由申请和收押逃犯的一方承担支付。

条款 11

该条约第 8 条，从双方交换意见认可批准即日起，有效期 5 年，期限过后，直至一方或另一方表达终止该条例的意愿可取消该条例。第 10 条可以持续保留至一方或另一方表达终止该条例的意愿并不再生效为止。

条款 12

当前条约应当被充分认可，并在伦敦共同交换批准合约书，从签约即日起或可能更早时起，六个月内行之有效。

我们双方的忠心全权公使，已经签署该协议并加盖印章。

签署完毕，两份，华盛顿，1842 年 8 月 9 日

丹尼尔·韦伯斯特【盖章】

阿什伯顿【盖章】

31. 墨西哥条约
(1848)

【通过购买路易斯安那州，得克萨斯已成为美国领土的一部分。但是在1819年佛罗里达谈判中，得克萨斯被割让给西班牙。两年后，墨西哥，包括得克萨斯，已宣布独立，美国两次试图从墨西哥购得得克萨斯都未成功。来自美利坚合众国的移民定居于得克萨斯最终致使得克萨斯被分离出来，并合并于美利坚合众国，结果造成1846年5月墨西哥战争的爆发。通过签订此条约宣布战争结束，美国不仅得到了得克萨斯，并且还收获了新墨西哥和位于其北面的加利福尼亚州。】

美利坚合众国和墨西哥合众国于1848年2月在瓜达卢佩—伊达尔戈确定和平友好领土划分条约；1848年3月10日，在宪法修正案下，参议院审核批准；1848年3月16日总统批准；1848年5月30日在克雷塔罗州交换批准书；1848年7月4日发表公告。

以上帝的名义：

美利坚合众国和墨西哥合众国受真诚的心意所启蒙，愿意结束两共和国之间存在的不愉快的灾难性战争，建立和平友好的坚实基础，两国人民互利互惠，保证两国人民和睦相处、互相信任，成为友好邻邦国，为此委任各全权公使，即：

美国总统委派尼古拉斯·P. 特里斯特，一位美国公民。墨西哥合众国委派多恩·路易斯·贡扎加盖瓦斯、多恩·伯纳多·库托和多恩·米盖尔·爱崔斯坦，墨西哥合众国公民。

各全权公使进行互惠洽谈之后，承蒙和平的创始人——上帝的庇护，协商一致同意签署以下条约：

美利坚合众国和墨西哥合众国和平友好领土划分条约。

条例 1

美利坚合众国和墨西哥合众国之间应实现完全稳固的和平，和平要覆盖他们各自的国家、领土、城市、乡镇和人民，地方或人民无一例外。

条例 2

一旦签署该条约，由美国军总司令任命的一名长官和墨西哥政府任命的几名长官将最终依照惯例声明，暂时停止一切敌对行动，美国占据的地方，将重整法律秩序，对党派、行政和司法部门进行调整，这些做法在占领区将被认可。

条例 3

当前条约一旦获得美国政府的批准认可，指令将会传达给大陆指挥官和海军舰队，要求后者（如果该条约之后被墨西哥共和国批准，并交换批准书）立即停止封锁所有墨西哥港口的行动，并且要求前者（同一情况下）开始在尽可能最早的时间内撤退一切在墨西哥共和国境内的美国军队，经过再三商讨达成共同意见，军队距离海港不超过30里格；在墨西哥共和国内驻留的军队撤离应尽快完成；墨西哥政府据此需按照合约自身尽其所有来提供设备，给予军队行军和驻守新位置以同等方便，促进军队和当地居民的友好沟通。同样应向负责海关的人员派发指令，掌管美国军队占领的所有港口的房屋，要求他们（同一情况下）立即转交墨西哥政府授权公民的同一管辖权，并接收该地，附带所有还未到期的进出口关税债券和票据。此外，需要开出一张真实精确的账单，注明全部进出口关税，在此海关征收美国授权的住宅或墨西哥其他地方，从墨西哥共和国批准该条约之后开始执行；仅扣除征收费用的其余全部费用将上交至位于墨西哥城市的墨西哥政府，交换认定书后三个月内有效。

依照以上条款，美国驻守在墨西哥共和国首都的军队，应当在美军长官接收到当地指令后，于一个月内或尽可能更早的时间内完成撤离工作。

条例4

一旦该条约批准书交换之后，所有在当前战争中美国军队夺占的堡垒、要塞、领土、地方及财产，隶属墨西哥共和国范围之内的，将按照条例要求进行安置，占有品需明确归还上述共和国，并附以在上述堡垒或要塞中夺获的大炮、武器、战争设备、军需品和其他公共财产，当该条约被墨西哥共和国政府完全批准时，这些占有品依然可以保留下来。为此，一旦该条约签署后，指令将会下发至看守该堡垒和要塞的美国长官，要求其保护所有大炮、武器、战争设备、军需品和其他公共财产不被搬移或不受破坏。在四周布下内线防御堑壕的墨西哥城，关于墨西哥周围设有内线堑壕、城内的大炮、战争设备等财产归还问题应包含在以上条款中。

美国军队在墨西哥共和国境内的最后撤离，自上述交换批准书或可能更早时起，需在三个月内完成；墨西哥政府据此按约定，如前一条一样，倾尽全力协助本次撤离，为军队提供便利，促进军队和当地居民的友好沟通。

但是，如果双方并未在患病季节来临之前于墨西哥湾墨西哥港口批准此条约，认可美军完成撤离，在此情况下，上述美军总司令和墨西哥政府达成友好一致意见，指定还未撤离的军队居住在健康或其他合适的场所，距港口不超过 30 里格，直到交替到健康之季为止。这里所提到的患病季节时间是指从 5 月 1 日到 11 月 1 日为止。

各方在陆地或海域俘获的所有战犯，在该条约交换批准书之后，需尽快归还至各方军队。该条约同样一致认可，如果一些墨西哥人现在被美国境内的任一野蛮部落捕获作为俘虏，按照以下条例进行安排，美国政府将要求释放这些俘虏，并将其送还至他们的国家。

条例 5

两共和国的边界线应从墨西哥湾开始，距离大陆 3 里格，正对着格兰德河口，又称北布拉沃河，如果不止一条支流注入海洋的话，边界线或是正对着最深的支流入口；从该河流中段起，紧跟着不止一条的最深河道，穿过新墨西哥南部边界；从那里沿着新墨西哥西部航线一直向西（流经帕索镇北部）可以流至西部终端；从那里沿着新墨西哥西部航线一直向北，直到与吉拉河流第一支流交叉（或者如果没有和那条河流的任何支流相交叉，也会达到最靠近支流的地方，然后从那里直接流向同一地点）；接着从上述河流支流中段向下流出，直至注入科罗拉多河；再穿过科罗拉多河，到达加利福尼亚上下游分界线，最终流向太平洋。

在此条例中提及的新墨西哥南部和西部界线，被制作在地图中，该地图被署以“由共和国国会通过不同法案系统制定的、依据最高权威机构绘制的墨西哥合众国地图，修订版由迪斯特纳尔于 1847 年在纽约出版”，该复印地图被添加至该条约中，并刻有全权公使的签字盖章。为了消除通行加利福尼亚上下游分界线的障碍，双方一致认可将上述界线组成一条直线，从吉拉河流中段开始，与科罗拉多河流交汇，到达太平洋海岸，距最南端的港口圣地亚哥正北方有一海里格，这是依据多恩·胡安·潘托哈在1782年所做的港口通行方案，第二次航行由西班牙舰队主导，并于1802年在马德里发表，该航线记录在苏蒂尔和墨西哥船舰的地图集中。该方案迄今被添加到条约中，经由全权公使签字盖章。

为了在官方地图上精确地划分出应有的边界线，并确定领土——像之前条例中描述的那样，对两共和国的界线进行标记，双方政府应各派一名长官和测量员，从该条约交换批准书之日起期满一年之前，该长官和测量员应赴圣地亚哥港口会面，并开始全过程针对北布拉沃河进行标注。他们需要保持记录并制作出操作方案；双方一致认可的结果将会是该条约的一部分，一旦列入条约之中将会产生同等效力。两国政府将友好认可，有必要对这些长官进行问候，同样还有其陪同，也是有必要问候的。

依据该条例确定的分界线应由共和国各方认真遵照，在此条例中不得做出更改，除非两国表达更改意愿并自由认可，由各国政府遵照其自身宪法给予法律认可。

条例6

美国船舰和公民从前一条例中划定的北部边界线领域中，可以始终自由、畅通无阻地通行加利福尼亚海湾和与吉拉河流交汇的科罗拉多河流；各方须知，该运行通道可在加利福尼亚海湾和科罗拉多河流进行通航，没经墨西哥政府的明确许可，不允许大陆通行。

如果经过检查，可以确定在整个或部分吉拉河流上游，或其右岸、左岸，在河流边缘一海里格以内的地方，修筑公路、运河或铁路具有实用性，并且有益处，两共和国政府将就该建造事项达成协定，以供两国平等享用优势条件。

条例7

吉拉河和位于新墨西哥南部边界的部分北布拉沃河依照第5条例，被分隔在两共和国的中间，吉拉河和边界北布拉沃河的通航应向两国的船只和公民自由、共同开放；任何一方未经另一方许可，不得修筑任何建筑物来完全或部分妨碍阻隔此通行；即便意图另辟新航线也不可阻隔。不得以任何名义或头衔，向在同一河道通行的船只、公民征收任何通行税或特别税，或是向商品或运输财产进行征税，抵达另一方海岸的情况除外。如果为了保证上述河流可通行或在其州内进行河流维护，征收通行税或特别税是必要的、大有用处的，未经两国政府许可，也不可征税。

此条例中涵盖的条款在确立的界线范围之内不得损害各共和国的领土权益。

条例8

按照本条约规定，之前居住在隶属于墨西哥领域、现将被划定为美国领域的墨西哥人，可以继续自由地住在他们现在所住的场所，或可以随时搬到墨西哥共和国，保留他们在上述领土中持有的财产，或将在该领域内的财物进行处理，并转移到他们乐意前往的地方，因此他们可以不用受制于交特别税、课税或其他任何费用。

那些愿意留在上述领域内的人可以保留墨西哥公民的身份或权利，或是得到美国的公民身份许可。但是他们需要从该条约批准书交换之日起一年内履行好他们的公民义务；在一年合约期满之后还留在上述领域内的那些人，并没有表达想要保留墨西哥公民身份的意愿，那么他们将被当选为美国公民。

在上述领域内，现属于墨西哥人而不归属于上述领域的每一分财产，都不容侵犯，应被受到尊重。当前的财产所有者，上述领域的财产继承者，和在将来可以按照契约得到上述财产的所有墨西哥人，在其隶属于美国公民范畴后，也应尊重其拥有足够平等的权利享有财产继承保证。

条例 9

在上述领域内不再保留墨西哥共和国公民身份的墨西哥人，依照前一条例中的有关规定，将被纳入美利坚合众国，并且在适当的时间（美国国会做出判定）遵照宪法基本原则，依法享有美国公民所享有的所有权利；同时，他们享有的人身自由和个人财产将会得到维持和保护，并且不受约束，安全、自由地享有信教的权利。

条例 10

（文件破损）

条例 11

鉴于在该条约中有大部分领土将要被纳入美国领土之内，现在该领土被今后将会脱离美国控制的野蛮部落占据，其在墨西哥领土范围内的侵犯将会产生极大的危害，现庄严地达成协定，无论在何时美国政府都应强行制止该侵犯；当他们的入侵不能被阻止时，他们应将受到上述政府的惩治，并同时进行赔偿。同理，若其计划或在本国领土范围内对本国公民进行侵犯，也将用同等的注意力和精力来处理部落入侵。

美国居住者以任何托词购买或获得墨西哥人或外国人在墨西哥的居住权是不具备法律效力的，该居民可能会被居住在任意一国领土范围内的印第安人捕获；更不用提在该印第安人所在的墨西哥领域内购买或获得马匹、骡子、牛或任何牲畜财产。

当发生印第安人在墨西哥领域内俘获美国人，并将其送至美国领土范围之内的事例时，后者政府要以最庄严的形式进行约定、保证，一旦知道该俘虏归属于其领域，应当用其权势和力量忠实地对该俘虏进行营救并将其送回他们的国家，或者将其交由墨西哥政府代理处。墨西哥当局将尽快向美国政府公示该俘虏受理情况；其代理机构需支付在该获救俘虏身上产生的供养和移送费用；与此同时，应美国当局表示，他们应在其所在地受到最高的待遇。但如果美国政府在收到墨西哥告示之前，通过其他情报获知墨西哥俘虏在其境内，如上述规定，美国将立即实行释放并送至墨西哥代理机构。

为了给予这些条例以最大限度的效力，按其真实的想法和意图保障安全提供补偿，美国政府现将毫不犹豫地通过该条款，并谨慎执行，按国家本质来讲需要这些法案条例。最后，当印第安人从上述某领域内迁移，或以美国公民自居，上述政府将会赋予他们神圣不容忽视的职责；但相反，美国郑重明令禁止侵犯别国，若印第安人住在侵犯后的新住所，那么他们将不会得到特殊关照。

条例 12

关于美国得到延伸的边界疆土，在该条约第 5 条例中有明确规定，美国政府答应向墨西哥共和国支付金额 1500 万美元。

一旦该条约被墨西哥共和国政府完全批准后，美国政府将在墨西哥城支付上述政府墨西哥金银币 300 万美元。余下的 1200 万美元将在同一地点用同一货币进行支付，同时按照 6％的年利率支付本息。总额 1200 万美元的利息将从墨西哥政府批准该条约之日开始计算，并从当日起期满一年交纳第一批分期付款。到期时，携带每年的分期付款金额，连带着从计息之日算起的利息，连本带息交付。

条例 13

此外，美国保证承担支付索赔人现应得的以及将来所得的全部赔偿金，这是依照攻打墨西哥共和国所作出的索赔决定，两国商定支付金额应在 1839 年 4 月 11 日到 1843 年 2 月 13 日之间分期结算，以便可以在将来完全免除墨西哥共和国索要的所有赔偿金。

条例 14

美国政府进一步免除墨西哥共和国交纳美国公民的所有赔偿金，此前并不打算与墨西哥政府为敌，该赔偿金将会提前在该条约签署之日起被提出；不论是依照下一条例规定拒绝赔偿，还是经由委员会批准许可，该免除是不可更改的，具有永久性，不论许可免除多少金额。

条例 15

在前一条例中，美国免除墨西哥应对美国公民支付的赔偿金，并且对其赔偿金额，不论多少，进行完全、永久免除，美国同样保证对墨西哥公民给予赔偿，赔偿金额不超过 325 万美元。为了确定该赔偿金的准确数额，美国政府将成立一个委员会，该委员会将做出最后决议；在决定每一笔赔偿金的确定数额时，委员会应以尚未批准的第 1 条例和第 5 条例中规定的原则和准则为指导方针，1843 年 11 月 12 日在墨西哥城结束此决议；未遵照此原则和准则做出的赔偿金额绝不会得到判决认可。

倘若上述委员会或索赔者认为，墨西哥共和国领土或势力之内的任何书籍、记录或档案，对于公正地决定每一笔赔偿金来说是必不可少的，委员会或索赔者将通过它们，在国会指定的期限内，写下申请，由美国国务卿传达，寄送至墨西哥外交部部长手上；墨西哥政府保证接收到此借据后，尽可能在最短的时间内，将在其领土或势力范围之内任何详尽的书籍、记录或档案（或已认证的同一文献或摘录）传送至上述国务卿手中，随即国务卿将其交至上述委员会；在任何赔偿金的案例中不能做出此类申请，直到在宣誓或断定的情况下，需要书籍、记录或档案陈述事实才可做出此申请。

条例 16

各合约方需保存自身全部权利，当完全推理出国土面临危机时，在其领土范围之内要加强巩固，为了国土的安全，需严加防范。

条例 17

美利坚合众国和墨西哥合众国于 1831 年 4 月 5 日在墨西哥城缔结友好通商航海条约，不包含附加条例，以及上述条约与当前条约中任何条款不相符的条例，在力量与美德的汇聚下，该条约从交换批准书之日起 8 年之内有效；在 8 年期满之后，各合约方在任何时刻需保留自身权利，来终止与对方签订的一年协议。

条例 18

在墨西哥驻留的美国军队在做出最后撤离任务之前，抵达军队占领的港口所需的供应物，尽管以后会撤离港口海关，应当完全免除关税或产生的任何费用。据此，美国政府郑重承诺安置军队，并谨慎执行任务，为保障墨西哥的税收安全，美国会出动所有可调动警卫兵，对进口货物和数量进行严格限制，除了美国军队驻留在墨西哥时真正需要的消费用品。为此，倘若发现或有理由怀疑墨西哥试图滥用此条例，美国所有官员和代理人有责任向墨西哥当局提起控诉，另外会在其能力范围内向当局调派所有助手协助调查此事；当主管法庭做出判决，充分认证确定此不当做法时，应对这一不当的引用做法给予没收财产的处置。

条例 19

关于所有商品、财物及其他财产进口到墨西哥港口，同时美国军队驻守于此港口时，无论是双方国民进口还是任何中立国的公民或国民进口，需遵循以下规则：

（1）所有此类商品、财物及财产，如果在墨西哥海关恢复之前进口，按照本条约第 3 条例有关规定，应免除没收财产的处罚，即使墨西哥关税局禁止此类商品的进口。

（2）在下一条例中墨西哥关税在各港口生效，海关恢复后，固定前 60 天，所有此类商品、财物及财产的进口仍可享受免除处罚的待遇；但当下一条例生效时，上述商品、财物及财产在进口时需遵照支付关税的原则。

（3）前两条规则所述的所有商品、财物及财产，以任何名义停靠在港口处，离开港口处转送境内时可免除所有关税，或任一分类课税。它们也不需要在运输数量上交任何费用。

（4）第一、二规则所述的运送到境内各地的所有商品、财物及财产，同时美国军队占领该运送领地时，以任何名义停靠在港口处时，可免除所有运输商品消费数额的关税，和其他任何额外的课税。

（5）但是如果第一、二规则所述的任一商品、财物及财产在美军未占领港口时，运送到各地区时，引入港口及商品消费数额所产生的关税将按照墨西哥相关法律进行征收，如果此进口货物是在和平时期引进的，它们需遵照墨西哥关税征收条例，向海关机构支付关税。

（6）第一、二规则所述的所有商品、财物及财产的所有者，抵达墨西哥任一港口后，有权选择将这些进口货物重新装船，免除所有关税，课税或其他额外税。

在美军驻守港口，未恢复海关时，关于从任一墨西哥港口出口的金属或其他物品，墨西哥当局，不论是总局或是州政府，不得要求向任何人征收任何出口课税，关税或额外税，或上述机构不得以任何形式向同一出口商品进行征税。

条例 20

鉴于总体经济利益，双方一致认可，遵照第 3 条例有关规定，从该条约签署之日起到恢复海关之日至少需要 60 天，在此情形下，所有抵达墨西哥港口的商品、财物及财产，在上述海关恢复之后，到该条约签署后 60 天期满为止，可允许入关；并且在海关恢复期内不需要向其交纳其他关税制定实行的课税。此外对前一条例规则中所述的所有商品、财物或财产都适用。

条例 21

如果将来两共和国之间出现不愉快的分歧，无论是在该条约有关条款的解释方面，还是其他详细的两国政治或经济关系问题方面，上述两国政府，需向对方承诺，他们将会用最大的真诚和热忱努力化解出现的分歧，并为此以共同代表出席和平协商的形式，保持两国现在所处的和平友好状态。如果通过这些方式，两国并未达成一致，一方不可因此对另一方采取报复、侵略，或敌对手段，直到受侵犯政府充分承认其被侵略行为，本着和平友好的邻邦国态度，该分歧无论是被各方代表长官公然裁决，或由一方友好邦国决断，会相得益彰。一方提议此解决方案，另一方将会认可，除非此方案与分歧存在的本质完全冲突，或是有不相一致的情况发生。

条例 22

如果（不被期待或上帝禁止的）战争在两共和国不幸爆发，对于此类不幸事件的发生，他们此刻要郑重向对方和世界承诺遵循以下准则，当然在事件本质允许的情况下，尽可能地就一切情况而论，完全遵守该规则是不可能的：

（1）任何一国的商人在另一国家可被允许停留 12 个月（对于居住在境内的人）和 6 个月（对于居住在海港的人）来收债或处理事务；在此期间，他们同最友好邦国公民或国民一样，同等享受法律，同样进行走动；在期满时，或在期满前的任意时间内，遵照最友好邦国公民或国民被要求遵循的法律，他们完全可以自由离开，毫无干扰或阻碍地带走他们所有的财物。关于任一国家进入另一国领域范围之内的军队，和未携带武器居住在毫无防备的城镇、乡村或其他地方的妇女和儿童、牧师、各类学者、农民、商人、艺术家、生产商和渔民，总体看来，所有前来居住的人都是为了基本的生存和人类利益而前来，这些人将被允许继续他们各自的职业，不会对其进行干扰。那些既没有在战争过程当中被入侵的军队烧毁或破坏的房屋或物品，又没有被掠走牛，更没有荒废田园的人，他们可能会衰落；但是如果因为军队的使用致使生活必需品价格上调，他们将以合理的价格购买同一供给品。所有的教堂、医院、学校、大学、图书馆和其他慈善捐赠机构应得到尊重，与之相关的所有工作人员在退职和继续职业时都应受到保护。

（2）为了减轻战犯的苦刑，那些将战犯送至偏远、气候恶劣或损害身体的地区，或是让其挤在紧闭有毒的地方的所有做法，都应注意避免。他们不应被囚禁在地牢或监狱中；也不应遭受烙刑、捆绑，或其他限制其肢体使用的酷刑。在便利的地区，长官享有自由言论权，并且住在舒适的营房；一般的士兵被安置在兵营里，对于呼吸空气和运动来说足够开阔宽敞，也有住在兵舍里，宿舍提供的和在其军队掌权的长官的房间一样宽大舒适。但是如果有任何长官打破言论离开其被指派的地区，或有任一逃犯交由该长官管制之后，从其管辖范围之内逃跑，该个人、长官或是其他罪犯，将丧失该条例中提供的言论自由或住兵营的好处。如果有任一长官打破言论，或是普通士兵逃离其被指派的管辖范围之内，之后被军队所找到，不同于之前常规退换，该违规人员应按照制定的战争法进行处置。长官每天应得到供应品，依据其指挥军队的身份，按照此条例可提供多些口粮，无论在性质上还是减刑上，都与其军队同一军衔的长官待遇一样；其他所有人应按照一个普通士兵的服役程度给予每天的口粮；所有供应品的伙食费用，在战争结束或双方长官签订协议共同调节战犯的生活状态时，应由对方负责支付；该账单不得与其他费用相混用或抵销，也不得拖欠余额，以任何真因或假因进行补偿或报复。各方需保持战犯的粮食供应，自身需指派人员供应每一个处在别国境地的战犯兵营；应为战犯提供他所满意的粮食供给量；其朋友前来探视时，应免除任何所有的关税或课税和额外税；战犯应享有向其服役国家寄写信件的自由权。

在此声明，以战争为借口解除所有条约，或是其他任何托词，都不能被认作可以取消或暂停涵盖此条例的庄严契约。相反，战争恰恰发生在此条约缔结时，在此期间，这些条款将在自然法或国家法下成为最受公认的需虔诚遵循的条例。

条例 23

该条约需由美利坚合众国总统，在参议院的意见通过下，和墨西哥共和国总统，在其国会提前赞许的情况下，一同批准；该批准书应在华盛顿城，或在墨西哥政府所在地进行交换，四月之内，尽可能快速完成签署工作。

本着诚挚的心，各全权公使已签署此和平友好领土划分条约，并各自盖章。一式五份，于1848年2月2日在瓜达卢佩—伊达尔戈城签署完成。

尼古拉斯·P. 特里斯特【盖章】

路易斯·贡扎加盖瓦斯【盖章】

伯纳多·库托【盖章】

米盖尔·爱崔斯坦【盖章】

32. 逃奴追缉法
(1850)

【逃亡奴隶追缉法是众所周知的1850年妥协案中的一部分。通过这次和解方案，反奴隶政党获得批准将加利福尼亚变为自由州并且废除哥伦比亚地区的奴隶贸易。而另一方面，奴隶制政党除了在得克萨斯问题上做出妥协外，从此法案中也获益颇丰，而逃奴追缉法的严酷性却极大地促进了北方反奴隶主义者的醒悟。】

第1条　该法案是在全体会议上由美国参议院和众议院制定的，那些已经或即将被美国巡回法庭依照国会法律有关规定授任为执法长官的人，在任职后，有权行使美国治安法官或其他地方执法长官的权力，对于刑犯或侵犯国家权益的人在类似案件中或拘捕，或监禁，或保释，并且根据1789年9月24日所颁布的“关于建立美国法院的一项法律”中第33条，这些执法官应当被授予要求行使和执行该法案所授予的权利和义务。

第2条　该法案进一步规定，美国各自治领域的最高法院应当享有同样的权力委派执法长官在民事案件中审判保释人及其在法庭上的陈述和证人证词，这些权力现在由美国巡回法院掌管；而所有将被美国各自治地区的最高法院授任处理此类案件的长官应享有所有权力，履行所有职责，与被美国巡回法院授职处理相似案件的专员相比，他们还应行使和履行该法案规定的所有权利和义务。

第 3 条　该法案进一步规定，美国巡回法庭应不时扩大官员数量，提供合理的人力物力资源追回逃奴，并且能够灵活变通地履行该法案规定的职责。

第 4 条　该法案进一步规定，上述授任的官员应同美国州内的各巡回法院，地方法院及最高法院的法官一样享有同等权力，工作期与休假期，根据各自的规定或共同依照的原则，也应与之相同；应认可给出充分证据的诉讼者，并且有权将那些摆脱服务与劳动的逃奴，依照此法案的限制条令，送回他们以前可能逃脱的州或其他地区。

第 5 条　该法案进一步规定，所有的执行法官和副执行官，在他们掌权期间，应有责任服从和执行该法案条令下发的授权令和准则；如果执行法官或副执行官，在受理期间，拒绝接受委任状或其他流程，或者是费尽苦心运用一切正当手段处理同一案件，他应为此被他所在的巡回法院或地方法院判处罚金共计 1000 美元，这是代表诉讼者的要求和意愿；在拘捕逃奴后，依照该法案条令规定执法官或副执法官同时要对他们进行监护，如果奴隶脱逃了，无论是否经过执法官或副执法官的许可，该执法官，在他任职期间，可以被起诉，这是维护诉讼者的利益，那些逃奴能为他们所逃脱的国家，州或地区提供大量的服务和劳动力：这能使上述因此而被授任的行政官能更好地切实有效地履行他们的义务，依照美国宪法和该法案的要求，他们在各自的郡县内被批准授权，他们可以不时地任命任何人或更合适的人选来执行任务或其他流程并被规定依法履行各自的职责；而被他们任命的官员有权执行上述的法定程序，可以从民众或一些郡的警卫团当中召集助手，但必须要忠实遵照宪法和该法案中的条例；要求所有优秀公民能帮助法律快速有效的实施，如上述所言，为达到目的，他们随时都要提供服务。上述的委任状无论是在何地发出的都应由上述官员执行。

第 6 条　该法案进一步规定，当一个奴隶被限制只能在美国的一个州或地区服务和劳动时，他此时或将来逃到美国的另一个州或地区，这个奴隶或这群奴隶的主人或他、她或他们的代理人或律师，有权正当行使自己的权利，写诉状书，并由律政官员或处理类似案件的州或地方法院盖章证实，这样便可以继续追回逃奴，或者是从当地的巡回法院，地方法院或郡县级法院的法官手里拿到逮捕令，逮捕逃奴，这样可以免除抓捕逃奴的手续，在审判员，法官，执行官受理之前能立即追捕逃奴并将其带回原地，法官们依照总惯例处理此类案件还要听证再对此案件做出判决；（处理此类案件时）充分证据和书面证词或口供要提交给法官证实或其他有力的证词可适当提交给审判员、地方法官、治安法官或其他律政官员核实，这些法官有权依照逃奴所逃走的州或地方法律掌管宣誓书，提取证词，有了上述地方行政长官或其他官员开出的证明，以及另外从当地法院或官员得到的能足够确定证据属实性的盖章，还有能够确定逃奴的服务及劳动能力归诉讼者所有的证据和证词，就能确定从他们州或地区逃走后被逮捕的逃奴以及已然从之逃脱的奴隶确实是归上述为他或她提起诉讼的主人所有，为了辨识奴隶并将其归还至诉讼者或奴隶的代理人，证书可以陈述大量事实来确定逃奴是否是诉讼者的财产，要是逃奴是在他或她逃脱的州或地区被逮捕的，在这种情况下，诉讼者或奴隶的代理人有权在必要时使用适当的武力或镇压将逃奴带回他或她之前所逃离的地方。在此法案实施下，没有案例表明甚至没有听说过确定逃奴身份是需要证据的。此条内容和第 1 条的陈述是总结人们或被赐予的权利，他们能将逃奴带回逃奴之前逃离的州或地区，也能避免人们因办理法院、法官、地方官吏或其他人提出的复杂流程而产生事端。

第 7 条　该法案进一步规定，那些故意主动妨碍、扰乱或阻碍当事人，或逃奴的代理人行动的人，或是那些利用正当合法的手段帮助服务或劳役的逃奴摆脱追捕的人，不论他们是否办理上述手续；或是那些决定或试图将服务或劳役的逃奴从当事人或奴隶的代理人或律师的禁锢中解救出来；或是其他依照自己依法享有的权利去援救那些正在被追捕的奴隶的人；他们或直接或间接地帮助、支持、救助那些服务与劳动力已归他人财产的逃奴，帮他们摆脱他们的当事人或代理人；或是其他依法被授权的人，他们或庇护或藏匿逃奴，以防止他被人发现并逮捕，一旦查证确定他们所私藏的人确实为逃奴后，这些人将以违法行为，被判罚金不超过 1000 美元，或者是为期不超过六个月的监禁，这些处罚是美国地方法院在受理此类违法案件提起控诉做出判决之前的，或当地法院在美国自治区内受理此案件做出刑事审判之前的惩处。此外，根据公民从此违法行为中受到的损失，他们将被没收财产，按照一个逃奴的损失计算：一个逃奴需要 1000 美元的赔偿，可以通过贷款偿清，这是依照当地地方法院对此类犯罪案件的审理而做出的判决。

第 8 条　该法案进一步规定，法官、副执行官以及上述地方法院的职员应按照他们的服务被支付薪水，就如同在其他事例中，类似的服务应当被付费一样；那些单独用于逮捕，拘留逃奴并将其送还至当事人或其代理人或律师手中的服务，或是这些认定的逃奴因证据不足被释放的审判服务，一律由奴隶的当事人或代理人或律师支付其产生的服务费；对于审判之前的所有法律程序，可以按每办理一个程序收取 10 美元服务费进行，这可用于办理逃奴证明并将其下发至当事人或代理人或律师手中；在法官审阅发现证据不足以证明能将奴隶交至奴隶当事人或代理人或律师的一类案件中，当事人或代理人或律师需在每一程序中支付 5 美元服务费，其中包括逮捕和调查的劳务费。被执法官任命执行逮捕并拘留逃奴任务的人，应按每人每拘捕一人获得 5 美元的报酬，而且在做出判决前，依照当事人的建议和请求，长官理所当然认为，这些工作可能一定要由他或他们来做时，额外的服务应得到额外的报酬。例如参加审查，监禁逃奴，在他们被拘留期间为他们提供食宿，直到法官的终审判决。通常来说，执行当事人、代理人或律师所交代的任务或法官所委派的上述任务，所得费用应与国家或地方司法长官规定的费用相一致，要贴近实际，并由逃奴诉讼者或代理人或律师支付，无论逃奴在法官最终审判后是否被判决送还至该诉讼者。

第 9 条　该法案进一步规定，逃奴的当事人或其代理人或律师做出答辩并将证词提交后，他有理由担忧他的逃奴在被带离他被拘捕的州之前，会被他人依靠武装力量营救出来，当地官员应有责任看守关押在监狱中的逃奴，将其押回他所逃走的州，并最终送回至奴隶主或奴隶代理人手中。到最后押运的过程中，上述官员会特此被任命要求征召众多人员以致他能足够抵制外来武力，并在情况需要的时候将这些武装分子抓捕拘留。上述官员及其雇用的援助者，根据法律押运逃奴的相关规定，应得到同样数额的补偿金，并由监狱所在州的法官给予证明，补偿金由国家财务部支出。

第 10 条　该法案进一步规定，当被规定在一个州或地区或哥伦比亚州服务或劳役的奴隶从其所在州逃跑时，该奴隶的服务及劳动力归属于奴隶代理人所有的奴隶主政党，可以向法院或休假中的法官申请做记录，并向该法院法官提交充分的证据证明所逃奴隶是归属于他们所有的。法院由此对这一被证实事件做一个记录，并对在逃奴隶做出大致的描述，以方便确定是否为逃奴。该记录文件，经过法院官员的核实认证并盖章后，下发至其他各州或地区，或逃奴可能被找到的地区，美国宪法授权的各法官、委员或官员看此通告后会将服务或劳役的逃奴抓捕上交，该文档记录应包括奴隶逃跑的完整确凿性证据以及该服务或劳役的逃奴归属于上述政党的事实依据。在必要的情况下，除了在记录文档中确定逃奴身份，上述政党将公告其他或进一步的证据表明逃奴应送还至该诉讼者手中。上述法院、委员、法官或其他被法律授职的人应授予该诉讼者认证书，依照所做记录和其他上述证据的发表，该证书可表明诉讼者有权带回所确认的奴隶并证明该服务或劳役的逃奴确实为其所有，该证书授权诉讼者抓捕逃奴并将其运回至他所逃离的州或地区。倘若，证据中没有可以用来分析能将该记录文件及其他证据发表的材料，该诉讼案件将因证据材料不足，而需要其他胜任于法庭上的充分证据，而被听审判决。

1850 年 9 月 18 日，审批

33. 林肯的第一次就职演说 (1861)

【亚伯拉罕·林肯在当选为总统的讲台前做着充分的就职演讲。但就在林肯被任命为总统并发表演说之际，从联邦共和国退出的南方七个州成立了一个临时政府，夺取了包括七个州在内的隶属联邦的众多要塞。这是林肯上任后面临的处境。】

合众国的同胞们：

按照一个和我们的政府一样古老的习惯，我现在来到诸位的面前，简单地讲几句话，并在你们的面前，遵照合众国宪法规定一个总统在他“到职视事之前”必须宣誓的仪式，在大家面前宣誓。

我认为没有必要在这里来讨论并不特别令人忧虑和不安的行政方面的问题。

在南方各州人民中似乎存在着一种恐惧心理，他们认为，随着共和党政府的执政，他们的财产、他们的和平生活和人身安全都将遭到危险。这种恐惧是从来没有任何事实根据的。事实上，大量相反的证据倒是一直存在，并随时可以供他们检查的。那种证据几乎在现在对你们讲话的这个人公开发表的每一篇演说中都能找到。这里我只想引用其中的一篇，在那篇演说中我曾说，“我完全无意，对已经存在奴隶制的各州的这一制度，进行直接或间接的干涉。我深信我根本没有合法权利那样做，而且我无此意图。”那些提名我并选举我的人都完全知道，我曾明确这么讲过，并且还讲过许多类似的话，而且从来也没有收回过那些话。不仅如此，他们还在纲领中，写进了对他们和对我来说，都具有法律效力的一项清楚明白、不容含糊的决议让我接受。这里我来对大家宣读这一决议：

“决议，保持各州的各种权利不受侵犯，特别是各州完全凭自己的决断来安排和控制本州内部各种制度的权力不受侵犯，乃是我们的政治结构赖以完善和得以持久的权力均衡的至为重要的因素。我们谴责使用武装力量非法入侵任何一个州或准州的土地，这种入侵不论使用什么借口，都是最严重的罪行。”

我现在重申这些观点：而在这样做的时候，我只想提请公众注意，最能对这一点提出确切证据的那就是全国任何一个地方的财产、和平生活和人身安全决不会在任何情况下，由于即将上任的政府而遭到危险。这里我还要补充说，各州只要符合宪法和法律规定，合法地提出保护要求，政府便一定会乐于给予法律保护，不管是出于什么原因——而且对任何一个地方都一视同仁。

有一个争论得很多的问题是，关于逃避或引渡从服务或劳役中逃走的人的问题。我现在要宣读的条文，也和任何有关其他问题的条款一样，明明白白写在宪法之中：

“凡根据一个州的法律应在该州服务或从事劳役的人，如逃到另一州，一律不得按这一州的法律或条例，使其解除该项服务或劳役，而必须按照有权享有该项服务或劳役的当事人的要求，将其引渡。”

毫无疑问，按照制定这一条款的人的意图，此项规定实际指的就是，对我们所说的逃亡奴隶有权索回；而法律制定人的这一意图实际已成为法律。国会的所有议员都曾宣誓遵守宪法中的一切条款——对这一条和其他各条并无两样。因此，关于适合这一条款规定的奴隶应“将其引渡”这一点，他们的誓言是完全一致的。那么现在如果他们心平气和地作一番努力，他们难道不能以几乎同样完全一致的誓言，制定一项法律，以使他们的共同誓言得以实施吗?

究竟这一条款应该由国家当局，还是由州当局来执行，大家的意见还不完全一致。但可以肯定地说，这种分歧并不是什么十分重要的问题。只要奴隶能被交还，那究竟由哪一个当局来交还，对奴隶或对别的人来说，没有什么关系。任何人，在任何情况下，也决不会因为应以何种方式来实现他的誓言这样一个无关紧要的争执，他便会认为完全可以不遵守自己的誓言吧?

另外，在任何有关这一问题的法律中，应不应该把文明和人道法学中关于自由的各项保证都写上，以防止在任何情况下使一个自由人被作为奴隶交出吗?同时，宪法中还有一条规定，明确保证“每一州的公民都享有其他各州公民所享有公民的一切特权和豁免权”，我们用法律保证使这一条文得以执行，那不是更好吗?

我今天在这里正式宣誓，思想上绝无任何保留，也绝无意以任何过于挑剔的标准来解释宪法或法律条文。我现在虽不打算详细指出国会的哪些法令必须要遵照执行;但我建议，我们大家，不论以个人身份还是以公职人员的身份，为了有更多的安全，我们最好服从并遵守现在还没有废除的一切法令，而不要轻易相信可以指之为不合宪法，便可以逃脱罪责，而对它们公然违反。

自从第一任总统根据国家宪法宣誓就职以来，72 年已经过去了。在这期间，15 位十分杰出的公民相继主持过政府的行政部门。他们引导着它度过了许多艰难险阻，一般都获得极大的成功。然而，尽管有这么多可供参考的先例，我现在将在宪法所规定的短短四年任期中来担任这同一任务，却面临着巨大的非同一般的困难。在此以前，分裂联邦只是受到了威胁，而现在却是已出现力图分裂它的可怕行动了。

从一般法律和我们的宪法来仔细考虑，我坚信，我们各州组成的联邦是永久性的。在一切国民政府的根本大法中永久性这一点，虽不一定写明，却是不言而喻的。我们完全可以肯定说，没有一个名副其实的政府会在自己的根本法中定出一条，规定自己完结的期限。继续执行我国宪法所明文规定的各项条文，联邦便将永远存在下去——除了采取并未见之于宪法的行动，谁也不可能毁灭掉联邦。

还有，就算合众国并不是个名副其实的政府，而只是依靠契约成立的一个各州的联合体，那既有契约的约束，若非参加这一契约的各方一致同意，我们能说取消就把它取消吗？参加订立契约的一方可以违约，或者说毁约；但如果合法地取消这一契约，岂能不需要大家一致同意吗？

从这些总原则出发，我们发现，从法学观点来看，联邦具有永久性质的提法，是为联邦自身的历史所证实的。联邦本身比宪法更为早得多。事实上，它是由1774年签订的《联合条款》建立的。到1776年的《独立宣言》才使它进一步成熟和延续下来。然后，通过1778年的"邦联条款"使它更臻成熟，当时参加的十三个州便已明确保证要使邦联永久存在下去。最后，到1787年制定的宪法公开宣布的目的之一，便是"组建一个更为完美的联邦"。

但是，如果任何一个州，或几个州也可以合法地把联邦给取消掉，那么这个联邦比它在宪法制定以前更不完美了，因为它已失去了它的一个至关重要因素——永久性。

从这些观点我们可以认定，任何一个州，都不可能仅凭自己动议，便能合法地退出联邦，而任何以此为目的的决议和法令在法律上都是无效的；至于任何一州或几州的反对合众国当局的暴力行为，都可以依据具体情况视为叛乱或革命行为。

因此我认为，从宪法和法律的角度来看，联邦是不容分裂的；我也将竭尽全力，按照宪法明确赋予我的责任，坚决负责让联邦的一切法令在所有各州得以贯彻执行。这样做，我认为只是履行我应负的简单职责。只要是可行的，我就一定要履行它，除非我的合法的主人美国人民，收回赋予我的不可缺少的工具，或行使他们的权威，命令我采取相反的行动。我相信我这话决不会被看成是一种恫吓，而只会被看作实现联邦已公开宣布的目的，它必将按照宪法保卫和维持它自己的存在。

要做到这一点并不需要流血或使用暴力，除非有人把它强加于国家当局，否则便绝不会发生那种情况。赋予我的权力将被用来保持、占有和掌管属于政府的一切财产和土地，征收各种税款和关税；但除为了这些目的确有必要之外，决不会有什么入侵问题，决不会在任何地方对人民，或在人民之间使用武力。任何内地，即使对联邦政府的敌对情绪已十分严重和普遍，以致妨害有能力的当地公民执行联邦职务的时候，政府也决不会强制派进令人厌恶的外来人去担任这些职务。尽管按严格的法律规定，政府有权强制履行这些职责，但一定要那样做，必然非常使人不愉快，也几乎不切实际，所以我认为最好还是暂时先把这些职责放一放。

邮政，除非遭到拒收，仍将在联邦全境运作。在可能的情况下，一定要让各地人民，都享有完善的安全感，这十分有利于冷静思索和反思。我在这里所讲的这些方针必将奉行，除非当前事态和实际经验表明修改或改变方针是合适的。对任何一个事件和紧急问题，我一定会根据当时出现的具体形势谨慎从事，期望以和平手段解决国内纠纷，力图恢复兄弟爱手足情。

至于说某些地方总有些人不顾一切一心想破坏联邦，并不惜以任何借口图谋不轨，我不打算肯定或否定。如果确有这样一些人，我不必要再对他们讲什么。但对那些真正热爱联邦的人，我不可以讲几句吗?

在我们着手研究如此严重的一件事情之前，那就是要把我们的国家组织连同它的一切利益，一切记忆和一切希望全给消灭掉，难道明智的做法不是先仔细研究一下那样做究竟是为了什么?当事实上极有可能你企图逃避的祸害并不存在的时候，你还会不顾一切采取那种贻害无穷的步骤吗?或者你要逃避的灾祸虽确实存在，而在你逃往的地方却有更大的灾祸在等着你，那你会往那里逃吗?你会冒险犯下如此可怕的一个错误吗?

大家都说，如果宪法中所规定的一切权利都确实得到执行，那他也就会留在联邦里。那么，真有什么如宪法明文规定的权利被否定了吗?我想没有。很幸运，人的头脑是这样构造出来的，没有一个党敢于如此冒天下之大不韪。如果可能，请你们讲出一个实例来，说明有什么宪法中明文规定的条款是没有得到执行的。如果多数派完全靠人数上的优势，剥夺掉少数派在宪法上明文规定的权利，这件事从道义的角度来看，也许可以说革命是正当的，如果被剥夺的是极为重要的权利，那革命无疑是合理的。但我们的情况却并非如此。少数派和个人的一切重要权利，在宪法中，通过肯定和否定、保证和禁令；都一一向他们作了明确保证，以至于这类问题，从来也没有引起过争论。

但是，在制定基本法时却不可能对实际工作中出现的任何问题，都一一写下可以立即加以应用的条文。再高明的预见也不可能料定未来的一切，任何长度适当的文件也不可能包容下针对一切可能发生的问题的条文。逃避劳役的人到底应该由联邦政府交还还是由州政府交还呢？宪法上没有具体规定。国会可以在这里禁止奴隶制吗？宪法没有具体规定。国会必须保护这里的奴隶制吗？宪法也没有具体规定。

从这类问题中引出了我们对宪法问题的争端，并因这类问题使我们分成了多数派和少数派。如果少数派不肯默认，多数派便必须默认，否则政府便只好停止工作了。再没有任何别的路可走。要让政府继续行使职权，便必须要这一方或那一方默认。

在这种情况下，如果一个少数派宁可脱离也决不默认，那他们也就开创将来必会使他们分裂和毁灭的先例。因为，当多数派拒绝接受这样一个少数派的控制的时候，他们中的少数派便必会从他们之中再脱离出去。比如说，一个新的联盟的任何一部分，在一两年之后，为什么就不会像现在的联邦中的一些部分坚决要脱离出去一样，执意要从那个新联盟中脱离出去。所有怀着分裂联邦思想的人现在都正接受着分裂思想的教育。

难道要组成一个新联邦的州，它们的利益竟会是那样完全一致，它们只会有和谐，而不会再出现脱离行动吗？

非常清楚，脱离的中心思想实质就是无政府主义。一个受着宪法的检查和限制的约束，总是随着大众意见和情绪的慎重变化而及时改变的多数派，是自由人民的唯一真正的统治者。谁要想排斥他们，便必然走向无政府主义或专制主义。完全一致是根本不可能的。把少数派的统治作为一种长期安排是完全不能接受的，所以，一旦排斥了多数原则，剩下的便只有某种形式的无政府主义或某种专制主义了。

我没有忘记某些人的说法，认为宪法问题应该由最高法院来裁决。我也不否认这种裁决，在任何情况下，对诉讼各方，以及诉讼目的，完全具有约束力，而且在类似的情况中，应受到政府的一切其他部门高度的尊重和重视。尽管非常明显，这类裁决在某一特定案例中都很可能会是错误的，然而，这样随之而来的恶果总只限于该特定案件，同时裁决还有机会被驳回，不致成为以后判案的先例，那这种过失比起其他的过失来当然更让人容易忍受。同时，正直的公民必须承认，如果政府在有关全体人民利害的重大问题的政策，都得由最高法院的裁决做出决定，那一旦对个人之间的一般诉讼做出裁决时，人民便已不再是自己的主人，而达到了将他们的政府交给那个高于一切的法庭的地步了。我决无意是对法院或法官表示不满。一件案子按正常程序送到他们面前，对它做出正当裁决，是他们不可推卸的责任。如果别的人硬要把他们的判决用来达到政治目的，那并不是他们的过错。

我国有一部分人相信奴隶制是正确的，应该扩展，而另一部分人又相信它是错误的，不应该扩展。这是唯一的实质性的争执，宪法中有关逃亡奴隶的条款，以及制止对外奴隶贸易的法律，在一个人民的道德观念并不支持该法的社会里，它们的执行情况也许不次于任何一项法律所能达到的程度。在两种情况下，绝大多数的人都遵守枯燥乏味的法律义务，但又都有少数人不听那一套。关于这一点，我想，要彻底解决是根本不可能的。如果地区分离以后，情况只会更坏。对外奴隶贸易现在并未能完全加以禁止，最后在一个地区中必将全面恢复；对于逃亡奴隶，在另一个地区，现在送回的只是一部分，将来会完全不肯交出来了。

就自然条件而言，我们是不能分离的。我们决不能把我们的各个地区相互搬开，也不可能在它们之间修建起一道无法逾越的高墙。一对夫妻可以离婚，各走各的路，彼此再不见面；但我们国家的各部分可无法这么办。它们只能面对面相处，无论友好或仇视，他们仍必须彼此继续交往。我们能有任何办法使得这种交往在分离之后比分离之前更为有利或更为令人满意吗？难道在外人之间订立条约，比在朋友之间制定法律还更为容易吗？难道在外人之间履行条约比在朋友之间按法律办事还更忠实吗？就算你们决定战争，你们总不能永远打下去吧。最后当两败俱伤而双方都一无所获时，你们停止战斗，那时依照什么条件相互交往，这同一个老问题仍会照样摆在你们面前了。

这个国家，连同它的各种机构都属于居住在这里的人民。任何时候，他们对现存政府感到厌倦了，他们可以行使他们改革政府的宪法权利，或者行使他们的革命权利解散它或者推翻它。我当然知道，现在就有许多尊贵的、爱国的公民急于想修订我们的宪法。尽管我自己不会那么建议，我却也完全承认他们在这个问题上的合法权利，承认他们可以按照宪法所规定的两种方式中的任何一种来行使这种权利；而且，在目前情况下，我不但不反对，而倒是赞成给人民一个公正的机会让他们去行动。我还不禁要补充一点，在我看来，采取举行会议的方式似乎更好一些，这样可以使修订方案完全由人民自己提出，而不是只让他们去接受或拒绝一些并非特别为此目的而选出的一些人提出的方案，因为也可能那些方案恰恰并不是他们愿意接受或拒绝的。我了解到现在已有人提出一项宪法修正案——这修正案我并没有看到，但在国会中已经通过了，大意说，联邦政府将永远不再干涉各州内部制度，包括那些应服劳役者的问题。为了使我讲的话不致被误解，我现在改变我不谈具体修正案的原来的打算，明确声明，这样一个条款，既然现在可能列入宪法，我不反对使它成为明确而不可改动的条文。

合众国总统的一切权威都来之于人民，人民并没有授予他规定条件让各州脱离出去的权力。人民自己如果要那样干，那自然也是可以的，可是现在的行政当局不能这样做。他的职责，是按照他接任时的样子管理这个政府，然后毫无损伤地再移交给他的继任者。

我们为什么不能耐心地坚决相信人民的最终的公道呢？难道在整个世界上还有什么更好的，或与之相等的希望吗？在我们今天的分歧中，难道双方不都是认为自己正确吗？如果国家的全能统治者，以他的永恒的真理和公正，站在你们北方一边，或你们南方一边，那么，依照美国人民这一伟大法官的判决，真理和公正必将胜利。

按照目前我们生活其下的现政府的构架，我国人民十分明智，授予他们的公仆胡作非为的权力是微乎其微的；而且同样还十分明智地规定，即使那点微乎其微的权力，经过很短一段时间后，就必须收回到他们自己手中。由于人民保持他们的纯正和警惕，任何行政当局，在短短的四年之中，也不可能用极其恶劣或愚蠢的行为对这个政府造成严重的损害。

我的同胞们，请大家对这整个问题平心静气地好好想一想，真正有价值的东西是不会因从容从事而丧失的。如果有个什么目标使你迫不及待地要取得它，你采取的步骤是在审慎考虑的情况下不会采取的，那个目标的确可能会由于你的仓促决定而达不到；但一个真正好的目标是不会因为从容从事而失去的。你们中现在感到不满的人，仍然必须遵守原封未动的老宪法，在这个敏感的问题上，仍然有根据宪法制定的法律。而对此二者，新政府即使想要加以改变，它自身现在也无此权力。即使承认你们那些心怀不满的人在这一争执中站在正确的一边，那也丝毫没有正当的理由要采取贸然行动。明智、爱国主义、基督教精神，以及对从未抛弃过这片得天独厚的土地的上帝的依赖，仍然完全能够以最理想的方式来解决我们当前的一切困难。

决定内战这个重大问题的是你们，我的心怀不满的同胞们，而并非决定于我。政府决不会攻击你们。只要你们自己不当侵略者，就不会发生冲突。你们并没有对天发誓必须毁灭这个政府，而我却曾无比庄严地宣誓，一定要“保持、保护和保卫”这个政府。

我真不想就此结束我的讲话，我们不是敌人，而是朋友。我们决不能成为敌人。尽管目前的情绪有些紧张，但决不能容许它使我们之间的亲密情感纽带破裂。回忆的神秘琴弦，在整个这片辽阔的土地上，从每一个战场，每一个爱国志士的坟墓，延伸到每一颗跳动的心和每一个家庭，它有一天会被我们的良知所触动，再次奏出联邦合唱曲。

34. 解放黑人奴隶宣言 (1863)

【在林肯发表引用在此文献开端的初步宣言之前，维护联邦统一之战已持续进行了一年半。1863 年 1 月 1 日发布的解放黑人奴隶宣言，扩大了争端基础。以外来国家的角度来看，在道德与政治层面上给北方带来了优势。】

1862 年 9 月 22 日，联邦总统已经公布了一项宣言，包含如下内容，即：

自 1863 年 1 月 1 日起，任何一州内指定地区要是仍蓄有奴隶，当地人们将视为反叛合众国政府。一切被蓄为奴的人应该获得自由，并永享自由。合众国政府，包括陆海军当局，承认并维护上述人员之自由。对于此种人或其中任何一人为争取自由而作努力，不采取任何压制行动。

从上述的 1 月 1 日起，总统将认定并宣布那些为反叛合众国政府的州或州内地区。其他各州及当地人民如于该日确有由该州多数合格选民选出的代表真诚地参加合众国国会，若没有其他有力之反证，该州及其人民将被确认为不反叛合众国政府。

因此，我，合众国总统亚伯拉罕·林肯，在合众国政府及其权威受到武装叛乱反对时期，依据合众国陆海军总司令职权，为剿灭上述叛乱而采取适当与必需的军事手段，在 1863 年 1 月 1 日，于上次为此目的而发表之宣言满一百日之际，正式宣布并认定下列各州、州内地区及其人民反叛合众国政府，即：

阿肯色州、得克萨斯州、路易斯安那州（以下除外：圣佰纳、帕拉奎明斯、杰弗逊、圣约翰、圣查理士、圣詹姆士、阿克森、阿森姆逊、特里本、拉孚切、圣玛丽、圣马丁和奥尔良各教区、新奥尔良市）、密西西比州、亚拉巴马州、佛罗里达州、佐治亚州、南卡罗来纳州、北卡罗来纳州及弗吉尼亚州（除指定为西弗吉尼亚的48个县及其柏克莱、阿康马克、诺斯汉姆顿、伊丽莎白市、约克、安公主与诺福克，包括诺福克市及朴次茅斯市）。明确规定，对上述除外的各地区目前保持本宣言公布之原状。

根据上述目的及我有之权力，我正式命令并宣布，在上述指明的各州及州内地区，所有被蓄为了奴隶的人，从现在起，获得自由，并永享自由；合众国政府，包括其陆海军当局，承认及维护上述人员之自由。

我在此责成上述宣告获得自由之人员，除必要的自卫，应该避免使用任何暴力；同时劝告他们，如果条件允许，在任何情况下都应该忠实工作，取得合理的薪金。

我还要宣布，上述人员如条件符合，可为了合众国征集入伍及警卫堡垒要塞、据点兵站及其他地方，亦可在各种军舰上服务。

我真诚地认为，这是一个正义的行动，此行动由于是军事之必须，为宪法所认可。我要求人类判断此行动时予以谅解，请求全能上帝慈悲赐福。

众人为鉴，我现在执起手在此宣言署上合众国政府印章。

宣于1863年1月1日，美利坚合众国独立87年。

亚伯拉罕·林肯 总统

威廉·亨利·西沃德 国务卿

35. 哈斯克尔对葛底斯堡战役的记录

第1~25段

【1828年7月13日，弗兰克·阿雷塔斯·哈斯克尔出生在佛蒙特州的一个坦布里奇小镇上。1854年，他毕业于达特茅斯学院，并前往威斯康星州麦迪逊大学进修法学。战争爆发之际，哈斯克尔接到委状书被授任为威斯康星第六志愿步兵团第一团的中尉，并在团中一直担任副官，直到1862年4月14日成为铁旅司令官约翰·吉本将军的副官。这是他在葛底斯堡作战时的军衔。1864年2月9日，哈斯克尔被任命为威斯康星第三十六旅上校；同年6月3日，在冷港战役中冲锋陷阵时战亡，他是波托马克战役中最杰出的士兵之一。

该葛底斯堡战争记录册是哈斯克尔在战争后不久写给他的弟弟的，并未打算将此记录册出版。这项事实记录应该是基于作者对联盟军的一些长官和士兵所做的深刻反思。该文本是由威斯康星历史委员会翻印的完整版本，并且由托马斯·李·利弗莫尔——在此历史议题上的权威专家，标记哈斯克尔军队的预计损失数量。】

葛底斯堡战役如今已成为历史中的一场战役。军队的构成及军队力量，军队领导者，军事战略、策略，战争结果，和那如今被看作是惨败的战役，都已成为历史。但几天前这些事物则要另当别论了。这场重大战役并没有“投射阴影的前兆”来缓和照在我们行军队伍身上的火辣辣的日光，或是缓解北波托马克第二批叛军侵袭给我们带来的恐惧心理。

距离开战没有多少天的日子里，我们内心无时无刻充满着恐惧和不祥之兆，有些人会有一点儿这种心理，只是没有我们所表达的那么强烈。当敌军一天天地逼近时，我们处在距离战场最近的堡垒地带。我们的省将会遭遇敌军侵袭，我们需要击退这些入侵者的军队。无论将来战争结局好坏与否，我们所有爱国将士现在除了有些担忧外，作为一个男人和军人如同国会和这个国家的保护者一样所具备的自身荣誉感与士气也已危如累卵。

如果敌军侵略成功，在未来作战中，波托马克军队被打败了该怎么办?我们的军队会不会被打败?如果我们的军队比现在更壮大——整个冬季都在整顿——并且所有的部门及部署都渐趋完善，当我们的军队成为这个大陆所看到过的最华丽的军队，并且仅仅是抵抗叛军力量的一部分时，我们现在就可以同叛军领导者相抗争并且要在钱瑟勒斯维尔打败他们！如今在这一年的盛季，叛军聚集他所有的力量，为目前的胜利而扬扬得意，为他们势如破竹的进攻而傲慢嚣张着。他们手中由精明的元首制订的将他们的战场转移到敌人阵地的大胆计划，现在正走向成功。在胡克将军调走或已意识到自己调职之前，叛军从他们的前线出发已行军一整天了。我此刻认为，现在整体军队，所有的长官和士兵，对胡克将军的威信或是能力已毫无信心可言。

就我个人观点来看，他们就没有为胡克在钱瑟勒斯维尔的战败而指责他吗?他们不再为胡克所做的那件屈辱事件而继续燃烧心中的怒火吗?而此刻，军队又再一次由胡克指挥，他们正驶向敌军！他们对于在行军过程中是否会丧命一无所知，他们缺乏上帝深思熟虑的智慧。在我军行程接近战场之际，综合多种原因，我们无比焦虑，有时内心也很沉重。

但是波托马克军队不是一群女学生，他们也不是那些因发现自己处在一种新环境而感到崩溃或失落的人。他们在战场上失利了，但也有所收获。他们懂得败仗是什么，胜利是什么。但在此我要向他们或其他军队致以崇高的敬意：带着胜利的喜悦或失败的沮丧，他们在战场上辛苦作战，尽管由不受欢迎的领导者指挥，但是无论在任何时候，任何情况下，他们一直都是一支可靠的军队。波托马克军队将永远做自己该做的任务。

过着丰衣足食的日子，这些统领们永远不会有任何理由去抱怨，但是摆在他们面前的是极为重要的任务。军队日夜交替地向前行走着，士兵们疲惫地走过每一里路，他们拂去沙尘，踏过泥土，在灼热的日光下，磅礴的大雨中，他们穿梭在峭壁、峡谷中，蹚过河水，经过去年的战场。而在这个战场上，数百位死去同胞的骸骨裸露于此并已被侵蚀变白，队伍已疲惫不堪，将士们几天几夜都未合眼，还饱受报道与谣言的折磨，他们闻言敌军在费城，在巴尔的摩，无处不在，但我相信当战争来临的时候，这些军人仍是值得依靠的。“诸法因缘生，诸法因缘灭”，那时我还不知道有这句话。现在说出来，是想让你们明白，在那一段时间，我们需要考虑一些事情，并付诸实践，而那并不像躺在树荫下的紫罗兰花海里般舒服。

从附近的弗吉尼亚州法尔茅斯市出发，军队分支开来，兵分四路。第二军在整个队伍的后面，他们是最后离开的，直至 6 月 15 日黎明之际，他们才离开法尔茅斯继续行军，穿过阿奎尔，邓弗里斯，狼群集中的地带肖勒斯，森特维尔，盖恩斯维尔，大峡谷（直至 25 日我们才离开大峡谷，当时在折回干草市场时同敌方骑兵和乘骑炮兵发生了小规模冲突），古姆斯普林市，接着乘坐爱德华号轮船渡过了波托马克河，然后要抵达普尔斯维尔，弗雷德里克，自由港，和联盟城，最后我们于 28 日上午 8 点从弗雷斯维尔附近出发，下午 9 点最终抵达联盟城，整个行程有 32 英里，历时很短，我想这是战争期间一个军队行军最远的一次。28 日那天，当我们快要接近最终目的地时，我们欣喜若狂，看到希望后，士兵们终于呼出了一口气。我坚信上帝一直在我们的身边，我们不应该对他有所质疑，如今的波托马克军队由米德将军指挥。

在不适宜的时间点，有人往往想建议调换大军的将军，在战争前夕，调换的后果可能会毁掉政府和国家！但是如果调将就应该早调。但不管怎么说，任何改变都不会让局面变得更加严重，同样管理理念的转换也几乎不会造成危险混乱，要换将也可现在进行. 我现在希望我们的军队能由一个忠诚的、头脑清晰的军官指挥，他能一直做到最好，并且不会让钱瑟勒斯维尔那样的败战再次发生。米德在军队里虽不像其他军团的司令官一样有多么出名，但认识他的军官对他的评价很高，他被认为是一个非常谦逊的人，不聒噪，不傲慢，也不追求在报纸上的名声，更不是会出现在西科尔斯斯邮票上的“伟大”人物。我是偶然了解到米德将军的——他和吉本将军是至交，而且我了解到他更多的一面——我想此刻我对米德将军的见解是他经常会和军队士兵分享，总之，认识他的人他都会与之分享。

现在报道的已经不仅仅是谣言了，我们开始频繁地听到敌人的迫近声。他们的骑兵遍布我们四周，到处进行着小规模突袭，他们偶尔会捕获我们的一些马车、偷走许多马匹，但是真正最让我们受到打击的是，我们根本不能用同样的方法来妨害他们，而他们的骑兵并没有将波托马克军队的行程上报给他们依附的李将军。敌方的步兵此刻在邻于黑格斯顿的钱伯斯堡，还有一批已经到了葛底斯堡，可能就是现在这一批骑兵。葛底斯堡是战略要地，许多条路集中在 10 点或 12 点方向，因此军队可以很容易在那里聚集，如果需要进一步前进的话，可以从那一方向分头行动。据此，米德将军决定尝试拿下葛底斯堡，并下发一个必要指令：各分队在此集合。有了一个好势头，士兵们非常兴奋，他们迈着更加轻快的步伐移向这还未被定名的战场。

由雷诺兹将军带领的第一军，已走在队伍的前沿，他收到加速前进的命令：如果可以，尽量拿下这个城镇。其余军队将会汇集前来增援。巴福德的骑兵团用来协助第一军，在 7 月 1 日上午该骑兵团发现敌军逐渐靠近葛底斯堡和城西后，火速支援第一军。在巴福德军队快速来城南支援之前，第一军已露营了一晚，获得支援后，该军团立即打了一场硬仗来阻止敌人的前进。第一分兵团（怀德士将军）是第一批前来会晤的步兵团，分别由罗宾逊将军和搭博戴将军带领的其他两分兵团也即将到达。军队在葛底斯堡西部和西北设置了防线，每一英里设定一个，战争持续了几个小时，我军带着零零碎碎的胜利，在接近午时结束了战斗。在这个时间段，双方都进行了一个短暂的休整，并做好侦查以快速重新确定明早的战线。敌军的几个新分团正相继到来并占领阵地，为了到达目的地，他们以小镇的西部和北部端口位置为出发点，从不同路径前进包抄。第一军此时正处于极度危险的境地，直到正午前第十一军（霍华德将军）的两个分兵团抵达战场来增援时，紧张局面有些许缓和，这两个分兵团分别由舒尔茨将军和巴罗将军指挥，他们奉命听从第一军的差遣，接手到任务后，他们与第一军达成统一战线。下午三点至四点，敌军情绪高昂，以不可阻挡的力量再次投入到战争中。第十一军方面以微弱的力量抵抗前进的敌人，交战不久后便开始节节溃败而后退。混乱交战后，他们迅速逃到小镇的街巷、仓库、院子或地窖中，扔掉了武器装备，他们就像只兔子般隐藏自己，在那里，数以百计的士兵最终毫无反抗地被俘了。

第一军失去了支援，如果可以请求再一次支援，就需要从两翼中任何一面包抄与前线联系请求支援，但最终第一军被迫投降。现只剩最后一道防守战线，称之为“神学院山脊”，位于葛底斯堡镇不远处，在大规模混乱战局中，这道防线从葛底斯堡镇的西南方向后撤，在同敌人顽强抵抗后，防守的士兵损失惨重。敌军觉察到没有追击的必要，而且想进一步占领葛底斯堡，因此7月1日的战争就在这里结束了。我估算今天我军的损失超过了4000名士兵，他们当中有许多已成为了俘虏。原本这些损失的战士是由第十一军供养。现在你还会记得第一军的老“铁旅”吗？后来在分享这个战事的时候，我听到他们的事迹被四面八方的人传颂赞扬。

7月2日，威斯康星州的费尔柴尔德上校失去了他的左臂，斯蒂文斯中尉受到致命的创伤，还有曼斯菲尔德少校受伤；7日威斯康星州的卡利斯中尉和19日印第安纳州的达德利中尉都身受重伤，情况非常不妙，后者失去一条覆盖到膝盖以上的右腿。

我看到“约翰·伯恩斯”，唯一一个参加作战的葛底斯堡镇民，我问他同谁一起作战，他说：“我同那些威斯康星樵夫一起参加作战。”我问那些人是什么样的人，他回答道：“他们是一群反抗激烈、叛军奈何不了的樵夫。”

所以说勇敢者喜欢称赞勇敢者。这个男人中了敌军三颗子弹，但伤得不重。

但是敌军现在的损失也非常惨重，可能死伤人数和我们差不多，只是我们所获的战俘不是很多。

然而，从这之后，“铁旅”几乎俘获整个密西西比大部队人马。

关于7月1日的事件，我不会说个人见解，但我现在要对这些事件做一个介绍说明。

那天上午11点钟，第二军停驻在坦尼城，距离葛底斯堡南部有13英里，他们在那里等候指令，士兵们可以在此期间煮咖啡，休息一下。下午一两点时，第二军收到来自吉本将军的消息，消息称要求军队立即到达汉考克将军的总兵团指挥部。我同吉本将军一起出发，快速行进至汉考克将军阵营。

汉考克将军总司令部的情况是这样的：第一军在葛底斯堡与敌军交锋并占领了该镇。雷诺兹将军身受重伤，生命垂危。第一军依然在战斗。在收到米德将军的指令后，汉考克将军火速前进，调动战场上的所有军队前往米德阵营增援。当被告之结束当前战争前去镇上支援时，第十一军就在葛底斯堡镇附近，第三军收到指令后从埃米茨堡路前进增援（第十一军随往），吉本将军——在汉考克将军上任之后不再是第二军的最高指挥官——现在重新被任命指挥第二军。

所有这些事件是突发性的，带有刺激感。但在这个信息中又隐含了其他要素，这能激起我们浓厚的兴趣。这么多天我们一直热切寻找辽阔的战地，现在此战地终于开战了，从某种意义上说，将战争爆发的时间地点确定下来也是对我们的一种宽慰。但结果将会是怎样？难道在援兵到来之前敌人就不会开战消灭第一军吗？

汉考克将军带着他的随身侍从，在下午大约两点钟的时候，急速前往葛底斯堡镇；吉本将军调任为军队总司令官，任命我为他的副将。第二军整装待发，火速前往战场。不久后我们隐约听到了枪声，当我们前进时，从树顶或空隙处可以看到，一缕缕白色的硝烟从血腥的战场上升起，浮上云霄。看此景闻此声，士兵们比之前更紧张，也变得更加沉默，但他们并未做过多挣扎，依然快速前进着。下午大约5点钟，当我们在队伍的前列行进时，遇到了突发状况，有两三个骑兵迎面而来，我们知道他们是雷诺兹将军的侍从——根据他们的脸色可以清晰地辨认出马背上所驮的是什么——那是雷诺兹将军的遗体。在开战初期，雷诺兹将军带着他的队伍孤军奋斗时，他的头部被步枪射出的子弹打中，当场毙命。此刻他的牺牲使我们深有感触，他是担任军队将军的军官之一，他有着为国家事业献身的精神，作为一名士兵他代表了士兵的至高荣耀和忠诚。

我记得在首战费雷德利克斯堡战役中，我经常能看到他的身影——他那时指挥第一军——当米德将军和吉本将军的两个师同敌人浴血奋战时，他可谓是英勇将军的完美典范。骑在一匹黑色的骏马上，转过头时，他那一双黑色的大眼睛在闪烁着火光，他在战场的每一个角落，关注着一切事态并亲自指挥。他同国家的许多战友和敌人一样罹难于这场葛底斯堡战争中。

就在夜幕降临之际，第二军收到米德将军指令在原地休整，该队统领已于夜晚开始安排就位。第二分兵团（吉本将军的）也相应落实到位，他们处在（坦尼城）路的左翼——该路左翼东北方向的“石山”据点——另外此山的右侧也靠近坦尼城路；第三分兵团则安置在右翼，与第二分兵团并列而行，第一分兵团在俩兵团之后——所有队伍都向葛底斯堡前进。

士兵们卸下装备后便躺下来睡觉，唉，这可能是他们当中许多人在这个世上睡的最后一个安稳觉。

第26~50段

当我们接近战场时已是傍晚时分，从前线操作台上，我们看到了受轻伤的士兵以及偶尔临战脱逃的侍从，也因此证实了很多谣言和许多与战争不符的信息，什么“血流成河，一场崩溃紧张难以言说的灾难，汇报员幸运地死里逃生，他们是唯一的一批幸存者……”这些逃兵是最可怕的欺骗者。

夜晚9点10分左右，当我还在开会为军队讲解部署位置的时候，我碰到了汉考克将军，他准备去前线米德将军阵营，现在还在坦尼城的后面。从他的话语中可以听出，他想让我请教吉本将军，让他就葛底斯堡战局给我一个详细的描述，以及他到来之后的安排。

就在第一军和第十一军从击退敌人的混乱局面中穿进小镇之际，汉考克将军也赶到那里并再次指挥军队。汉考克将军是一个能在紧急关头出现的人，正如这次及时出现一样。当他坐在马背上时，我想在那个时候，他应该是整个波托马克军队里最英俊的将军。这样一位体形完美高大的男子，他总是穿戴高雅，即使是在交战混乱之际，他看起来就好像是“所有他考察过的地方的君主”，而且他身上几乎没有什么可以质疑他指挥权的地方，士兵唯一能做的就是服从他的命令。他那敏锐的眼睛可以瞬间看到即将发生的事情，他的声音和赋有权利的右手一挥便是行动开始的预兆。霍华德将军将他军团中的一个分兵团交由史丹维尔掌管指挥，并为他在“墓地”山脊留了一些炮兵团。作为贮备军，他们并未参加当日的战争，所以该师目前相当稳固。遇到这一师后，逃兵们在附近停了下来，当他们组合成一排打算折回时，又再次遇到了敌人。最后在混乱中迅速发出一连串指令后——暴乱结束了——第一军和第十一军再次投入到战线组织当中——或许是因为没有做好非常系统的安排——如果安排好一个最佳作战位置，那么敌军意图攻打他们的时候，他们便可以有条件地提供防御。夜晚之前，这些作战安排已完成。而大批第三军的人——由西克勒斯将军指挥——出现在埃米茨堡公路上，并前往坦尼城公路的左翼，也就是我所提到过的战线延伸地区；由斯洛克姆将军指挥的整支第十二军，在天黑之前均抵达巴尔的摩公路东翼，各分兵团被安置在已驻守在那里的军队的右侧。敌军现在小镇里，在其背后，由东至西，似乎隐藏着强大的力量，现在这些敌军正为他们今天的胜利欢呼雀跃着。在 7 月 1 日夜幕降临之前，战争形势就是这样。汉考克将军斗志高昂，他对战局充满希望。从他身上我可以找到为什么要让第二军驻守在当前位置的原因，因为那个位置不为人熟知，在未来战争中，当敌军退回到坦尼城公路或更远的位置时，第二军可以迅速在城镇附近组成战线反击敌人。汉考克将军将这个观点说给米德将军后，米德将军非常认可在小镇附近组建战线——后来该意见被采纳——米德将军做出了支持决定。

通常情况下，我认为在一场规模盛大的战役开战的前一晚，将军和士兵们不宜多睡。我们需要睡饱，但是我们还有任务要做。这场战争无论白天还是夜晚都有可能发生突发性混乱事件。当天夜晚我并没有睡觉。可能在大战前夕需要士兵怀有某些独特的感觉、超凡的能力、极大的警觉和亢奋的敏觉力和认知力，正好与这场战争本身的性质遥相呼应；这固然是好的，但却只是理想化的，以我之见，就拿这件事情而言，我们的军队丝毫没有这种警觉度。自愿为国参加作战的人，在成为波托马克军队作战一员之前，都是身经数战之人，现在这些人已是老兵了，倘若在以前他们还有机会可能成为举足轻重的猛将，但现在却已成为拖后腿的人了。事实也不应该这样如此警惕，如今我认为军人们需要好好睡一个完整的觉，我很高兴他们也这样做了，因为他们需要睡一个好觉。

午夜时分，米德将军和他的士兵携吉本将军总司令部的士兵一同向战场前进；在与吉本将军交谈中，他宣布决定在同敌人于葛底斯堡交战之前，调集所有兵力。第二军将在黎明动身占领葛底斯堡镇。

7月2日凌晨3点，熟睡中的官兵被叫醒了。6点之前，军队已接近战场，此时正在坦尼城公路一侧稍作休整，现在与其他军队共同前进是为了能在战争中夺下葛底斯堡镇。早晨的天气非常沉重闷热，天空布满了低层的乌云，军队准备工作仍在加速进行着。在薄雾笼罩下，不远处出现一群如同巨人般的人，他们手里拿的枪支贮备如此之多让我们不禁皱眉，直至知道这些人是朋友后我们才松了一口气。

没有地形图，我们需要做一些地形和位置的绘图以清楚地了解整个战局。根据我粗略画出的轮廓——没有范围或指南，但愿你能看懂我的简图。战线确定下来后，在7月1日夜晚和2日早晨，军队面朝外摆“U”形方阵。“墓地”位于该方阵最顶尖的弧形位置，正对于葛底斯堡镇的南部。“石山”，位于方阵的最左端，是一小座多石多山的高地，它距离葛底斯堡镇南部偏西位置，仅距小镇两英里。

该阵线两侧的地势非常陡峭，几乎很难到达峰顶。在北侧不远处有一座称为“小石山”的矮小高地。在“小石山”的最高点位置，我们持重型步枪在此作战，据守此处。靠近阵线的右侧是一小座树木挺拔的山地，称为“卡尔普山”。从战线北侧出发可有三条路到达葛底斯堡镇，这三条路是接近小镇最直接的路径。抵达小镇后，军队可在外围组成一个大约 60°角或更大角度的统一战线。在所有战线中，东部距离最远的援军是“巴尔的摩公路”军，他们需经过东口才能到达墓地；西部距离最远的是“埃米茨堡公路”军，他们完全不在我们的战线之中，但是接近墓地，大约有 100 码的距离；“坦尼城路”方面的军队在这两路之间，正朝北部和南部前进，东部据点为“石山”，西部是墓地，在墓地与葛底斯堡镇之间由埃米茨堡公路连接着。墓地附近的高地被称为“墓地山脊”。

由霍华德将军指挥的第十一军驻扎在墓地，并留了一些炮兵部队，实际上是将其安置在墓地和遗址建筑物之间以备敌军开火的。十一军左翼驻扎在坦尼城公路，并向东延伸，跨过巴尔的摩公路，再向东北方向曲折延伸；第一军在十一军右翼方向带兵行进，由于雷诺兹将军的牺牲，现由牛顿将军指挥，第一军仍朝北组成一条弧形阵线。这两支军队，在 2 日早晨做了重新整顿，各自根据自己的实际情况，对前天在此做的紧急部署中的不足之处进行了一些调整纠正。

在第一军的右翼及其同一阵线的延伸线上——卡尔普山山顶至东北坡位置，驻守着由斯洛克姆将军指挥的第十二军，该军右翼位于敌军最右端，驻守在一条称作“石流”的小溪附近。据我所知，在 2 日早晨，该军队的部署未出现任何变动。第二军，在上述中提到的短暂休整过后，继续前进定位，其右翼驻守在坦尼城公路，位于第十一军右侧，从公路一带延伸战线至石山位置——距离北部将近半英里，各兵团按照以下从右到左的驻扎位置排列：第三军，亚历克斯·海斯将军指挥；第二军（吉本将军），霍华德将军指挥（暂定）；第一军，卡德维尔将军指挥。现在的部署是将军队按旅编队，在各旅各团之间要有 40 步间距，第二分兵团和第三分兵团各有一旅，第一分兵团有两旅——最初组成四旅——大致按照能源储备划分，这些旅安置在距离他们各自分兵团战线后方 150 步的地方。也就是说，整个军队的战线，除了储备军，是按每六个团组成一个旅部署①，各旅之间设有间距，有些旅团留在了

---

① “当第二分兵团和第三分兵团各有三支铁旅时，那么其中有两旅走在队伍前列”。

离炮兵较远的地方。四旅组成四条常规部署战线，每旅有两列和1/3多一点的士兵是备用的。

5个炮兵，共有28杆枪，他们的安置如下：正规军伍德拉夫，有6把12磅重的拿破仑黄铜式枪，他位于第三分兵团战线的两旅之间；A等步兵阿诺德，有6把3英寸帕罗特式步枪。正规军库辛，4把3英寸规格步枪，两人被部署在第三分兵团和第二分兵团之间；B等步兵哈泽德（战争期间由布朗将军指挥）和国民警卫罗蒂，分别持有6把12磅重的拿破仑黄铜式枪，两人位于第二分兵团和第一分兵团之间。

我之所以对第二军的位置和部署描绘得如此细致，是因为我曾效劳于该兵团的部署工程；同样其他兵团，在战线长度和步兵与炮兵混合方面的部署，也是类似于第二军的。由此，你们可以对整个战线有一个大致的了解。

西克勒斯将军指挥的第三军是于今早到达战场的剩余一批军队，该军部署在第二军的左侧，仍位于石山方向的延伸战线上，他的左翼驻守在“小石山”附近。第三军的左翼一直处在战线最左端，直至发生变动，才会被安置在合适的位置。赛克斯将军指挥的第五军大概此时正在巴尔的摩公路上，他们在那里集合，靠近战线，被留下做备用，直到下午某一时段，像我所描述的那样，他们更改了路线。

我不能对骑兵做出一番详尽的介绍，因为对于他们我知之甚少。骑兵设置在军队各翼附近，他们被用来审查路面情况并在敌军两翼观查敌军动态，这些骑兵深入调查这类工作，但几乎不上战场。有些骑兵是用来保护队伍，处在队伍后列偏远的位置的。炮兵储备军，是由许多优秀的炮兵组成，他们被安置在巴尔的摩公路和坦尼城公路之间，分布在非常接近中心的位置，直接贯穿各翼四部。因此炮兵可以很容易被安置在战线的任一位置。赛奇维克指挥的第六军，直到下午某时才抵达战场，但该军处在不远处并在巴尔的摩公路上快速前进着。士兵们毫无畏惧地调侃赛奇维克将军为“约翰叔叔”（隐含的意思是他在对的时间点不能出现在对的位置上）。

这些部署在早上8点以前就完成了。突击队则安置在战线外围，他们已为战争准备就绪。敌军也不再沾沾自喜了。从现在的路面状况来看，我想你可以了解战争的动向了。从石山到战线最右端，大概有 3 英里的距离。从这同一高度的山地到墓地山脊，绵延一道道山脊与高地，宛如一层巨浪，而两山之间的顶峰位置是直接恰到好处的战线位置。这道山脊的西侧正对着敌军，地势平缓下降，穿过埃米茨堡公路后，再次伏起，形成另一道山脊，几乎与第一道平行，但海拔相对较低，大约有 1000 多码的高度。在第二座山脊上延伸出一部分丛林，另一部分延伸至更远的西侧山地，离我们战线大约有 1000 到 1300 码的距离。这些山脊之间的斜坡土地，也就是在第二军和第三军的前方位置，已被开垦出来，并覆盖上了小麦，现已渐趋成熟。此外，有草原、牧场、桃园、大片在微风中荡漾着的玉米地，还有一些农舍及房屋都设在埃米茨堡公路两旁。这里几乎没有什么限制的地方，可以供军队随时藏匿和枪支运输。此外还有一片茂密生长的橡树林，在这一带驻守着第二军的右翼，同样在该军第二分兵团的右翼前方也有一小片樟树林和橡树林；当下，第三军左翼前方也有大片丛林，林木覆盖至西端并靠近石山。第十一军坚守的阵线——墓地山脊，是我们战线当中的最高点。从最高点放眼小镇，此地势极为险峻，其中最近的据点离战线大约有 500 码距离，那里已被开垦并多附以石篱设防。

第一军左翼的占地特征与上述一样，它的前方是墓地山脊的一部分。该军右翼和整个第十二军设在卡尔普山的一带丛林中，地面多岩石，地势极为险峻，这是一个抵抗前方敌军袭击的最佳防御位置，但因树木过多，炮兵则不能有效地在此攻击敌军。接下来是所提到的最后三支军队，他们乘坐火车来到石篱，并凭借自己优异的工作体魄，在 7 月 1 日的夜晚伐木挖地，这是一件漂亮的事。也因此第一军和第十二军的驻守位置在他们的努力下极为牢固。他们所处的战线是在一个小盆地里，这个地方有丛林和山石，但毫不阻碍军队携带枪支在该阵线到处走动。同时也提供了优势——由于四面环山的优势，所有的军队走动不会出现在敌军的视线范围之内。总体而言，这是一个打自卫战的有利位置，我认为这已经很好了，当我第一次看到此位置时，我相信方圆几里之内是找不到比这更好的据点了。在 7 月 1 日我们的力量被击退、雷诺兹将军死亡时，恰好汉考克将军到来，阻止了逃兵逃走的趋势并将他们安置在现在这个高度的位置上，这个位置也可以给我们带来胜利。到达战场后，米德将军将总部设在坦尼城公路左侧的一个鄙陋的小农场里，这个农舍离战线最近，并与后方第二军的中心位置仅有500码距离，在这个农舍里，可以很容易快速与所有军队取得通信联系。简要地说一下这个地点的优势：那里的两侧被自然地理防御保护得极好，左侧是石山，右侧是多石、陡峭、人迹罕至的山地。我们的战线比敌军高，因此，我们的炮兵布置范围更广，火力也比他们更强。由于我们的位置凸出，所以战线的每一部分都可以做调整。如果战线是直的，军队移动的距离就会更短；此外，同样是这个原因，敌军的战线一定是凹面的，最终是一条细长的战线，敌军有着同样的武装力量，但比我们薄弱。在那些多树的战线位置，我们双方都不采用炮兵作战；而且那些战线本身很坚固，辅以人工防御，只用一小部分人就可以轻松防御大批敌军步兵团。一旦这条战线打响，就有了可以打开前方小镇的优势，最终我们出现在山顶上也不会让敌军感到意外，除了我提到的其他优势外，该战线还具有这样一个优势：敌军必须前进上山攻击，但也肯定移动得更加缓慢，在到达我们的位置之前，他们会因为我们的开火而行进得更久，同样更疲惫。这些优势和其他的事物致使我们这个位置更加有利于做防御战。

因此，在战争之前，波托马克军队已做好了部署。时间一点点流逝着，天气依然很闷热，天空密布乌云，酝酿着蒙蒙细雨。就如同观众们都已就位，在帷幕拉开之前，等待的时间似乎很漫长一样。也因此，直到第二天早上，“今天会有一场战斗吗?”“我们要同叛军打仗了吗?”“他们将要攻打我们吗?”这样类似的问题已被想了或被问了数以百万次。

同时，我们这一部分军队被安置在最后待战。军医们现在正忙于挑选合适的医疗场所，并寻找溪流、泉水和水井。紧急医疗设备和紧急医护人员被带到战线附近，担架也已准备就绪。谁会知道我们当中的哪一个人将来会成为需要他们的第一人？守卫军忙于将逃兵运送至为他们整编好的团中。弹药车驶向有需要的地方，骡子身上也驮了几箱弹药筒。军官们每人分发了百支弹药。将军和他们的侍从们在指挥区内到处巡视，他们来看一切是否安好。你可能会看到一位参谋军或一个传令军火速飞驰传达命令或信息。一切准备就绪，当然今天没有枪声传到空气里或我们的耳朵里。

接着士兵们将他们的武器装备堆积在一起，竖立在他们所在位置的一排；他们现在所处的山顶一带是安全的。第二军和第三军的一些士兵将附近的篱石推翻，并在他们前方将这些推倒的篱石堆积成矮防护墙。而有些士兵在散步；有些躺在地上睡觉；有些单身汉将 20 个水壶挂在臂膀上去打水；有些生火煮几勺咖啡；有些屈膝而坐，享受着士兵们独有的安慰品，一烟斗烟草；有些在愉快地畅谈着，还有些是严肃沉默着。我认为应将所有武器装备和爵位都应该留给这些在战场上作战的 10 万余士兵，他们每个人时刻履行着义务，坚守着使命，留心着敌军。

这里让我陈述一下，根据我能得到的最佳信息，我对叛军参与此次战争的数量做了一个估测，大约是 10 万人往上。当然我们现在不能确切知道，但是这个估算值是通过查看一些合理的数据得出来的。总之，两对立军队参战人数没有太大差距。我们想敌军人数比我们多一些，可能确实如此①。但如果 95 个人和 105 个人打起来，后者不一定就会赢，数量上的些微差距对于一群身强体壮的男人作战来说不会产生多大影响。

有精明的指挥官和擅长作战的军队是赢得战争的法宝，这两点很难同时达到。尤其是由这两点，而不是由人数来确定战争的胜败的。

整个一天，敌军突击队与第十一军，第一军和第十二军一直在交战。第一军作战时，发现来自小镇北侧的强大攻击力量——现在我们相信敌军在竭尽全力攻占我们邻近地区。从这个乡镇多树木而便于军队小心藏匿的特征来看，叛军一直在利用这样的隐蔽优势并确实起了效果，因为是在清晨时间，我们几乎看不到来自北方的侵略者。大概上午 9 点钟，从他们走过的草地所透露出的信息，我可以判断出他们在小镇西部和西北方向。他们正朝我们的

---

① 6 月 30 日联邦军的回报人数，有 89238 名步兵和炮兵，14973 名“为职责而战”的骑兵。如果扣除第六军三个旅的 5520 名铁旅和派遣人员 2237 名人员，还够用，可以同敌军相抗衡，非战斗人员的比例也能持平，88289 名士兵是待定的。

联盟军的军队数量，按同一方法推测，估计 5 月 31 日、7 月 20 日和 31 日回报人数为 75000 名。

北侧前进，但由于神学院山脊上的树林可以遮蔽他们，对于他们行进的情况我们知之甚少。大约在这个时候，位于第十一军左侧、守在墓地的一些士兵执起步枪开火了——几乎是今早打响的第一枪——当发现他们仅对叛军的一小批突击者开火时，担任第二军右翼指挥长官收到命令立即停止开火并为此受到谴责。这些突击者很快与位于第二军右侧的军队汇合，右侧是他们的领地，现在加强了防护措施来保持战线安全。叛军的小规模作战线路一步步地延伸至他们的右翼——正对着我们的左翼。他们往我们的方向冲来，层层逼近，有时我们将其击退了一小段距离，反过来也被他们攻击着——因此他们一直前进攻击着，直到他们的右翼完全相背于第三军的最左端位置。用这样的攻击方式，他们可以探知我们战线的位置和长度——但他们自己的根据地我们仍然无从得知。从我提到的那一枪打响后，我军与敌军突击队一直交战到近中午时分，通常作战灵活迅速；但关于后来的作战并没有一个确切的结果，而且敌军没有抽调多少可以前来支援的步兵。在第二军第三分兵团的前方有一个农舍和几个外屋，在那里敌军的突击队发起猛烈进攻，并撤销了我们在那儿的据点。在这个位置，他们的狙击手和一长排步兵打乱了我们的突击战线，甚至是主战线。当我接近战线位置时，一个隐藏在那里的恶棍射出了一枚子弹，子弹“嗖”的一声扫过我的脸颊，离我如此之近以至于我能清晰地感觉到气流的运动。因此，当我看到我的团里的一个战士蹲伏、进攻夺占房屋、捕获几个战犯时，我丝毫没有怒意。进行一番小规模的英勇战斗后，我们收到海斯将军的指令，将这里的房屋彻底烧毁。这个时候，我们得到了关于敌军的非常重要及可靠的信息——军队部署和明显意图。叛军的步兵分成三个军团，每一军有三个分兵团。朗斯特里特·尤厄尔——同样他的腿在去年 8 月 28 日的盖恩斯维尔战役中被吉本将军的子弹打折——还有安布罗斯·鲍威尔·希尔，每一人在叛军团中都有着中将的军衔，这三人是三军团的指挥长。朗斯特里特分兵团的指挥者是胡德，由麦克罗斯和皮克特；尤厄尔的是罗兹，厄尔利和约翰逊，希尔的是潘德，赫斯和安德森。斯图尔德和菲兹修·李担任叛军骑兵分团的指挥官，我相信，这些被授予分兵团指挥官爵位的人都是主将。敌军拥有的大炮和我们差不多；但我们从不考虑敌军有多少这样的武器。他们有足够的魄力，但缺乏做好事情的技巧。他们通常要朝很高的地方开火，而武器装备质量又很差。后来，我们也开始对敌军的骑兵不以为意。他们之前一直积极上进向前冲刺着，但是在后来的几场骑兵之战中，我们一直稳居胜者，以至于现在我们认为他们所有这类的骑兵，并且是黑人骑兵，只适合偶尔突袭偷走我们的一些骡子。然而叛军的步兵团却很优秀。我从来未曾想过——如果一个人去算计一下，他将很有可能发现敌军与我们交战时获得的胜利比我们的还要多，而且，现在毋庸置疑，他们将会打得更好，甚至不惜牺牲自己的性命。决定两军交锋结果的不是马匹或大炮的多少，而在于手持步枪的士兵们——这些步兵们一定会做一场激烈的胜负之战。因此我们尽可能近距离地观察着敌军的所有部署力量，因为这关系到我军的重大利益。叛军的战线是凹面形状的，弯曲围绕在我们四周，它的四翼与我们相对，或是在我们外围的一小段距离。朗斯特里特军队在右侧，希尔军队在中心位置。这两个叛军军队占据着我们所处位置西部次要一点的山脊。我之前提到过，希尔的左翼蜿蜒盘踞在小镇附近，尤厄尔军队在其左侧，他的军队在小镇的东侧。这最后一支军队遭遇的是我军第十二军，第一军和第十一军右翼。当我提及我们的据点是一个非常好的防守位置时，也就等同于说敌军的据点不是很好的防守据点；因为两者是相对而论的事物，不能在同一时间对两军各自的位置做出预测。敌军所处位置不利于防守的原因是他们的位置有利于我们去防御。除此之外，偶尔在短暂的时间内敌军可以做出一些调动，当向前进攻时，他们的士兵携带着枪不断小心翼翼地在树林和地势不平的战地中穿梭着，完全不在我们的视线范围之内。

中午已经过去了，我们避免了我提到的那场小规模战斗，我们队伍当中的那一员偶发性地向某一事物或其他事物射出的一枪，实质上是无意中走火了，但是没有什么战争发生。我们的武器装备仍然堆放在一起，士兵们也安逸地休息着。当我看到无数支枪一排排地列在山峰上，并且看到士兵们沉着冷静、状态良好、在草地上休闲地躺卧着时，对于这场战争的结果我不会有并且没有任何担忧。暴风雨即将来临，我们所有人都知道此刻我们已蓄势待发，在这场暴雨中，山顶和斜坡上总会有伤亡，然而士兵们不能也无法避免这场风雨，他们沉着冷静、斗志高昂，通常来讲，好像没有什么不寻常的事情将要发生。你们可以看到，这些人是老兵，个个身经百战，战场对于他们来说早已司空见惯。但我还是很满意看到士兵们今天的气色，我想，从他们的脸上我可以看到胜利的预兆。同时我也看到了为继续结束这场大规模战斗而做出的强有力准备——现在军队正在一个峡谷里为二十万士兵分配枪支并进行整编，参加这次战争、并作为胜利的一方存活下来的人，我想他们是无比光荣的。哦，这个世界依旧是最粗野的！

下午1点过后——小规模战斗现在已接近尾声——第三军团到来了，在此我应该讲述一下，我推断不出来他们这次到来的原因。从我提到过的第三军团的位置到西侧第二座山脊的距离大概有1000码，从那里的埃米茨堡公路出发可以接近山顶。西克勒斯将军开始领着他的整支军队从总战线出发，径直前往前线，意图沿着这条公路占领第二座山脊。西克勒斯将军原本的意图已成为过去所猜想的事情，他所做的这件事情并未得到米德将军的授意，因为我听到米德将军说，一旦他知道了这件事情，他会坚决反对。据我所知，汉考克将军和吉本将军看到这前进的队伍时，严厉地批判此项做法的不合理性，并能非常准确地预测出这种前进将会带来什么后果。我猜想事情的真相可能是：西克勒斯将军认为他能做到最好，但是他既不是一个天生的军官，也并未出生在一个军官世家。但没有人能揣测出这样一位将军的动机是什么，哦，如果一个人手下掌管着一万人，那他身上应肩负着重大责任，那些将自己的荣耀建立在士兵们的肩膀上的人同样也要负责！呸！当我看到我不情愿但必须要看到的事情时，我心中便会燃起怒火。第三军的这次行动就是其中重大的一件——它加快了战争的发展——这支军队自身的前进带来的后果我们有目共睹。哦，如果这支军队坚守山顶上的牢固位置、有余下的军队做后勤、静静地等待敌军的进攻该有多好！

我看到那1万或1万两千名士兵①气势磅礴——他们是优秀的战士——带着他们的武器装备联手左翼的骑兵分团，按照战场上的顺序，组成几条战线，

① 第三军“为职责而战”，兵团回报的人数为12630。

随着战旗的舞动，他们稳步冲下山坡，穿过山谷，冲上下一个山坡，朝着他们目的地前进。从我们的位置可以看到整个军队的调动。西克勒斯将军提前推进他们的重要防线，他们击退了敌军的突击队，穿过了埃米茨堡公路，也因此为主战线扫清了障碍。第三军现在成为众人眼中的焦点。第二军和该军的第一分兵团收到命令拿起武器，随时准备在情势需要时为第三军提供支援。当第三军前进至我们战线的最左侧位置时，如我们所听到的，如果敌军在石山西端汇合意图转向我们左侧，该军左翼和敌军将不会发生冲突。然而当该军左翼抵达公路时，敌军正处在该翼的直角位置。因此，当这条前进路线靠近埃米茨堡公路时，我们会看到上述骑兵团从他们位置后方冲下来，枪烟滚滚，我们逐渐失去西克勒斯左翼战况的情报，焦虑不安已成为我们心系这些战斗的一个因素。敌军起初攻击缓慢，并且需要远程投射，但他们处在西克勒斯左翼的直角方位。考德威尔将军收到指令立刻调动他的分兵团——之前提到过的第二军第一分兵团——行动，第一分兵团在石山左端斜坡的树林中就位，以此策略来抵制敌军试图包围西克勒斯左翼并袭击他的后方部队的意图。分兵团照指令进行移动，并消失在丛林中。他们在下午两三点的时候朝着指定方向前进，还有预备铁旅——第一旅，现暂时由第二分兵团指挥官希思上校暂为代管，该旅前进补上第三军的位置。大约在同一时间，可以看到第五军的队伍在巴尔的摩公路上行进着，并穿梭在树林中朝着第二军第一分兵团所去的同一位置前进。第六军出现了，并停驻在巴尔的摩公路。因此我们的队伍开始壮大起来。当敌军用他的炮兵朝西克勒斯开战时，我想大概是5或6人，他们开火很慢，西克勒斯有了上述到来的援军，情绪更加高涨。不久后，大炮攻击变得更加激烈，但敌军被迫撤到更远的地方，我们也乘胜追击。没多久炮火完全停止，敌军已撤到我们的范围以外的地方，西克勒斯命令军队暂时休整，停留一段时间之后，军队再次前进到他想到达的位置或者是接近那个位置。现在大约是5点钟，我们再过不久就能看到西克勒斯前进所带来的后果了。首先，我们听到的是更多向西克勒斯左翼开炮的声音——敌军似乎再次发动进攻，我们看到叛军的炮兵连领先在前。炮火在不久之后再次被打响，两军士气高昂。敌军的炮兵连紧逼西克勒斯军队，并且对他们连续猛攻，而此时，他们却转过来撤退到靠近他们步兵团的位置。敌军此时似乎非常胆怯，而比他们前进的队伍突然遇到袭击还要糟糕的是，在他们的炮兵连进行调整的时间内，并且还处在叛军步兵团的长排队列当中时，当时离西克勒斯左翼还很远，现在已确定无疑他们早就分离出来要进行突袭了。第三军的情况立刻处于危机之中，可能到此时该军的指挥长才开始意识到他现在真正面临的境况，现在整军开始骚动起来。将军和他们的侍从各奔东西，士兵们仍留在他们现处的位置，你可能会听到这1万名死撑着的人喋喋不休，他们认为将领们骑着马回家了，他们恨不得在这些将领身上凿个洞。当敌军前进至西克勒斯两翼时，西克勒斯打算做一个调整，至少是对前线的一个局部调整，他打算将左翼撤后，让右翼上前，以便于他的战线尽可能和敌军保持在统一水平面上，他的炮兵连同时也可力所能及地探查敌军的行进情况；但是在敌军炮兵连向西克勒斯右翼开火之前，这整个调整计划并未完全实施下来——他的队伍最前方和一刻钟位置都出现了叛军的步兵团。现在可怕的战争场面开始了，那一刻我们只能充当旁观者。向西克勒斯军队前方和左翼席卷而来的是朗斯特里特和希尔的步兵团。至今为止，战斗一直进行着，炮火连天。在大炮的浓烟滚滚和巨大火焰当中，已出现无数耀眼的光芒，长而猛烈的步枪发出齐射的咔嗒声，混杂着轰隆的声音。我看见一条条灰长的线笼罩在西克勒斯前方，并混杂着战火的硝烟。现在同样颜色的线也从他右翼的灌木丛和果园中升起，并将他的军队困在混乱的战争当中。

第51～75段

哦，喧嚣与咆哮声，30000名叛军野狼在吼着！山谷下是怎样的一个地狱！

这一万两千多名第三军士兵在英勇奋战着，但不久后，他们很明显在战场上落了下风，有的或是丧生于此，他们要一直艰苦作战，保持雄厚的实力来压制住叛军的猛烈进攻。看到这样的场景是可怕的，但是这些士兵，例如那些曾经逃走的士兵，必须尽他自己最大的努力从那场战乱中逃脱出来。下令让其他军队下山谷前来支援已是不可能了，因为这样做跟西克勒斯将军的做法没什么两样，放弃一个好的防守位置，前进到一个劣势作战地带的做法是不可取的。士兵们已别无选择——第三军必须孤身作战，逃出那个足以让他们全军覆没的山谷！回想一下，是什么让他们身处险境?

与此同时，在西克勒斯最终被击败的形势下，我们必须做一些其他部署来迎接敌军的挑战。清除掉这一军队后，敌军将会计划朝着第二军战线前进，但不是与其队伍前列并肩而行，而是绕其左翼而行。为了应对这一紧急情况，第二军第二分兵团左翼稍稍滞后前行，由沃德上尉领导的第 15 团和霍顿中尉领导的第 82 纽约军，这两个团带军前进至埃米茨堡公路，在战争打响之际，两团可以抵达到离我们更近的有利位置，炮兵储备军中的一些新炮兵被安置在第二军左翼最近的山顶上。这是吉本将军力所能及的了。其他正在进行的战局部署，我稍后会提到。敌军仍与西克勒斯激战着——第三军，由于西克勒斯在战场上负伤失去了一条腿，现由伯尼将军指挥——而我们第二军，距离他们有 1000 码远，我们这些持枪的士兵们仍然是悠闲的观战者。

正如我们预想的那样，叛军试图夺取第三军左翼，带着这样一个目的，他们现在正前进至石山西侧的树林里。我们知道他们将会在那里发现什么。一旦敌军带着大规模队伍，本着达到目的的态度行进在上述树林里，同样就会听到战乱喧嚣之声。第五军和第二军第一分兵团此刻正在那里，并迅速与敌军交战；敌军也是如此，不久后战争开始蔓延，一发不可收拾。现在战场上的咆哮声已是之前的两倍，而且其范围扩大至场地的两倍多的地方。第三军被惨败地击退着，数百名伤兵正撤向部队后方，但战争依然继续着，敌军未曾给过我方太多的调整时间。真正的战场现已从第三军作战位置延伸至第二军左翼前方，直冲石山前方，士兵们带着极大的怒火进行着战争。叛军炮兵和步兵的开火及呐喊声致使空气中混杂着可怕的声音。当第二军第一分兵团首次与敌军交战时，在一段时间内被打退了一些，但是在考德威尔将军的优秀能力和精明的指挥之下及第五军援军的到来之际，第一分兵团迅速停止撤退，并坚守其位；接着在下一时段与第五军完美会合后，从第五军表面状况来看，我们希望这支准备就绪的军队能够完全抵制或击退敌军的进一步攻击。但是新一拨叛军继续前进，穿越丛林，到达第三军前方位置并且不断扩充军队数量以攻击这支被死死压住苟延残喘的军队。第三军开始表现出疲惫的状态——他们的弹药一定是快要用完了——他们持续战斗了一个多小时，并不断地对抗强大的敌军。从最左端传出的枪炮声和树顶上升起硝烟的地方，我们可以得知第五军仍然稳固坚守其阵地；当我们看到第六军正在行进前往那里时，我们已不再担心左翼军队了——显然我们有更多的理由去担心我们自己。

第三军正逐渐溃败——该军设置在各处的据点开始被摧毁——士兵们在战乱中开始慢慢向后方撤退着——敌军不断靠近他们，甚至穿插于他们之间——在很大程度上他们已达到了无组织状态——枪和弹药箱被丢弃落入敌人手中——第三军在一场英勇奋战却惨遭不幸的斗争过后，他们显然在战场上渐渐地被清理掉。第三军败北后，第二军和这些呐喊着的敌军之间还隔着什么呢？你不认为此刻我们开始对这场战争产生了一些个人兴趣？我们确实如此认为。我们仅仅是观战者，我们定会成为这场戏的表演者的时代也即将到来。

直到这时，昨天还由吉本将军指挥的第二军，现由汉考克将军接手，他卸除了他在其他军队的职务。在500或600码距离以外，第三军正在进行最后一搏。敌军也依照自身优势步步紧逼着，当汉考克和吉本两位将军骑行在他们军队战线之时，发现新一批敌军军队利用优势将其战线不断地扩展至离我们更近的地方；此时整个战线上立刻响起一阵接一阵的欢呼声——不是叛军杂种的叫声，而是真正的欢呼声——超过战争的喧嚣声，一直喊着“汉考克”、“吉本”、“我们的将军”。这无疑是好现象。如果你听到了他们的声音，你将会知道这些士兵们仍然可以作战。恰逢此时，我们又看到了另外一个让我们高兴的现象：我们观察到我们的后方位置及所有山坡，在第三军前进之前还处在该军的后方的位置，现在正有一大批军队从我们战线的最右端加速前进过来，他们前来支援被敌军重重围困的地方。这批援军有除去一个旅以外的整支第十二军，也就是说，是由威廉姆斯将军和吉尔里将军领导的分兵团的主力军；由道布尔迪将军指挥的第一军第三分兵团；还有一些来自同一军队的几个旅，他们当中有些是两倍的速度加速前进。他们在坦尼城公路山脚下组成战线，当第三军的伤病残将向后撤退并朝他们涌来时，他们没有丝毫地停驻或犹豫，奋不顾身地扫平敌人，带着以往光荣的欢呼声，在战火下，占领第二军左翼的山顶战线位置。如今西克勒斯将军的漏洞修复好了。现在，叛军的首领，带着你那疯狂咆哮着的队列前进猛攻吧！把你人生最后最响亮的声音喊出来吧，因为你们大多数优秀士兵将不会再有机会为这面假面旗帜呐喊挥舞了！

战争仍在第五军所处的左翼位置进行着，石山西坡是战场所在地。在最后一批第三军从战场上撤回之际，离我们最近的位置出现了短暂的停火，因为此时敌军正为他们的胜利而兴奋庆祝着。他们一直是一旅接着一旅，分兵团接着分兵团前进着，战争开始后，他们的前进线路已扩展到几乎和到我们右翼一样远的第二军第二分兵团右翼。我们前方的整个山坡都被他们包围了。他们多变的阵型、战线、队列、军队数量和我们截然不同，带着呐喊和密密麻麻的子弹声，他们正冲向我们的山顶。第三军已不再是他们的障碍。现在是到我们参战的时候了。炮兵们已装满弹药准备就绪，整个山峰都已准备妥当。现在阿诺德和哈泽德，还有库辛、伍德拉夫和罗蒂三人都已准备好了！你们三个今天一定要活着回来！他们用绳子拖拽着摩擦底火，炮弹以很快的速度一个接连着一个发射出去，伴随着炮吼声飞落在敌军身上。敌军仍然前进着。步兵团们在开枪，首先前进的是敌军第 15 团和第 92 纽约军团，接着各处都沿着长长的战线冲上前来，到达了离我们最近的位置，不久便是整座山峰，大炮和步兵是战争继续进行的工具。从石山到墓地附近一直进行着不间断战争。双方实力都很强大，现在两军正打得如火如荼。

这场战斗是在我们下方的山谷里进行的，现在情况有些糟糕，我们带着满腔怒火拷问，现在战争结果会如何？我们要什么时候参战？我们身边还有什么？

我们所有的感官都已失去知觉，只有一双眼在动着。流出的喧嚣声和敌军的呐喊声在不经意间都已过去了；能让士兵们充满激情的灵魂的就是用他们的眼睛去看所有的事物——隐藏不住的战火硝烟。想想炮兵用他们花费双倍费用从家乡运来的弹药，投向那些张嘴吼着的“拿破仑”兵将们，火药几乎触到敌军。这一长排穿着蓝色制服的步兵将他们储存的火药投下山坡的速度是如此之快。

但是没有一个人退缩，他们有尊严地坚守着他们的岗位。两军的士兵或倒下或受伤，死伤多至数百人，也有不少残兵，有的是一只胳膊被吊着，有的是一条腿受了枪伤，正朝着部队后方跛行匍匐着。他们没有埋怨声或痛苦声，就像哑巴一样默不作声。令人钦佩的英雄气概似乎蔓延至所有人的身上，他们直觉会失守山峰，失去所有。我们的官兵，致力于鼓舞士气指挥军队的军官们，现在是怎样一步步沦陷的。

我们听说我们军队第一分兵团的祖克将军和克洛斯上校都受了重伤——他们两人都掌管着旅——现在处在我们附近的第 15 团沃德上校在鲍尔斯悬崖失去了一条腿，此外第 82 团纽约军少尉上校霍尔顿在正指挥的时候受到致命一击；第 20 团利威尔上校，老保罗·利威尔的孙子牺牲了，指挥第 59 团的纽约军少尉上校马克斯·托曼身受重伤，还有一些我叫不出名字的长官也挂了彩。这些人都是吉本分兵团的人。哈泽德中尉在他作战时也受了伤，他的位置距离主战线有 100 码，敌军进攻他的储备炮军，他逃脱了，但有三杆枪落入了敌军手中。

沿着我们山峰一带的战争打得相当火热，我有些怀疑在这样的战火面前我们的士兵们是否还坚守得住，敌军疯狂的攻击仍在继续着，他们想要清理掉我们的持枪士兵和步兵团战线，但士兵们依然坚守其位。汉考克将军和他的副官在战火硝烟下骑行至吉本将军分兵团。吉本将军和我就在不远处，在正对着我们的敌军方向可以依稀看到敌军的军旗。“嘿，这些人为什么在后退?”汉考克道。军旗距离我们不到 50 码远，但此时一个叛军队列的头领指挥立即朝我军齐射。米勒中尉和汉考克将军副官受到两次攻击倒下了，但由于将军并未带武器装备，因此他告知附近的明尼苏达第一军前来协助驱逐这些敌人。那支优秀的兵团，从它原有的 1500 名军人中抽调出来的不到 300 名精英军人，晃动在敌军周围，向他们正面齐射，并带着刺刀朝他们前进。叛军在慌乱中撤退，但是科尔维尔上校、亚当斯上校和唐尼少校都深受致命创伤，其他许多军官和士兵将永远不能再战，超过2/3的士兵阵亡。

这样的战斗不会持续很久。现在已接近黄昏，战争激烈地进行了很久。但如果你停下来留心一下就会发现战局发生了改变。叛军呼喊声停止了，联邦军开始在硝烟下呼啸，队伍在前进着。看，叛军摇摇欲坠！他们在我们前方乱了阵脚！波浪翻过山石，而山石击垮了他们。让我们也咆哮吧！

首先叛军最左翼军队被粉碎，这支军队曾几乎深入到我军战线，接着我军开始快速击退他们的右翼。他们在石山挣扎的时间最久，第五军在那里牵制着他们，但是在令人难以置信的短时间内，在他们受损之初，处在整个战场上的叛军主力军，不管是挥舞着旗帜、呐喊、军官们的妥协，还是引以为傲的骑兵团，他们就像废物般旋风似的逃跑，退下山坡，穿越山谷，跨过埃米茨堡公路，叛军整支军队受损严重，他们毫无组织并陷入极度恐慌之中，叛军疲惫地穿过丛林，而胜利掌握在共和军的手中。大叛军，曾在这个战场卓越一时、最优秀的军队，现已被明显地击退着，现在这一片的战争很快就结束了。追逐仍在以迅速而又可行的速度进行着，但是由于接近傍晚时分，而且与敌军的距离也在发生着变化，有可能会面临着在敌军驻扎之地遭受突袭的危险，因此我军今天是得不到更进一步的成功了。在叛军溃败之初的地方，至少有数千人的一大批俘虏被抓获；他们几乎或死或残而不能跟上后方部队，现在这些伤病残将都悉数落在我军手中；我们收获了几面敌军军旗并将其聚落在一起，同时也捞回很多步枪，其中有第三军失去的 9 或 10 支枪和一些弹药箱，还有三支布朗的炮弹——这些之前落在了叛军的手中，但仅数分钟内都安全地回到了我们手中，敌军还没有足够的时间将这些武器带走。

我估计不少于两万名士兵或死于或伤于这场战斗之中。我们自身的损失几乎达到这个数量的一半，第三军大约四千人，第二军整整两千人，我想第五军有两千人，还有第一军、第十二军和第六军的几个旅的一小部分人，所有这些军队当中真正参战的将有两千多人①。当然我们将永远不可能知道双方在总战争中的局部战争中损失的数量，但是从敌军的位置、军队数量及参战情况来看，他们的损失一定相当惨重，或是如我所想的那样比我军损失更惨重，我的估测数量很有可能比实际损失数量要少一些。

战争已经结束了，随之而来的便是突来的厌恶感，这或多或少象征着所有类似的战争场景。此刻的平静看起来是多么的奇怪！整个空气弥漫着兵戎相见的喧嚣声，然而到了某一时刻——此刻所有事物都静止了，听不到一声枪响，四周寂静地格外明显，静到几乎让人窒息。西边的云彩被太阳照射发紫，闷热的夜晚悄悄降临，仿佛这里从未有过战争，狂吼声和炮轰声从未撼动过大地一分。这些战场原本如何呢？天黑之前我们可能会看到成熟的庄稼、硕果累累的玉米、果园、绿草地，以及坐落在它们中间的石砌或木制的农舍。今天早上它们还是美好的。现在却是一片荒芜，被不计其数的官兵们践踏，被枪支和炮弹扫射开路、做标记，果园被割裂，藩篱倒塌，庄稼被踩踏于泥土之中。而比此场景更糟糕的是：士兵们的装备沉重地散落四处，那些装备是他们在战争中因减压或重要将领阵亡时弃置的背包；士兵们无法带走的配给干粮袋正裂开着；叛军将领杰克逊的西洋杉木壶，联邦军布裹的罐头；毯子、军裤、大衣、帽子，其中一些是蓝色衣物，另一些是灰色衣服；步枪和推弹杆、刺刀、剑、鞘和盔帽，有些已被枪击或弹药射弯或折断；破损的车轮，爆裂的弹药箱、便携箱、拆卸的枪支，所有这些东西都染上了血；马匹，有些已战死，被乱砍，屠杀后堆放在一起的马匹中，有些还活着，它们或有一只腿被射掉，或有其他骇人的伤口，令人咋舌到惨不忍睹；最后也是至关重要的一幕是大批数以千计的士兵——此地现在没有纷争——南卡罗来纳官兵安静地躺在马萨诸塞州官兵一侧，有些人脸朝上安详地躺着，与世长眠，有些残肢断腿，目不忍视，有些是被血浴着的不幸阵亡的士兵，幸存者们屹立不动，不情愿地看着葛底斯堡镇的破败不堪。

---

① 这场战争回报的损失如下：第二军第一分兵团 1275 人；第三军 4211 人；第五军 2187 人；第六军 242 人。这些损失绝大部分是 7 月 2 日遭受的。在战争记录中，7 月 2 日第一军和第二军第二分兵团遭受的损失和 7 月 1 日、3 日的损失混合在一起。

尽管这些都已呈现在眼前，在夜幕降临之际，波托马克军队已做好了夜晚的部署和警戒工作，整军都陷入狂欢之中。这些士兵们今晚在煮沸咖啡，他们吃晚餐时狼吞虎咽的场景如同无忧无虑的客人被恩赐参加一场盛宴一般。是不是很令人诧异？

从另一方面来说他们不再是士兵。只要战争在世界的某一角落进行着，这些场景就一定会出现，而战争的结束，就意味着终止，千年王国的日子也随之即来。

一旦战争打响，救护工作也随之启动，闪耀的灯光穿梭于夜间，次日的阳光映射到每一盏灯上，暗示救援工作仍在进行着。

在天黑来临之际，如果我能记录到今天战争的结束就好了，但现实并非如此。士兵们今天浴血奋战太久了，今晚应当好好休息，然而我军认为如此，叛军的想法则不然。我们可以从敌方的观点出发来看他们能够得到什么。当包括第十二军在内的军队于下午，如之前所提到的，为了支援左翼被迫撤出我军最右端战线时，当然我军右翼的防守也因偏向左翼而变得薄弱，叛军尤厄尔将军或许探知到实际情况，又或许是因为他想要不惜一切代价夺取我们的右翼战线，在傍晚时分便下令向我们薄弱的防线开始攻击。叛军在此战斗的同时毫不松懈左翼的战斗，但他们也并非坚不可摧。尤厄尔率领他的军队穿越丛林前进，而位于他们前方的正是不久前第十二军谨慎防守的区域，他们惊奇地发现我军最右翼坚固的防守已完全撤离，这已是毋庸置疑的事实。随即叛军立即占领并攻击我们的右翼，现其处在卡尔普山顶附近，位于右端战线的正前方。如今只有第十二军一小部分人马留守坐镇，随后第十一军一部分士兵被派遣前来援助，他们都竭尽所能遏制叛军的前进；但十一军因在那里受到伏击，他们并不想停驻太久。右端战场的事态开始恶化。第一军第一分兵团的一部分人被派去支援第六威斯康星分团加入作战队伍之中，这次援助使局面有所缓和，然而，尽管我们有了一小部分上述告知的士兵作战，敌军军队数量的庞大使得他们的胜率更大一些，尤厄尔似乎可能因此而有了更大胆的尝试，他决定趁夜攻击我军右翼，同时也在做相应的部署。敌军事实上在太阳落山之前就已占领了我们的一部分散兵壕，修筑了被废弃的作战坑，但他们此刻正聚集军队朝我们前来，而在那一时刻，我军薄弱点完全处在他们的攻击位置，事情看起来并不是按照我们所希望地进行着。接下来的形势便是我所提到的左翼战斗，现在已结束了。在情势所迫的情况下，第十二军一完成左翼的作战后便被调令速回原防守位置右翼，这也不足为奇。他们赶回得很及时；当然他们的速度并没有快到足够去避免敌军带来的屈辱，他们发现敌军占领了将士们辛辛苦苦搭建的防线一角，但是在天黑之前还是有足够的时间将士兵们妥善安置在我们搭建的战壕里，并且占据一个强有力的防御位置，方位与主战线后方成直角，以便抵御敌军的侧翼攻击。我军再次恢复到安全状态。只要各司其职的士兵们知道他们是安全的，他们就可以稳固下来防御来自前方的所有攻击。十点到十一点间，右翼的丛林里回响起步枪部队传出的声音。大约在天黑或是天黑后，敌军朝第十一军右翼进行了突击。他们在一个山谷的蜿蜒小道上匍匐前进，兵力不是很多，但是从独特的思维角度考虑这些军队曾做的是前哨任务的话，除非他们接近主战线，否则我们很难辨认出这批队伍。传闻，我不知是否属实，他们截获了第十一军一炮兵连的两支枪，而炮兵需要用他们的军刀和夯锤击退他们，而此刻会听到一些凶悍的“荷兰人”在宣誓，在其他类似的非虔诚的誓言中，“雷电天气”被广泛应用。敌军最终是被第二军第三分兵团科雷尔上校率领的旅击退的，来自同一军队的第二分兵团第106宾夕法尼亚兵团收到霍华德将军的指令后，被派往敌军被击退的位置进行警戒任务。敌方继续连夜进攻看起来是一种极度疯狂和愚蠢的行为，正如他们进攻右翼一样。我们的军队因做了充足的防御工作而被安全遮蔽，甚至是在大多数地方，也就是主防护墙的顶端几英尺以上的地方都被安置上了一根圆木，当士兵们在防护墙下推出圆木向敌人开火时，圆木可以起到保护士兵头颅的作用。夜间，敌军仍在向前冲，他们翻石越林，甚至到达防守战壕的前方，但当时只留了一些隐蔽军在那里，有些或是很快被再次击退至山林。敌军将会在黑夜爬树靠近防守位置，并试图通过闪光灯射杀我军。当我军发现有情况后，夜里便会有千发子弹嗖的几声尾追敌军身后，有些人会在途中中枪，叛军随后才决定下山。

我军的损失很少，可以说在这场战斗中几乎没有受损。第二天早晨，横尸遍野，在那一战线上到处是敌军的尸体。接近十一点钟，敌军损失惨重，兼之身体疲惫，停止了作战，之后直到清晨时刻，整个军队未曾听到一声枪响。

这场战争的情况就这么多。我想提到的另一件事便是 7 月 2 日的战事情形了。

夜晚到来之后，从收到的情报显示，右翼的工作进行得很顺利，米德将军召集各军队指挥官们前去总部商议战局。会议主要讨论葛底斯堡镇的重大作战事项，一个个卓越的军事家们屈尊于一个鄙陋不堪的小农舍商讨问题，这是之前所不曾见到过的，这些军事家们的身份很有可能比以后来此商会的人的身份更加尊贵。

你希望看到在某种程度上是一种庆典仪式的会议弥漫着军事上的严肃气氛吗？将此会议定义为“波托马克军队的指挥官米德大将军，同其军队众将领，就葛底斯堡战争议题进行商讨的相关战事会议”，这听起来还不错。你心中可能对此有一个蓝图，将此会议挂上相匹配的“拿破仑和他的随从”或可能在将来某一时刻可定义为“华盛顿和他的将领们”。如果没有画家记录这个会议过程，我将告诉你这个会议的进行情况。米德、赛德威克、斯洛克姆、霍华德、汉考克、西克勒斯、牛顿、普莱森顿这些骑兵队的指挥官们和吉本，是现任的将军们。由于西克勒斯受伤，汉考克接任第三军团，而吉本再次指挥第二军。米德是一个高大精瘦的人，满脸胡须，原本棕色的头发现已有了相当分量的白色银丝，他长了一张罗马人的脸，有着非常宽大的鼻子、白额，炯炯有神的大眼睛，能够快速灵活地运用，此外，他还戴着一副眼镜。他的纤维组织长而发达。他通常的个人装扮是很马虎的，让人很难去发现他穿着的美感。赛德威克是个相当矮胖的人，体格健壮，面色红润，皮肤黝黑，为人沉着，视线笔直的双眼，富有略显沉重的色彩，他的眼睛一旦睁开，就仿佛有大量活力注入他的体内。他有着华丽的外表，棱角分明，鼻梁与前额几乎会聚成一线，头发卷而短，呈栗色，满脸胡子，时常剪短，当然也有了一些白色的胡碴。他打扮很随意，但若精心打扮的话他看起来还是相当华丽的。像米德一样，他看起来也是位诚实谦恭之人。你可能会立即知晓为什么他的士兵称呼他为“约翰叔叔”，那是因为他们爱戴他，当然不是因为他的长相，而是因为深入人心。斯洛克姆短小精瘦，他有着黑色的直发，留有偏少的胡子，不做修剪，充实、敏锐、大大的黑眼，白皮肤，鼻子挺拔，宽颧骨，双颊凹陷，小下巴。他动作敏捷快速，他的穿着总带着足够的优雅。霍华德体型中等，他没有什么明显的特征，我想他应该是众将军中最年轻的一位，他在战争中失去了一只手臂，他有着棕色的直发和胡子，胡须修至他的短上唇，倾斜在鼻子两侧，淡蓝色的眼睛，从整体来看，他像是一位非常友好、和蔼可亲、穿戴整齐的小绅士。汉考克在所有长官当中是个子最高的，身材最好，在众多方面算得上是长相最俊美的。他的头发呈浅棕色，直而密，看起来总是好看，胡子也是同样的颜色，下巴处有一撮小胡子；面色红润，体型不胖不瘦，很适中，丰满的下颌和下巴，扁平的嘴巴，直鼻梁，深蓝色的眼睛，情绪多变。他的穿着特别的规整，举止端庄，绅士，威风凛凛。我想如果他穿着平民的衣服，向军队中不认识他的人发号施令，那些士兵们很有可能立即执行指令，而且没有任何人会质疑他的领导权。西克勒斯是一个矮小、很瘦的人。他穿戴漂亮，非常有绅士风范，有着棕色的头发和胡子，满脸胡须，红色、紧绷、粗糙的皮肤，浅蓝色的眼睛，高鼻梁，他在一代将军当中是易于疲惫的体质，脾气有些暴躁。牛顿是一个身材很好、有型、强健、穿着得体的人，他有着棕色的头发，红润、刮得光洁的圆脸，蓝眼睛，坚硬完美的身材，走路相当笔直，昂扬的下巴，他气宇轩昂，身上多少都带着某些人心中所想的军人形象。普莱森顿是一个相当英俊非常出色的小伙子，他有着棕色的头发和胡子，戴着一顶草帽，并将骑士草环别在头的一侧，一双隐晦不明的双眼像是在暗中盯着你，然后又躲闪开来。吉本是除霍华德以外的所有长官中最年轻的一位，他和斯洛克姆、霍华德、西克勒斯还有普莱森顿一样体型相当，而且他们几个人当中没有一个有150磅重。他有结实的骨骼，既不瘦也不胖，面色红润，栗棕色的头发，除了留有一些触须以外的光洁的脸，显而易见，他的皮肤微红，体型中等，头型规整，眼神锋利，中等凸出的前额，深蓝的眼睛，镇定的眼神，坚挺又有点鹰钩的鼻子，扁平的嘴巴，圆下颌和下巴，举止表现得从容淡定。他总是打扮得很得体。我猜想，霍华德大约有 35 岁，米德 45 岁左右，其他人的年龄介于他们两人之间，但低于 40 岁的不多。他们此刻前来开会时，每个人身上都带有疲惫的倦容，但并非一贯如此，这仅仅是因为前些日子的辛苦战斗造成的。他们都衣着深蓝色军服，有的人穿着长筒靴，而有的却没有，除了吉本将军肩膀上挂了一星级扣链，其他所有人身上别的是二星级扣链，除此区别外，所有人身穿的规格制服并没有什么不同。每个人身上都佩带有不同样式的军刀，但没有肩带和军帽，他们头上反而戴着形状不一的头冠，边环垂落，没有任何的饰物，只有镀上金的镶边。也有例外，西克勒斯戴着一顶蓝色的帽子，而普莱森顿戴着的则是宽的黑色镶边的草帽。接下来描述的是他们开会时所在的简陋小屋，屋内仅有的家具是安置在一角的大宽床，房屋中间有一张松木小桌，桌子上面有一桶水，喝水的锡制杯子，一支蜡烛，由于烛心的蜡油滴落在桌板，烛底现已黏附在桌子上，此外还有五六张灯芯草根制作而成的直背椅。将军们进来后，有的坐着，有的一直在走动或站着，两人躺在床上，有几个人在不停地抽着雪茄。这样就位之后，他们便开始思量敌军是否会从此前的位置撤退，退回到之前所说的更为强大的后方军队，我们是应该在明日向敌人能被找到的地方进行攻击，还是让马蹄继续停驻在此山顶，仍留在防守位置等待敌人的进一步进攻。

后一个提议得到了一致认可，他们点头示意此战略的合理性。波托马克军队将仍驻守于此，他们放任叛军上山，誓要用粉碎他们的头颅的气势攻击他们，达到敌军今天所期望的程度。两个小时后，会议结束，长官们各奔所向。

第 76～100 段

今天的夜晚很闷热，天空没有星光，几近午夜时，我从第二军战线出发，不停地探知、摸索着回到将军总部的道路，总部后方有一个设置在小桃园里的战时流动医院。现在周围一切都变得寂静起来，唯独传出流动救护员的声音。当他们抢救伤员时，你会在这片领域的每个角落听到他们喋喋不休的讲话声，看到他们举起的灯笼。我现在已精疲力竭，昏昏欲睡，累到几乎不能上马的程度。而且我的马也跑不动了——马鞭已经不起作用了——原因可能是什么呢？我知道今天两三颗子弹擦伤了它，但谈不上致使它伤瘸的地步。接着，在深夜，同这匹套着马绳的马随行时，我被它踢了；如果我没有穿着一双很厚的军靴的话，这次的攻击很有可能会伤了我的脚踝——这打破了我原本的好脾气——因为需要它解决我的燃眉之急，我一再地鞭打着它。但是没有用，它只是走着。我只好下了马；我根本使唤不动它了，因此这一路我带着怒气，以或许是最低的骑行速度到达了总部。汉考克将军和吉本将军已在救助营里入睡。一束光照来，我发现“比利”出事了。当我骑着它时，一颗子弹就在我的左腿前方射进了它的胸膛，鲜血一直从它受伤的一侧和腿部往下流，它肺部呼出的气体从子弹射出的洞里呼出来。我从内心深处渴求它原谅我粗鲁地鞭策它，如果它之前理解我的话，我也只是口头上使唤它而已。伤者原本应受到好一点的待遇，它要是能理解的话，它就能得到好待遇。可怜的比利！它和我是第一次受到攻击，我曾在勇敢的“乔”牺牲后，骑着它在第二布尔溪战场和第一、第二弗雷德里克斯堡战场奋战过；但现如今我再也不能驾驭它了——比利的战争生涯已结束了。

“乔治，帮我在这救护营里找块儿地方铺个床。摘掉我的军刀和靴子，这就可以了！”在这露天的支架下，哪里会有豪华的卧榻或是能够用来舒服地躺下来的柔软的粗制毛毯？半夜军队接应了我，我睡了四个小时，酣甜无梦，疲劳和战争早已抛之脑后。对于我来说，7月2日这一天总算结束了。

3日凌晨四点钟，吉本将军用脚推醒了我，并说道“起来，你听不到吗？”我一跃而起。我在哪儿？瞬时，我遗失的感知力和记忆力又再次恢复过来：步枪手迅速地向第二军前方和右翼开火，夜间，我最后一次听到敌军开火声是在我军战线最右端的位置听到的，我所有的记忆此刻都涌现出来。我们确信现在是处在战场上，而且有充分的证据可以证明我的想法，今天会有另一场血战要打。哦！片刻时间，这种想法渗入到每一个感官和知觉！但是在我几分钟飞奔到山顶时，我看到我那奔腾着的骏马现在同着清晨宁静的光辉冲上云霄，散播出一道风景线，我顿时安心下来。叛军们，带着你们雷鸣般的武器上来吧！我们已做好为共和国奋战至死的准备了！

我发现一场激烈的小规模战斗正在第二军右翼进行着，交战双方是我军前哨部队和敌军前哨部队，但除了这些情报外——只有敌军的前哨军在视线范围之内——那块战场的其他地区都格外的安静。最右翼战线上的步枪声在寂静中显得可怕；据了解这是由吉尔里将军领导的第十二军第二分兵团向敌人发起的进攻，目的是要将敌军驱出我曾提到的他们昨日偷溜进来的我军防护堡垒。清晨，当天已亮到可以看清目标开火时，这场攻击便进行了。敌军不会使用防护垒，但是他们是在林间遭遇的吉尔里，而且有众多石头和树木作掩护，所以这场战斗不是常规战，现在这场战争爆发了，并发展成了耗体力的持久战，此时战争渐渐平息下来，只听到一些分散的枪声；双方在轮番攻击着，直到早晨完全到来之时，敌军才最终被全部打退出防护垒，我军右翼战线又再次确立在它之前的位置。在所有的战斗中，第十二军在这次攻击中受损最为严重，他们在这里的损失确实相当的多。我听说米德将军对于吉尔里将军发动的这次进攻表示非常的不满，该进攻既没有授予指令也没有发动的必要性，因为我军的防护垒已经失去了它原本的价值，不需要通过我军主动进攻夺取回来，吉尔里夜间所处的位置对于他们来说刚刚好。而且我又听闻，米德将军说他已传送指令要求这场战斗停火；但我认为这个指令并没有传达到吉尔里手中，直到敌军被击退之后吉尔里才收到消息。过后上午时分，敌军又再次试图如风暴一样地攻占我军右翼。我听闻老叛军尤厄尔誓要攻破我军右翼。他拥有杰克逊指挥的防备军，我猜想他很有可能还有另一支隐匿的防备部队，但确定无疑的是他一定会追击我军右翼——因此他才会派遣他的风暴部队翻越丛林，越过山石，攀岩走壁，我军现在可以在白天看到他们了。然而，叛军这次做出的努力是徒劳的，唯独一件事，便是屠杀自己的士兵。敌军是带着极高的士气和很大的决心做出进攻的，但是一旦他们上山，躺在安全防守位置后面的我军士兵便会用步枪射出的火弹烧焦并困住他们，场面如同细嫩的玉米倾下的雹暴一般。叛军攻占的誓言并未比之前拥护联邦国宪法的誓言守护得更久。敌军这次的损失确实相当严重，我们的则很少。很遗憾对于右翼的这场战争我不能做出更多的细述——昨晚和今晨的战斗对于敌军来说至关重要——而我们却是如此的成功。在这场战争的过程中我能真实地看到的是一片硝烟，听到的是子弹射出的声音。我得到的这些信息是从亲自参战的官兵口中获取的。在这次战斗中，我军的一些巨型大炮开火协助步兵团，一节节弹药升起，从后方发射，越过我们的头顶，我想大概是落到距离我军两英里远的敌军位置。当然，他们原本可以不用付出巨大损失。大概十一点钟右翼战争停了下来，双方不会再发起战争了。整个早晨，我们并不担心右翼战线，因为我们知道右翼的实力，此外我们的军队强强联合，第十二军和沃德沃兹指挥的第一军第一分兵团值得我们信任。

为了能够随时记录每一件事，在记录右翼战争时，我曾预测过一些事件。现在我要回顾一下最开始记录的事件，今晨四点钟，我想我尽可能地看到了任何一个活着的人，今天进行的其他事件当中，没有发生第二次如今晨一样的重要事件，我会告诉你们这里的情况、我所看到的及战争是如何进行的。我之前所提到的前哨小规模战斗不久后便停息，我想敌军自然是带着怒气撤退的，只要凌晨能看到事物，双方便会集聚起来攻打对方，并不再保留，只向各自的对手放枪。在战争开始之际，这样的开火原本会震醒整支军队，让士兵们迅速起来整顿装备；但现在却不是如此。山腰上的士兵们还在他们的被子下躺着打鼾，即使敌军的一些子弹落在他们之间，对于他们来说子弹好比无害的几滴水珠落在他们身上一样。今日太阳升起、云层破开之际，我们再次看到了一望无垠的天空，感受着阳光的沐浴——这种罕见之景使我们的士气大增。从山顶到敌军昨日集中攻击第三军的战线一带，除了第二军右翼有敌人外，并未发现敌军的踪迹，甚至连他们的前哨兵都没有前来。那里的四周一切都安静下来——受伤的战马正在战场上跛行着；昨日的战争带来的可怕破坏力仍依稀可见——散落四处的武器以及地面覆盖着的一层又一层的尸体——但我们目前还没有发现心怀不轨的敌人。士兵们很早醒来去吃饭，以防任何突发事件发生后早餐不能及时供应。接着这支军队便出现了嘈杂声，士兵们没有按队列而坐，他们有低声聊着天的，到处乱跑的，相互格斗的，还有翻卷打包被子和帐篷的。他们看起来像是一支聚集的流浪者军队，在抖落这些士兵们身上用处很大的装备时，也肯定知道这些衣物上附着的雨水和泥土已不能使他们变得整洁，而且服装上磨出的洞口并不能使衣物保留完整。但是从士兵们的穿着根本看不出他们昨天经历过战场，今天很有可能还要打仗。他们像往常一样，收拾背包，煮咖啡，大口咽下硬面包——就像熟知何为战场的老兵一样；而且他们的谈话内容大多是有关现在的战争局势——有些是滑稽可笑的——他们很少谈及昨日所见所做之事。

左翼战线在今早也实行了部队休整，这是根据昨日的战争做出的必要性方案，也是为今日的战斗提前做好准备。

我们当中的许多将军认为叛军今天不会向我们发动战争，他们昨天已经打得够多了，如果他们还没有做好作战准备，他们将会在尽可能最早的时间内前往波托马克；但是更好的、在控制范围之内料想的判断便是，敌军会做出另一番大规模的行动打入或改动我军战线，他们要么会聚集起来像昨天一样再次进攻左翼，要么攻打我军中心左翼，也就是第二军的位置，试图分割我军战线。我推断米德将军的想法是：今天的战斗会在左翼进行，我是从他所做出的部署推断出来的，我还知道汉考克将军预期战争会发生在战线中心位置。

今日左翼的部署如下：

第二军第二分兵团和第三分兵团依然在昨天的位置坚守，接着往左是道布尔迪指挥的第一军第三分兵团和斯坦纳德领导的第一军铁旅；接着是科尔威尔的第二军第一分兵团；然后是第三军，西克勒斯受伤后暂时由汉考克指挥。第三军有一部分驻守在原本的领地，他们仍守在昨天早晨设置的同一战线，让他们留守于此替代向前方前进，我们今天应该会有更多的士兵投入，不会像昨日处在灾难的边缘一样。第三军的左端是第五军驻守，他处在较短的前线和深入战线以内；接着是第六军，除了其中一旅被派遣至第十二军，其余留守在其战线上。骁勇奋战的第六军在昨日的战斗中几乎毫发未损，现处在我军战线最左端，终至石山南部，延至西侧的丛林基地，再到墓地。这支军队急于为 5 月 4 日弗雷德里克斯堡的失利扳回一局。此外还要注意第二军第二分兵团和第三分兵团的位置，它将会变得很重要。在这两支分兵团所在的战线上大约有6000名官兵。昨天，两军损失相当惨重，因为有些团被遣派至战场的其他区域，因此两军在此战线上的总人数已不到6000人[①]，两军驻守的战线大概占据1000码。坐落在山顶上的这条战线的大部分道路都设有石篱，石篱由许多小糙石搭建而成，因此很多道路上的石篱很难被推倒，但是士兵们需要加以完善，修补附近的篱笆围栏，为了能够在很多地方为士兵提供一个非常可靠牢固的防护墙，以抵挡步枪子弹和飞溅的炮弹碎片，士兵们还需加固地基。

这些防护墙因为太低，士兵们只能被迫屈膝或是完全地躺下才能够掩护自己。第二分兵团右侧附近，之前提到过，有一片小树林，这里的石篱都按直角的角度安置好，并且从这里延伸至前方，沿着山顶一带，大约每过20或30码的距离，就会依次设置另一个角度渐渐小于90°的石篱。

所有的战线都和这些防护墙是一致的，而且是基于山顶的地质状况所做的战线，这有利于占取最有利的作战位置，并做掩护，而且一旦敌军出现在这里的话，还可以给敌军有效的一击。在很多地方都设置了第二条战线，目的是能够在防护墙后向冲上第一战线的敌军开火；但是在整个线路中，做不了这样的部署。但是这两支分兵团的所有主力都在战线以内，各守其位，没有预备队，以这样的情形来看，每一名士兵可能会在同一时刻发射他们的子弹。第二分兵团的蓝色方形旗子上刻有一片白色的三叶草图案，第三分兵团的蓝色矩形上也有此图案，这两杆旗子在将军们规定的分兵团后面挥动着；铁旅的旗子和其相似，但是三角形状的，它也在铁旅后面挥动着；而各团的州旗都插在各团的战线上。从第二分兵团的左侧，前进大概100码，设有斯坦纳德旅中的两兵团或更多，他们位于一座小的有灌木花丛的山峰，位于总战线的倾斜方向。他们在山峰一带能够很好地隐藏起来，全部都藏匿在灌木丛后面，以防他们未发现敌军之前，前进的敌军靠近他们时给予一击。道布尔迪分兵团的其他军队严守在总战线中的这些战线之后。

---

① 6月30日“为职责而战”的这两支分兵团回报的数量是7546人，但是26个兵团中有5个兵团未在这一片战场。

整个早晨我不禁希望，第二军的这两支分兵团的战线更坚固一些；就部署的人数力量而言，该战线是总战线中最薄弱的环节。我在想如果敌军今天发起进攻，带着压倒性的庞大数量的两三支强大部队进攻的话怎么办，区区6000人他还扫不平吗？

但我不是米德将军，只有他拥有遣派其他军队前去支援的权力，而且他原本就对那一战线很放心。他今晨很早骑上了马背，绕行整个战线，手中带着镜片，横穿树林，朝着敌军所在方位的领域走去，亲自观测他所能发现的一切动态。他表现得冷静、严肃，而且认真。在他的脸上看不出高傲自大或胆小怯懦；但是你会认为他完全是在认真地做着本职工作，而且甘愿承担后果。你可以在他的脸上看出这一点。他对于今天左翼战线的部署相当满意，那里很坚固，有优秀的军队驻守。他并不担忧现在正在进行战斗的右翼，因为我军在那里占据了绝佳位置。他并不认为敌军会攻击中心位置，因为那里都安排了炮兵，而且对于叛军进攻来说并不是一个很好的突破口。除此之外，如果敌军攻打到中部来，米德将军认为他能够及时加强防守。我听说米德将军在早上大约九点钟之际，将这些情况说与汉考克和其他几位将军听了，当时他们都来到了第二军附近的战线。

除了上述提到的，今早战线布局并没有做出什么重要的改动，只是将昨天伤残的炮兵替换下来，从炮兵储备军里再挑选其他人代守其位，让其在合适的位置携带枪支蹲守好，以巩固战线。战线已布置得井然有序，我们已为全面战争的爆发做好了准备。

除了在右翼作战的敌军，就我们所能观察到的敌军整个早上表现得非常安静。前方部队偶尔会发动一起战争，随后又消停了。有时会发现我军尝试向敌军方面投射一个炮弹。我军的帕罗特（当时的一种武器）会向敌军所在位置投射一些炮弹，紧接着战场又恢复平静。

然而在今天的某一时刻，一场沉痛的意外发生在我们身边。今天早晨，在吉本分兵团指挥第20批马萨诸塞军的第一中尉亨利·罗普斯，一位深受爱戴的绅士和长官，聪颖、拥有高等教育水平、有涵养、在城镇防守战斗中拥有高贵的灵魂的一将，在坚守他的团所在的战线上时，因前方一枚炮弹向步兵团开火，亨利被一颗火力非常猛的炮弹击中，瞬间战亡。这场意外同时也造成了其他几个人的伤亡。罗普斯在这样的时间以这样的方式牺牲令我们很悲痛，以这样的方式便结束他的生命无疑会给我们带来伤痛。

十点到十一点之间，透过昨日西克勒斯防守位置前方的一个桃园里，发现了一小拨敌军的步兵，他们再次出现了，很明显这次他们只组成小规模队列，前方没有什么障碍阻止他们前进。在这小批队列后面可以看到飘扬在同一区域的敌军旗子，旗子越过山顶，在一座山脊的小山顶后方挥动着。他们队列当中有两三个人——很有可能是旗手，因为队伍前进速度很快而跟不上脚步了。我们猜想，敌军很有可能在那里安置炮兵。我们知道在大约两个小时后的这个时间点可以更好地探知这一情况。十一点过后。右翼的战争喧嚣声停止了，在那块区域已听不到一声手枪或步枪发出的声响。天空明亮起来，只看到西端的上空漂浮着几朵白云。七月的太阳在山顶上将其火热的光源一层层地照射在锃亮的铁杆步枪上，拿破仑式步枪顿时发出耀眼的铜光。军人们懒散地依靠在一起，渴望得到一丝荫蔽，有些人用枪杆的遮挡获得巴掌大小的蔽荫处。七月份的这一中午带来的沉静闷热是绝无仅有的。鉴于现在天气这么热的情况，就在今天的这个时间点，吉本将军和他的几位侍从有了一个非常新鲜有趣的想法，也许天气热是一件非常好的事情，现在正好是吃饭的最好时间。我会告诉你，自从昨天中午过后到现在，我还没有进过一口粮食，而且在那一时间段只能喝水充饥，但最为糟糕的情况是，那提供的浑浊的热水只是一小杯威士忌，而且还是米德将军的副官比德莱普昨天晚上给我的，今早第一次上山时我喝下了一杯浓咖啡，还有，除了夜里休息的四五个小时外，在那一时间段几乎没有时间休息，我一直坐在马鞍上，你现在可能理解为什么我非常认可这个特别的提议了。对于这个非比寻常的意见执行的可行性，我没有存在什么要讲的疑虑，只不过要说的就是，今天早上我发现我们的储备食物又少了一层，更不要提还有什么美味佳肴了，整个储存柜只剩下一些土豆、糖和咖啡了。而且我在这里也要说明一下，这些少量食物将会是我们就餐时要吃的食物，如果不是一名长官带着另一个人，一起骑行好几英里才取得补给食物的话，我们又没有食物可以吃了，而且他们只能成功地带回几只鸡，一些黄油，一个很大的长面包，面包需要士兵买来才能吃，以防士兵们为拿到面包而抢得晕头转向，这样能够解决很多问题。之后士兵们追了很长一段距离捕捉到了一只四脚的野猪，并吃到了一部分猪肉。为了能够捕捉到它，这场具有独创性的事不宜迟的行动第一时间汇报给将军后，将军同意了并立即派他的侍从前去援助逮捕。对于我们所吃到的上佳食物，我不能假装做出评断，但我认为任何一个公正的人都会说面包会更好吃一些，土豆煮好之前也会说土豆好吃一些。尽管会对鸡的年龄存在质疑，但是它们很大，而且肌肉都很发达。烤面包和黄油也很好吃。这里还有一些提供有咖啡却要求喝茶的人，相反，他们竟不知廉耻地认为双方正在使用的水源可能是从附近农户的谷仓中抢来的。当然不是这样。我们都下山到了昨天留宿的小桃园，我要告诉你我们惊奇地看到了我们忠诚的约翰，将我们记挂着的食物已准备好了。这里有一大盘炖好的鸡和土豆，烤好的吐司，都还是热着的，还有面包、黄油、茶和咖啡。说完食物的名称就已得到了满足感。我们称呼约翰是天使，他窃笑地说他知道我们来了。汉考克将军自然也被邀请来分享食物，事不宜迟，我们开始动餐了。凳子并不是很多，总共就两张，大家普遍认可两位将军就位。我们是在一个带有污迹的箱子上进行就餐的。将军们坐在箱子旁。我们其余人盘着腿坐在地上，像是一个正在吸烟的土耳其人，并将我们的盘子放在腿上。炖鸡实在是太好吃了。在我马鞍上的包裹里还有一根腌黄瓜，是两三天前乔治给我的仅有的午餐，我只吃了一半。当米德将军从战线那边骑着马下来找我们的时候，我们吃得正香，他带了一名随从，受吉本将军之邀，下山加入到我们这个吃饭的大队伍。为了让这位统领整支波托马克军队的将军就座，乔治费好大一番力气才在场地找了一个空的饼干箱给米德坐。他的随从肯定是要和我们一起坐在地上的。不久，牛顿将军和普莱森顿将军各带着一个副官到达我们这里。我们用了几乎说是通天的本事，在紧要关头找来了一卷被子，长度足以够这两位将军坐下，而且也为他们安排好了房间。副官们和我们坐在一起。还有一点要陈述的是，很幸运的，食物足够喂饱我们所有人，从米德将军到最年轻的少尉，我们都吃到了一顿丰盛美味的大餐。我们又安全地渡过了温饱问题的难关。将军们吃过饭后，点起了雪茄，他们在一棵摇曳着的非常小的树木下乘凉，谈论着昨天的战事和今天可能会发生的战争。牛顿将军幽默风趣地说吉本将军“这个年轻的北卡来罗纳人”，他是如何变得骄傲自大，做到他这个位置的，那是因为他指挥着一支军队。吉本将军反驳，说要是牛顿代替他统领的话，他做不了很长时间的指挥官，就拿昨天一事，就能使他明白这一点。米德将军仍然认为敌军会再次在今天晚上攻打左翼，但是他已做好了准备。汉考克将军认为敌人会攻打第二军的位置。在那个时间点，汉考克将军被提到再次担当第二军的指挥，这样的话，吉本将军将再次回归第二分兵团做指挥。

米德将军谈及守卫军是优秀的兵种，他认为今天让他们守在防护垒要比那些容易掉队和偷懒的人守在那里更好一些，因为后者在防守防护垒的能力上还不够。因此米德将军下令，要求暂时让所有的守卫军立即重组他们的兵团。接着吉本将军叫来第一列明尼苏达军的法雷尔上尉，他指挥着该军的守卫军分队，那天吉本命他加入到重组的兵团当中。“好吧，将军。”那个上尉摸了一下他的帽子说完后便转身离去了。他是一位温和优秀的绅士，同时还是个果断的士兵。我很了解他也很尊崇他。我再也不会见到他了。从他被派走的两三个小时之后，他就被敌军杀死了，而且他带领的那支优秀的兵团中，超过一半或死或伤。随着时间的流逝，每一位将军都在不时地下发一些命令或通知，并让一名官兵或传令军传送出去，直到大概十二点半的时候，所有的将军，先从米德将军开始，一个接着一个，骑着马回到他们各自的阵营，只剩下吉本将军和他的随从留在这里。

我们在酷热的天气下打着盹儿，半睁着眼懒散地躺在地上。拴在树上的马匹正在大口咀嚼着燕麦。在整个战场上，士兵们有了很长的休息时间。时间开始变得沉重，心想着有更多的事情要做，我打着哈欠，看了一下表，现在是十二点五十五分，我把我的表放回到了口袋中，想着或许我得睡一觉，于是便在地上伸展身体躺了下来。突然一种异常的声音传来，我被惊醒，其余的将军及士兵亦是如此。

那是什么声音？我应该不会听错的。在前方的直角方位，敌军放出的一声格外尖锐的枪响，致使我们睁开眼睛，并朝着枪声的那个方向转头看去，此时我们在山顶上能直接看到炮弹爆炸后升起的浓烟，也听到了轰轰的炮声。一瞬间，还没来得及说上一句话，就看到总堡垒那里好像放出了信号弹，巨响、惊人、爆炸的枪声，接连快速传来的一枪又一枪声响几乎震坏了我们的耳朵，他们的炮弹投向了我们，并在我们周围爆炸。我们迅速弹跳起来。在最短的时间内，位于西侧的整支叛军队伍一直向我们的山顶一侧投射雷鸣声的子弹。就这一会儿的时间，我们的士兵产生了巨大的恐慌感。四周到处传来炮弹的爆炸声。雇佣兵们陷入随时失去自己宝贵生命的恐慌之中，他们开始变得绝望。拴在树上或是由看马人牵着缰绳的马匹，在战乱中嘶吼着，并开始逃窜，它们在战场上显得慌乱无助，四处奔跑。在第一战线上作战的将军抽出他的军刀，并徒步冲向前方。我呼叫着我的马，但却没有得到回应。最终我在附近找到了它，它被拴在一个树上，正在咀嚼着燕麦，在这样的情形下，它却表现得极为冷静，最为可笑的是它还踢了我一脚。和所有牲口和士兵相比，它很镇定，这匹马给我上了一课。它只是想着它的燕麦，当我系好缰绳并将其调整好后，它却一直低头吃草不肯走，由于耽误了行程，我便有时间观察到，我们军中一辆破旧的四轮马车被一颗炮弹击毁分裂。一对炮弹射出，马夫失去控制，马、马夫和车子都堆为一体被撞飞到了树上。眼前还有两只骡子，身上驮着弹药箱，因一颗炮弹的价值昂贵，箱子都锁了起来。吉本将军的马夫已经骑上吉本的马，正准备动身将马牵引给吉本将军时，飞来的子弹射到了他的身上。马夫倒在了地上，马也迅速地逃跑了。在第一枪打响后不到一分钟的时间，我就上了马，追上将军。这冲上云端、撼动大地的威力惊人的炮弹声并不完全是由叛军发出的。当危险来临之时，我们守着山顶的骁勇护卫军迅速醒来，张开他们那愤怒的下颌开始咆哮，那是战争中最刺耳的呐喊声。在去往战线的半路上我追赶上了将军。在我们到达山顶之前，他的马让一个传令军骑走了。随后我们就将马匹留在了这座山脊的一个很陡的下坡后面，我们穿过炮兵连徒步上了山。枪口下喷射而出的是多么长的一道火流，步枪炮弹又在如何的嘶吼着，浓烟滚滚，如此之深。但是步兵在何处？难道在浓烟中消失不见了？这是一场噩梦还是要把戏者的鬼把戏？全都太真实了。步兵团的士兵们已拿起了他们的武器，隐藏在每一块防护墙的石头后面，躲藏在任何可以庇护自己的壕沟里，他们身体紧贴着地面，沉着、冷静、毫不畏惧，也没有受伤。现在正在作战的敌人军队所在的位置是，我之前所提到过的，第二座山脊的一片树林的正前方，而在今天早上，我们在敌军的右翼，处在空旷场地的一个小山顶后面，发现了敌人的军旗。他们的战线大概有两英里长，与我军成凹形相对，范围在 1000 码到 1800 码之间。我们估测，大约有 125 名叛军分子正在活跃着，他们发射着 24 磅，20、12、10 磅重的射弹和实心炮弹，有球形式、圆锥形式和螺旋式炮弹。敌军主要集中向第二军所在位置开火。从墓地到石山，超过一百发子弹从敌军四面发射而来，我军炮兵回应以 20 和 10 磅重的帕罗特式炮弹，10 磅重的螺旋式炮弹，和 12 磅重的拿破仑式炮弹，用以和敌军的名称相同各式形状的炮弹。指挥第二军炮旅的哈泽德上尉在其指挥的炮旅内时刻警戒着，他们都做得很好。所有的一切都在顺利地进行着。我们没有任何事可做，因此，只能作为这场声势浩大的精彩战争的观战者。韦塞尔斯上尉，分兵团的军法官，现在加入到我们的队列当中，我们在靠近库辛炮兵团左翼的山后坐下来，打发着时间去观察动向，我们已做好了准备行动以备随时都有可能会发生的状况。有谁能来描绘一下这场正向我们肆虐而来的战争？可以说就像夏日的暴风雨，交错着电闪雷鸣，伴随着疾风的呼啸声和冰雹的哗啦声，才会渐渐停息。士兵们射出的 250 枚炮弹发出的仿若电闪雷鸣之声不断地传来，浓烟染黑了天空，炮弹声四处弥漫，上至我们头顶的上空，下到我们脚下的土地，时远时近，震耳欲聋，令人震惊；而这些冰雹如同装着炸药的巨大的铁块。但没有多少人会对一场风暴感兴趣，这也是比较引人注目的一点。你将会看到火焰和浓烟、落荒而逃的士兵和人们投入到这场大火的激情；但他们都是凡人。这些枪声不会惊动大地，却极大地震怒了恶魔，它口中含着冒着烟的炽热的活火，在黑暗中呼出的硫黄色气体翻滚到了士兵周围，地上冒着地狱之烟。这些灰头土脸的士兵们在冲刺着，呐喊着，他们狂躁地点燃灰色大铁球上的火药引，士兵们都待在他们的联盟军中，而他们效劳的长官除外。我们认为，12 月 11 日在布尔溪第二支流、安蒂特姆河和弗雷德里克斯堡一带听到的巨大的炮响声，和今天的相比，那简直仅占其溶解质的成分。除了无休止的巨大的炮响声，其他隐蔽位置传来的百万发不同子弹混杂的声音传入我们的耳中。炮声尖锐，冗长而猛烈。它们嘶嘶怒吼，它们尖锐刺耳，它们咆哮，它们发出噼里啪啦的声音，这些声音都像是生命在怒吼，每一发都有不同的归向。之前是否出现过这样的声音？我们注意着敌军向炮兵团和山顶一带开火的动态。我们看见实心炮弹击中了车轴，或车杆，或车轮，密集的子弹像一根根吸管飞溅而来，穿透橡树中心，一棵大橡树轰的一声倒下了，有几个大树枝向位于橡树旁边的伍德拉夫的军队一倾而下，就仿佛闪电击中了他们一样。炮弹猛地向从炮兵营中分脱离出来的马匹投射而去。它们当中有一半被击倒，受伤腿部上的血液变得黏稠，要害部位流出的血液染红了地面。而且这些发射的炮弹也没有放过士兵。我们从山顶上看到可怜的同胞跛着腿在撤退，或有些人不能行动，他们苍白无力地躺在地上，断肢断腿使他们身体上的血液正在慢慢流走；有的或脸上有道裂开的伤口，或是一只肩膀骨裂。还有很多，唉！他们张开身体躺在地上，脸部朝上，眼睛睁着，好像听不到任何喧嚣的声音，即使一枚炮弹就在他们的耳边爆炸也是如此。这个时候他们的耳朵和身体只是覆上了一层泥土。因为那里有火焰，我们过了一会才去看他们，当时他们正用他们结实的手臂和铁一般坚硬的肌肉推着弹杆，将过多沉重的大炮推回军中。

然而在这接连不断的炮声当中竟发生了一件怪事！我们看到有一个人正从后面爬上来，那个人身上背着一个厚重的背包。他慢悠悠地走着，显然毫不畏惧，就算是子弹砸落在他附近，他也不关心。有一枪击中了他的背包，里面的东西撒得各处都是，他的背包就像打出的鸡蛋一样流空了，随后那个士兵愤怒地将包扔在了一个石头上。之后士兵又停了下来，奇怪的是他疑惑地转身，将一只手放在他的后背以确认背包已不在了，然后他毫无装备，再次缓慢地行走着，他甚至连他那件开裂的外套都没有带上。这个人距离我们很近，他蹲伏在一块小裂石后面，就像是一个普通的水桶立在那里。他弯下身子，脸朝地，看起来就像是跪在他的神明面前的一个异教礼拜者。看到他如此这般，我觉得很荒谬，我走上前跟他说：“不要像只蟾蜍一样卧在这里。为什么不回到你的兵团当士兵呢?”他抬起头来，用一种呆滞、害怕的眼神看着我，之后没有说话，继续将他的鼻子朝向地面。当时我身边的一个传令兵在几分钟后告诉我，有一颗子弹击中了石头，石头迅速粉碎成千块，但是却没有碰到这个人，尽管他的头离石头还不到 6 英尺。

所有发射到我们周围的炮弹都没有什么太大的杀伤力。在距离我们不到 10 码远处，一颗炮弹在一小簇灌木丛中爆炸，而那里正坐着三四个牵马的看马人。其中有两人还有一匹马被炸死。距离库辛炮兵团近几码远的地方，有一颗炮弹投向了他们的一个打开的前车上，与此同时，另一枚袭击了邻近的前车。放在两个前车里的弹药瞬时爆炸，摇晃着地面，迸射出火花和碎片，炮弹冲向天空和四周，并伤了几名士兵。我们看到弹药在空中爆炸，嘶嘶声到处都是。它们从某一点发出的耀眼的闪光，以千分之一秒的速度冲上一小片白色的云彩之中，就像最轻最白的羊毛剥落一样。冲散的云彩特别多。在炸弹爆炸之前，我们不会经常看到炮弹；但有些时候，当我们正面向着敌军时，通过向头顶上空看去，嘶嘶的延长声将预示着炮弹正朝着我们前进，我总觉得那像是一条可以触摸到的直线，当声音传到耳边时，那条线以一个大黑球的落下终止，格外的显眼。这枚炮弹看起来可以在空中悬浮一刻，随即又在火焰、浓烟和噪声当中消失不见。我们看见投射的飞弹将大地炸裂开来。在 1000 米远的所有山顶后方和炮兵团，都是他们的盲区。正在坦尼城公路运输伤兵的救护车被击中了，附近的医院陷入了难题之中。米德将军总部的房屋被轰炸了好几次，而且屋子的周围躺着很多长官们的马匹和看马人的尸体。在战场上拼命奔跑的无人骑坐的战马，或逃出来了，或被这些无形的驯马师打倒了，它们再也跑不了。驮着弹药箱的骡子，打着滚的猪，在牧场吃草的牛，无论有生命的还是无生命的，在这整片广阔的区域内，无一例外地要经历一场未曾见过的浩劫。发射中的炮弹将会落在地面，发出雷鸣般声响，然后便是那些簌簌作响的炮弹碎片散落各地；惠氏螺栓时起时落，碗碟噼里啪啦作响，伴随着众多滚烫的火弹落入水中的声音；而巨大的实心炮弹将会袭击毫无抵抗力的土地，发出“雷鸣”之声，这个厉害的拳击手会用他的铁拳打穿手无缚鸡之力的对手的下颌。关于这场残酷战争中的炮弹的一些所见所闻就是这样。我们守在山顶的炮兵并未移动半分，但也没有歇息，尽管弹药车和前车被炸毁，机枪被拆散，战士和马死在了战场上，在硝烟和汗水掺杂之间，他们毫无怨言地做着恢复工作，或花上一些时间，用敌军向我们发射来的方式，无论是球形的、锥形的、螺旋式的，还是空心或实心的，向叛军回以炮弹的问候，带上愤怒的联邦军的致意。自从战争开始起，炮弹飞射的嗡嗡声已响了一个小时。双方都不曾露出一丝疲惫或松懈的状态。双方打得如此之长，四处传来的碰撞喧嚣声开始显露出那里正常的本质状态，那便是战斗之元素。将军提议到士兵当中和前方的炮兵团查看情况，随即，在大约两点钟时，我和将军动身了。我们沿着步兵团的战线一带走着，步兵平坦地躺在地上，和前方的炮兵团有一些距离。他们几乎没有什么损失，个个表现得沉着冷静。听到敌军不再是炮手我们有多么的高兴，他们主导射弹太长时间了。对于询问士兵的问题："你是怎样看待这场决斗？"答复如下："哦，太棒了。""我们开始逐渐喜欢上它了。""哦，我们一点都不介意参与这场战争。"他们躺在最沉的足以震动整个大陆的大炮下面，而他们开的玩笑要比脑袋分家重一千倍甚至更多。

我们在战线的前方走了200码，当浓烟在一座比我们更高的平原上沉淀下来时，我们可以清晰地看到整个战场的地面情况，也能看到由我们自己的军队驻守的山顶后方，和由敌军驻守的对面山脊。我们并没有看到步兵，除了一些散兵，他们静止不动地站立着，一侧站着一排灰色制服的哨兵，另一侧则站着蓝色制服的士兵。在一些榆树下的宜人阴凉处，我们可以看到大部分战场，随后席地而坐。由于烟雾很大，在整个战场上并没有看到更多关于一方被击退的特征。演员已布置好了场景，一段时间过后，他便开始登上大剧场的舞台；但是在最后，情节变得模糊时，因意识到高潮部分有些许不足之处，演员便待在一旁，将舞台让给了更多有影响力的主角。看起来好像是这样，因为我们并没有看到任何一个走动的炮兵。在任何一座山顶，我们可以看到大片的火焰源源不断地流出来，对面军队上的白堤上迅速地缠绕上了几缕硝烟，但是子弹流出的声音全都淹没在了浩瀚的海洋之中。整个山谷上方的浓烟，像是一座硫黄色的拱门，以其可怕的跨越范围蔓延开来；而透过那缕烟，总能在看不到的视线中听到尖叫刺耳的声音，成堆地飞溅出无数的硬汉尸体。因为四周一片都被弹药覆盖上了厚厚的火焰，在那不相一致地发射的炮弹下方区域，我们静静地坐着，听着战况。我们还能找出其他的形容词来描述那个可怕的战场吗？

我们看到了一枚炮弹击中了我们防护墙的围栏，片刻之后，士兵从同一地点架着他们受伤的同伴出来，而且有两名从那里下来的士兵直接朝着我们所在的方向跑来，并且在附近的一个挖出的坑里找到了避难地，他们把在昨天的战场上被杀死的马匹扔了出来。吉本将军对这些人更多的是用一种亲切劝告的口吻，而不是命令的语气说："我的士兵们，不要离开你们的岗位，而试图在这里寻找避难的地方。这些事情都掌握在神灵的手中，在现在这个时刻，是没有安全地方的。"士兵们立即迅速地回到了战线上。将军接着对我说："我并不是任何一个宗教的信徒，但我一直有一种强烈的宗教信仰的感觉，而且在所有的这些战争当中，我一直笃信我活在神灵的手中，并且根据他的意愿，我应该选择是否武装。就因为这个原因，我认为无论有多大的危险，我都始终带着义务准备前往召唤我的地方。"两点半了，从战争开始到现在已过去了一个半小时，炮击声仍未有过一丝的减少；但从那时以后不久，双方疲倦和减弱一些的开火声的迹象开始变得明显。首先我们看到布朗的炮兵团从战线上退了下来，对于接下来的战争，他们太虚弱而不能再战了。炮兵团所在的位置和战线的前方只有一点距离。其指挥官受了伤，团里的许多士兵也受了伤，或者更严重；之中有一些人已残废了，许多马也被杀死；兵团里的弹药箱几乎用尽了。其他拥有相似经历的炮兵团，在换上一批新队伍之前，就已经撤退了。指定的炮兵团走后不久，我和将军开始动身折回，途经分兵团的左翼，穿过士兵站岗的地方。我们看到了无数匹遇袭患病的马，四处躺着尸体和伤兵，当我们经过后者面前时，他们要是还有一丝说话的力气的话，便会一直对我们用低沉哀求的请求声讨水喝。我在附近找到了水壶，在一场战争中找到它并不是什么难事，我将水递到他们灰色的嘴唇上，从他们甚至在昏死时都想要喝水的渴望可以看出他们受到了饥渴的严酷摧残。但是我们必须走了。我们的步兵团在整个炮击过程中仍未撼动过一分，损失非常少。大炮发射得越发凶猛，但我给不出一些数字来。大量马匹被杀死，在一些炮兵团里，死亡数量超过总数的一半以上。士兵们被迫下了马。许多弹药箱、前车和运送车已被摧毁，而且在每一支炮兵的队伍里有十到十二名士兵被击中，至少在我们这一带是这样的情况。总之敌军的开火给我们造成了很大的损失，除了我已经陈述到的损失情况，同样以耗尽我们的弹药，损害我们的炮兵的方式，致使我们的大炮不再适合继续使用。映入我们眼帘的炮弹横飞的场景是可怕的。所有的事情最终必有结束的时候，而在大地控诉下的大炮轰击也是无一例外。在同时积极参战并持续或加速开火的士兵当中，在这个时间点、这场战斗当中，参战的炮兵团可以说是独树一帜，表现卓越。在所有的战争当中我们并不是经常或很多次获得过优胜权。250 名士兵最终在决定生死的两个小时内加速开火。你可以算算在这可怕的两个小时共计用了多少的火药。

第 101～125 段

关于我军开火给敌军带来的损失，除了知道我军因有作战良好和坚不可摧的炮兵团而处于优势位置，以及敌军此后在战争中几乎保持沉默的情况外，我们一无所知。当然在战争过程当中，我们经常能看到敌人的弹药箱爆炸，还有我们的枪声射穿了他们身边树木的情况，但凭借这些仅仅是能做出推断，至于总结果如何我们无从知晓。三点钟时，我们几乎可以精确地知道最后一枚炮弹发出低吼，跃过天空，落在地上，炮击结束了。李将军的意图就是发射这一枪。我们现在知道了，此时我们并没有做好防备，这枚炮弹损伤了我们的炮兵团，打散了处在第二军位置的步兵团，这样做便可以为敌军减少一些阻力，然后再用他们的铁旅和分兵团横穿我们的山顶和战线。他可能认为在山顶和炮兵团后面有大批我们的步兵团，所以他们开火开得很高，而他们的火药引也做得很长很长。叛军的将军如果这么做的话，那他的如意算盘就打错了，因为之前也有很多将军因此举而失败了。炮击战斗结束了，将士们可以更加自由地呼吸了，而且会问，“我在想接下来该做什么”？炮兵们待在他们的兵团里，有些倚靠着休息，擦拭着乌黑的脸上流下的汗，有些整理弹药箱并将那些空的箱子装满。炮兵储备军里的一些炮兵正上来替补伤残的炮兵，山顶里冒出的浓烟依稀可见。通常舞台之间会有一次停顿，随着帷幕的落下，便会在不久后升起最后的舞台，那是葛底斯堡的灾难。我们经过了第一军第二分兵团的左翼，当我们跨过山顶的时候，敌军已不在视线范围之内，周围一切恢复依旧，我们在军队的后面缓慢地行进着，现在敌军所在位置的山脊已隔出我们的视线，我们正返回到我们留下马匹的地方。吉本将军说他比较偏信敌军正在后退，炮击只是他们掩盖行踪动静的方式之一。我说，赌上他所有的饭碗，我认为十五分钟后的显示结果是，叛军不打算撤退。我们快到马匹停留处时，注意到了铁旅将军亨特——军队炮兵团的团长，在伍德拉夫炮兵团附近，骑在马背上快速地移动，显然是在以最快的方式向士兵下发一些指令。我们在想，可能会有什么急事？过一会儿我们看到了韦塞尔斯上尉和看守我们马匹的守护者，他们徒步牵着马。苍白的韦塞尔斯上尉激动地说道："将军，我听他们说敌军的步兵团正在前进。"我们跳上了马鞍，这一跳让我们看到了整个山顶的视角。士兵们变得苍白无力，还留着最后一口气的说法，在我们看到那方的他们时，已不再是真实的了。在带着武器的18000名敌军面前，英勇奋战，毫无畏惧感的不到6000人的我军士兵，可能会在不到五分钟的行进路程里变得脸色灰白吗？山顶上没有人需要被通知敌军正在前进。每个人的眼睛便可以看到敌人的军队，一批大军正以前所未有、难以阻挡的趋势向我们席卷而来！他们一团接着一团，一旅接着一旅，在山林间移动，并且很快在战线一带组成了攻击路线。皮克特带着为之骄傲的分兵团和其他一些军队组成敌军右翼战线，佩蒂格鲁（沃思）军队组成其左翼战线。接着第二步，第一战线迅速在短暂的间隔时间内完成，继而第三步；军队之间设有一纵队士兵用作战线支援。他们的前线范围延伸到半英里多，身着暗灰色制服的士兵们组成1000多码的防线，一个挨着一个，一列接着一列，组成辅助战线。红色的旗子飘动着，骑兵们上下起伏，快速地前进着；18000人的武器，枪杆和军刀在阳光下闪闪发光，冷兵器在下坡的林间发着耀眼的光芒。他们带着一种气势有条不紊地顺利行进着，没有壕沟、围墙或溪流的阻碍，越过山脊的下坡，穿过果园、牧地和麦田，声势浩大，威风凛凛，势不可当。所有的传令军仍然待在我们的山顶上，没有喧嚣混乱的声音。士兵们不需要指挥，因为身经数战的幸存兵非常了解前方的部署意味着什么，他们已在位置上准备就绪。每一个士兵举起武器，就感觉像是他们要用手指扣住锁孔，插接帽就在接头上。当一枚步枪里的子弹向墙上的一块石头瞄准发射后，便会听到尖锐刺耳的声音，在稍远一点的前方缓缓拉动上膛就会听到前所未有的巨响声。弹膛被推送到枪的前身，弹药筒打开后，士兵们就会打开他们的手枪皮套开始装弹。做好这些准备后就不需要其他额外的准备工作了。身着蓝服的铁旅和分兵团带着三叶草图形的旗子转移到他们的后方；然而在战线前方挥动着的这面老旧的大旗，曾首次在 1777 年的萨拉托加战争中使用过，而朝我们前进的这些人夺占旗面上的一半星星后，独立起来，当将士持起长矛向敌人砍去时，这面旗子正接受着西风的亲吻。我想当共和国的徽章立在叛军挥动着的破旗前，叛军不会在它面前动摇，而是向上帝发誓他忠于自己的破旗，但是内心却未曾涌生出一丝的骄傲感。吉本将军骑马下了山，他沉着冷静，并以充满激情的口气对士兵说："你们不要慌乱，不用太快射击，在你们开火之前先让他们靠近一点，然后瞄准发射。"将军的沉着也在他的士兵的脸上反映出来。距离敌军首次出现在树林里已过去了 5 分钟，按照正常的士兵持续进军的速度预估，肯定会间隔不了多长时间再次出现，但是我们有足够长的时间去记录和权衡存在我们周围的一些势力，攻击和被攻击者的数量不相一致，我军的数量很少，我们得不到增援，等援军到来时已不需要了，或许他们来得太迟了，而举着三叶旗的两支分兵团，他们守住山顶和击退敌军的能力不仅关系到他们自身的安危，也关系到整个波托马克军队的荣誉和葛底斯堡战役的成败。如果这些前进着的敌军穿过了我们的战线，成为开门的楔子，强行入内，他将会把我们的军队撕成碎片，那么在那之后我们还有什么希望？昨天用鲜血换来的果实又在哪里？暴风叛军还需要花足够长的时间，再走上一大半从起初分离出发的位置到现处的位置的路程才能接近我军。没有什么，包括这些考虑在内的所有因素，都不能使我们沮丧或振奋。如果我们胆怯的话，他们可能完成了前者；如果我们自信，后者也是无用。我们在自己的岗位上等待着、准备着。我们做着该做的事情，结果如何并不会让我们感到羞愧。

我们的小规模突袭兵在前方扫射战斗着，随后撤回到主线，第一次撤退预示着我们在窗前等待的暴风雨即将来临。接着传来了我军的雷鸣枪响声，首先是阿诺德军队发出的，然后是库辛和伍德拉夫军队的，还有其他的一些军队，枪声再次在空中震动发出回响声，而且他们的巨响大炮朝着敌军的方向发射出去。将军说我应该将这一进击去告知米德将军。飞奔到米德将军总部，得知他已经将兵团转移到其他地区，随后我又将吉本将军署上的军队密函“敌军的步兵团正朝着我们的前方前进”派发给他，然后再回到山顶，这只不过是一分钟的差事。我们所有能用的士兵现在都参加到战斗中来，从射击的炮弹来看，由于射程变得越来越短，士兵们改用开花弹。但无论是什么炮弹，开花弹还是榴霰弹，强硬的敌军毫不犹豫或停息地继续往前进。叛军并没有对我们的行为做出回应，他们没有像往常一样主导着发出炮击的声音；但是穿梭在我们射弹中的这些沉默的士兵，他们的勇气好像不需要其他炮弹声音的刺激才表现出来。敌军的右翼在斯坦纳德驻守的灌木茂密的山峰一带扫荡着，而斯坦纳德隐蔽的佛蒙特军用精准发射的步枪扫射他们。穿灰色制服的敌军并没有停下或是做出回应，但只是从那极大的破坏当中退回了一些，他们仍然继续前进着。也因此穿过了大片他们要来到的空旷的场地，离我们越来越近，在我们的子弹朝他们怒吼发射时，他们几乎走到了一半的路程，直到现在的一百码，再到没有距离，我们分配待位的左翼军队对抗他们前进军队的右翼。守在那里的热切的士兵们已失去耐心开始战斗。随他们这么做吧。首先，哈罗的防护墙出现了火焰，然后是霍尔的，接着是韦勃的。我们的子弹像是能够炸毁他们的步枪似的煤球，前方的敌军停了下来，他们将无数个的亮眼的枪口朝着我军瞄准。第二分兵团在艰苦奋战着。喧闹的风暴迅速蔓延至右翼，而身穿蓝色制服的士兵们正观察着这群即将到来的白人。距离 1000 码远的一带，每个前方都有敌军，他们从最狭窄的缝隙中齐射出耀眼滚动的子弹，那声音如同雹暴降落在城镇的屋顶上一样的沉重；那开火如同夏日乌云边上不停地打着闪电一样的活跃。叛军步兵团朝我们的炮兵团开火后不久，炮兵团便没有动静了，这不是因为他们的失误，而是因为之前的长时间作战使他们损耗了很多。他们是叛军密集发射子弹的目标物，而有一些炮兵团已用尽了所有的榴霰弹。但是在罗蒂被杀死，伍德拉夫身受重伤和库辛发射出几乎是最后一枚炮弹时，在发射炮弹的过程中头部中枪倒地死亡之前，他们并不是保持沉默的。现在战场上只剩下了步兵团。在我将信息传递给米德将军后返回山顶的时候，我找不到将军了。我没有再寻找，因为那只是徒劳，我认为吉本将军不在战场上，我扔下寻找他的任务上了山，如果他还待在原地，我现在就能很容易找到他，但是现在，战线附近除了我一人，没有一个上山的长官。我朝着第二分兵团的右翼骑去，我有意在那里停留了一下，因为那里是观看战争的进一步动态的最佳视角，根据我的见解，无论何时何地，在战争呈现的地方，我军都做好了作战的准备。这场战争是惊人的，但我并没有看到我军动摇。我在想敌军的队伍到底有多长，他们藏得有多深，能抵挡住我们齐射出的隐蔽的子弹？天哪！是我出现幻觉了吗？韦勃的旅中有一大半士兵——我的天，这是真的——从一群树木和防护墙的角度看去，他们在防护墙的掩护下节节败退，没有任何指令或理由，没有人上去制止他们，他们正在后退，在混乱中害怕遇袭的一群羊羔们！葛底斯堡的命运就悬在这一个障碍重重的入口！瞬间一种强烈的心情袭上心来，我看到的并不是一方压倒、一方挫败的情形。得知这种情况让我的脸色变得苍白，接着便升华到我的每一个知觉和器官。总是空闲地摆在我身体一侧的军刀，是出现在每场战争中唯一的军衔标志，我拿起这个闪亮而刺眼的指挥象征物。这些逃跑的士兵们不是在合适的时机挑起了索林根兵器的怒气吗？所有的军规和战时物品都被抛之脑后，所有士兵都已看轻生死安危。因为当我看到这群迅速逃逸的士兵时，叛军那丑恶的红旗开始增多，并在他们刚刚抛弃的防护墙上飘扬着，有面旗在死去的库辛的旗上挥动着。我命令这些人“停下”、“转过脸”并向敌军“开火”，他们听到了我的声音，领会了我的意思，也对我的指挥照做了。在他们背后的一些无爱国之心的士兵并未很快理解我的意思，我将军刀拔出用力地挥下，在其割到他们的国旗后收手，随后他们看我的眼神好像是在说明，我是伤害天使的坏人，当我表明是他们的长官后，他们再次面向敌军。韦勃将军很快前来支援我。他是步行而来的，但是他很主动，尽他个人所能修补漏洞，以防发生危险。退回去的士兵们再次面对敌军，他们很快拾起自己的信心稳定下来。我们已失去了部分防护墙，敌军得到了背面的防护墙，此刻他们正在那里发起猛攻。但是韦勃的军队在凭借山顶的陡峭坡度掩护了他们部分身体的情况下，现在也正朝敌军方向发送暴风一样凶猛的子弹。有些冒险的叛军开始推倒防护墙，勇敢地朝着更远一点的角度迈进，而这时羞辱库辛军队的敌军就会迅速被射倒，看到加速死亡的尸体后，敌军捞起尸体作掩护再次移动。这个时候，由于防护墙和烟雾的掩护，我们看不到敌军的身影了，除了他们发出的子弹闪光和正在摇曳的旗子。这些红色的旗子每时每刻都在累积着，这使我们疯狂起来，就如同公牛看到红色一样。韦勃的士兵很快败下阵来，随后韦勃在他们的中间指挥振奋士气；但是，无论他们现在做得有多好，在铜墙铁壁的敌军面前，十多面旗子对着韦勃的三面旗子，很明显不到几分钟韦勃他们就会被打败，或者等敌军来打败他们的时候已无人生还。韦勃仅有三个团，三个团都很小，分别是宾夕法尼亚第69团、第71团和第72团——宾夕法尼亚第106团除了有两名士兵以外，其余的今天不在这里——韦勃必须得到快速前来的支援军，否则这块山峰就要拱手相让了。哦，吉本将军在哪儿？汉考克在哪儿？有权决定支援这破残即将瓦解的战线的那些将军呢？没有将军前来，更没有支援者！我认为守在右翼的海耶斯，从他前方的战火硝烟来看，很明显如果他能保持一些与来势汹汹的叛军对抗的势力，他手上还有足够的兵马调来支援。左翼道布尔迪的军队离这里太远了，而且他们也会来得很慢，另外我已经请求过他，让他抽调三个闲置的兵团去支援其他正在打仗的军团，也因此这个“萨姆特老英雄”的兵力削减了一些。想到最后能来的援军，我决定去察看一下，看看霍尔和哈罗是否能够调遣他们的一部分兵力前去增援韦勃。确定好意图后，我开始火速奔往左翼，当我抵达霍尔军队的后方时，从自然地形和敌军位置来看，很容易发现位于韦勃前方的叛军旗子聚集起来的原因和方式。敌军从夺取我军战线的胜利中获得勇气，他们凭借一群树木和防护墙的角度优势，用他整个右翼集中对抗并一步步逼近前方。哪里有攻击的阻力，他们就会在哪里用他们锋利的楔子分裂我们的军队。在哈罗和霍尔的铁旅的前方，他们已前进到比第一次停下开火时的地方更近的位置，并且不会再撤退一英尺。为了在韦勃之前达到集中军队的目的，敌军会将他左翼每一支最右侧的队列调到军队的后方，他们仍在滞留并且面朝着前方，一直在布置右翼，当他们都按预期的位置集中好后，他们又再次朝着前方继续暴风式的前进。这是他们在韦勃军队前夺取防护墙，插上他那刺眼的红色战旗的方式，敌军列成拥挤密集的队形的目的就在于此。不到一会儿我军必会失守。霍尔上校是我在他的战线后面找到的，他手里拿着剑，沉着、警惕，不放过任何从眼前经过的东西，他在指挥着他的铁旅作战。位于他前方的战斗现在正在慢慢地消停，敌军正以我之前所讲的方式转向右翼前进。“进展如何?”当我骑过来时，霍尔上校问我。“很好，但是韦勃被死死地镇压住了，必须需要支援，否则他将会被打倒。你能支援他吗?”“可以。”“需要快点去。”“我立刻调遣我的铁旅。”“好极了。”他下发了命令，在最短的时间内，我看到了 5 团穿着蓝色制服的亲切士兵迅速前去支援陷于危险当中的韦勃三兵团；每一个颜色都代表着真正的战士，无论是在当天还是昨天，他们都没有在叛军的炮火下退缩，尽管他们的军资力量很薄弱。从霍尔的右翼到韦勃的铁旅，距离不是很长，士兵们必须尽快赶到，将在防护墙被镇压的军队反压回来。随后这些兵团开始从右翼出发。霍尔上校亲自指挥这次行动。德弗罗・库利上校指挥马萨诸塞州第 19 团。他的少校赖斯已战亡。指挥马萨诸塞州第 20 团的中校梅西左手刚中枪，因此阿尔伯特上校担起了接管这支优秀兵团的重任。第 42 团纽约军由优秀的马伦带领。密歇根第 7 团指挥官刚刚阵亡，他的兵团由纽约第 59 团的指挥官带领。这次将会引起敌军注意的行动迅速展开，当然他们会打得很困难；但是为了能够在合理的时间内供应上，不用往常的速度的话，霍尔的军队就可以和韦勃联手守住所有前方要塞。我并没有留下来看霍尔的行动部署，而是从他那里出发立刻前往左翼第一旅。我没有看到哈罗将军，但是他的作战士兵也可以给我答复。缅因州第 19 团，马萨诸塞第 15 团，纽约第 82 团和破残的霹雳老兵团——明尼苏达州第 1 团——可怜的法雷尔就躺在他牺牲的那块土地上，所有我能找到的士兵以两倍的速度转向右翼。

当我们正在前进并靠近分兵团的其他铁旅时，从我坐在马背上的位置，我可以看到在霍尔兵团战火下的敌军右翼开始犹豫停滞下来。“看，”我对士兵们说，“看看我们的骑士精神！看，穿灰服的叛军在往回跑！”士兵们看到了，当他们风卷般地来到了霍尔军一侧时立即开火，他们咆哮着，这种方式比语言来得更直接——因为聋子可以看到他们脸上的表情，而瞎子可以听到他们的声音——山顶是安全的！

整个分兵团集中精神，变换位置，重新定位，敌军在动，我军也在动，描述这些发生的事情是为了精确地呈现当前事态，更进一步的描述也是有必要的。第二分兵团前面聚集了很多敌人，敌人的主力军倾向于隐藏的后方军队，而前方军队在石墙蹲守。他们的前方和我军之间隔着山峰的最高点。持白色三叶旗的分兵团都在左侧——昨天早晨还距离峰顶 3800 码远，今晨就已不到 3000 码——此刻差不多是 2000 码。三旅中的十二兵团在山峰的下面或后面，从山顶上一带，士兵们只用露出头部和上半身就可以向趴在防护墙上面的敌军发射子弹。由于之前韦勃的铁旅出现了士兵溃败撤退的混乱景象，而其他两旅也在战火下艰难地快速更换位置，在这场接连不断的激烈战争当中，所有参战的军队、常规编排的连队和兵团都有所损失；但是当指挥者、连队、兵团和铁旅混杂在一起组成一批非常规的大部队后——现在士兵已足够了，如果整理一下，就可以在整个军队的前方组成四五个军团；我军在距离 40、50 或 60 码不等的石墙外，挥动着几乎比敌军多两倍的战旗。这些变动在两侧都已完成，军队相当集中，这种气势让人在战争一开始时就能感知到固有的喧闹声，即便喧闹声未曾停止或减弱过，但现在又好像有另一场新的战斗即将开启，它比之前更致命更凶猛，并给士兵们原先的身体注入了新活力——士兵们如同一个个年轻的新生代凤凰，眼中冒着金光，对着祖先闪闪发光的骨灰挥动着箭羽。两侧冲撞着的、摇晃着的军队沸腾了，他们咆哮着，挥洒着手中的烟幕弹，在一片沸腾的海洋上掀起两层愤怒的巨浪。重重闪光从防护墙流出，从山顶回应的是齐射而出的子弹。现在没有危险或劝阻，只有榜样和勇气。所有深厚的热情都被激发出来，所有战火都向深邃的山底投去。每个人跳进了这喧闹的海域之中，在水中大口呼气的胆小士兵开始变得勇敢了。士兵们踌躇或倒退的地方现已频繁出现死伤——他们如今已不再仁慈，因为没有人会出来关心他们。士兵们并没有欢呼或呐喊；他们用步枪穿过那层不太平的海域，用枪声诉说着咆哮，并向那自喃地发出雷鸣声的咆哮着的暴风叛军致以子弹的问候。在士兵当中指挥的韦勃、霍尔、德弗罗、马伦、阿尔伯特都是能够见机行事的英雄。现在忠心的队伍波浪滚滚升起，那浪仿佛能越过屏障、山顶。步枪耀眼地射出子弹。叛军对我的“向防护墙前进”的指令予以反击，“稳住，士兵们”！波浪又翻了回去。又再次涌起，再次落下。这些宾夕法尼亚的士兵们，从自己的领地上第一次也是唯一一次逃离防护墙的士兵们，一定是第一个想要摧毁敌军的人。“少校，领着你的人翻过山顶吧，他们会遵从的”“从战略上讲，我觉得我的位置位于那些长官之后”“你说什么，少校；我知道你屈于他们之后。但我觉得你适合领导”“苏普利上校，带着你的人前进吧。”“让我首先制止一下后方军队的开火，否则我们可能会被自己的人打中。”“后军的开火不要紧；让我们首先关注前线问题”“军士，亮出你的本事。让这些叛军在死前睁开眼睛看清楚”。宾夕法尼亚州第 72 团的勇士双手握着锋利无比的剑柄，将旗举过头顶，向着防护墙冲刺而去。“你愿意独自一人在这观看你的战友横冲防护墙吗?”一名士兵才刚开始动身跟随队伍。几乎是在前往防护墙的半道上，一名身着蓝色军服的送信人在下山去战场的过程中英勇就义了。战线一带正活跃着——坚实的山顶上充满着巨大的轰鸣声，声音从前方的疯狂发射的炮弹、士兵、武器、硝烟、火焰等战争事物那里响起。继而声音又转向防护墙——刀光相见，双方在防护墙交手——紧接着，冲刺声，叫喊声，打击声，枪声和难以分辨的混乱声，整个天空再次回旋着喊叫声，葛底斯堡战役当中最后一场也是最血腥的战争结束了，我们最终取得了胜利。

很多事情并不是能用钢笔或是铅笔描述出来的——这场战争就是一例。可能我会给出一些思路和事件，但永远给不了说明或画面。记录的内容可以引人联想，它能构建出战争的场景；另外，从来没有观看过这场战争的人，当然也就不能完整地想象出这样的战争是什么样子的。

当这场充满激情的战争混乱平息下来时，在最后一场最疯狂最喧闹战争中出现的希望、担忧、愤怒、喜悦都已成为过去，我们平静下来察看着四周一切，我们看到第三分兵团的战斗和我们一样结束了，那个分兵团的战况瞬间重现了我们作战时的场景。在那一刻，几乎不需要任何评论来加深我们的印象。我们此刻正卸下装备成群结伴骑行着，而在我们周围的这些可怜的人，他们还是之前拥有着稳固的军队和耀眼的武器、仅在几分钟内席卷山坡攻击我们的那些得意扬扬的皮克特军队吗？这群沾满血迹的人还是我们士兵反复嘲笑的、拥有着三倍高的热情的“凶狠的南方恶人”叛军、在防护墙耀武扬威地挥动着的战旗吗？我们只知道瞬间我们与叛军调换了角色，此番场景我们仍然不敢相信。

战争刚一结束，首次爆发的胜利感也稍有平息，当山顶前都是喧闹混乱的场面时——俘虏被收集，一小批人马继续到山下追逐敌军，旗子在挥舞着，长官们对着他们的士兵下发快速准确的指令——我单独在山顶上站了一会，那群树木已成为永恒的历史事物，它们是这场惊心动魄的战争的观看者。从第三分兵团那里依然能听到几声枪响；敌军的炮弹在其步兵团前进的时候几乎是保持沉默的，直到战败那一刻，他们便朝山顶，不论敌友，发出一些沉闷的炮弹。叛军的教养如此人道。接近我的地方也是众多战场上最不堪的地方，这里并没有继续发出混乱的声音，有的只是混杂重叠在一起的缅因军和明尼苏达军、密歇根军和马萨诸塞军、还有恩派尔和启斯东州军的那些身体还没冷却、血液正从致命的伤口流出的士兵，他们已在那块暴风场地将生命献给了国家。他们就那样被叠放在那座山峰上，就让他们光荣的墓穴安置在那里吧。和我一起来看看我们的军队。他们已为这些牺牲的士兵报仇了，在敌军雄赳赳气昂昂地跨越数千里的战线上，看看这些集中的沉默叛军们是如何被我军支离破碎的。我们这些军队用不到一个小时的时间横扫如此宽广之领域；此时被踩踏的草地上散落着 1600 名①凶狠的士兵，他们毫无声息地躺在土地上；超过 7000，可能有 8000 人受伤，有一些和尸体躺在一起的伤员落入我们的手中，远处的树林处还有一些逃兵，这些死伤的士兵当中有贝蒂格

① 最后的回报结果显示，在此战争中第一军和第二军覆灭 1653 人。

鲁、加尼特、坎珀和阿姆斯特德将军们，三人牺牲，最后一人被我军俘虏。“告诉汉考克将军”，他对汉考克的副官米切尔中尉说道，并将其手表递给他，“当我拿起武器对抗我的国家时，我就明白我对国家做了大错特错的事情，我很歉疚，但是我却不能活下来赎罪。”4000 名未受伤的士兵成为战争的俘虏。俘虏的士兵人数比捕获俘虏者的人数还多。我们的士兵仍旧在“扫射他们”。有些人举起他们的双手或头巾以示投降；有些人趴在地上躲避我们的子弹，之后还是被带走；在我们第一时间跨越防护墙后，几乎没有多少人做出反抗；有些人是心甘情愿地屈服，有些人却是不妥协，顽强不屈，示意除了另一种选择，他们绝不可能向我军屈服。上校和所有级别低一点的长官们，都在捕获的士兵队列当中，所有人都被卸除了武器装备。而他们当中那些避开枪伤和俘虏的士兵们正在慌乱中寻找路径逃跑，随后又消失在了丛林中。遍落各地的小兵器，比我们估测的还要多千把，都已落入我军手中。而这些挑衅的战旗，有些题写着“第一马纳萨斯”——发生过无数战争的半岛，“第二马纳萨斯”、“南部山脉”、“夏普斯堡”（我们的安蒂特姆河流经于此）、“弗雷德里克斯堡”、“钱斯勒斯维尔”，还有很多名字，我们的士兵拥有的战旗现已比他们多了 30 面。

这场战争真是葛底斯堡大剧场的闭幕场景。左翼和右翼成功的唯一途径就是击退敌人，在两翼接二连三的进攻过后，这些固执专横的敌军挑选出军队中的精英组成精兵部队，向我们的中心发出大规模攻击。从这场进攻的方法和结果可以得出——敌军损失了 1200 人到 1400 人左右，或死或伤或被俘，并且还失去了 30 多面战旗。我军在这次战斗中用兵不到 6000 人，死伤人数不超过 2500 人。

如果汉考克将军和吉本将军站在我的位置上观看着这场战争，他们将会喜上天！在那胜利的一刻，我们的国家将会非常感激这两个人，感激他们能够很好地守在士兵身边——国家已看到他们做出的部署换来的结果，还看到了他们在这场精彩的战争当中的训练有方、决定果断。但是他们两人都受了重伤，现已从战场上带回来了。过会儿，我很迫切想要在那里见到的一个人来了，正是指挥波托马克军队的总司令米德将军，很幸运他能在那段时间指挥战场。看看这位伟大将领是如何观战、此刻又是如何说如何做以及何时获悉取得大胜的消息的。再领会一下我记录的事件，你应该能考虑到，如果一个从战线后方上来的人，就像米德将军一样，几乎看不到我们的士兵，现在奔向山顶，尽管他能听到声音，但却不能得知战场的情况，或是谁制造的噪声，直到他最终真的抵达山顶。不知道结果的人，就算来了，也很有可能认为我们的战线已被敌军占领攻取——很多身着灰色军装的叛军站在山顶上——这就是真正的事实。在此我陈述一下，我们当中真有一位长官是这样错误地认为的。

米德将军只带着他的儿子陪同，他的儿子是其副官，一个护卫军，如果提拔的话，他还不够具备指挥一支军队的资质。这个基本的骑士并不是在某些节假日的检阅仪式上华而不实的英雄，他是一个平凡的普通人，他身穿耐用的夏季深蓝色套装，除了代表等级的肩章以外，身上再无任何包装的饰品，他的腰间佩戴着一把光亮的将军或将军副官的直剑。他穿着沉重的高筒靴，戴着暗黄色的软皮手套，软质的黑色毡帽下垂至眼睛以上。他的脸非常的白，但不是苍白，棱角分明，他认真，充满关怀之心。当米德他们从山下上来时，在离我很近的地方，米德用锐利急切的声音问道："这里进展如何?""将军，我认为敌军的进攻已经被击退了，"我回答道。他仍向前走，脸上开始浮现出一道新的光彩，那是惊讶的满足感，带着怀疑的态度，他的声音还是适中的音量，他继续问道："什么！进攻已经被击退了吗?"他的语气比之前更快更迫切。"是的，长官，"我回答道。这时他来到了山顶，一眨眼的工夫便扫遍了整个战场，仅一眼就尽收眼底——大量的俘虏兵，士兵们正嘲讽地挥动着捕获来的不计其数的敌军战旗，朝着敌军方向逃窜的逃兵正以惊人的速度消失在森林中——有部分是我告诉他的，有部分是他自己看到的，他的脸上闪烁着光芒，激动地说"感谢上帝。"接着他的右手抬起就好像要脱掉帽子挥舞庆祝；但是他压住了这个动作，相反，他挥着他的手说"万岁"。流着更多他身上年轻的血液的、军衔比他肩章上的级别要低的他的儿子，脱下了军帽，并且真心地欢呼三声"万岁"。接着将军在几分钟的时间内沉默地审视着战场。他最后问是谁在负责指挥——他已听说了汉考克和吉本受伤的消息——

我告诉他考德威尔将军是军队最高长官，哈罗是分兵团的指挥官。他问他们在哪里，还没等我回答我不知道时，他又说："不要紧，我把我的指令给你，你看着他们执行。"紧接着，他又给军队指导，军队现在要尽快实行调整，继续驻守在原有的位置上，因为敌军有可能会再次发狂地攻击回来。他也对一些强化战线的部署做了指导，他说他很快会回到那里，另外补充道："如果敌军前来进攻，从两翼抄封，将他们扫出战场；明白了吗?"然后脸上洋溢着喜悦之情的将军迅速向他的总部方向飞奔而去。

接着战后工作开始进行。首先，俘虏被聚集起来送到后方。"这边走，"叛军们听着我们的士兵指挥，据我们在葛底斯堡镇的一些军医说，此刻皮克特的分兵团已进军夺取要塞——"这边走，你们将会穿过与你们作战的北军队列。"他们许多人穿过了我们的队伍走到后面，以一种与他们心中所想的截然不同的方式——不像是粗鲁的维克多人，会用铁球和刺刀清除我们薄弱的军队，而这些在山顶失利的没有武器的俘虏们，将由真正的联邦军的刺刀押送着，他们的耳边会一直回响着征服者的欢呼声。在这些叛军的眼中，这毕竟是残酷的事实。聚集在一起的俘虏们开始了他们可怕的旅程，一条可怜忧郁、脏乱不堪的灰色溪流，将会越过我们的山顶，注入我们的后方。有许多长官穿戴整齐良好，仍像骄傲的绅士，战争结束后，见到这些人将是一件令人快乐的事。然而见到他们我并没有欣喜若狂，在这种场合见到他们，我们所有将军的感觉是遗憾惋惜。士兵的欢呼声和随意摇晃着捕获的战旗可能只是想让俘虏不高兴，但未想嘲笑或羞辱他们；他们可以对此行为不予理睬。当俘虏们被调向后方，正跨越山顶时，汉考克最高侍卫官摩根中尉，正从炮兵储备军那里领出了一支炮兵团，向第二军走去。当他看到穿灰色制服的士兵穿越山顶的时候，他对着指挥炮兵团的长官说："看那边！敌军已经夺取了山顶。看他们朝这边过来了！原先的第二军已经覆灭了，你最好带着你的炮兵团尽可能快地离开这里，否则将会被擒住。"这名长官确实向士兵下令后退，当近一点观察的时候，发现了那些前来的身穿灰色制服的士兵背上没有武器，接着观察者才瞬间领悟了真相。其他人也犯了同样的错误。

从那天收获的成果来看——军队取得胜利并不意味着整个国家的人民取

得了胜利，同米德将军站在山顶上，我对他说：“感谢上帝吗?”

对于从步兵团开火开始到敌军在这次大规模的袭击中完全被打退，这中间过了多长时间，我一无所知，并且毫无头绪。我判断，从显示的作战人数和移动的位置来看，这场战斗很有可能持续了近一个小时，但我不能得知，我看也没人知道。当战斗结束的时候，时间就好像才过去几分钟一样。

当俘虏被清理走时，命令再次下发到我们这座因战乱备受创伤的山顶上来，直到五六点钟的时候，我仍留在战场上，遵照米德将军的命令，指挥一些军队回到他们所在的位置。敌军没有再出现在第二军前；但当我在忙碌时，之前所提到的离我军左翼很远的地方，敌军的大规模队伍开始行动发起进攻。此时再次恢复良好秩序的我军炮兵团及时开火，在他们到达我们的步兵团所在的位置之前，炮弹炸毁了“灰胡桃”——冬季灰鸟避寒的俱乐部。除了不重要的前哨兵开火之外，这场战争的最后过程就是如此。

关于敌军的继续进军，战后军队的行动指南，到李将军跨越波托马克河，再到战争的结尾，并不是我记录的要点。让我们感到高兴的是，7 月 3 日夜晚，敌军从我们的前线撤离了他的左翼——尤厄尔军队，4 日早上，我们又再次占据葛底斯堡山谷，在国庆日那一天，我们宣布城镇告捷；当天，瓢盆大雨阻止了军队的许多重大行动，我军在战场的位置上度过的那一天日子里，洪水淹没了我军尸体，还有敌军的一些，当天的行动已经不言而喻；5 日，敌军开始继续进攻——他们的尸体被我军埋葬——我军也开始各奔东西，在战场上移动。

对于这场战争中的一些结果的描述，损失、战利品和我骑着马在战场上所看到的，我都在敌军撤走的时候完成了记录。

我估计我军死伤人数和失踪人数大概在 23000 人左右。① 失踪的人当中大

---

① 最后的回报结果显示，总共损失 23049 人，结果如下：第一军，死伤 3897 人，失踪 2162 人；第二军死伤 3991 人，失踪 387 人；第三军死伤 3622 人，失踪 589 人；第五军死伤 1976 人，失踪 212 人；第六军，死伤 212 人，失踪 30 人；第十一军死伤 2291 人，失踪 1510 人；第十二军死伤 1016 人，失踪 66 人；炮兵储备军，死伤 230 人，失踪 12 人；骑兵团死伤 445 人，失踪 407 人。

部分是俘虏，他们是在 7 月 1 日失踪的。我们损失的没有受伤的俘虏可能有 4000 人。这次损失分散在不同的军队当中，详情如下：第二军是所有军团当中受损最为严重的军队，损失超过 4500 人，其中的失踪人数只是名义上的数字；第一军损失超过 4000，其中多数失踪；第三军 4000，其中部分失踪；第十一军将近 4000，其中大部分失踪；还有剩余的损失，如果集中起来，就是第五军，第六军，第十二军和骑兵团共有的损失。这些军团几乎没有失踪士兵；第六军和骑兵团的损失较轻。我认为官方报出的我军损失的准确数据不会和我估计的相差太远，因为在这个问题上，我费了很大的精力去询问副官，从他们口中我才得知了大概的损失情况。我听说在整个战争当中我们没有丢失一杆枪或一面旗。但我认为，7 月 1 日丢失了一批小武器。

我估计敌军死伤人数和损失的俘虏人数在 40000 人左右，这是来源于以下的数据，并有以下几点原因：据我所知，我军有 10000 名未受伤的俘虏——实际被俘虏的士兵更多，只是有几千人受了伤。目前我能够大概确定敌军左翼在战场上的死亡人数，数据可以从不同党派的死亡人数中获得。我想敌军在战场上的阵亡士兵有 5000 人，几乎所有的人，除了死于 7 月 1 日的士兵，都被我们埋葬了——敌军没有将这些战死的士兵放在自己的领地中。在查看大量在战争中死伤的人数的表格时，我发现死亡人数与受伤人数的比例是一比五，或是对比更多受伤人数，起码不少于 5 人。因此我可以得知受伤人数在 25000 人左右。我认为敌军有 14000 名受伤或未受伤人员落入我军手中。再看看收缴的小武器，两或三支枪，四十或更多——这是收缴的旗子吗？——敌军兵团的战旗被我们夺取。过些天我们可能会了解敌军的损失，但是我怀疑敌军是否能清楚地知道他还有多少面旗没有带回家。然而我对于我的预估很有信心，因为那些数据都是我精心分析出来的，做了许多调查之后，我没有想要或是没有动机去高估敌军的损失。

参战军队的数量、事故发生的件数、叛军搜寻的目标、结果将会使葛底斯堡这个地方成为世界伟大的历史战场。米德将军集合军队的速度很快——一些军团的日行军路程超过了 30 英里——他有技巧性地选择应处的位置，并做好了部署；他所作战的战场坚固牢靠；他的胜利光彩而彻底，他做出的所有努力都值得认可。我认为在敌军占据主动权对我军进行侵犯的主要战争中，我们会极大地推荐给我们带来幸运的米德将军前来指挥；让可以前来送死的叛军上山，我们再在自己坚固的防守位置粉碎他们的军队，总要比持着同样的目的在森林间捕猎他们，或是从他们的枪口下发现他们更好。如果事情发生扭转，以前者的方式作战，我们的损失会更轻，他们的则会更重。不管书上会说什么主动进攻的队伍能够打得更好还是如何，我对于这场战争还是很满意的，美国人——叛军和我们，在防守能力上是最强的。我想从这场战斗中可以推断出这个命题，我可以以自身的观察来论证它。

但是有些人认为他在这场战争中什么也没得到或者做得很好，因为其他的一些将军并没有做到指挥，或是因为敌军的一部分军队逃脱了俘虏或伤害。这种想法就好比一支十万人的军队遭遇另一支同样人数的优秀军队时，想要将对方全部歼灭的思想一样！军队的士兵们不要求或不希望如此；但是麦克莱伦破坏者这么做了，我们可以从买来的印有羽毛字体的报纸上看到这样一位勇敢骑士；这位掌握政治伎俩、身经百战的强大勇士对抗他毫不在乎的忠诚和荣誉，他会拿着拿破仑的座右铭，引用人们还尚且一窍不通的大多数事件，去论证所有的事情；然而不幸的是，这样对国家和政府有很大影响力的人却恰恰毁了军队。远离战火处在安全范围之内的人无疑是非常开心的，他们享受着有钱可赚的官员职位，或者沉浸在一张骗取得来的政府官员签约书的喜悦之中，他们家中布满了奢侈品，泥土、汹涌的暴雨和极度的疲惫不会涌进他的房内，他们只是在谈论战争，分析着战役该如何指导，敌人的军队该如何破坏。但是可能在这里或别处的那些有军事理论知识的人，他们能够对这些战事发表观点，提取精准的信息，并且能够意识到在李将军军队跨过波托马克进入弗吉尼亚之前，能够破坏李将军军队的本质和方法，这些人是最有可能证明吉本将军指挥宾夕法尼亚战役的方法是正确的，而且他们会看到吉本完成他们所有的期望，包括任何一支军队的任何一位将军考虑到的所有合理的期望。此时抱怨声专门朝向了米德，有人抱怨他在有时间撤退、跨河之前，没有攻打位于威廉斯波特附近的李（将军）军队。关于此事的情况如下：

如果在完全实行得通的情况下，7 月 13 日是最早可以发动攻击的日子。在此之前，因为战争，时间都花在了从战场附近撤离军队上面，而在撤退时我们发现了敌军的身影，我军就在他们的前方集合。那一天，军队按战争队形集中排列在从夏普斯堡到马里兰黑格斯敦之间的公路关卡，右翼停驻或靠近后者，左翼靠近琼斯十字路口，距离夏普斯堡的方向有 6 英里，以下顺序从左到右依次为：第十二军、第二军、第五军、第六军、第一军、第十一军；第三军在第二军后方作储备军。我军到波托马克河的平均距离是 6 英里，而敌军就在米德和波托马克河之间。波托马克河由于近日的雨水而上涨，它正翻腾着，急而深，是一个宏伟的可以淹没整个叛军士兵的场所。如果米德将军可以的话，他全歼敌军我一点都不会质疑，但是叛军他们不愿意被淹没，势必会先发起战争。若将他们驱赶到河里，他们肯定会在之后寻找路线。我想米德将军会喜欢在那个时候向敌军发起进攻，针对这一议题，他召集了军队指挥官组成委员会开始讨论。第一军由威廉·海耶斯带领，弗伦奇带领第三军，西克勒斯带领第五军，赛德威克带领第六军，霍华德带领第十一军，斯洛克姆带领第十二军，普莱森顿带领骑兵团。有八位将军在这里，沃兹沃思、霍华德和普莱森顿支持直接攻击，其他五位，海耶斯、弗伦奇、西克勒斯、赛德威克和斯洛克姆不支持立刻攻击，直到更好地掌握敌军的位置和情况为止。支持进攻的沃兹沃思只是在牛顿短暂的缺席的情况下带领第一军，牛顿此刻正指挥着一场战争。普莱森顿带着他的人马仅充当旁观者的角色，霍华德，带着卓越非凡的第十一军，由于没有取得信任，而与敌军保持一段安全的距离——这不是霍华德将军的错，因为他是一个善良勇敢的人。趋向血腥战斗派的将军所在的位置就是如此。那些反对进攻的都是战斗军团的战将首领，除了第一军。接着，这些将军的感觉是这样的——所有支持战争的人将不会负责或可能负部分职责——而不支持的会负大部分职责或全责。最后进攻没有发动起来。14 日白天早晨，从第十二军、第二军和第五军的超强侦查结果显示，他们发现了在敌军和波托马克军队之间跨过这湍急并未架上桥的河流的方法，那时敌军后方 1500 名护卫军中有 1000 人落入我军手中。叛军佩蒂格鲁将军在这里被杀死。敌军已然建好了桥，他们在前一个晚上就渡过了河，但是第二天早晨由于我们的骑兵团和步兵团离他们很近，其后方护卫军在全部渡河之前我们已击毁了他们的旅。

当时影响这些将军反对进攻的考虑因素可能是以下情况：军队因为连续四个月的行军赶路和战斗已变得疲惫不堪，他们一直带着武器、装备、被子、60～100箱的弹药筒和5～8天的口粮负重穿梭在高温、泥土地和滂沱大雨之中。这种辛苦只有士兵才体会得到。军队数量由于疾病或虚脱不断在减少，士兵比我之前所看到的还要散漫。可怜的同胞们——他们也是没有办法。士兵们继续有效地发挥体力已是完全不可能的了。即使是持续不断地发出战斗的吼声和怀着对即将作战的战争的兴奋之情，也不能激发士兵们将之前的体力持续发挥一小时。敌军确实在战争上的损失比我们重很多；但是他的军队没有我军疲劳，因为在开战初的一段时间，他们的行军路程要短一些，负重也比我们轻。这些叛军已适应了衣不蔽体、食不果腹的生活习惯，而我们的士兵却不容易适应。此外敌军的散漫相对少一些，因为对于他们来说能离开战场就能直接回家，对他们来说挣扎就意味着囚禁，他们不会去担忧揣测战争花落谁家。敌军现在在一座隆起的树木繁茂的城镇上的某一处，他们依附在坚固的防御位置，主军隐匿起来，由战壕和肩墙作掩护，各自严格防守阵地。我们甚至在很大程度上都不能精确地获知他的部署和位置，除非深入到他的军队侦查，而这种程度上的军队构建，便于敌军随时发起一场常规战争，也易于向我们至少能准备好和很有可能取得胜利的地方发起进攻。为了发动战争，吉本将军随后决定在夜里攻击狡猾的敌军，因为白天守在突袭地、不被发现的战壕和大炮位置上、隐藏身体的敌军可能会在任一角度发现我军的兵力。吉本将军带着他相当不占优势的人马进攻，他会胜利归来吗？这场行动是委员会上的几位将军投票表决他们的观点的——我个人认为米德会遭受巨大的损失被敌军击退，而敌军几乎不会受损。这种投票表决的结果相对于战役本身的结局来说，可能会使血腥的政治家们更满意；但是我认为国家不需要波托马克军队在那个时候做出牺牲——从第一弗雷德里克斯堡战场上飘来的死亡的气息传至军队的鼻孔的那一刻，就已让他们窒息了一段时间。当我们都认为一场战争随即到来时，我强烈地感觉到战败的可能；这场战争之前总是产生——至少发生在我身上——一些忽明忽暗的结果预兆，一些发生在军人身上的无法解释的预兆。我总不知道结果，又不能证明那是错的，这取决于我判定的分量。这些阴影是因是果，我不敢随意下定论；但是当这些成为通常考虑到的普通因素时，我认为它们不应该完全被指挥官忽略掉。我相信无论何时，波托马克军队会一直想要，也时常渴望与敌军作战，因为他认为这是一次取得胜利的公平机会；无论是胜是负，一旦下发指令去做的时候，波托马克军队会一直战斗下去。当然军官和士兵对于叛军逃脱——可以这么说——跨过河流感到非常的失望和懊悔；失望是真实的，但至少在某种程度上来说这种失望像是惊讶；而从面部、语气和行为上而不是从语言上判断出来的懊恼，也不像无药可救的可怕程度那么深。

第 126～146 段

敌军也展现了值得敬佩的果断和勇敢的好风范。他们在这场战争中的行为让我为他们作为美国人而骄傲。作为最优秀的士兵，他们是成功的。李和他的将军们在过去的一些胜战中做出了很多推断，并未曾估算过自己在所处的位置上获得了多少次胜利，就像弗雷德里克斯堡战役，或是我们的指挥失误导致的布尔溪第二支流和钱斯勒斯维尔战役的失败。

7 月 1 日之战，我们当然不能称之为一场胜利之战；如果雷诺兹没有牺牲的话，那场战争甚至会出现不同的结果。7 月 1 日以敌军的战争胜利告终。叛军们欢呼雀跃——我们的士兵和葛底斯堡镇的镇民落入到他们手中——这是他们当天的战利品。他们会记住弗雷德里克斯堡战役和钱斯勒斯维尔战役。他们看到胜利已经属于他们，或是仅仅抓着第十一军跑动的衣服后摆，或者在他们看到第十一军逃窜时，将该军认作是“愚钝的宾夕法尼亚民兵”；巴尔的摩的尖顶和国会大厦的穹顶已经利用它们很好的视角位置进行观测——仅两三天的时间，敌军进军穿过了宾夕法尼亚的美丽山谷和“我的”马里兰。他们之前遇到过这么好的地方吗？在北军物产富饶的土地上，不用花钱便可以享受家禽、水果、肉和蛋糕的美味，睡着舒适的床，穿着优质布料的衣服，喝着威士忌！他们确实如此做了！但是 7 月 2 日，一场格局的改变浇灭了这些做梦人的火焰。他们对于战争结果感到吃惊，当天夜晚准备晚餐时，他们谈论声少了，思考得更多。3 日的战争结束之后，他们仅仅讨论如何避免伤害保护自己安全的方法。他们说皮克特的卓越非凡的分兵团几乎全被歼灭，他们讨论的不是损失了多少人，而是有谁逃脱了。他们讨论这些“北军们”的旗子和帽子上有梅花的标志，而第二军的三叶旗就像扑克牌上的梅花。

葛底斯堡镇的战役在战争中是著名的，不仅是因为它发生的规模最大，激烈程度最深，还有我要说的其他一些因素。7 月 2 日左翼之战几乎是一场单独彻底的战争，以下情节是我自己仅知道的：同时出战的士兵的实际人数和在大约两个小时内产生的巨大死伤损失人数。如果可以获得真实数据，这场意外显示的损失数量很有可能比在我之前所列的损失估算纸上的数值多更多。总而言之，几乎没有多少战争会像 7 月 2 日那场战争一样遭受如此之多的损失。7 月 3 日的战役是著名的。接着出现了“大规模炮击”——我们是这么称呼的，在其他任何一场战争中也将这么称呼，几乎每一场战争都会出现“大规模炮击”。除此之外，接下来的主要行动也是历史上很少出现的，在这场战争中，其攻击规模庞大壮观无比，单一和联合作战的模式，参战双方数量不同，然而光耀、彻底、具有压倒性的结果却偏向在战斗数量偏少的一方。我认为在给出这场战争的结果时，我并没有过高地估计敌军的数量或损失。从我们手上的俘虏和报纸上的报道得知——有两支分兵团正上山进攻——皮克特军和佩蒂格鲁军——这是皮克特军和佩蒂格鲁军，除了在 7 月 1 日战争中有小部分参与作战外，首次参战。叛军的分兵团通常有 9000 或 10000 人左右，据我们所了解当时是这么多人。接着我又参考军队数据，我想我能在某些程度上估测出他们的数量。叛军在这里的死亡数量我可以通过以下这种方式估算出来：第二军的第二分兵团和第三分兵团在他们作战的自身领地，前线，埋葬了叛军的尸体，通过计算，他们埋葬了 1800 多具尸体。我想在 7 月 2 日，这些人中只有两百人死于第二分兵团前方，其余的人是被第三军歼灭的。我的估测值是依据这场意外事件得来的，有可能是错的，但不会相差太多。余下的战争细节，我们自身的损失和所获的俘虏，我知道的都是大概的数值。整个事件听起来就是一段传奇故事，是一场充满血腥色彩的大型舞台剧。

在所有参战的军团当中，胜利应该归属于“永远的第二军”，这支军队一直艰苦奋战，虽然损失巨大，但成绩斐然。他比其他任何一支军团作战的多，给敌军带来了更严重的死伤损失，该军牺牲的士兵最多，但获得的战旗要比其余军队多一些，甚至捕获的俘虏人数几乎相当于其他军队的士兵人数。第二军在这场战争的死伤损失——这里没有其他关于这场硬战的数据记录——几乎相当于格兰特将军用在之前被围攻的维克斯堡战役上的所有兵力。整个军队有八分之三的死伤人员。为什么西部的军队认为波托马克军队没有作战?这不是一个更荒谬的推断吗?波托马克军队是伟大的!因为优秀的指挥能力——这都不用提了——他将会完成所有理性的公民所期待的事情。

关于举着白色三叶旗的吉本分兵团的叙述，我如果不注意的话，我可能说得太过于激情澎湃了。该分兵团已习惯以出色的领导能力自居。萨姆纳、赛德威克和霍华德敬佩它的指挥，并以此为荣。该分兵团在赛德威克的指挥下败于安蒂特姆，在霍华德的指挥下于弗雷德里克斯堡被击退；然而在吉本将军的指挥下，该军在第二次弗雷德里克斯堡和葛底斯堡取得了胜利。在葛底斯堡，军队死伤损失超过了1700人，几乎有一半人参加了战斗；它收获了17面战旗和2300名俘虏。它的子弹在皮克特分兵团上停留，杀死或重伤了四位叛军将军，7月2日该兵团击中了巴克斯代尔并且在3日击中了阿姆斯特德、加尼特和坎珀。该军对敌军造成的死伤损失以及获得的俘虏和战旗，在葛底斯堡的所有分兵团中，都占据着卓越的位置。

在汉考克和吉本这样的将军指挥下，取得辉煌的成绩指日可待。然而国家会记住他们吗?

我在军队中获悉总统感谢了有像巴顿·基这样的屠夫拯救了葛底斯堡。但这个国家会更多地了解仅赋予一点权力声望的米德、汉考克和吉本，而不是总统吗?

7月3日下午大概6点钟，战场上的职责完成后，我便离开去找将军。我那勇敢的战马迪克——可怜的动物，它那天下午在战场上的优良表现获得了一个准将的称赞——它是一道风景线。从表面来看，它被鲜血覆盖着。接二连三地受创，使它的右侧大腿被弹片撕开了一道可怕的伤口，三颗子弹深深地嵌入到它的体内，血液从伤口流出来，同汗一起划过身侧到腿部，最后化为一摊血泊。在那场战争中，迪克不是卑微的个体。它待在战场上可能是因为一种责任感，在那样的情形之下，它的行为和士兵做得一样好——它是勇敢的牺牲品。大多数马在周围武器的闪光刺耳声和咆哮声中难以掌控。迪克是非常镇定的，他会服从那毫无价值的管理。属于第一匹在敌军面前登上那座风暴山顶的光荣战马——迪克——在距离山顶不到 40 码处，子弹射中了它，它是待在烈日战场上的唯一一匹马。甚至连敌军都提到了迪克，在他们的一篇战争报道中提到处在我们晃动的队伍中的“孤独的骑士”。它的奔跑速度是我用脚跑步的速度的十倍。一位长官用脚跑步并不显得高贵；骑上马后却完全是在飞驰。我不赞同长官在战争中不骑马，因为在大多数时候他们需要马匹，以便可以更容易地出现在每个地方。然而大多数长官在范围狭窄的行动当中并没有上马。迪克应受到国家良好的待遇，应该在某一天制作成马雕。如果这里有马的天堂的话，我将会送给冥神一个铜币，作为迪克升天的费用，而黑暗笼罩下的冥河的另一边它将会永远啃着鲜花。

我的大腿被一颗子弹射中，我想肯定是在我瞥了一眼马鞍并将部分精力花在它身上时被射击的。子弹刺穿了我厚厚的裤子布料和两层内衣，但是没有伤及皮肤，我的腿部出现很大一块青肿，整条腿麻痹了一段时间。在我处理伤口时，我听到自己嘶的一声，我注视着这个穿进衣服的洞口，并朝洞里插入我的手指，当我发现我的腿没有被刺穿时，我确定获得了一丝解脱。我认为当我在那场战争之后没有骑马时，我就不是一个言行得体的正常士兵。汗水浸湿了我的身体，由于光照反应，白色的战场现在开始转为红色。我感觉我像是一个煮熟的士兵；如果不是结果让我满意的话，我应该会是很悲惨的。然而这激励了我继续前进，我找到一个人，并让他将可怜的迪克身上的马鞍转交于我，迪克由于失血过多而断了气，现在被安置和另一匹马躺在一起，我跛着脚在医院中寻找吉本将军。

偷闲的人，他们说话的声音如同庆祝胜利的欢呼声一样响亮，当我经过他们与他们见面时，我向他们投去不怀好意的微笑，嘲笑这些偷懒的人的怯懦，并告知他们吉本将军已经向护卫军传令，逮捕和射杀所有擅离职守、不能做好本职工作的士兵——当然这不是真实的。找到将军并不是一件容易的事。我四处询问汉考克和吉本这两位将军——我非常了解他们会在一起——我开始向第二军医院探寻。在我的搜寻当中，我听到了很多惹人生气的玩笑。大多数人的愚蠢程度更令我吃惊。我向遇到的一个士兵询问，“先生，你知道第二军医院在哪儿吗?”“第十二军医院在那边!”接着我又快速地问道，“你听到我问你的是第十二军医院吗?”“没有!”“那为什么告诉我我没有问到或不关心了解的问题?”接着这个愚蠢的士兵会对着我这个忘恩负义、不领好意的人盯着或咕哝着。如果我要问我寻找的将军在哪里，他们会重复这一有趣的环节，回复你他们看到了其他的将军。有些人确信汉考克将军或吉本将军已经死了。他们已经看到了将军的尸体。这是假话，他们也知道自己在撒谎。然后说他们看到了朗斯特里特将军的尸骨。正如他们所知道，这些同样子虚乌有。

哦，看到如此之多的伤员真是悲痛！整个战场后方的四周已成为一个有数英里长的大型医院。有些伤兵可以走到医院；有些不能走到的会选择在自己受伤的地方上担架，从那时起就有救护工具支撑着他们，直到他们最终到达目的地，那可谓是一次痛苦的载乘。许多人被送到坦尼城公路一侧的建筑物内，他们因受伤过重而不能被抬得更远，死去的联邦军和叛军被埋葬在那里。伤兵待在每一座房屋、谷仓和小棚内；在很多清凉的小溪旁、成荫的斜坡或是林间的草地上，舞动的红旗示意他们搭建好的救济位置，那里聚集着数额庞大的残疾或伤肿的士兵。士兵们头发灰白，脸部褶皱，嘴唇柔软，黯淡无光，因为这些子弹而难以分辨出他们的年龄大小。每一位伤兵的伤口可能是由钝的或锋利的铁铅兵器、子弹、铁球、炮弹所致，这些武器刺穿、挫伤、撕裂着他们的身体；有时他们仅缠着绷带或浇冷水来恢复身体，之后又再次回到自己的军队当中；有时可怜的伤者受伤如此严重，他们祈求一副灵丹妙药治疗他们所有的希望渺茫、无法治愈的致命创伤。大体来看士兵们是高兴的，甚至那些有着可怕伤口的人的脸上都洋溢着喜悦，通常他们在谈论战争的胜利。但有些人是低落的，从他们的脸上可以看出被痛苦折磨的表情。有些人经历了手术工作；有些人，像是车站里的人们，耐心地等待被锯掉一只胳膊或一条腿。有些人将手臂靠在一个支架走动；有些人懒散地坐在地上；有些人整个躺在一小堆稻草或一个毯子上，他们结实的臂膀上染着血迹，裸露在空中，你可能会在子弹击中或炮弹炸裂的地方看到伤口。许多人的坚实的胸口处有一个小圆洞，正慢慢地溢出鲜血，他们苍白的面孔、艰难的呼吸声和黯淡闭合的眼睛可以看出死亡之神离他们是多么的近。脱下外套挽起袖子的军医和帽子上带着绿色带环的医院陪从人员各司其职；他们的脸和衣服上溅上了鲜血；尽管他们看起来疲倦劳累，但是他们仍然有条不紊地进行着工作。他们做了多少工作，多长时间，我们可以从成堆处理的腿、胳膊、脚、手和手指辨出部分来。有时会听到伤兵叫喊的声音——在场地上你不会听到他们这样叫——这是他们确信身体、骨头、筋肌不再是毫无反应的骨头时发出的声音。附近出现一小堆新的伤兵并肩靠在一起。他们前天还不在这里。但是这样的伤员每天会变得更多。

当我穿行的时候看到了这些情况。最后我找到了吉本将军，他坐在一张从别处借来的椅子上，受伤的肩膀裸露着，一个医院陪从正用冷水为他清洗伤口。汉考克将军在附近的一个救济所。他们在第二军医院的露营地，靠近罗克河溪。当我走近吉本将军时，他看到我后开始欢呼并摇晃着他的右手。他听说了结果。我说：“哦，将军，你能挥得更长更久些。”接着他便亲切地和我握手。吉本将军被一颗子弹击中了左臂，穿过前身到后背，肩胛骨断裂，留了一道严重但不致命的伤口。他认为是敌军的狙击手藏在灌木丛里，在炮击过程中他和我长时间坐着的地方附近受到伏击的；他受了伤，在主军步兵团开始开火之前被从战场上带了回来，当时他是在他的分兵团左翼被击中的。稍后，汉考克将军在同一块战场附近被一颗子弹击中，子弹几乎射穿了他的大腿，但没有伤到骨头。他的伤也同样严重。他被从射程以外的地方带回来，但是在他被从战场带回来之前，他就躺在山顶的土地上，在那里他能看到战争的发展势态，直到他看到结果为止。

接着，在吉本将军的询问下，我不得不告诉他现在有一大批自愿伤兵被安置在附近，据战争报道，士兵们并没有将受的伤归咎于将军身上。我也是自愿受伤的；尽管过去在我有时候会在战前做一番演讲，但我必须要说之前我从来没有遇到过这样一位如此热心的观众。"好""精彩极了"的喝彩声时常打断了我的讲话，谈及防护墙风暴之战时，吉本留着激动的眼泪并用他那受伤染血的手鼓掌。

按照服役的惯例，将军有权让我跟随其左右，并在受伤时一同离开战场；但是责任和热爱让我仍想留在战场上，而我也获得了将军的同意留了下来。我陪伴着吉本将军去威斯敏斯特——火车经过的最近的地方，4日我又从一辆救护车上将他送到了巴尔的摩的轿车上，第二天我又回到了他所在的分兵团战场，由于他的负伤，分兵团现由哈罗将军代领。

7月6日，我的枪伤处发炎太过严重，对我来说相当痛苦，因此大部分工作我都不能做好——那天分兵团在距离巴尔的摩公路关卡4英里处暂停下来——我控制不住或不想错过再一次看到曾经的战场的机会。我用右侧的马镫皮带以缩短距离的方式来使受伤的腿变得舒服后，我可以骑上马行走了，也没有了严重的不舒服感。当我再次在马蹄的作用下登上山顶观看时，我有些诧异，我并没有看到山顶覆盖着成千上万的军队、马匹和枪支，他们都消失了——以我的观察来看，军队消失不见了——在那个蓬勃的夏日清晨，静止不动、沉默不语的士兵尸体遍布在他们之前呐喊和大炮轰落的地方。近日的雨水洗刷掉了很多不堪入目的场地，抹平了许多战场上蹂躏的痕迹；但是一个人不需要指导，只用眼睛，就可以寻到那场风暴的轨迹，天空下的暴雨开始变得无力，不久就会完全消失不见。铁锹和铲子已完成了它们的任务，它们挖出一小块土地将这些完成使命的士兵掩埋——这是一项大工程。但我仍然能在一些隐藏的灌木丛或掩蔽的石头下看出，这里曾经有人来过，还有成千匹受伤的马在它们死后分散地躺在那里。散落各处的小兵器、装备和几乎所有有价值的物品都被收集带走了；但是有大量弯折坏裂的步枪、租赁的背包和干粮袋、损坏的水壶、破裂的帽子、蓝色或灰色布料的衣服、裤子、不值钱的腰带和弹药箱、撕碎的毯子、炮筒、坏损的车轮、碎裂的前车、炸碎的军器运输马车以及一些马具，凡是所有士兵或马匹在战争中穿戴或使用的，都散落在数英里的战场上。从这些可以看出战争极其惨烈的程度。从步兵战壕、肩墙和践踏的草坪可以明晰防守战线和大炮——敌军在前者所做的防护措施要比我们自己做的防护措施更多。在这里看不到一个士兵，只有一些平民百姓和孩子，他们好奇地在战场上闲逛着，他们的脸上并没有露出伤心或恐惧，只是好奇地盯着或奇怪地傻笑。他们说他们是来寻找战争纪念品带回收藏的；但是他们鬼鬼祟祟的行为却透露出寻找未损坏的步枪或未撕碎的毯子的目的——他们被告知所有留在这里的财产物品是属于政府的，但他们的行为显示收获喜爱之物至少是他们前来的一个因素。当然，现在也并非是极力反对他们带走他们找到的东西的时刻；但是这种行为做法是令人反对的。我现在理解为什么士兵要求花一美元买一小块破旧亚麻带子来包扎自己的伤口，而不想离开去医院的理由了。

在其他战场上，我从来没有看到过，在大炮和步枪进行可怕的开火的地方，会有出现如此之多的类似这样的事件。在敌军一带的位置，也就是我们第三次进行炮击和射击他们的地方，树木已被抽干了躯干和枝叶，现在就好像是一场爆炸过后晃动的冰锥一样。叛军建造的墓穴，死马和散落的装备表明，除树木之外，还有其他事物被我们的射弹击毁。我必须说，在相同的背景下，当我查看到敌军的枪支时，我很乐意看到这些被破坏的事物。在卡尔普山的斜坡一带，就是第十二军和第一军第一分兵团的前方，树木从表面上来看已脱了皮，从该处在地面 15 或 20 尺的上方位置来看，子弹给它们身上留下的伤疤是如此之深。在一棵直径还不到一尺半的树上，我实际数到了 250 个子弹的痕迹。地面上散落着被雹暴砍断的小树枝。这些是尤厄尔的英勇叛军在 7 月 2 日晚上和 3 日早上向我们防护墙发起暴风攻击的证据。那些防护墙看起来难以攻克，呈之字形盘旋在多石的山顶，即使在其身后没有一个步兵也难以攻克。敌军是多么疯狂地向它们攻击！所有被暴风子弹攻击到的这些树林一带，都散落着小堆被射出的新生土地，并上升到脚踝或高出周围的地面。有些离防护墙前方非常的近；而在其附近的一棵树上，有一块树皮被削平，上面有用红色的粉笔写下的话，书写得不是很好，“75 名叛军埋在这里”、“54 名叛军在那里”等。这是埋葬的人数，是由许多著名的长官刻上的碑文，其中之一是由强大的斯通沃尔·杰克逊刻录的。哦，这些可恶的叛军如果不是被很快镇压住的话，他们将会残暴地屠杀我们所有人！我们自己的士兵被葬在墓穴下而不是战壕；在一块甲板上，或刺穿的圆桶里，或爆竹箱里，放着头颅，他们被整齐地割下，并在里面用铅笔署上兵团被葬者的姓名。这种做法是很普遍的，当然也会有一些例外，因为有时炮弹的轰击并不能使一个士兵可以完整地被辨认出来署上的姓名。选择这样做的原因是为了更小心地埋葬我们自己的士兵，而不是像敌军的尸体那样被明显地埋在地上，我认为这是令人满意的做法。我们的士兵通常是在他们牺牲后不久被掩埋的，没有任何将军下令那样做。这是士兵们心中所想要做的事情，只要战争一结束，一有机会他们就会搜寻出死去的同胞，在一个合适方便的场地为他们建个坟墓，将他们体面地用毯子包裹起来，然后慢慢地覆上泥土，标上他们安息的地方。掩埋时总会有责怪的眼泪落在被毯子包裹的死者身上。敌军的尸体直到战争结束过后才被掩埋。军队开始动身了——在埋葬任务开始之前，一些军队已经在行军的队伍当中。除了一些被先锋带走的军队，手拿挖土工具的士兵与队伍相差了许多英里，这些埋葬尸体的人被要求快速做完手上的工作，以便能够赶到他们的兵团。他们挖出一条长长的暗沟，收集叛军的尸体，通常一个地方有几百人，他们用一点土快速地将他们掩埋，没有名字、编号或标志性物件，他们身上只有黑黑的土堆——当然叛军的名字这些人也不知道——他们尽自己所能为叛军尸体做最好的处理。我应该为看到更多被埋葬好的士兵感到欣慰，即便是叛军的这些士兵，他们都是为了结束战争而献身，即便受了蒙蔽，我也向我勇敢的同胞们致敬。此时我在这样的掩埋中发现了漏洞，即使我知道在当时的情况之下这已是做得最好的了；但是上升的情感又可能因这一漏洞缓和下来，想起在类似的情形中，那些被安置与煤堆共存的尸体——和这场战争的埋葬截然不同——落入敌军手中的我军牺牲士兵没有被埋葬，却被剥去了衣物，留下光裸的身体，让其渐渐腐烂，他们的骨头在他们牺牲的地方慢慢漂白。叛军所做的如此之多“宽宏大量”的事例不是我们所想要的，他们在这块战场上的尸体处理也是事例之一。在 7 月 1

日落入敌军手中的我军士兵尸体被剥去了所有的衣物，叛军没有将其掩埋而是留在了战场上，直到战争结束后，我们自己的士兵在叛军撤走之后才埋葬了他们。

当我在回到战场进入到葛底斯堡小镇时，到处传来喧闹哄吵的声音。7 月 1 日下午到 4 日清晨，敌军占据了此小镇。在敌军首次进入小镇，或我军撤退时，大批的居民逃离了他们的家园和城镇，直到战争结束之后才返回。现在这个小镇是一所诊所，穿灰色军装和蓝色军装的人混杂在一起，各方势力相当。公共建筑、县政府、教堂和许多私人住宅都装满了伤兵。一些街道处有大量的战斗在进行着，子弹重重地射向藩篱和石墙，炮弹朝房屋一端至另一端投去。叛军也在那里进行烧杀抢掠，尽管叛军的指挥官用平稳的语气下令尊重神圣的私人财产——这个指令确实很好，在国外或历史上也是极好的。所有的药店、服装店、器具所和所有的杂货店都被步枪洗劫而空，也并未付任何费用或提供补偿。叛军进入公共或私人图书馆，并将书籍散落至几码远的地方或进行销毁。他们还闯入了很多私人住宅，毫不客气地据为己有，不论什么样的房子或被抢占或仅是想要将其销毁。家具被砸碎，床也裂开了口，很明显是这是那群不拿证件的抢劫者造成的。留下来的镇民和妇女“友好”地交出他们的金钱、珠宝和首饰——所有的这些都是高调的骑兵、宽宏大量的李将军军队做出来的！在把弗吉尼亚“破坏北军”的叛军做出的这些事情安顿好后，我们再去让那疯狂的叛乱者空谈那所谓的荣耀！那些逃走的镇民，妇女和儿童正返回或已回到他们的家园——这样的家园在经历一场大浩劫后，他们尽自己所能修复这被玷污的房屋。但是从他们所有人的脸上可以明显地看出，尽管失去了所有的东西，找到的所有物品都是破损的状态，他们也更乐意住在这样的家里，而不是敌军在这里时他们过着的那种流离失所的生活。敌军在这场战争事件中占领城镇时得到的所有收获是——壮观的景象，逃跑，目击遭遇者，受伤，完美地穿过了炮弹或子弹的雨林。如果你问他们，或甚至不用问，他们都会愿意和任何一个陌生人分享这次收获。我听闻居民受到个人侵害的例子已不只一例两例了。据说在战争期间一名妇女被杀死在她的浴盆中；但是很有可能是被我们自己人从很远的一段距离射偏出的子弹打中的。在接下来的几百年，葛底斯堡镇将会成为一个富于传奇色彩的战场。我在“墓地山”骑行穿过了墓地。当这些安静的沉睡者躺在他们的墓穴里，听着 20 磅重的帕罗特炮弹在他们的头顶发出雷鸣般的轰声，结实地炸碎他们的墓碑时，可以想象他们是有多么的震惊！用虔诚的双手种植出来的花朵，攀岩在藤蔓处的玫瑰开花了，并在尊敬的逝者骨灰上散发着迷人的芳香，但此刻花朵却被践踏在土地上，并因大炮的轰击而变得暗黑无光。一匹死马躺在无情的箭杆一侧，无情的箭头指向天空。沉默的小羊羔原本单纯地睡在一个小孩的坟墓旁，现在却躺在一个炸碎的四轮马车上，身体发黑。这些是战场上出现的不相协调和混乱不堪的场面。

我扭头看向一排树——叛军的炮手明白我的意思，皮克特分兵团的幸存者也同样知道——一种莫名的吸引力领着我走向那边。当我走近它时，我可以看到这排树上显示的战争标记是多么的深——第二军第三分兵团的士兵坟墓；裂开的橡树、散落各地的马匹——在靠近伍德拉夫炮兵团的位置和他牺牲的地方的一个 55 平方米的区域内，躺着 71 具马尸。

我独自一人站在山顶的树旁，距离上次站在这里还不到三天，但是现在满眼看到的是怎样的一场变化。这厚厚的坟堆里是不是藏着将士们炽热的心，它们肆虐在山顶的战场上，席卷着防护墙？我去看他们的名字——哎，我不知道他们的名字——但是在他们可怜的墓碑上刻有他们的兵团——“马萨诸塞州第 20 团志愿军”、“宾夕法尼亚州第 69 团志愿军”、“明尼苏达州第 1 团志愿军”，还有余下的——他们都被代表了，这是他们在混乱交战时被刻下的。因此我不是一个人。这些我战场上的同胞们是和我在一起的。睡吧，尊贵的勇士！敌人不会打扰你们的睡眠。那边有深厚的战壕承载着他们。只要爱国是美德，叛国是犯罪，你们的行为会使这座山顶——你们的安息之地，变成神圣的殿堂！

但是对于这场战争我看到的和叙述的已经足够了。我的将军过早地在 7 月 3 日的行动中不幸受伤，他让我担当了部分重要职责，那一刻我竟无法控制地激动起来，这种责任让我能够做出成功的施令，在其他的情况下也不会降低我的军衔或地位。

在正需要将军这样的军人时他却因枪伤被带离出了分兵团，这种事情真是令人惋惜，将军他有着充分的头脑，非常沉着、分明，我仍然欣慰，正如即将发生的，他的榜样和讲授并未完全白费在我身上，这一动力激励我做出一些他可能会在战场上做的事情。对我在战场上的行为，有如此之多的官员甚至是级别非常高的长官向我致以赞辞——我并不是在吹牛——我的指挥令他们感到满意。作为一名侍卫长官，我的职位给了我机会见识更多的事物，可能也会和任何一个人在战场上见到的一样多。如果担任一个小小的指挥官，我的见解并不是非常的独特，一名侍卫长官的见解可能不会像指挥军队的将军一样透彻；但是关于他们的行动，我已尽了心意，在行军过程中的间歇时间和后来军队在战役结束后的休息时间内，我记录了不少关于他们的事情。我已经在这些纸张上记录了一些东西——如果在此记录中有以自我为中心的描述，我并不会为此而感到抱歉——这并不是历史记录，仅仅是我对战争的记录。如果我记录一些事件的话，应该不会保证会没有其他重要的事件记录在内。我不会在记录中写道，我试图对第一军和第二军的牺牲者或幸存者的良好表现行为做出完全公正的评价。其他人肯定会记录他们的事情。然而我并没有看到他们的记录工作。关于这场战争本身的完整记录将不会或不可能被做完。谁能描绘出整个血腥画面中不断转移的变化？这是不可能的。官方可能会在描述军队进退时记录了损失结果；他们也有可能会标注获得结果的方法，叙述如何获知军队参战的人数，但是连接着方式和结果之间的战役模式，也就是战争本身的报道却触及很少。对于这些报道总体中的不足或他们不能给出记录的真实想法的解释，至少存在两大突出因素——报道者书面记录的漏洞，还有他们并没有像其他人一样看到他们自己的军队和指挥。为了战场上的最高荣誉，他们会不切实际地造出内讧、党派、政治和对共和政体的咒骂的事实。“胡克将军赢了葛底斯堡战役！”这又能怎么样？一个不在军队的人这样记录或产生极小的影响力——几乎在双方军队开战前四天各自相距 50 英里远的距离时就传出了这样的报道！这岂不是太荒谬了吗？胡克仅赢得了钱斯勒斯维尔战役。“霍华德赢得了葛底斯堡战役！”“西克勒斯反败为胜！”他们是极乐世界召唤的朋友，除了可怜的波托马克军队除外。它会比红色旗帜标志的叛军带来的恐惧更多，希望更少。事实记录更青睐于她独有的具有冲击力的、直接宣称战斗胜利的方式。“宾夕法尼亚胜利了!”“纽约胜利了!”“古希腊，或来自其他尼罗河源头的部落没有赢得胜利吗?”现代希腊人——来自科克——和非洲汉尼拔人在那里。在山顶一带的那些人种混杂的坟墓上记录着每一个爱国忠将的名字，除了一两个人没有，这是劝诫他们这些“鹅”不要再嚼舌根。谈起哪一支国家军队赢得了战役，米德将军的军队被认为是在这一位置上当选。如果这场战争没有给我们上上一课，使我们明白我们拥有一个国家，它有至高无上的权利对抗内讧、叛党和叛州的话，就会有 50000 名镇民的鲜血白白地留在这片战场上。我记录此战争的理由要比记录滑铁卢战役的理由更充分，因为滑铁卢这段历史永远不会被写成正义、全面、彻底的战争。久而久之，报纸上没有出现垃圾或谎言的混沌话，没有杂乱无章的报道，没有从战场上流传出这样一段传奇故事，可能有些人会执起笔来写“历史”。想到将来的国家的样子，如果我们还活着，我们肯定会感到满足。

当我从山顶骑下山时，大自然那神秘的机织正工作着，它不停地将炮弹摧毁的网衔接起来并编织着。明年的春天可以绿化这些被践踏的山坡，被无形的双手栽种的鲜花也应该会在这堆坟墓处绚烂绽放；明年的秋天，那里金黄色的庄稼已经成熟——产量都不会减少，反而会因有鲜血的浇灌而无限增多。在另一个几十年，另一个世纪或另一个年代里，我们同样希望叛军可以安顿在一个更安全和平的地方，他们可以在那里哺育着更高的精神文明。如果毫无说服力的“传统”在这块场地采集庄稼，然后将它胡乱扎捆的粮食流传下来——如果有一位聪明伶俐的编造故事的人，他鬼鬼祟祟地用手指编织着虚假的花环以示他在这里的英雄事迹，那又有什么关系呢？或者如果在他随意地编写这堂皇的历史时，记录这场战争的激烈声，那又会怎样？传统，故事，历史——将永远不会抹去真正的、具有伟大意义的葛底斯堡战役。

弗兰克·阿雷塔斯·哈斯克尔

36. 林肯的葛底斯堡演说
(1863)

【1863 年 11 月 19 日，葛底斯堡战场的一部分被指定为国家公墓，为在那里阵亡的士兵们竖立起纪念碑。整个仪式由爱德华·埃弗雷特主持，在仪式结束时林肯在现场发表了这篇最意味深长和最雄辩的演讲词。】

87 年以前，我们的祖先在这片大陆上建立了一个新的国家，它孕育于自由之中，并且奉行所有人生来平等的信念。

当前，我们正在从事一场伟大的内战，以考验这个国家，或者任何一个孕育于自由和奉行上述原则的国家是否能够长久存在下去。我们在这场战争中的一个伟大战场上集会。烈士们为使这个国家能够生存下去而献出了自己的生命，我们来到这里，是要把这个战场的一部分奉献给他们作为最后安息之所。我们这样做是完全应该而且非常恰当的。但是，从更广泛的意义上说，我们不能够奉献、不能够圣化、不能够神化这片土地。那些曾在这里战斗过的勇士们，活着的和去世的，已经把这块土地圣化了，这远不是我们微薄的力量所能增减的。我们今天在这里所说的话，全世界不大会注意，也不会长久地记住，但勇士们在这里所做过的事，全世界却永远不会忘记。相反，倒是我们这些还活着的人，应该献身于那些曾在此作战的人们所英勇推动而尚未完成的工作。我们应该在此献身于我们面前所留存的伟大工作——由于他们的光荣牺牲，我们要更坚定地致力于他们曾做最后全部贡献而献身的那个事业。我们在此立志宣誓，不能让他们白白死去，要使这个国家在上帝的庇佑之下，得到新生的自由，要使这个民有、民治、民享的政府永世长存。

37. 大赦宣言 (1863)

【大赦宣言生动地揭示了林肯如果还活着，尝试解决重建问题所遵循的方针路线。其主要思想是在每个州建立忠于联邦的政党，然后由这些政党尽快地恢复和建立各州政府。】

鉴于美国宪法的规定，美国总统“除了受到弹劾的情况之外，有权对那些违反美国宪法的罪犯进行缓刑或赦免”。

尽管长时间以来，不少州的州政府忠诚地保护我们的国家不被破坏，叛乱行为仍然普遍存在，很多人曾经触犯过叛国罪或正在实施这样的行为。

针对前面提到反叛及叛国等罪行，国会已经颁布法律，宣布没收犯罪分子的个人财产充公，解放奴隶。所有法律条款明确规定，在法律条文颁布之后，总统得到授权，在特殊情况下，非常时期及非常条件下，只要是他认为有利于社会公益的做法，总统就可以对参与各州或个别地区的反叛行为进行赦免。

对于那些受到限制的，依据具体条件而定的赦免行为，国会宣言对赦免权利提供了完善的司法阐述。

针对上面提及的反叛行为，美国总统已经签署了几份有关奴隶解放的声明。

以前那些参与上述叛乱行为的人希望他们能够有机会恢复对合众国的忠诚，恢复他们对各自州政府的忠诚：

因此——

我，亚伯拉罕·林肯，美利坚合众国的总统，现在明确宣告并郑重声明，对那些曾参加过叛乱而现在宣誓忠于合众国及其所有法律和有关奴隶制宣言的人，实行“全部赦免”并恢复其“除奴隶外”的全部财产，就财产而言，第三方党派如果参与，在这种情况下，每个人都要宣誓并保证坚守誓言不受侵犯。此类誓言应该注册在案并坚持到底，而且要体现如下的宗旨与影响，即：

> “我，亚伯拉罕·林肯，美利坚合众国的总统，在无所不能的上帝面前庄严宣誓，从此以后，我要忠诚地支持、维护、捍卫合众国宪法及其缔造的联邦政府；同样，我将严格遵守并忠诚支持国会在现行叛乱期间所通过的关于努力解放的全部法律或宣言，只要到目前为止没有被国会废除、修改或宣布无效，或是最高法院的决议；同样的，我将会严格遵守并衷心支持总统在现行叛乱期间所做的与奴隶相关的所有的宣言，只要到目前为止没有被最高法院修改过或者宣布无效的。所以，愿上帝助我。”

免除上述条款规定享有利益的那些人都是或将会成为我们所谓的联邦政府的市民或外交官员；所有脱离美国司法体系而支持叛乱的人，所有现在已经成为或即将成为上述联邦政府军队或海军军官，而且军衔为陆军上校或海军中尉以上之人；所有脱离美国议会席位支持叛乱之人；所有辞去美国陆军或海军委员职务后支持叛乱之人；所有以任何方式参与虐待遭受指控成为战犯的黑人或白人者，这些人可能生活在美国，以士兵、水手或其他身份为美国服务。

我进一步声明，宣布并澄清一点，无论何时，在阿肯色州、得克萨斯州、路易斯安那州、密西西比州、田纳西州、亚拉巴马州、佐治亚州、佛罗里达州、南加利福尼亚州及北加利福尼亚州中的任何一州，只要人数达到居住地区选民的十分之一，从 1860 年开始，每个州都应宣誓遵守上面提到的誓言，在所谓的脱离联邦的行为面前，应该成为一名符合各州选举法规定的合格选民，所有公民都应致力于重建一个共和政体的国家政府，不能违背上述誓言，这样才能成为真正的国家政府，国家亦会获益于宪法法案，因为法案宣布“合众国应该保证联邦各州建立一个共和政府，应该保护各州不受侵略；保证在国家出现暴力事件时法律的应用及具体执行（在州议会不能召集的情况下）”。

我进一步声明，宣布并澄清一点，由国家政府采用的任何与国内自由人相关的法律条款，都应该承认并宣布他们的永久自由，给他们提供受教育的机会，对那些靠劳动为生，失去土地及无家可归之人，对他们目前的临时安排要符合其自身的情况，不应受到国家行政的反对。

建议在各州都建立一个忠诚的州政府，各州的名称、区域界线、区域内部的详细划分、州宪法以及一般法律规等，应像国家分裂之前那样加以保留，但是应当根据各州的具体情况加以适当修改，而且这些内容都不应违反上述条件，这些做法可以看作是新政府建立过程中的权宜之计。

为了避免造成误解，可以恰当地说这项公告只要与州政府相关，就不是指那些一直以来忠诚的州政府所保持的状态。而且，由于同样的原因，可以进一步说，无论各州选出加入议会的议员是否能够取得合法席位，还是专门属于议会的上下两院，他们都和执行机构没有直接关系。而且，在国家机关不能正常行使其功能，或忠诚的州政府被颠覆时，这份公告旨在代表各州人民的意愿，可以尝试建立一种新的模式，在这种新型模式下，国家机关或州政府可以在上述相关各州加以重建。而且，尽管这种模式是执行机构目前状态下能够建议的最好模式，但是我们也一定要清楚其他模式不是不可以接受的。

1863 年 12 月 8 日，美利坚合众国独立 88 周年之际，亲手签署于华盛顿市。

亚伯拉罕·林肯

封印

38. 林肯写给比克斯比夫人的信 (1864)

1864 年 11 月 21 日，华盛顿，白宫

致马萨诸塞州波士顿的比克斯比夫人：

亲爱的夫人：

我看到了一份由马萨诸塞州参谋主任委托国防部递交的报告，得知您就是在战场上光荣牺牲的五兄弟的母亲。我深知任何语言也无法解脱如此巨大的损失带给你的悲痛，但我抑制不住。我要向您表示我忠心的慰问，以及他们为之捐躯的国家对您的感激之情。我恳求上帝抚平您失去爱子的哀伤，心中留下对英烈们珍贵的记忆，以及您当之无愧的为自由而奉献的神圣的自豪感。

您最最忠诚的：亚伯拉罕·林肯

39. 李将军的投降条款 (1865)

【下面是两封格兰特与李两位将军相互交换的信件，根据信中所述条款，李将军率军投降，并由此结束了历时4年的南北战争。】

弗吉尼亚，阿波马托克斯法院大楼

1865年4月9日

“将军阁下：按照8日我给你的书信内容，我决定接受北弗吉尼亚军队的投降要求，条件如下，即：所有军官和士兵的名单要一式两份，一份交给我指派的一名军官，另一份交给你指派的军官保存。军官及士兵们不得重新拿起武器反对合众国政府，每一名中队或团指挥官要为他所领导的士兵签署一份类似的投降议定书。武器、大炮及公共财产等要统一上交并集中在一起后交由我指派的北方军军官接管。这不包括军官身上佩带的私人武器，也不包括他们的私人马匹及行李。投降之后，所有将士都可以返回家园，只要遵守投降议定书里的规定，遵守当地的法律，就不会受到政府的骚扰。”

合众国中将，格兰特

罗伯特·李将军

北弗吉尼亚军总部

1865 年 4 月 9 日

“将军阁下：我接受你在信中提到的北弗吉尼亚军队的投降条款。因为这些内容与你在 8 日信中所提内容基本一致，所以，我们无条件接受。接下来，我会指派合适的军官来监督这些规定具体落实。”

罗伯特·李将军

合众国中将，格兰特

40. 李将军告别军队 (1865)

北弗吉尼亚军队总部

1865 年 4 月 10 日

经过四年的艰苦奋斗，北方军队展示了无与伦比的勇气与毅力，但终究因数量上的巨大差距和资源的极度匮乏而被迫投降。我无须向那些幸存者们描述数量繁多的艰苦卓绝的战斗，战士们艰苦奋战，拼至最后时刻，现在我赞成这种结局并非是不信任他们。因我认为英勇与牺牲不能补偿继续作战所遭到的损失，才决定使战功卓著受人敬爱的人不再做无谓的牺牲。孩子们，我已经为你们争取到最好的条件，按照这份协议上面的条款，军官及士兵能够重返家园，安享晚年。回家吧，你们都是好士兵，如果你们也想成为一个好公民的话，你们一定能够做到，你们会为你们身上曾经肩负的责任感而感到自豪，我真诚地祈求仁慈的上帝能给你们祝福和保护。你们对于国家的坚定不移的信念及忠诚之心，我向来为你们感到骄傲，你们对我善意、无私的照顾与关心，我将永记于心。在此，我向大家深情告别。再见了，孩子们，愿上帝保佑你们。

罗伯特·李将军

41. 林肯第二次就职演说 (1865)

【林肯第二次就职时，战争的浪潮已经偏向北方联军的方向，战争即将结束。然而，林肯演讲的语气却异常温和，而非那种成功后的扬扬得意，演讲铿锵有力、抑扬顿挫，既有温和的一面，又有刚毅坚决的一面。】

同胞们：

在第二次宣誓就职总统的时候，我不必像第一次那样做长篇的演讲了。第一次就职典礼上，较为详尽地叙述我们要采取的方针和道路，看来是合适与恰当的。现在，在我的 4 年任期结束之时，有关这场至今仍为举国瞩目与致力的大斗争的每个方面，时时有公开的宣告，因此没有新的内容向各位奉告了。我们的一切都依靠武装力量，这方面的进展，大家知道得和我一样清楚。我相信，大家对此颇感满意和鼓舞。我们对未来抱有很大希望，在军事方面就毋庸多作预测。

4 年前我初次就职之际，全国思虑都集中在即将爆发的内战之上。大家对内战都怀有恐惧，都设法避免这场内战的发生。当时我在这个讲坛上发表的就职演说，全部内容就是为了不战而拯救联邦。当时城里的叛逆分子却企图不用战争而摧毁联邦，企图通过谈判来瓦解联邦，瓜分国家所有。双方都反对战争，但其中一方却宁愿战争也不愿联邦毁灭，于是内战爆发。

我国黑奴占人口1/8，他们不是普遍分布于全国各地，而是集中在南部。这些黑奴，构成一种特殊而重要的利益。尽人皆知，这种利益迟早会成为战争的起因。叛逆分子不惜发动战争分裂联邦，以达到增大、扩展这种利益、使之永存的目的，政府却除去要求将奴隶制限于原来区域，不使扩大之外，不要求其他任何权利，双方都不曾预料到战争会有这样大的规模，持续这样久，不曾预料到引起冲突的原因在冲突停止前会消失。双方都寻求轻而易举的胜利，不求彻底或惊人的结果。双方信奉同一宗教。敬拜同一上帝，都祈求上帝帮助战胜对方。说来奇怪，竟有人敢于要求公正的上帝帮助自己去榨取别人的血汗，但我们不要去品评他人吧，以免受到别人的评论。双方的祈求都不应得到满足，也没有任何一方得到完全的满足，因为全能的上帝自有主张。“祸哉斯世，以其陷入故也，夫陷人于罪，事所必有，但陷人祸矣。”如果我们把美国的奴隶制当成是上帝必定要降给我们的灾祸，这灾祸已经到了上帝指定期限，他现在要免去这场灾祸了。他把这场可怕的战争降给南北双方，是要惩罚那些带来灾祸的人。笃信耶稣基督的人常把许多美德归于基督，我们难道可以说基督的这些作为，与他的美德相悖吗？我们满怀希望，我们热诚祈祷，愿这场惩罚我们的战争早日过去；但假若天意要这场战争延续下去，直至250年来利用奴隶无偿劳动辛苦积聚下来的财富销毁净尽，直至奴隶在皮鞭下流淌的鲜血用刀剑下的鲜血来偿清，如同三千年前古语所说的那样，我们仍然要称颂上帝的判决是公允合理的。

我们对任何人不怀恶意，对所有人都抱有善心，对上帝使我们认识到的正义无限坚定。让我们努力完成我们正在进行的工作，愈合国家的战争伤痕，关怀战死的烈士及其遗属，尽一切力量争得并维护我国及全世界的正义的、持久的和平。

42. 宣布起义结束的声明 (1866)

【1865 年 5 月 10 日，约翰逊总统的宣言，标志着南北双方敌对状况的真正结束；1866 年 4 月 2 日的宣言，标志着除得克萨斯州外所有州的叛乱结束；1866 年 8 月 20 日的宣言，表明了之前脱离国家的各地方政府又重新回到中央政府的管辖之内。】

鉴于 1861 年 4 月 15 日及 19 日的宣言，美利坚合众国的总统享有美国宪法及法律所赋予的权力，如果在南卡罗来纳州、佐治亚州、亚拉巴马州、佛罗里达州、密西西比州、路易斯安那州及得克萨斯州等州的法律在遇到阻碍时，总统有权宣布反对该法律在上述各州的执行，可以凌驾于普通的司法诉讼程序或执法官的权力之上。

鉴于同年 8 月 16 日所做的另一份宣言，并于 1861 年 7 月 13 日经国会法案批准，佐治亚州、南卡罗来纳州、弗吉尼亚州、北卡罗来纳州、田纳西州、亚拉巴马州、路易斯安那州、得克萨斯州、阿肯色州、密西西比州及佛罗里达州的居民（除了弗吉尼亚州阿勒格尼山脉以西地区的居民，也除了该州其他地区的居民及上述各州，这些地区可以效忠联邦及州宪法，抑或定期地驱散由美国武装力量占据及控制地区的反叛人员）被宣布仍然处于反对美国的叛乱状态。

鉴于1862年7月1日所做的另一份宣言，此宣言规定履行同年6月7日国会所签署批准的一项法案，同时宣布在上述各州仍然存在叛乱行为，除了弗吉尼亚州的某些特定地区之外。

鉴于1863年4月2日所做的另一份宣言，即废除“履行1861年7月13日国会通过的一项法案”，除了1861年8月16日宣言中所提到的例外地区以外，佐治亚州、南卡罗来纳州、北卡罗来纳州、田纳西州、亚拉巴马州、路易斯安那州、得克萨斯州、阿肯色州、密西西比州、佛罗里达州以及弗吉尼亚州的所有居民（除了被指定为西弗吉尼亚州的弗吉尼亚州48个郡县及北卡罗来纳州的新奥尔良港、基韦斯特港、皇家港和博福特港外）被宣布仍然处于反对美国的叛乱状态。

鉴于1863年9月15日所做的另一份宣言，该宣言规定履行1863年3月3日批准的一项国会法案，宣言认为叛乱行为仍然存在，规定暂停美国境内某些特殊情况下的人身保护令特权，叛乱期间继续执行上述暂停规定，直至美国总统后来签署文件修改或废除上述宣言之前。

鉴于1861年7月22日美国众议院所批准采纳的一项决议，决议内容如下：

经由美国国会众议院决议认为，由于南部各州分离主义者反对立宪政体，武装包围议会大厦而使整个国家现在处于可悲的内战之中；在这国家危难的紧急时刻，国会应当摒弃所有激进或怨恨情绪，承担起整个国家的职责；本次战争并非是因反对我们所受精神压迫而起，亦不是反对任何外来征服或镇压行为而起，无意推翻或干涉各州所建机构的权利；而是捍卫和维护宪法至高无上的权利，维护联邦的完整，从而使各州的尊严、平等及权利不受侵害。只要实现这些目标，战争就应该停止下来。

根据1861年7月25日参议院所批准采纳的决议，决议内容如下：

决议认为，由于南部各州分离主义者反对立宪政体，武装包围议会大厦而使整个国家现在处于可悲的内战之中；在这国家危难的紧急时刻，国会应当摒弃所有激进或怨恨情绪，承担起整个国家的职责；本次战争并非是因反对我们所受精神压迫而起，亦不是反对任何外来征服或镇压行为而起，无意推翻或干涉各州所建机构的权利；而是捍卫和维护宪法之至高无上的权利，维护联邦的完整，从而使各州的尊严、平等及权利不受侵害。只要实现这些目标，战争就应该停止下来。

尽管在形式上这些决议的内容并无太大关联，但在本质上其实是基本相同的，而且迄今为止，这些决议被认为是表达了国会针对其所属民众的观念。

根据 1865 年 6 月 13 日宣言内容，美国总统宣布田纳西州的叛乱行为已经被镇压，美国政府的权威是不容置疑的，被任命的美国政府官员可以不受影响地实施宪法赋予的行政职能。

根据 1866 年 4 月 2 日所签发的另一份宣言内容，美国总统发布声明宣布说，那些被误导的公民或者任何一州或上述提到的所有州中针对美国当局的所有抵抗行为都已经不复存在，除了唯一的得克萨斯州外。同时，还进一步声明说，除得克萨斯州外，在上述所说的各州，可由相关行政当局，各州或联邦政府维护并实施宪法。在除得克萨斯州外上述各州的人民已经得到很好的安排，根据他们的立法规定，他们都已遵守或即将遵守美国宪法修正草案所规定的具体要求，在美国管辖范围内废除奴隶制度。

同一份宣言还进一步明确说明，各州的美国人民都无权出于自己的意愿脱离或被脱离美国联邦。因此，各州都应按照规定，构成完整的联邦政府的一个组成部分。

同一份最后提到的宣言还进一步宣布，除得克萨斯州外，前面提到的各州按照上述方式给予他们所默认的这个主权国家以充分证据以及国家统一的重要决议。

根据同一份宣言内容，美国总统进一步宣布，对那些曾经反叛过这个国家并被挫败和征服的人，务必要处理得当，促使其自觉地成为我们的朋友，否则的话，就一定要通过绝对的军事力量进行镇压，防止他们再次成为伤害我们的敌人，最后提到的政策从本质上来说是与人类及自由相悖的，是我们所不愿看到的。

根据总统在同一份宣言中所做的进一步声明，合众国宪法规定的组成团体必须是以各州的形式，而不是领土依附，大行政区或受保护国的形式。

根据宪法及美国政府的法律，构成联邦的各州之间一定要相互平等，享有平等的政治豁免权，享受平等的尊严和权力。

还进一步宣布，奉行政治平等，作为权利与正义的原则，旨在鼓励除得克萨斯州外的上述各州人民变得更加坚定和对宪法的忠诚。

总统还进一步宣布，常规军、军事占领、军事法律、军事法庭以及人身保护令的禁止等在和平时期会危害公众的自由，与公民的个人权利不相容，与我们的自由制度精神相反，会造成国家资源的枯竭，所以，不应该被批准承认，除非在抗击侵略及平定暴乱和镇压反叛的实际需要情况下才可如此。

在同一份宣言中，美国总统进一步宣布，从起义之初到推翻殖民统治再到后来的镇压叛乱行为，美国政府的政策一直都遵循着上述最后宣言的原则。

按照上述 1865 年 6 月 13 日宣言的内容，根据之前陈述及列举的情况，总统宣布说可以认为除得克萨斯州外前面所述各州的叛乱行为已经结束。

随后的 1866 年 4 月 2 日，得克萨斯州所有地区的叛乱行为都被彻底镇压而结束，美国政府的权威在得克萨斯州最终成功建立起来，至今仍然保持独立状态而无可非议，那些被正式任命的美国政府官员可以不受影响地在上述各州的范围内实施宪法赋予的行政职能。

根据宣言内容，在得克萨斯州，由相关行政当局，各州或联邦政府维护并实施宪法。得克萨斯州的人民，与前面所述其他各州的人民一样已经得到很好的安排，根据他们的立法规定，他们都已遵守或即将遵守美国宪法修正草案所规定的具体要求，在美国管辖范围内废除奴隶制度。

对于特殊命名的各州提出的相关的理由及结论现在同样适用于得克萨斯州的所有方面，也同样适用于曾经参与叛乱的其他各州。

军事命令已经制定了适当条款以保证国会法案的实施，协助政府当局，并确保在得克萨斯州范围内遵守美国宪法及法律的规定，如果为了实现这个目的，在必要时可以诉诸武力。

因此现在，我，美国总统安德鲁·约翰逊，特此声明宣布此前得克萨斯州的叛乱行为已经结束。此后，根据 1866 年 4 月 2 日宣言的具体内容，得克萨斯州将和其他前面所述各州一样，曾经的叛乱行为都将宣告结束。

这里我进一步宣布，上述叛乱行为已经结束，现在整个美国境内到处都是和平、秩序、宁静以及政府当局的管理。

特此作证，我亲手加盖美国印章。

【印章】封印于华盛顿市，公元1866年8月20日，美利坚合众国独立第91年。

美国总统：安德鲁·约翰逊
国务卿：威廉·亨利·西沃德

43. 美俄条约（阿拉斯加购买案）（1867）

【被俄国侵扰的风险是引起门罗总统发表官方讲话并使门罗主义出现的诱因之一。他的宣言发表之后，俄国停止了扩大在大西洋海岸影响力的企图，变得十分乐意处理阿拉斯加的所属权，俄国认为很难去说明对阿拉斯加的掌控权，阿拉斯加于 1867 年 10 月 18 日正式被转让。】

1867 年 3 月 30 日在华盛顿，由美国联邦政府和俄国沙皇签署的国际公约，俄国决定割让在北美的殖民地给美国联邦政府，1867 年 4 月 9 日条约由参议院正式批准通过，1867 年 5 月 28 日由总统批准，同年 6 月 20 日在华盛顿正式批准交换公约并发表声明。美国联邦和俄国沙皇都渴望双方保持稳定的状态，如有可能的话，两国之间将达成很好的和解。基于此被委任的全权公使，美国国务卿——威廉·亨利·西沃德和俄国沙皇的私人顾问爱德华·斯沃克，特派公使和全权公使到美国。

条款 1

据全权公使所言，席间以适当形式交换了全部权利，双方已经达成一致并签署了下列条款。

条例 1　俄国沙皇同意以公约形式割让给美国，一旦关于交换领土正式被批准，沙皇目前在美洲大陆及邻近岛屿拥有的全部领土和主权将转让。同样包括设置的地理限制以内，明智地说，东边的界线是俄国和英国在北美的殖民地，正如俄国与英国建立的国际公约，以及在第三和第四条款所描述的。

条例 2　大致从坐落于北纬 54°40′的威尔士王子岛最南方开始。

在西经 131°和 133°之间（格林尼治的子午线），这条线会追溯到北部沿岸一个叫贝特兰的海峡。就北纬 56°的大陆而言，最后所提及的观点划分将会服从于最高会议。就与西经 141°存有交集这一观点而言，141°子午线的延伸部分是一个叫威尔士的贵族的岛屿，它将会完全地属于俄罗斯（现在割让给美国），山峰的顶端将会朝着平行于海峡的方向扩展。北经 56°与西经 141°交集处有 10 个船舶联盟。在英国领土和属于俄罗斯海峡路线的界线（也就是说有关领土界线在这次谈话中会被割让）将会由平行于弯曲海峡的路线组成。运输路线将穿过平行于北经 65°30′的海峡等。因此，通过相关协议，包括阿留申群岛的整块领土和领土主权进行了转让。上述的文件包括政府档案文件和相关领土公文以及领土主权的支配问题。

条款 2

在之前的条款中，涉及到领土和主权转让方面的事宜包括公共空间、广场、空地以及所有公共建筑、防御设施、兵营与非私有领域的财产所有权问题。但是，俄方政府已经在所割让的领土上建起了教会，同时对生活在这片土地的希腊正教的居民予以宗教选择权，以上两方面做法是可以被理解，并达成一致的。任何涉及到领土和主权的政府性档案、文件都现存于此，它们的副本也保留在作为代理的美国手中。对于美国来说，这样的一份经过认证过的副本如果俄方需要的话，是可以随时交予俄方政府的。

条款 3

居民根据他们的选择割让领土，同时保持着他们天生的忠诚，他们也许会在 3 年之内返回到俄国，在割让的领土上，如果他们喜欢居留于此，除了不文明的当地部落，他们会被允许享受所有的权利，以及同美国居民一样的豁免权，同时享有保持享受自由的权利和宗教信仰权，这种权利也被保护着。不文明部落受法律和规则的管制，因为美国会时不时地接受关于被割让土地方的土著部落。

条款 4

对于所有俄国人的君主来说，他的威严应该是将便利布施给他的代理人，为了使这种授权的形式变得正式，他委派了一些代表来作为美国领土、主权、所有权及自由管理者。

条款 5

当附属领地被割让时，如上的行为就显得尤为重要了。是什么导致割让呢？权利的被占有。不过，这个权利会被认为是完整的和带有专制色彩的交流。在非正式的公约批准书得到交换后，任何防御工事或军事岗位抑或是将割让的领土递送给美国代理商时，俄国将会撤退，批准书也很快就为方便清理掉了诸多障碍。

条款6

鉴于上述的转让问题，美国同意在华盛顿的财政部进行支付，同时在10个月之内的交流大会之后，俄国君主的权力也经过授权的形式移交给了代表或其他代理人。

条款7

就在这份法案即将得到美国总统通过之时，国会提出了相关的意见，他们认为俄国的君主应该在3个月内尽快地在华盛顿与美国达成协议。

最终，双方的大使签署了这份法案，并签字、盖章。

此事完成于1867年3月30日，华盛顿

威廉·亨利·西沃德【盖章】

爱德华·斯沃克【盖章】

44. 夏威夷群岛的并购案
(1898)

【李柳欧卡拉尼——夏威夷岛的女王，在1893年企图引进一种比先前更能够让岛屿政府有效控制的宪法。但这种想法没有成行，女王被迫退位。在火奴鲁鲁的外国人建立了一个临时政府，想要把夏威夷通过谈判合并到美国。哈里森总统拟定了一个吞并条约交给了参议院，但是，克利夫兰总统上台，停止了这项条约。1897年，麦金莱总统将第二份条约呈递给参议院，一个主权国家便在1898年的8月12日变成了美国的一部分。】

夏威夷共和国政府已经正式以此为基础进行准许授权，完全地割让并且不受美国的保护。在夏威夷群岛内外的主权国家的全部权利和他们的自主权也割让给美国。全部的费用和全部公共所有权、政府和公共土地、公共建筑和大建筑物、港口、海湾、军事设备和所有其他各种公共财产都属于夏威夷群岛的政府。

美国的参议院和众议院在国会上下定决心，表明割让是可以接受的、可获批准的并且坚定的。对于夏威夷群岛和它的自主权，以及以何种附加方式作为美国领土的一部分，并且是至高无上的主权，由此所提到的个人财产和权利也是值得肯定的。

美国现存有关公共土地的法律不适用于在夏威夷群岛，但是美国国会为他们的管理人员和军事部署制定特殊的法律。在税收和收入中，其中的一部分是以美国公民、军事、海军为目的被占用的，或被指定的地方政府所使用。规定所言，此部分被占用的资金将用于夏威夷群岛居民的教育和其他公共的利益。国会规定群岛政府管辖内的所有公民法庭和军事力量由岛内存在的政府进行管理，这样的方式被运用到合众国的总统指挥时，总统应该有权力去调动军官和增补相关职位上的空缺。

夏威夷群岛现存条约应该立刻停止或废弃，如果有相关的条约能将现存的条约替代，那么这将可能作为将来合众国和不同的外来民族共存的依据。夏威夷群岛市政的法律，不是为了灭绝性的条约而制定的，也不是为了前后矛盾问题的解决而制定的，同时也不是为了美国宪法而制定的，更不是为了使美国当前的条约保持有效，直到美国国会决定是否保留而制定的。

夏威夷共和国的公共债务，包括邮政储蓄银行应给予存款人的金额，是美国政府以此方式承担的，目前合法地通过了共同决议。但美国注意到，在债务这方面不超过四百万美元。然而，夏威夷岛当前政府和现代商业关系同以前一样才能继续，所以说，政府可能继续在上述债务上保持关注。除非现如今的的法律条款进行修订，或是将来美国法律允许的情况之下，否则不会再有中国人移民夏威夷岛。此外，不得以任何条款作为理由，允许中国人从夏威夷群岛进入美国。

总统会任命五个委员，至少其中两个是夏威夷岛的居民，一旦这种任命合理可行，他们就会认为协商开会是符合夏威夷岛的法律。

之前被总统任命的委员，需通过参议院表态和准许的。

十万美金的金额，或需要更多的，以此方式从国库中挪用，美国总统需慎重花费，目的就是使共同决议最终生效。

核准，1898 年 7 月 7 日

45. 承认古巴独立 (1898)

【以下决议不但承认了古巴国的独立，而且还授权对西班牙发动战争，目的是把独立的意愿强加给西班牙。1898 年 4 月 11 日，美国总统麦金莱昭告国会允许干涉古巴，此项决议的通过正是对此的回应。】

有关联合决议对古巴人民独立的承认，要求西班牙政府放弃在古巴岛的权力和政府，并从古巴和古巴海域撤回它的武装力量并让美国总统用武力强制执行条约。然而此类情况已经在古巴岛存在 3 年多了，所以在靠近我们自己的边境，有令人震惊的美国人道德观，这是对基督文明的耻辱。最终，在美国战舰的威慑之下，266 名军官和船员在哈瓦那海港自由出入。从美国总统在 1898 年 10 月 11 日给国会的信件中可以看到：美国国会参议院通过了以下表决：

第一，古巴人民是，并且应该是，自由和独立的。

第二，这是美国应该的责任，美国政府特此要求：西班牙政府马上放弃它在古巴岛的权力和政府，并从古巴和古巴海域撤回武装力量。

第三，特此声明的是，美国总统应该指导并被允许动用美国全部的陆军和海军力量，同时可以调用美国的现役的、几个州的自卫队，在这点上，这可能对此方案的执行是有必要的。

第四，美国否认部署或意图动摇任何主权国家和使用司法权控制上述的岛，美国本打算寻求维护这些岛屿的和平，当这些任务完成之后，美国必将岛的政府和控制权归还给它的人民。

核准，1898 年 4 月 20 日

46. 美西条约（割让波多黎各与菲律宾）（1898）

【1898 年 7 月 26 日，圣地亚哥投降 9 天后，西班牙政府通过法国大使在华盛顿开始了和平谈判。这场战争在 8 月 12 日停止。10 月 1 日，西班牙行政长官和美国州长在巴黎会晤，相关条约就此提出。】

1898 年 12 月 10 日，在巴黎美国与西班牙签订了和平协议；1899 年 2 月 6 日，和平协议得到参议院的通过，同一天，该协议也得到美国总统签署通过；1899 年 3 月 19 日，西班牙摄政女王批准通过，1899 年 4 月 11 日，这份协议在华盛顿进行相互交换且于 1899 年 4 月 11 日公诸于世。

美利坚合众国与在其儿子唐阿方索十二世名义下摄政的西班牙女王陛下，都渴望结束现存于两国家之间的战争。

如果不出意外的话，这个公约将会在议会的通过下由美国总统正式批准，另一方面俄国皇帝也会批准。在 3 个月的时间内，公约正式批准后将会在华盛顿进行交换，如果可能的话还会更快。

条款 1

西班牙放弃了索赔的主权，并让给了古巴。那些随着西班牙撤军将由美国接管的岛屿也一样，只要占领关系还在继续，根据事实和国际法，美国就应当履行保护人民财产安全的义务。

条款 2

西班牙将波多黎各岛和西班牙当下主权下的印度群岛中的一些其他岛屿，以及马里来纳群岛中的关岛让给了美国。

条款 3

西班牙将菲律宾群岛列岛让给了美国，如下是对岛屿所处位置划分的理解：沿着接近西经 20°由西向东穿越巴士海峡航道中心，从东经 118°到东经 127°到达北纬 4°45′与东经 119°35′之交，再从东经 7°40′、北纬 116°到北纬 10°、东经 118°之交，沿着东经 118°回到原点。

在正式签订协议后，美国将在 3 个月内支付总计达 2000 万美元作为交换条件支付给西班牙。

条款 4

美国，从本条约中的交换日期 10 年起，允许西班牙的船只及商品、美国的船只及商品使用菲律宾的港口。

条款5

美国，在签署本条约之时起，将与西班牙重归于好，释放战争中在马尼拉被抓成为战俘的西班牙士兵，将被收缴的武器归还给他们。

在交换了本条约的批准书后，西班牙将会撤离菲律宾和关岛一众岛屿，同时要求安排他们撤离波多黎各和其他西印度群岛，条约自 1898 年 8 月 12 日起生效并执行。

撤离菲律宾岛和关岛的时间将完全由两国政府决定，保留原有国旗，不收缴战争时的船只、轻武器、各种口径的枪支，及他们的马车和随身物品、武器、弹药、家畜，及各种各样的布料和生活用品等一切属于这片土地，以及在菲律宾岛和关岛上的西班牙海军的东西，保留西班牙原有的属性、重型武器、专用炮、防御工事，以及海防应该保留原有的 6 个月时期。考虑到条约书交换的问题，如果两国达成令人满意的协议，与此同时，美国将会进口西班牙的相关物资。

条款6

在签署本条约的时候，西班牙释放了所有的战争中的囚犯和政治犯。对位交换的条件，美国也相应地释放所有战争时捕获的战俘，同时将会保证释放所有的在古巴和菲律宾起义中的西班牙战俘。

美国政府将会尽其最大努力支持西班牙，西班牙政府也会尽它最大努力力挺美国。古巴、波多黎各和菲律宾，根据各国的情况，犯人释放与否，各自（地）参考本条约执行。

条款7

在古巴起义开始之初，在涉及补偿战争赔款的条约交换之前，美国和西班牙相互放弃所有的赔偿申请，从民族到国民甚至再到政府，每个阶层都反对政府对所有战争费用的赔偿申请。

在本文中，美国将裁决、处理本国公民反对对西班牙放弃赔偿申请的要求。

条款8

在符合本法案 1、2、3 的条约情况下，西班牙放弃了古巴并且同意割让波多黎各和西印度群岛的其他岛屿，连同关岛和菲律宾群岛，以及那些法律之下如同西班牙皇冠一样的公共领域——码头、军营、堡垒、建筑物、高速公路和其他不动产。同时宣布所割让的岛屿要视情况而定其所拥有的属性。省、市、公共机构、私人机构、教会、民间团体，或其他协会在上述地区宣布放弃所获得、所拥有的个人财产，还有就是拥有其他国籍的个人所具有的财产和权利。

在上述视情况而定的割让条款中，也包括上文中涉及的岛屿或其居民的权利及财产权，如西班牙政府拥有关于行政、司法的官方档案和记录。这些档案和记录应当予以精心地保存，同时在西班牙或在上述岛屿中，独立的个人也有权要求将相关合同的副本、遗嘱进行其他认证，此外还包括，其他的公证性协议或文件。

条款 9

西班牙人所针对的目标人群是，居住在这片土地上的伊比利亚人。到目前为止，西班牙仍处于谈判失败的状态或是割让他的国家。他们想借此期望停留于此或移走到任一个有财产权利的地区。同时，他们也应该在尊重中有权利去处置他们的工业、商业和信仰。那么这样的条规同样适用于其他外国人。如若他们停留在该土地上，他们也可以通过创造来维持人民对西班牙王国的忠诚。从正式批准该条约的一年内，他们发表宣言称，坚定地拥护该决定！在这个宣言中，（占有者）他们不得不放弃占有，并且不得不在他们居住的土地上采纳国际条约。当地居民的公民权利及政治身份在割让给美国后应由国会决定。

条款 10

该领土上的居民在西班牙放弃（领土）或割让主权后，在他们宗教活动是应该有所安全保障的。

条款 11

西班牙人在其割让土地及放弃司法权限的条约生效之后仍居住在此，这成了公民问题和罪犯案件的核心问题。对于所留下的人员来说，在法庭之上，他们有权利出现去接受属于这个国家所有公民该有的权利。

条款 12

按照割让的规定，西班牙在做出更换主权的承诺时，法庭所进行的议程将被依照以下的规则而决定：

1. 在所规定的日期之前，无论是私人个体之中提出的公民法案，或是在刑事案件中所作出的判决，以及关于那些在西班牙法律之下没有的检索权及复审权，均将被认为是不可更改的，并且在这类审判应被实施的领土区都将以预期的形式被能胜任的当局执行。

2. 由私人个体当天提及而未解决的公民议案将在庭上被起诉，同时这些可能悬而未决的案件或因此在法庭上被解决。

3. 对于西班牙最高法院因悬而未决的案件而遭到边境地区的人民反对之前，出于对条约关于领土权的遵守，最高法院将继续行使管辖权，直至最后的判决下达。但是，由于这样的判决已被宣布，故其将委托于能胜任的当局在事件出现的地区来进行执法。

条款 13

对于西班牙人在古巴岛、波多黎各及菲律宾和其他的占领区已获得的并且有担保的著作权、专利权来说，在兑换条约的承诺的时候，将继续被尊重。西班牙在边疆地区不允许对公共秩序造成破坏性的影响，而关于科学、文学及艺术类的工作，将以这个条约兑换承诺的日期为开始后的 10 年得到免税认可。

条款 14

依照目前条约的情况下，对于被割让或让渡的主权，西班牙将拥有在港口及边疆区安置领事人员的权力。

条款 15

每个国家的政府都会给予其他国家的商人为期 10 年的过港费（免除），包括进港口和逗留期间的税收、少量的税费，另外对于每吨货物运费的关税也享受同样的待遇。同样，这对本国商人也是一致的，而非按照海上贸易规则。

条款 16

在这个被美国强加的占领古巴期间需尊重古巴的条约上，所承担义务是被默认的，但是，当这样的占领结束的时候，建议任何政府在已设立的岛上也承担相同的义务。

条款 17

现在的条约必须由美国总统签认，由参议院提议并通过，此外还要于 6 个月内在华盛顿被交换，如果可能的话还会提早一点。出于信用，我们已经分别在这份条约上签字并且已经在旁边盖了印章。

1898年12月10日，该条约的复印件在巴黎印成。

威廉·R. 戴

库世曼·K. 戴维斯

沃姆·P. 福莱尔

吉奥·格雷

怀特罗·瑞德

47. 美国与巴拿马共和国的公约（1904）

【在得到哥伦比亚认可的情况下，法国公司于1879年开始修建巴拿马运河。1903年，当该企业被美国收购以后，关于安排美国控制运河带的条约被哥伦比亚国会驳回。运河附近人们经济的繁荣主要依靠运河的建设，于是从哥伦比亚中退出，建立起巴拿马共和国并同意以下公约。】

《依靠运河上的建设来连接大西洋和太平洋水域》这项公约于1903年11月18日在华盛顿正式签署。1904年2月23日，参议院批准。1904年2月25日，总统批准。1903年12月2日，巴拿马批准。1904年2月26日，正式在华盛顿批准，并公之于世。

美利坚合众国总统宣言

一份关于美利坚合众国和巴拿马共和国之间关于明确跨越巴拿马地峡连接大西洋和太平洋海域的大运河上的建设公约，于1903年11月18日在华盛顿由双方的全权代表达成协议并签署。公约原件如下：

地峡运河公约

美利坚合众国和巴拿马共和国都十分明确，建设穿过巴拿马地峡连接大西洋和太平洋海域的大运河，美国国会于 1902 年 6 月 28 日通过批准该法案并促进工程实施。通过该法案，美国总统被认可可以要求在合适的时间里掌控必要的巴拿马共和国领土，实际上这样的领土主权归属于巴拿马共和国。巴拿马共和国政府，菲利浦·比诺·瓦里亚，非凡的使者和巴拿马共和国的全权代表大臣，特别是获得授权的政府发言人，在与各方的全权代表讨论后，寻找到多赢的、正式的形式，并已经取得一致意见，总结出以下条款：

条款 1

美国承诺将保证并维持巴拿马共和国的独立。

条款 2

巴拿马共和国将授予美国永久的占领权，同时被赋予使用一个区的权利，以及控制该地区水下施工、维护、操作和保护，并将十英里的河道在沿途两侧再拓宽五公里。在中心线路的每一侧都将修建运河。该区在三海里平均水位进行标记，同时在延伸到巴拿马地峡的加勒比海到距离太平洋三海里的水位处进行标记。巴拿马进一步向美国开放永久使用国的权利，通过占领其他区域控制下的水域，这样可以方便施工、维护、操作水下设施，以及为保护管道或者为其他辅助工程建设提供必要性和可操作性，另外，还可以维护水下管道设施和保护附近企业并提供一些方便。

巴拿马进一步向美国提供永久权，其中包括所有巴拿马湾的岛屿，如佩里科、内殿、库莱布拉和弗拉门戈。

条款 3

巴拿马共和国向美国提供了所有权，以及在本协定第 2 条所描述的，范围之内的所有附属的土地和水域的所有权。如果它的领土、主权、土地和水域属于拥有独立主权的巴拿马共和国，美国也将有这份特殊的权利。

条款 4

作为附属权，巴拿马共和国向美国提供了使用权，这其中包括河流、湖泊、溪流、水域通航的限制、水力及相关的用途，还包括对河流、溪流、湖泊、水体的使用，以及为修建、维修、使用、保护所提供必要性和方便性。

条款 5

巴拿马共和国赋予了美国永久使用权，这其中涵盖对任意一种交通方式的建设、维护、管理方面的垄断，而交通工具具体指的是贯通加勒比海和太平洋间的运河铁路系统。

条款 6

通过协商，条款中包括的赋予美国对于土地的使用，相关海域的使用，以及土地私有者或私有财产所有者的头衔或利益。在美国权力持续壮大的过程中，他们还进一步干涉与美国的权利相矛盾的公共道路或某些地区的土地、水的使用权利。任何由于在这次协商中控制拨款，或由于美国的操作、他的代理人或雇员对私有土地、私有财产的所有者造成的损害，或由于建造、保养、经营、卫生系统和对该运河或卫生工作的保护，都将会被美国政府和巴拿马共和国进行最终的核实，而赔偿金将被美国唯一具备支付功能的联合委员会进行估量和安排。因为美国的涉入和参与，该地区私有土地和私有财产遭受到了损失。而这些损失都应该由美国独自承担。在相关的公约产生之前，巴拿马的私有土地和私有财产都因为它们的价值而遭到了严重地破坏。

条款 7

所有关于环境卫生工作，收集和处置城市污水和水分布的巴拿马和科隆这类城市应当向美国收取费用。而作为美国的代理人或被指定者，他们应当被授权征收和收取足以提供支付利息和期限 50 年的分期偿还的自来水水费和污水处理费，并且50年后仍能使巴拿马和科隆分别恢复原有的性能。某种程度上，自来水水费也许会成为该污水处理和水系统管理和维修的重要来源。巴拿马共和国同意与巴拿马城和科隆城永久遵循卫生管理条例和气象灾害预防，或者美国规定的医疗条款。假设巴拿马政府不能或失败地履行巴拿马共和国的卫生管理规定所授予美国的权利和义务，来执行相同的、美国所制定的法案，维护着巴拿马城和科隆城的秩序，那么巴拿马的港口不归他们自己管理，只能由美国来管理。

条款8

巴拿马共和国同意从此将新巴拿马运河公司的所有权交给美国，并且由于主权是从哥伦比亚共和国转让给了巴拿马共和国的，巴拿马铁路公司批准了新巴拿马运河公司将出售并转让给美国相关的权力、所有权，以及巴拿马铁道和该公司的所有股份。但是公共的土地却位于之前所规定的地区之外，而现在这个条约包括了对该企业的特许，也不要求它归还运河的解释权和经营权给巴拿马共和国，这已经包括巴拿马城或科隆城或港口，以及关于它终端的公司的所有权和财产权。

条款9

美国已经确定在运河水域入口的港口，而巴拿马共和国也已经同意巴拿马城以及科隆城在航运方面永久免费，这样，巴拿马就不会被利用或者是被收房屋税、运费、停泊费、灯塔费、停靠码头费、导向器使用费以及检疫费，或者其他费用，以及任何一种通过船只使用或通过运河或者由于归属于美国而产生的费用，总之，都不会再有直接或者间接的费用。

巴拿马有权建立这样的一个码头，同时在巴拿马城和科隆城内，像一些房屋或者是守卫可能都会因为进口和相关的贸易问题而受影响。而对于美国来说，它也有权利很好地利用巴拿马城和科隆城以及两者的港口，例如征收停泊费，维修费，起锚、抛锚费用，存储费或者运河上的服务费等费用。

条款 10

巴拿马共和国同意不会在运河上强加任何税费，不管是国内的船只还是国际的船只，无论是什么阶层，同样此规定也适用于铁路运输系统以及其他的辅助交通设施，例如像用于在运河上服务的拖船及其他受雇佣的船只。在科隆城和巴拿马城，对于个人、雇员、体力劳动者，以及其他的在运河上、铁路上及一些辅助交通设施上的服务人员，也不强加任何税费。

条款 11

美国同意，出于运河的利益及公共、个人的利益考虑，巴拿马政府官方应该铺设电报和电话线，这项需要在巴拿马还没有在美国那么迫切的需要。

条款 12

巴拿马政府将要允许在运河上移民合法以及出入自由。对于那些在运河上以及其他辅助交通工具上提供的人员来说，他们将不会在巴拿马服兵役。

条款 13

在任何时间，美国通过进口进入该地区和辅助的地区，都会免海关税、关税、税收或其他费用，并没有任何限制。这样一来，对于所有船只、汽车、机械、工具、材料、供应、炸药来说，在施工、维修、操作等方面提供方便。运河和辅助工作的卫生保护及相关规定、药物、服装、用品和其他的东西都可以为正在此地提供服务的美国人以及他们的家庭所使用。

条款 14

作为对巴拿马共和国向美国所提供权利、利益及优先权的补偿，美国政府同意向巴拿马共和国支付一千万美元的金币来作为本公约获得批准的交换条件。另外，每年度都要支付 25 万美元的金币，从即日起一直持续 9 年。本条规定旨在保证巴拿马共和国其他的获利。但是，此条条款无疑会影响或者牵涉到所有条款的全面实施。

条款 15

联合委员会称在第 6 条条款下应建立：美国总统将提名两人，巴拿马共和国总统也将提名两人，他们将共同负责做出相关决定；但在委员会产生意见分歧的情况下，他们能够找出相关原因，评判出两国政府决定谁应当对死亡、缺席、无能负责。他的位置应该由前一任被指定的人所判定。而所有的决定也都应该由联合委员会最终做出决定。

条款 16

两国政府要通过共同努力，实现区域和平。

条款 17

巴拿马共和国授予美国使用的所有开放贸易的地方都可以为任何在运河受雇于企业的船只提供避难。和所有船只通过或绑定通过运河可能遇险一样，他们可以在港口寻求庇护。这样的船舶免征停泊税和吨位税。

条款 18

运河建造完成后，入口处应保持永久中立，这符合第三条款，同时也符合 1901 年 11 月 18 日美英两国政府所签订的合约。

条款 19

巴拿马共和国政府有权在运河运输战争所需的军队和武器，并可以不用支付任何费用。豁免权也将扩展到辅助的铁路运输服务系统的相关人员，或负责维护公共秩序的警察部队。

条款 20

如果任何现有的条约与巴拿马地峡的领土导致了当下相关义务的降低，

或者是巴拿马共和国认为，可能有任何特权以及让步有利于政府或公民、臣民，或者是在任何方面可能都不符合本公约的条款，巴拿马共和国同意用适当的形式取消或修改这些条约，从通知之日起4个月内开始实施本公约，如果现有的条约不包含允许修改或废除的字样，巴拿马共和国同意采取修改或废除这样的形式，不得存在任何与本公约的规定发生冲突的事件。

条款21

前面文章提到的巴拿马共和国承认给美国的权利，被理解成先前所有的债务、抵押权、信任、责任，或者给其他政府、财团或个人的优惠和权利是自由的。因此，如果出现目前的优惠和特权的事，申请人应该到巴拿马共和国政府，而不是去美国索要任何赔偿或可能需要的补偿。

条款22

巴拿马共和国放弃并对美国承认，参与到条约中来，将会根据运河公约中的第15条有资格在有着特殊关系的美国慧智公司获得收入。现在的新巴拿马运河公司拥有慧智公司。任何自然损害都会产生与利益相关的权利或声明，或者任何延期或修改方法。与此同时证实并对美国承认，现在或将来，所有的在优惠中被保留的权利和财产，将会属于巴拿马或者被承认的特殊权期限届满99年，或者被上述提到的组织和公司持有的，所有的权力、头衔和现在或者将来会有的兴趣，关于土地、工厂、财产和所说的公司的权利，都会获得或被美国从新巴拿马运河公司里所获得。包括任何财产在内，或许可能在将来的一段时间内被没收，或者恢复到巴拿马共和国旗下、全球巴拿马运河公司、巴拿马铁路公司和新巴拿马运河公司。

条款23

如果对河道、船只、铁路系统或辅助交通设备的安保采取武装，这在任何时候都会变得必要，美国拥有自行决定权并可以在任何时候行使，这其中包括可以动用军队及海陆力量或为此设立防御工事。

条款 24

在现有公约下，未经美国同意侵犯美国或在两国间公约上存在可能触碰的风险，除了巴拿马共和国的政府和法律条约外没有选择。即使巴拿马此前并入其他任何政府，进入任何联合体或联盟以便加入拥有主权或独立的政府、联合体或联盟，美国在此公约下的权力也不应受到任何削弱或损害。

条款 25

为了在此公约的签署中表现得更为出色，对河道高效的保护以及保持它的中立态度，巴拿马政府将必要的固定地点出售或租借给美国，为的是帮助美国在太平洋海域及加勒比西海岸的驻军以及发挥燃料站的功能。这一点，也得到了美国总统的认可。

条款 26

当缔约各方大使签字并经各自的政府批准后，此公约将尽早在华盛顿交换。大使们所签过的一式两份的公约上都有着他们的印章。

华盛顿这座城市的任务完成了，我主那年 1903 年 11 月 18 日。

约翰·惠特尼

比诺·瓦里亚

在 1904 年 2 月 26 日，两国政府在华盛顿市交换了合约。众所周知，（美国总统）西奥多·罗斯福，举行公开会议，使得全体民众都能遵守并履行条款。

我用我的手在独立的美国华盛顿市加盖印章，特此证明。

这一天是美国独立后的 128 年，也就是 1904 年 2 月 26 日。

总统：西奥多·罗斯福

国务卿：约翰·海曾

著译者简介

主　编

查尔斯·爱略特（Charles W. Eliot），哈佛大学校长。1890 年，被任命为美国国家教育文员会主席，大力改革美国中学教育的课程。1909 年，任《哈佛经典》主编。

翻　译

刘庆国，吉林省永吉县人，2004 年毕业于东北师范大学外国语学院，2007 年研究生毕业。现任教于吉林建筑大学外国语学院。发表关于大学英语教育教学方面学术论文 10 余篇，翻译各类作品 10 余部，主要有《梦境泄漏的生命密码》、《2012 大预言》、《普京传》、《震撼世界的七大奇迹》等。

宿哲骞，2004 年毕业于东北师范大学外国语学院，2007 年研究生毕业。吉林日报子报东亚经贸新闻报社国际新闻翻译，欧美问题专家顾问。翻译文章百余篇，发表国际新闻评论 20 余篇，关于大学英语教育学术论文 10 余篇，以及有关美国 BG 文学相关研究论文 10 余篇。